인물로 보는 유럽통합사

인물로 보는
유럽통합사

빅토르 위고에서 바츨라프 하벨까지

통합유럽연구회 지음

cum libro
책과함께

I

목욕탕에서 입증된 영국과 미국의 그야말로 '특별한 관계', 기가 막힐 정도로 처절한 인생을 살았던 브란트, 강대국의 정치가가 아니면서도 유럽의 유명 인사 거의 모두를 매료시킨 빈의 귀족 쿠덴호베칼레르기, "망명은 모든 유럽인의 공동의 조국"이라고 외치며 인생의 절반을 외국의 객으로 지낸 유럽의 명사 위고, '여성 드골'이라는 별칭이 제법 어울리는 '대찬' 여성 총리 대처 등등. 필자가 이 책의 책임편집을 맡아 원고를 읽으며 느낀 소회라고 할까, 마음속에 남겨진 재미있는 기억의 잔상들이다. 필자는 책 편집을 여러 번 해보았지만 이번 작업만큼 흥에 겨웠던 적은 없었다. 왜냐하면 이렇게 많은 필자가 독자적으로 작업한 글들이 특별한 사전 조율 없이 이렇게 서로 잘 어울리는 경우가 드물기 때문이며, 다루어진 인물의 파란만장한 생애와 사상과 정책이 매우 흥미롭기 때문이다.

이 책의 마무리 작업에 여념이 없었던 2009년 늦가을에 흥미로운 유럽 소식들이 전해졌다. 체코 총리 피셔가 브뤼셀 유럽연합 정상회담에서 만족스러운 표정을 지으며 손을 흔들어 보이는 모습을 담은 사진이 매우 인상적이었다. 이것은 체코의 리스본 조약 비준의 청신호를 의미했다. 과거 총리로서 체코의 유럽연합 가입에 부정적 입장을 견지했던 현 체코 대통령 클라우스(Václav Klaus)는 여전히 리스본 조약에도 회의적이었다. 그러나 2009년 11월 3일 체코가 유럽연합의 '미니 헌법'이라 불리는 리스본 조약에 드디어 서명했다. 이것은 유럽통합사에서 또 하나의 커다란 획을 긋는 사건이 될 것이다. 유럽연합은 유럽단일화폐인 유로로 상징되는 경제적 통합을 정치적 차원으로 심화하기 위해 8년 전 유럽연합 헌법을 마련하기 시작했다. 2005년 프랑스와 네덜란드가 비준을 거부함에 따라 이 원대한 꿈은 좌절되었지만, 유럽연합 대통령과 외무장관 등 유럽연합 헌법의 핵심적 내용을 간직한 리스본 조약이 체코를 끝으로 27개의 유럽연합 회원국 모두에서 비준되었다. 그리고 11월 19일 벨기에 총리 헤르만 판롬파위(Herman Van Rompuy)가 대통령으로, 유럽연합 통상 담당 집행위원인 영국인 캐서린 애슈턴(Catherine Ashton)이 외무장관으로 각각 선출되었다. 12월 1일 리스본 조약이 발효하여 유럽연합은 그야말로 '유럽합중국(United States of Europe)'을 향한 거보를 내디뎠다. 어느 학자가 재치 있게 말한 것처럼, 유럽통합은 위기 속에서 자라나는 것 같다. 장차 유럽연합의 발전이 특히 궁금한 까닭은 바로 리스본 조약의 새로운 차원 때문이다.

한국은 수년 동안 유럽연합과 자유무역협정 협상을 벌여왔다. 2009년 10월 브뤼셀에서 양자 간 협정의 가서명이 이루어졌다. 큰 장애가 없다면 가까운 시일 내에 양자의 의회비준 절차를 통과하여 발효될 것이라 예상되고 있다. 유럽연합의 자유무역협정 상대국은 동아시아에서 비단 한국만이 아니다. 일본도 협상 대상국이다. 중국은 자유무역협정까지는 아니지만, 기존의 경제협력 관계를 심화하는 '포괄적 파트너십과 협력 협정'을 유럽연합과 체결하려 한다. 동아시아 3국이 각각 유럽연합과 체결할 조약들이 동아시아에 미칠 영향이 사뭇 기대된다. 특히 일본의 정계 변화는 이러한 기대감을 더욱 증폭시킨다. 왜냐하면 작년 일본 총선에서 과거사 문제와 동아시아 협력 문제에서 자민당 정권보다 유연하고 적극적 입장을 견지하고 있는 민주당이 정권을 잡았기 때문이다. 유럽통합이 동아시아에 살고 있는 우리에게도 학문적 차원을 넘어 현실적 관심의 대상이 된 오늘날, 색다른 유럽통합사 저서를 출간하는 것은 남다른 의미가 있을 것 같다.

Ⅱ

유럽통합이 우리 학계에서 주요한 테마가 된 지 이미 오래되었다. 논문뿐 아니라 번역서와 저서도 꽤 많다. 하지만 학자를 위한 저작이거나 조금은 딱딱한 이론서 혹은 사전 지식이 필요한 역사 개설서가 주종을 이루고 있다. 이에 필자들은 유럽통합사를 학문적 수준을 유지하면서도 좀 더 흥미롭게 소개하는 책이 필요함을 느껴 이 책을 출간하게 되었다. 제목이 말해주듯이, 이 책은 유럽통합과 관련된 인물을 중심으로 오늘날에 이르는 유럽통합사의 여로를 살펴보고 있다. 다룬 인물 중에는 유럽통합에 간여한 정치가나 관료들이 많지만 사상가나 유럽통합 운동가들도 포함되었다. 인물의 생애에서 출발하여 구체적인 유럽통합 사상과 정책으로 나아가는 것이기 때문에 명쾌하지만 딱딱한 유럽통합 이론서에 비해 부드럽고, 국가나 단체를 중심으로 다루는 유럽통합사에 비해 생생하다. 예컨대 이탈리아인 데 가스페리는 접경지대에서 성장하여 국민국가로 분열된 유럽 국가 체제의 모순을 어렸을 때부터 직접 체험했다. 이는 필경 그가 유럽통합의 필요성을 절감하고 후에 이를 추진한 역사와 깊이 관련이 있을 것이다.

이 책이 인물의 생애로부터 시작하여 사상이나 정책으로 나아가기 때문에 인물이 연관된 구체적 사건에 대한 사전 지식이 없는 독자들은 이 책을 통해 유럽통합사의 대략을 그려내기가 쉽지 않을 것이다. 하지만 유럽통합사의 주요 국면을 안다면 이는 그리 어려운 일도 아니다. 이 책이 강조하는 유럽통합의 주요 사건은 크게 네 가지인데, 각 국면의 주요 통합 기획을 둘러싼 각국의 정책과 경합의 역사를 주요 인물별로 살펴본 셈이다. 첫째, 유럽석탄철강공동체(ECSC)의 성공, 유럽방위공동체(EDC)와 유럽정치공동체(EPC)의 실패, 유럽경제공동체(EEC)와 유럽원자력공동체(Euratom)의 성공으로 이어지는 1950년대의 초국가적 유럽통합의 초석을 다진 시기. 이 시기에는 주로 모네, 아데나워, 데 가스페리, 처칠이 활동하며 각국의 입장을 대변했다. 둘째, '국가들의 유럽'이라는 현실주의적 유럽통합을 실현하려는 드골을 중심으로 전개된 1960년대의 유럽통합 시기. 드골과 할슈타인의 대결 속에서 서로 다른 통합 구상이 어떻게 경합했는지 살펴볼 수 있다. 셋째, 침체된 유럽통합의 재도약을 시도한 단일유럽의정서(SEA) 및 유럽연합(EU)이 성립되고 유럽통합 안에서 평화적 독일통일이 달성된

1980/90년대. 이 시기는 브란트, 미테랑, 들로르, 콜, 대처가 위와 같은 큰 두 사건을 둘러싸고 자웅을 겨루던 때였다. 넷째, 동구권 붕괴와 동유럽 국가들의 유럽연합 가입이 이루어지는 1990년대와 2000년대의 확장된 유럽통합의 시기. 여기서는 괸츠와 하벨이 각각 체코와 헝가리의 유럽연합 가입을 위한 정치를 펼친 모습을 확인할 수 있다.

　이 책은 국제 관계나 외교사적 입장에서만 유럽통합을 바라보지는 않는다. 동시에 내정과 외정의 관계에도 초점을 맞추었다. 유럽통합 연구서에서 자주 인용되는 밀워드(A. Milward)의 키워드인 국민국가들의 '유럽적 구원(European rescue)'이 각 인물의 유럽통합 사상과 정책에 어떻게 나타나 있는지 이 책은 잘 보여주고 있다. 2차 대전 후 유럽의 최대 과제였던 독일 문제와 각국의 안보 · 경제 · 사회 문제를 동시에 해결하는 패키지 해법인 모네의 유럽석탄철강공동체로부터 '유럽으로의 복귀'를 내세우며 체코의 유럽연합 가입을 추진했던 하벨의 정책까지, 국민국가가 직면한 내부 문제에 대한 '유럽적 구원'이라는 유럽통합의 의미를 확인할 수 있다. 각국 주권의 일부를 한 곳에 융합한 초국가적 통합 유럽이 국민국가 내부에 딛고 서 있는 단단한 기초는 바로 여기서 찾을 수 있을 것이다.

　이 책은 통합 유럽을 인물 중심으로 고찰하지만 기실 다국 간 체제를 분석할 때 활용되는 전통적인 '다국(자)적 시각'을 견지하고 있다. 하지만 유럽통합에 접근하는 시각은 이것만이 아니다. 지역들과 유럽연합의 관계가 긴밀해짐에 따라 통합 유럽을 '지역들의 유럽'으로 보는 시각, 유럽 시민권이 심화됨에 따라 통합 유럽을 '시민의 유럽'으로 보는 시각이 조금씩 확대되고 있다. 이것은 필경 국경 내부에서 독점권을 누렸던 개인의 국민 정체성이 다양화되는 현상과 유럽연합 통치 구조가 다층 통치 체제(multi-level governance)로 전환되는 과정을 반영한 시각일 것이다. 국민국가의 경계가 해체되는 과정을 반영한 이러한 시각과 더불어 국민국가보다 큰 단위에서 유럽을 보려는 시각 또한 존재한다. 유럽을 하나의 문명으로 보는 시각이 그것이다. 이 책에서 언급한 쿠덴호베칼레르기와 발레리가 이러한 입장을 잘 대변해 준다. 1차 대전을 계기로 유럽 문명의 종언을 예감하고 그 갱생을 호소했던 저작들이 많이 출간되었는데, 위 두 인물은 추락하는 유럽 문명의 갱생의 방안으로 유럽통합을 주창했던 인물이다.

시중에서 흔히 접할 수 있는 유럽통합(사) 개론서들이 20세기부터 시작하는 데 비해 이 책은 의도적으로 19세기를 출발점으로 삼았다. 유럽통합을 민족주의와 초국가주의(초민족주의)의 대립 구도에서 고찰하는 것이 일반적 시각이며, 그 중심에는 가장 극단적인 민족주의인 나치즘에 대한 경험이 자리 잡고 있다. 이 책도 그 점에서는 그다지 다르지 않다. 이 책에서 다룬 인물 가운데 20세기에 활동했던 사람들은 거의 예외 없이 나치즘을 경험했고 이를 극복하는 방안으로 유럽통합을 구상했다. 하지만 이 책은 19세기에도 초점을 맞추었는데, 좀 더 긴 역사적 호흡으로 유럽통합에 접근하기 위해서이다.

19세기의 유럽통합 사상은 유럽통합을 민족주의와 초국가주의의 대립 구도로 보는 시각에 새로운 시선을 던져준다. 이 이항 대립으로 20세기 유럽사를 보는 것은 적절하지만, 19세기는 반드시 그렇지만은 않았다. 마치니는 민족주의자로 널리 알려졌지만, 그의 민족주의 사상 속에는 자유에 기초한 유럽 국민국가 건설이 평화적인 유럽 국제

체제를 구축하는 데 필수적인 전제 조건이라는 점이 강조되고 있다. 이는 오늘날의 초국가적인 유럽통합 사상과 같다고 볼 수는 없지만, 최소한 민족주의가 반드시 초국가주의와 대립 관계를 형성하는 것은 아니라는 점을 보여준다. 2차 대전 후 유럽에서는 국가 단위로 자유민주주의 체제가 성립되었다. 국민의 동의에 기초한 민주주의국가들은 애국주의로 국민 통합과 발전을 모색했는데, 어찌 보면 마치니의 민족주의는 이와 같은 수준이었는지도 모른다. 국민의 이익을 실현하는 도구로서 유럽통합이 구상되고 발전한 현실적 측면에서 볼 때 마치니의 사상이 사실상 2차 대전 이후 실현되었다고 평가할 수도 있지 않을까? 이 책이 다룬 대부분의 인물들은 마치니의 민족주의에 부합하는 민족의식을 갖고 있다고 볼 수 있지 않을까? 민족주의와 초국가주의의 이항 대립은 일차적으로 극단적인 민족주의를 전제한 것이고, 둘째 모든 민족주의는 극단화될 수밖에 없다는 본질론적 입장이 이 이항 대립을 정당화하는 사유 방식이다. 본질론적 입장에서 벗어나 민족주의는 유럽통합을 통해 순치될 수 있다는 유연한 입장을 취하면 이항 대립의 한 축인 민족주의를 좀 더 넓게 볼 수 있고, 순치된 민족주의와 초국가주의는 이항 대립이 아니라 서로를 필요로 하는 서로 다른 차원의 한 쌍의 개념이 될 수 있다. 최근 국내에서 번역 출간된 《독일 프랑스 공동 역사교과서》는 유럽통합의 시각을 강조하는데, 여기서 마치니가 유럽통합 사상의 선구자 가운데 한 명으로 소개된 것은 이 점에서 우연이 아니다. 민족주의와 초국가주의의 이항 대립을 부정하는 이런 시각은 오늘날 유럽통합을 초국가주의와 정부간주의 사이의 어느 지점에 놓여 있는 국가 간 체제라고 보는 통설을 민족주의 개념으로 기술한 것이기도 하다.

19세기의 유럽통합 사상은 또한 자본주의적이며 반공적인 유럽통합 이해에도 새로운 시선을 제공해준다. 1950년대 이래 전개된 유럽통합 기획들 가운데 유독 경제적 통합이 성공적이었다. 정치적 의미의 통합도 없었던 것은 아니었으나 1950년대 유럽방위공동체와 유럽정치공동체의 실패 이후 서서히 진척되었다. 유럽연합이 리스본 조약으로 정치 통합을 향한 도약을 꾀한 것은 최근의 일이다. 유럽연합이 경제통합체라는 일반적 인식의 배경에는 바로 이런 역사적 과정이 놓여 있다. 더군다나 유럽통합은 냉전기 자유 진영을 결속시킨 냉전 전략의 최대 성과로 인식됨으로써 공산주의에 맞선 기획이라는 의미가 강하게 부각되고 있다. 물론 평화적 독일통일과 동구 국가들의 가입이라는 사실을 통해 유럽통합이 냉전의 틀을 넘어서는 평화 기획의 의미를 지닌 것으로 파악될 수도 있겠지만, 유럽통합에 대한 역사적 평가가 그렇다는 것이다. 하지만 19세기의 유럽통합 구상은 자본주의적이며 반공적인 것만이 아니었다. 사회주의자들의 다양한 유럽통합 기획이 존재했다는 것은 냉전 종식 이후 유럽통합의 발전을 전망하는 데 남다른 의미가 있으리라 생각된다. 조국이 없는 노동자들에게 국민국가의 경계를 넘어 단결할 것을 호소한 마르크스는 비록 공산 사회로 나아가는 도구적 차원이긴 했지만 노동자 세력 중심의 유럽통합에 우호적이었다. 국제노동자협회는 이를 뒷받침하는 좋은 증거가 될 것이다. 물론 레닌이 제국주의적인 독점자본 중심의 유럽통합에 반대하기 전까지, 그리고 각국의 사회민주주의자들이 각국의 승리를 위해 1차 대전을 지지하기 전까지는 그랬다는 말이다. 이 책이 다룬 프루동과 바쿠닌은 사회주의 진영의 비주류 사상가들이고 마르크스와는 다른 방식의 인간 해방을 추구했지만, 국민국가의 경계를 뛰어넘는 유럽통합을 주장했다는 점에서 유럽 사회주의와 맥을 같이한다고 볼 수 있다. 2차 대전 후 각국의 사회민주주의 세력이 이 전통을 이어받아 통합유럽을 주조하는 데 큰 역할을 했다. 이 책에서 다룬 브란트와 미테랑은 그 좋은 예이다.

이 책이 빅토르 위고를 포함시켰다는 점에 대해 필자들은 뿌듯하게 생각한다. 이 책에서 인용된 1849년 그의 연설 내용은 유럽통합을 다루는 대부분의 저술에 자주 인용되는 매우 상징적인 문구이다. 하지만 그의 연설을 인용한 책들 가운데 빅토르 위고의 유럽통합 사상을 상세히 설명하는 책은 찾아보기 힘들다. 필자들도 위고의 유럽통합 사상에 대해 늘 궁금하게 생각했다. 그의 변화무쌍한 삶, 프랑스 혁명에 대한 자부심, 프랑스 중심의 유럽관과 유럽통합 사상이 이 책의 백미 중 하나일 것이다.

이 책에서 다룬 19세기 인물인 위고, 마치니, 프루동, 바쿠닌은 모두 개인의 자유를 실현하고 보장하기 위해 유럽통합이 필수적이라고 보았다. 이들을 일반적으로 자유주의자로 분류하지 않지만, 자유주의자들만큼 개인의 자유의 가치를 중시한 사상가들이었다. 이들은 또한 모두 민주주의를 지향했던 인사들이다. 이들은 모두 국민국가가 국민 개개인의 자유를 보장하는 데 한계가 있으며, 국민국가 차원에서 실현된 민주주의는 유럽적 협력이 없으면 불가능하다는 인식 아래 유럽으로 시선을 넓힌 것이다. 바로 이 점에서 이들의 유럽통합 사상을 평화의 사상이라고 부를 수 있을 것이다.

그런데 근대적 평화 기획으로 유럽통합을 구상한 최초의 인물 가운데 한 명이 바로 임마누엘 칸트이다. 19세기 이전의 유럽통합 사상에 대해서는 다루지 않기로 한 편집 방침에 따라 이 책에 포함되지는 않았지만, 칸트는 프랑스 혁명이 한창이던 18세기 말엽 《영구 평화를 위하여》를 출간했다. 그는 유럽에 평화를 항구적으로 확립하기 위해서는 유럽 국가들이 실질적으로 공화정이 되어야 한다고 했다. 왜냐하면 그것이 인민의 의사를 정치에 반영시킬 수 있는 최상의 제도이며, 이러한 공화국에서 전쟁을 일으키기 위해서는 인민들의 동의가 필요하기 때문이다. 그는 또한 이 공화국들이 전쟁이라는 수단에 호소하는 일방적인 국가 간 관계보다 다자간 호혜무역을 유리하다고 보는 이성적 판단에 입각하여, 각국이 자신의 존엄한 주권의 일부를 양도함으로써 국가적 경계를 초월하는 모종의 국제적 조직을 형성해야만 전쟁을 궁극적으로 방지할 수 있다고 역설했다. 그는 일체의 국가 간 비밀조약을 비판하는 공개적 저널리즘의 필요성까지도 강조했고, 인류 본래의 도덕적 자질에 근거한 전쟁 폐지의 요청으로부터 자신이 제창한 국제적 수준의 평화 연맹이 언젠가는 창설되리라고 확신했다. 칸트의 이러한 선구적 제창은, 20세기에 들어 국제연맹이나 국제연합의 이상에서 부분적으로 실현되고 있으며, 나아가서 유럽연합의 형성에도 필수적인 사상적 자양분이 되었음은 명백하다.

이 책에서 19세기 이전의 유럽통합 사상에 대해서는 언급하지 않았다. 그 이유는 민족주의가 근대의 산물이듯, 민족주의를 자신의 존립 근거로 삼는 근대 국민국가 체제의 문제점을 극복하려는 유럽통합 역시 근대의 산물이기 때문이다. 그러므로 19세기 전반기 복고 체제의 신성동맹과 같은 전근대적 국제 관계뿐 아니라 그 이전 시기의 왕조 국가에 기초한 유럽통합 사상은 전근대적 형태이기 때문에 오늘날 유럽통합과 질적으로 다른 것이라 판단하여 이에 해당하는 인물들을 제외했다. 무력으로 통합을 시도한 나폴레옹과 히틀러도 본서에서 제외되었는데, 이들의 유럽은 회원국 간 평등성에 기초한 오늘날의 통합 유럽과는 거리가 멀기 때문이다. 하지만 이 두 종류의 유럽도 현재의 통합 유럽의 특징을 부각시키기 위해 고찰할 필요가 있다는 점은 분명해 보인다. 또한 민족주의가 민족의 미래를 향해 있지만 민족의 과거로부터 자기 정체성의 자양분을 공급받듯이, 유럽주의도 유럽의 미래를 향해 있지만 정체성 구축의 자양분은 유럽의 과거에서 찾으려는 경향이 확실히 존재한다. 이 책은 이 문제를 직접 다루지는 않았지만, 오랜 시기 서유럽과 다른 종류의 유럽(소련)의 '지배'를 받던 체코와 헝가리의 민족 정체성을 유럽 역사 속에서 찾으며 유럽연합 가입을 정당화한 하벨과 괸츠에게서 이런 유럽주의의 한 단면을 확인할 수 있을 것이다.

III

이 책은 크게 3부로 구성되었다. 1부는 19세기 인물 네 명을, 2부는 양차 세계대전과 1960년까지의 인물 아홉 명을, 3부는 1970년대부터 독일 통일 및 공산권 붕괴 이후의 인물 일곱 명을 다루었다. 이 구분은 자의적인 면이 있지만, 꼭 그렇지만은 않다. 1부와 2부의 구분에 대해서는 별도의 설명이 필요치 않겠지만, 2부과 3부의 구분에 대해서는 약간의 설명이 필요해 보인다. 양차 세계대전을 유럽적 규모에서 보면 한 묶음으로 볼 수 있어 이를 두 번째 '30년 전쟁'이라 칭할 수 있다. 첫 번째 것이 종교전쟁이었다면, 두 번째 것은 민족주의 전쟁이었다. 1970년대는 두 번째 '30년 전쟁'이 잉태한 총력전 체제가, 다른 말로 하면, 케인스주의적 계급 협조 체제가 붕괴되고 금융자본 중심의 신자유주의적 체제가 시작된다. 유럽통합사에서 볼 때도 통합의 초석을 다진 시기가 1970년대에 마감하고 통합 유럽이 단일유럽의정서를 계기로 새로운 도약을 모색하기 시작한 것이 그 이후 시기라고 볼 수 있다. 냉전과 독일 문제를 중심에 놓고 보자면 독일통일과 냉전의 해체가 시기 구분의 중요한 기준점이 되겠지만, 자본주의의 변화와 유럽통합의 새로운 도약이 이 두 사건을 관통하여 지속되었다는 점을 이 책은 중요하게 보았다. 하지만 1990년대 이후 동유럽 인물들을 좀 더 다루었다면, 본서를 4부로 나누어도 좋았을 것이다. 이런 점에서 이 책의 3부 구분은 다소 자의적이라고 할 수 있다.

인물 선정에 아쉬운 점 몇 가지가 있다. 영국의 자유주의자이자 사회진화론자인 스펜서(Herbert Spencer)가 빠진 것이 못내 아쉽다. 그는 19세기 후반 유럽 자유주의 시기 경제적 통합 과정을 면밀히 고찰하면서 통합(integration) 개념을 오늘날 유럽통합(European integration)이라는 의미에서 처음 정의했던 사상가다. 그는 유럽 경제통합에 접근하는 방법론을 개척한 인물로 처칠과 대처의 유럽통합 정책에서도 확인되는 영국의 유럽관을 기초한 인물이기도 하다. 기업인을 다루지 못한 점도 이 책의 단점이다. 사회주의 진영의 대표 주자는 누가 뭐래도 마르크스와 레닌이다. 이 둘을 다루었다면, 사회주의 진영이 20세기 초반 유럽통합을 두고 분열된 정황과 이것이 반나치 레지스탕스와 냉전기에 미친 영향을 포착할 수 있었을 것이다. 아쉬운 점은 이뿐이 아니다. 이 책은 주로 유럽 강대국(영국, 프랑스, 독일, 이탈리아, 러시아) 출신의 인물을 다루었다. 유럽연합의 확대와 관련하여 헝가리인과 체코인을 다룬 것이 위안이 되지만, 벨기에, 네덜란드 등 소국 출신의 인물들을 다루었다면 유럽통합의 평등성(국가 간 체제의 민주주의) 문제에 심도 있게 접근할 수 있었을 것이다. 유럽연합 초대 대통령으로 토니 블레어 전 영국 총리가 물망에 올랐지만 소국 벨기에 총리 헤르만 판 롬파위가 선출된 배경에 이 원리가 작동했다는 점을 감안하면 아쉬움은 더 크다.

앞서 말했듯이, 유럽통합 연구가 한국 학계의 독자적 연구 영역으로 자리 잡은 지 제법 오래되었다. 유럽학회, EU학회 등 유럽통합을 본격적으로 다루는 학제 간 연구 단체들, 그리고 유럽통합과 관련된 학제 간 프로젝트들을 보아도 이 현상은 뚜렷하다. 사회과학자들이 주로 활동하는 위 학회들은 오늘날의 유럽통합이 주된 연구 대상이기 때문에, 유럽통합에 대한 역사적 접근은 '변방'에 머물러 있다. 서양 각국사로 분절된 한국의 서양사학계에서 유럽통합사를 전공하거나 이와 관련된 논문을 내놓는 것은 극히 최근의 일이다. 역사학자들은 과거로부터 현재를 설명하려 하지만 현재에 오기 전 어느 지점에 머물러 더 나아가지 못하는 '악습'에 여전히 사로잡혀 있는 것 같다. 2007년 유럽통합을 연구하는 일단의 정치학자와 역사학자가 한자리에 모여 '변방'에 머문 역사와 '악습'으로 소외된 현재를 화해시키기 위한 연구 모임 '통합유럽연구회'를 결성하였다. 이 책《인물로 보는 유럽통합사》는 통합유럽연구회가 일반 독자들에게 내놓는 첫 번째 작품이다. 본서는 정치학자와 역사학자의 공동 작업답게 역사적 시각과 사회과학적 접근을 적절히 녹여내려 애썼다. 하지만 이러한 노력의 흔적이 독자들의 눈에 선명하게 보일지 걱정이 앞서는 것 또한 사실이다.

이 책이 나오기까지 많은 분들의 도움을 받았다. 먼저 모든 필자가 자기 몫을 해주었다. 특히 바쁜 시간을 쪼개 '귀찮은' 편집을 도맡은 이선필 박사께 감사의 말씀을 전한다. 또한 통합유럽연구회 회원이 아니었지만, 본서의 취지에 동감하고 옥고를 보내주신 여러 선생님들께도 심심한 감사의 말씀을 전한다. 이 분들의 글이 없었다면, 이 책은 그다지 흥미롭지 못했을 것이다. 이 책의 가치를 알아보시고 출판을 맡아주신 도서출판 책과함께에게도 감사의 말씀을 전하고 싶다.

2010년 2월
필자를 대신하여
임상우, 김승렬

3

유럽연합(EU)의 출범과 발전
: 단일유럽시장에서 오늘날까지

CAP   Common Agricultural Policy : 공동농업정책

CFSP   Common Foreign and Security Policy : 공동외교안보정책

CSCE   Conference on Security and Cooperation in Europe : 유럽안보협력회의

ECB   European Central Bank : 유럽중앙은행

ECSC   European Coal and Steel Community : 유럽석탄철강공동체

ECU   European Currency Unit : 유럽통화단위

EDC   European Defense Community : 유럽방위공동체

EEC   European Economic Community : 유럽경제공동체

EFTA   European Free Trade Association : 유럽자유무역연합

EMA   European Monetary Agreement : 유럽통화협정

EMI   European Monetary Institute : 유럽통화기구

EMS   European Monetary System : 유럽통화제도

EMU   Economic and Monetary Union : 경제통화동맹

EPC   European Political Community : 유럽정치공동체

EPC   European Political Cooperation : 유럽정치협력

ERM   European Exchange Rate Mechanism : 유럽환율조정기구

OEEC   Organization for European Economic Cooperation : 유럽경제협력기구

SEA   Single European Act : 단일유럽의정서

WEU   Western European Union : 서유럽동맹

1
19세기의 유럽통합 사상

프랑스의 죽음과 변용

: 빅토르 위고

전수연

프랑스는 죽을 운명이라고 했다. 죽되 마치 신들처럼 변용 (transfiguration)을 통해 사라져 유럽이 될 것이라고 했다. 빅토르 위고(Victor Hugo)가 한 말이다. 프랑스에 대한 사랑과 유럽에 대한 신념을 프랑스의 대표적 문인답게 시적으로, 그리고 종교적으로 표현한 것이 프랑스의 죽음과 변용이다.

위고의 이름을 들으면 곧바로 불멸의 명작 《레 미제라블》을 떠올리게 된다. 그는 제목 그대로 '비참한 사람들'을 다룬 이 소설로 백만장자가 되었다고 일부 사회주의자들이 빈정거렸을 정도로 성공한 소설가였고, 데뷔하자마자 연금과 훈장을 받은 시인이었으며, 〈에르나니〉로 파리 연극계를 사로잡으며 낭만파의 거두로 우뚝 선 거목이다. 그러나 소설가 위고는 아무래도 발자크(Honoré de Balzac)에 미치지 못하고, 시인으로서는 보들레르(Charles Baudelaire)에게 앞자리를 내주어야 한다고 평가된다. 극작가 위고의 최고의 영광은 베르디(Giuseppe

Verdi)에게 오페라 대본을 마련해준 일이라는 조롱을 받기도 했다. 위고를 진정 거인으로 만든 것은 성공한 문인으로서보다는 그의 정치적 행적이라고 할 것이다. 19세기 정치 무대에서 위고는 제1급 주연배우였다.

위고를 정치인이라 부를 때, 이는 이를테면 드레퓌스(Dreyfus) 사건 당시 졸라(Émile Zola)가 행동한 것처럼 참여 지식인으로서 정치적 역할을 담당했다는 의미에 국한되지 않는다. 그는 정계에 진출한 정치가이기도 했다. 위고의 정치 경력을 따라가보면 극우왕당파, 보나파르트주의자, 자유주의자, 공화주의자, 사회주의자 등 다양한 수식어를 접하게 된다. 그러나 그를 한마디로 규정해야 한다면 유럽주의자란 단어를 고를 수 있을 것이다.

동시대의 문인들이 국사에 몰두하며 너와 나를 구별 짓는 울타리 쌓기에 헌신했던 것과는 대조적으로 위고의 사극은 유럽적이었고, 위고의 영웅은 샤를마뉴(Charlemagne)나 카를 5세(Karl V)처럼 경계를 허무는 이들이었다. 제국과 황제에 대한 향수를 접었을 때도 그가 조망한 미래는 유럽공화국이었다. 1849년 8월 파리에서 열린 국제평화회의 개막 연설에서 '유럽합중국(United States of Europe)'을 주창한 이래 이 개념은 위고 사상의 핵심이 되었다. 베스트셀러 작가이자 유럽의 가장 유명한 망명자였던 위고의 말과 글을 통해 유럽합중국이라는 생경했던 용어가 일반인의 눈과 귀에 익숙해지고 생각 속에 자리 잡게 되었다는 측면에서, 그는 유럽 만들기의 일등 공신이었다.

세기의 전설

위고 자신의 표현대로 "세기가 두 살일 때" 태어난 그는 세기가 저물어가는 1885년에 사망했다. 프랑스 제1공화국이 죽어갈 무렵에 나타나 제3공화국의 승리가 확정된 시점에 떠난 그를 가이드 삼아 19세기 프랑스 탐사를 해볼 수 있다. 혁명정부의 군인이던 그의 아버지와 반혁명의 중심지 서부 프랑스 방데(Vendée) 출신인 어머니의 만남에서부터 극적인 18세기 말 프랑스 역사를 읽을 수 있다. 나폴레옹의 측근이 되는 아버지와 나폴레옹을 제거하려다 총살되는 라오리(Victor Lahorie) 장군을 연인으로 삼은 어머니 사이의 불화와 별거는 거의 소설적이다. 사실 《레 미제라블》에 등장하는 청년 마리우스의 이야기는 바로 위고 자신의 성장 과정이다.

어머니의 영향 아래 나폴레옹을 '찬탈자'로 여기며 자란 위고는 부르봉 왕가의 복귀를 열렬히 환영했다. 그의 아버지 레오폴 위고(Léopold Hugo) 장군이 나폴레옹의 백일천하가 종결된 이후에도 항복을 거부하며 포위된 티옹빌(Thionville)에서 마지막 저항을 하고 있던 바로 그 순간에 소년 빅토르는 라틴어 문법책에 "국왕 만세!"란 낙서를 하고 있었다. 문인이자 정치인이었던 샤토브리앙(François-René de Chateaubriand)을 숭배하던 왕당파 청년 위고는 출세 가도를 달리기 시작했다. 젊은 시인은 〈방데〉, 〈베르됭의 처녀들〉, 〈루이 17세〉에서 혁명의 희생자들을 애도했다. 이러한 시들을 모아 1822년에 출판한 《오드와 잡영집》은 그가 서문에서 밝혔듯이 문학작품이자 정치적 선언이었다. 왕실은 연금으로 화답했다. 1825년에는 샤를 10세(Charles X)의 대관식에 초대되는 영광을 누렸고 레지옹 도뇌르(légion d'honneur) 훈장을 받았다. 당시 그는 겨우 23세였다.

그러나 바로 이즈음 위고의 정치적 노선은 변화하기 시작한다. 여기서도 가족사가 한 몫을 담당했다. 1821년 어머니가 사망했다. 19세 미성년인 빅토르가 사랑하는 아델 푸셰(Adèle Foucher)와 결혼하려면 아버지의 승낙이 필요했다. 아버지와 재회한 뒤로 그는 〈나의 아버지에게〉(1823), 〈나의 어린 시절〉(1824)을 내놓았다. 아버지의 재발견은 나폴레옹의 재평가로 이어진다. 1827년 1월 파리의 오스트리아 대사관의 리셉션에 초대된 나폴레옹 시대의 장군들이 모욕을 당하자, 위고는 곧 〈방돔 광장의 원주에게〉로 응수했다. 그에게 오스트리아 대사관의 태도는 아버지에 대한 모독이자 나폴레옹의 승리에 대한 부정이었던 것이다.

1827년은 또한 희곡 〈크롬웰〉을 출간한 해이다. 당시 한 비평가가 지적했듯이 "가면을 쓴 보나파르트"인 크롬웰을 소재로 삼은 것도 의미심장하지만 무대에 올릴 수 없을 정도로 길고 많은 인물을 등장시킨 것도 의도적이었다. 서문에서 천명했듯이 당시 상황에서 그의 새 작품을 무대에 올릴 수 없으리라는 것은 자명했기 때문이다. 〈크롬웰〉 서문의 파장은 컸다. 그것은 문학적 앙시앵 레짐(Ancien Régime littéraire)을 무너뜨리는 혁명을 이루고자 하는 낭만주의 연극의 선언문과도 같은 것이었다. 법칙에 얽매인 고전주의 문학에서 벗어나고자 하는 위고의 문학적 투쟁은 검열을 강화하며 표현의 자유를 옥죄고 있는 복고 왕정의 완고함에 대한 저항과 맞물렸다. 그에게 정치적 자유와 문학적 자유는 동의어였다. 어제의 극우왕당파는 이제 자유주의의 기수가 되었다. 정부는 이 '변절'한 시인의 연극 〈마리옹 드 로름〉 (1829)의 공연을 금지했다. 그러나 곧이어 무대에 오른 〈에르나니〉 (1830)가 야기한 이른바 '에르나니 전투'는 낭만주의의 승리를 확정 지었다. 샤를 10세의 칙령이 촉발한 7월혁명의 승리가 곧 뒤따를 것이 었다.

위고와 7월혁명 그리고 그 혁명이 산출한 7월왕정과의 관계는 미묘 하다. 1830년 2월부터 5월에 걸친 '에르나니 전투'를 이끌었던 그는 7 월혁명의 혁명가들을 길러낸 장군이었다고 할 수 있다. 그러나 뒤마 (Alexandre Dumas)나 베를리오즈(Hector Berlioz)가 무장을 하고 거리 에 나섰던 것과는 달리 그는 만삭의 아내와 아이들과 함께 집에 머물 러 있다가 거리가 진정되자마자 파리를 떠났다. 샤토브리앙을 비롯하 여 수많은 문인들이 7월에 대한 생생한 기록을 남겼지만 위고의 증언 은 없다.

그러나 위고는 단순한 왕조 교체를 넘어서는 7월의 진정한 의미, 즉 혁명이 아니라 왕정복고가 막간극이었다는 것, 1789년을 부인하며 앙 시앵 레짐을 복고하려는 반혁명의 시도 자체가 하나의 환상에 지나지 않는다는 것을 증명해 보인 이 운동의 중심에 있었다. 7월의 이름을 가진 체제가 7월이 상징하는 운동의 원칙에 저항하려 할 때 그는 이의 를 제기하고 나섰다. 〈왕은 즐긴다〉(1832)가 초연 직후 금지되자 위고 는 이 '저항' 정부를 법정에 세웠다. 소송의 직접적 대상은 코메디 프 랑세즈 극장이었지만 그의 진정한 피고는 정부였다. 그의 변론의 근 거도 표현의 자유를 보장한 7월왕정의 헌법이었다. 《노트르담 드 파 리》(1831)처럼 〈왕은 즐긴다〉라는 작품 자체가 가치의 전도와 반항권에 관한 것이었다.

그런가 하면 1840년대의 위고는 아카데미 프랑세즈에 선출되고 왕실과 친분을 쌓으며 귀족원에 임명되는 등 명사로서의 입지를 굳혀 나가고 있었다. 그러면서도 그는 억울하게 체포된 한 창녀를 구하기 위해 명함을 내밀며 경찰서에 출두하기도 했고, 이후 《레 미제라블》이 될 걸작 사회 소설을 집필하고 있었다.

위고의 '표리부동'은 계속된다. 기조(François Guizot) 정부에 대한 경멸을 감추지 않았던 그였지만 1848년 2월혁명을 환영하지는 않았다. 6월 4일 보궐선거에 출마하여 센(Seine) 도에서 당선된 위고가 의회에서 자리 잡은 곳은 오른쪽이었고 그의 첫 연설은 실업자 구제를 위해 실시되고 있던 국민 작업장(Ateliers nationaux)을 폐지하자는 것이었다. 그러니까 그는 우파 의원이었다. 그러나 6월 봉기의 가혹한 진압을 직접 목격한 위고의 행보는 왼쪽으로 향한다. 1849년 5월 13일 입법의회를 선출하는 총선에서도 위고는 1848년처럼 보수파의 깃발 아래 당선되지만, 그의 의정 활동은 어느 산악파 의원보다도 진보적이었다. 사형제 폐지와 노동자를 위한 사회 주택을 위해 투표했으며, 교육에 대한 교회의 권한을 강화하고 보통선거와 언론의 자유를 제한하려는 우파의 법안들에 항의하기 위해 연단에 섰다. 선거 당시 어떤 깃발을 들었건 의회 어느 구석에 앉았건 내용 면에서 그는 공화주의자였다.

1848년 12월 대통령 선거에서 보나파르트 후보를 적극 지지했던 위고는 1851년 12월 쿠데타에 격렬하게 저항한다. 1830년 7월혁명이나 1848년 2월혁명 때와는 달리 그는 거리의 한가운데 있었다. 저항을 선동하고 선언문을 낭독하고 벽보를 붙였지만 결과는 참담했다. 의원들은 체포되었고 바리케이드에서는 100여 명의 희생자가 발생했다. 위고는 체포를 피하기 위해 자크-피르맹 랑뱅(Jacques-Firmin Lanvin)이란 이름의 가짜 여권을 들고 국경을 넘는다. 브뤼셀에서 단숨에 써 내린 독재자에 대한 고발장 《꼬마 나폴레옹》(1852)은 유럽 전역에 팔려 나갔고, 여자들의 옷 속에, 심지어 보나파르트의 흉상 속에 숨겨져 프랑스로 반입되었다. 이 과격한 팸플릿 때문에 더 이상 브뤼셀에 머물 수 없게 된 위고는 런던을 거쳐 영불해협의 저지(Jersey) 섬, 이어 건지(Guernsey) 섬에 정착했다. 보나파르트는 측근들에게 "위대한 빅토르 위고(Victor Hugo le grand)가 쓴 《꼬마 나폴레옹》을 보라"고 농담을 했다고 하지만, 당시 위고는 진정으로 위대하고 나폴레옹은 왜소했다. 나폴레옹 3세에 맞서는 위고는 제국에 저항하는 공화국 그 자체였다. 그는 나폴레옹 3세의 프랑스 땅을 밟지 않았다. 1868년 아내 아델의 장례 때도 그는 벨기에 국경에서 발길을 돌렸다. 그는 프로이센에 패배한 나폴레옹 3세가 1870년 9월 2일 포로가 되고, 4일 공화국이 선포된 후, 9월 5일 19년간의 망명 생활을 청산하고 프랑스로 돌아온다. 위고의 나이 68세였다.

1870년대의 '도덕 질서' 정부에 저항하며 공화파의 공화국 정착을 위해 헌신한 위고는 제3공화국의 국부가 되었다. 1885년 5월 22일 사망한 위고의 생애를 《19세기》지는 "세기와 함께 행진한" 삶이라고 요약했다. 공화국 정부는 국장을 선포했다. 6월 1일 개선문에서 팡테옹(Panthéon)에 이르는 장대한 의식은 장례식이 아니라 대관식이었다. 그는 '세기의 전설'이 되었다.

경계의 파괴자들

세기와 함께 행진했다는 위고의 생애에서 가장 흥미로운 동반자는 나폴레옹이다. 나폴레옹은 어떤 형태로건 늘 위고와 함께 있었다. 위고는 복고 왕정 말기부터 지면과 무대를 통해 나폴레옹을 찬양했고 1848년 12월 보나파르트 대통령 만들기에 기여했다. 그러나 그 대통령의 쿠데타와 그가 재건한 제국을 누구보다 완고하게 반대하고 탄핵했다. 이 두 위고 사이의 거리는 위고의 좌경화로 설명될 수 있을까? 자신의 말대로 "그늘에서 빛을 향해" 걸어간 것일까?

제2공화국 시기에 목격되는 위고의 좌경화는 보나파르트의 우경화와 맞물려 있다. 위고가 위대한 나폴레옹의 조카를 '꼬마 나폴레옹'으로 경멸하게 된 것은 장관 자리를 안겨주지 않은 데 대한 분노 때문이라는 빈정거림도 없지 않았지만, 레뮈자(Charles de Rémusat)가 분석했듯이 티에르(Adolphe Thiers)나 몰레(Louis Molé) 등에 둘러싸인 대통령에 대한 실망에서 근본적인 동인을 찾을 수 있을 것이다. "내가 원하는 것은 영향력이지 권력이 아니다." 1848년 12월 10일, 그러니까 대통령 선거일에 친구에게 보낸 편지에서 위고가 한 말이다. 보수주의자들로 좁은 울타리를 만들고 안주한 대통령에게 영향력을 행사할 수 없게 된 위고는 민주주의라는 한없이 넓은 터전을 발견하고 그쪽으로 나아간 것이다.

사실 1820년대 말부터 위고가 나폴레옹을 찬양했던 것은 그가 경계의 파괴자였기 때문이다. 나폴레옹이 파괴한 왕조의 정통성과 왕국들 사이의 경계선을 복고하겠다고 나선 빈 체제에 대한 혐오는, 환언하면 파괴자 나폴레옹에 대한 경탄이었다. 그는 정착을 거부하고 좁은 테두리에 갇히기를 거부하는 이들의 상징이었다. 위고의 눈에는 샤를마뉴가 그러했고, 나폴레옹이 그러했다. 〈크롬웰〉(1827)에서 〈성주들〉(1843)에 이르는 위고의 희곡에서 궁극적인 영웅은 황제이다. 위고에게 황제는 본질적으로 보편적인 제국의 건설자였다. 위고의 주인공들은 안주하지 않으며 기존 질서를 무너뜨리고 끊임없이 움직이면서 경계를 파괴했다.

물론 빈 체제에 대한 가장 광범위한 반대는 민족주의라는 형태로 표명되었다. 민족주의와 짝을 이룬 낭만주의는 국민국가 만들기에 기여했다. 특히 자국사를 소재로 한 낭만주의 연극은 학교의 역할을 담당했다. 그러나 다른 낭만주의 작가들과는 달리 위고는 국사에 관심이 없었다. 국민적 공동체 형성에 기여하는 것이 낭만주의 작가의 사명이라는 프랑수아 기조의 주문에 위고는 호응하지 않았다. 그에게 근대국가 만들기의 주역인 왕들은 울타리를 치는 소인배들이었다. 위고의 작품에서 편협하고 무자비한 왕들은 경멸의 대상이다. 〈에르나니〉에서 카를로스가 에스파냐 왕 카를로스 1세에서 신성로마 제국 황제 카를 5세로 변신하는 4막 2장은 위고가 유럽의 황제들―샤를마뉴, 카를 5세, 나폴레옹―을 동원하여 펼친 유럽의 꿈이라고 할 수 있을 것이다.

"왕 없는 사회, 경계 없는 인류." 라마르틴(Alphonse de Lamartine)에게 보낸 편지에서 위고가 피력한 소망이다. 1862년 망명지에서 쓴 글귀이지만 망명 이전의 위고에게도 그대로 적용될 수 있는 표어이다. 그러고 보면 제2공화국을 전후한 위고의 대조적인 모습은 외양에 지나지 않을 수 있다. 그는 한결같이 왕들과 그들의 국경을 경멸했고 유럽을 꿈꾸었다. 제2공화국 이후 보편적인 제국에 대한 꿈을 거두고 보편적 공화국으로 신념을 바꾸었을 뿐이다. 이 변화에 '기여'한 것이 이름만 황제였을 뿐 사실상 왜소한 왕에 지나지 않음을 노출한 루이 보나파르트(Louis Bonaparte)였던 것이다.

유럽합중국

위고가 유럽합중국이란 용어를 처음으로 사용한 것은 1849년 8월 파리에서 열린 국제평화회의 개막 연설에서이다. 나폴레옹 전쟁 이후 유럽 각지에서 다양한 흐름으로 전개되던 평화운동이 1848년 혁명이 야기한 변화의 물결에 힘입어 국제회의로 수렴되었다. 의장직을 수락한 위고는 하나의 유럽을 만들어 전쟁의 가능성을 종식시키자고 주장했다.

> 오늘날 루앙과 아미앵 사이, 보스턴과 필라델피아 사이의 전쟁이 불가능하듯이 언젠가는 파리와 런던 사이, 페테르부르크와 베를린 사이, 빈과 토리노 사이의 전쟁도 그만큼 상상하기 어려울 날이 올 것입니다. 오늘날 노르망디, 브르타뉴, 부르고뉴, 로렌, 알자스, 우리의 모든 지방들이 프랑스 속으로 용해되었듯이 언젠가 프랑스, 러시아, 이탈리아, 영국, 독일, 대륙의 모든 국가들이 각자의 특징과 훌륭한 개성을 간직한 채 상위의 통일체 속으로 용해되어 유럽의 우애를 조직하게 될 날이 올 것입니다.

1849년 파리 국제평화회의에서 유럽합중국을 건설하자고 연설하는 위고. 1849년 9월 6일자 〈르 샤리바리〉에 실린 도미에(Honoré Daumier)의 캐리커처.

하나의 유럽을 위한 이름으로 유럽합중국을 택한 것은 물론 미합중국을 염두에 둔 것이다. 1849년 8월의 이 연설에서 그는 두 합중국을 나란히 언급했다. 1776년에 13개 국가들이 하나가 되어 왕을 내쫓고 공화국을 건설한 미합중국의 예는 왕과 경계를 거부하며 그 대안을 보편적 공화국에서 찾고 있던 위고에게 강한 매력으로 다가왔을 것이다. 유럽합중국 주창과 위고의 정치적 좌경화는 이처럼 불가분의 관계를 맺고 있다. 시점도 일치한다. 위고 자신의 고백에 의하면 로마 공화국을 종식시키려는 프랑스 정부에 저항하는 산악파의 거리 투쟁이 참담한 실패로 끝난 1849년 6월 13일이야말로 그가 공화주의를 껴안은 결정적인 순간이었다고 한다. 그리고 두 달 후 유럽합중국을 건설하자고 외친 것이다.

유럽합중국은 1848년 즈음 곳곳에서 언급되던 용어로, 엄밀하게 말하면 위고의 창작품은 아니다. 하지만 이 용어의 '저작권'을 주장하는 위고를 크게 나무랄 수는 없을 듯하다. 그에게 유럽합중국은 한순간의 아이디어에 머물지 않았다. 멋진 소설을 쓰고 있다는 조롱을 받으면서도 위고는 오늘의 유토피아가 내일의 현실이 될 수 있다는 신념을 버리지 않았으며, 이후 유럽합중국은 위고의 말과 글을 떠나지 않았다. 1851년 7월 17일 보나파르트 대통령의 개헌 시도에 반대하면서도, 1852년 프랑스의 압력 때문에 위고를 추방해야 할 처지에 놓인 브뤼셀을 떠나면서도 그는 유럽합중국을 예고했다.

망명은 위고를 진정한 유럽인으로 만들었다. 1848년의 봄이 유럽적 차원이었던 만큼 망명 현상도 국제적이었다. 그의 말대로 "망명은 공동의 조국"이었다. 1848년 봄의 실패와 더불어 유럽 각지의 정치 현실이 보수화되고 있는 상황에서 망명자 위고는 1848년 봄이 담고 있던 공화주의적 국제 연대의 상징이 되었다. 전 유럽의 민주주의자들로부터 존경을 받았고 이들과의 접촉을 통해 유럽에 대한 그의 안목도 넓어졌다. 이탈리아나 세르비아 문제에 개입하면서도 그의 논거는 유럽합중국이었다. 비정기적으로 개최되었던 국제평화회의에 동참하여 유럽의 평화를 위해서는 유럽합중국 건설이 필수적이라고 반복적으로 강조했다. 1870년 7월 14일에는 건지 섬에서 유럽의 나무를 심기도 했다. 1870년 9월 9일 신문에 발표한 편지 〈독일인들에게〉에서도 유럽합중국의 이름 아래 전쟁 중단을 호소했고, 심지어 프랑스-프로이센 전쟁 패배에 이은 굴욕적인 조약에 항의하며 사임하는 1871년 3

월 1일 의회 연설에서도 유럽합중국을 언급했다. 굴욕적인 평화는 더 큰 전쟁을 불러올 뿐이며 독일과 프랑스가 함께 건설할 유럽합중국에 걸림돌이 될 뿐이라는 것이었다. 유럽합중국은 위고의 정치사상의 핵심이었다. 그에게는 유럽이야말로 자유주의, 민주주의, 그리고 사회주의가 연결되어 기능할 수 있는 공간이었다.

제3공화국의 국부에서 유럽의 아버지로

프랑스 제3공화국은 위고를 국부로 칭송했다. 1881년 2월 위고가 79세를 넘겼을 때, 80세를 향한 출발이라며 축제거리로 삼을 정도였다. 1885년 83세의 나이로 사망하자 정부는 국장을 선포했다. 개선문에 마련된 빈소에서 위고의 시신은 수많은 조문객들의 작별 인사를 받은

1867년 위고가 그린 〈나의 운명〉. 파리의 빅토르 위고 박물관 소장.

후 팡테옹으로 모셔졌다. 위고의 죽음은 프랑스 혁명 이래 교회와 국가 사이를 오가며 논쟁거리가 되었던 팡테옹이 종교적인 관계를 완전히 청산하고 세속적인 공화국의 전당이 되는 계기를 마련해주었다.

제3공화국은 위고를 하나의 신화로 만들었다. 그가 제3공화국의 국부로 칭송받게 된 것은 공화국을 위해 그가 벌인 투쟁의 양상이 제3공화국 건설자들의 노선에 부합했기 때문이다. 위고의 확고한 반보나파르트주의와 반교권주의는 제3공화국의 기본 전제였다. 게다가 그는 독일에 빼앗긴 알자스-로렌을 되찾아야 할 뿐 아니라 더 나아가 라인 강 서안이 프랑스에 소속되어야 한다고 주장했던 인물이다. 그의 시신이 팡테옹에 안치되고 그가 남긴 글과 기억이 공화국 학교의 교과서를 장식하게 된 것은 당연한 일이었다. 그의 이름은 프랑스 방방곡곡의 거리도 장악했다. 파리에는 이미 1881년에 빅토르 위고 대로가 생겼고, 대대적인 길 이름 정비가 이루어진 19세기 말 헤아릴 수 없이 많은 자치체가 빅토르 위고의 이름을 채택했다. 오늘날 빅토르 위고 거리/대로/광장 하나 없는 도시가 어디 있으랴.

1차 대전 이전까지 위고가 누렸던 명성에는 알자스-로렌을 잃을 수는 없다고 외친 애국자 이미지가 크게 작용했다. 독일에 대한 복수라는 제3공화국의 명분에 부합했던 것이다. 게다가 독일과의 직접적인 충돌을 피하며 그 대신 채택했던 제3공화국의 식민주의에도 위고의 문명론은 유효적절한 것이었다. 전쟁 후 위고의 입지가 상대적으로 위축되는 경향을 보인 사실도 이에 대한 방증이 된다.

2차 대전 후 위고는 다시 얼굴을 바꾸어 무대 전면에 등장한다. 슈만(Robert Schuman)에서 미테랑(François Mitterrand)에 이르기까지 20

세기 후반 유럽의 건설자들은 19세기의 예언자들 중 위고에게 주목했다. 프랑스와 독일이 유럽통합의 축이 되어야 한다고 했고, 유럽 내 관세를 폐지해야 한다고 했으며, 자유로운 소통의 필수 요건이라며 유럽 단일화폐를 만들자고 했던 위고이니 예언자라는 칭호가 그다지 어색하지는 않다. 2002년에는 위고 탄생 200주년과 유로(EURO) 출범이 우연히 겹쳐 위고의 150년 전 주장이 다시금 주목받기도 했다. 하나의 유럽을 주창한 이는 위고만이 아니었지만 19세기의 어떤 작가도 정치인도 투사도 그만큼 열정적으로 유럽합중국의 복음을 전한 전도사는 없었다. 평화가 20세기 유럽주의의 가장 큰 동인이었다는 점에서도 위고는 이들의 선구자였다. 두 차례 세계대전을 겪은 20세기인들에게 19세기는 상대적으로 평화적인 세기였던 것으로 보일 수 있다. 그러나 당시는 전쟁 또는 그 가능성이 상존했으며 산업혁명이 초래한 기술혁신으로 인해 전쟁의 끔찍한 효율성이 각종 전쟁에서 증명되고 있었다. 위고가 유럽합중국이란 단어를 처음 사용한 것이 1849년 평화회의에서였던 것은 우연이 아니었던 것이다. 2004년에 합의된 유럽헌법조약을 비준하기 위한 프랑스 국민투표의 통과 여부가 불확실하던 2005년 5월 당시 프랑스 정부는 국민 배우 드파르디외(Gérard Depardieu)를 동원하여 호의적인 여론을 조성하고자 했다. 드파르디외는 5월 9일 외무부에서 '유럽의 날'을 기념하며 위고의 연설—1849년 8월 평화회의 개막 연설—을 낭독했다.

애국자 위고와 유럽의 아버지 위고는 일견 모순되어 보이나 위고적 논리가 있다. 그의 지고한 프랑스 사랑은 유럽주의와 충돌하지 않았다. 그의 가장 열렬한 애국주의적 시와 연설이야말로 유럽을 노래하

1885년 6월 1일 위고의 장례식. 개선문에서 팡테옹에 이르는 위고의 마지막 산책을 지켜보기 위해 100만이 넘는 파리 시민이 운집했다. 로제-비올레 통신사(Agence Roger-Viollet) 소장.

는 마당이었다. 알자스-로렌을 잃을 수 없다는 1871년 3월 1일 연설에서 유럽합중국 건설을 외쳤고, 프로이센에 의한 파리 봉쇄와 파리 코뮌의 경험을 애도한 시집 《끔찍한 해》(1872)도 적대적 비평가들에 의해 비애국적이며 세계주의적이라는 비판을 받았던 것이다.

위고가 꿈꾸었던 유럽은 확대된 프랑스였다. 프랑스는 사라짐으로써 유럽으로 거듭날 것이며, 유럽의 수도는 당연 파리가 될 것이라고 보았다. 그에게 파리는 유럽의 등대와도 같은 도시였다. 위고는 유언장에서도 자신의 글과 그림을 장차 "유럽합중국 도서관이 될 파리 국립도서관"에 남긴다고 했다. 위고가 프랑스 중심주의의 근거를 둔 곳은 혁명이었다. 그는 프랑스가 보여준 진정한 영광은 전 인류에게 해방의 길을 마련한 프랑스 혁명에 있다고 보았다. 위고는 혁명 프랑스의 보편주의적 가치를 믿었다. 혁명 프랑스의 진정한 사명은 프랑스의 정체성을 확고히 하는 데 있는 것이 아니라, 정반대로 더 이상 국민국가로 존재하지 않는 데 있다고 보았다. 그가 '변용'이라는 종교적 용어를 들먹이며 펼친 유럽주의는 어쩌면 혁명 프랑스의 보편주의가 그러하듯 극단적인 민족주의의 다른 이름일지도 모른다.

미테랑 대통령에 의해 새로 건축된 도서관은 거대하긴 하나 단지 프랑스의 국립도서관일 뿐이다. 유럽의 수도는 누가 뭐래도 브뤼셀이며, 프랑스가 유일하게 차지한 스트라스부르의 유럽의회조차도 효율성의 이름 아래 브뤼셀로 옮겨질지도 모를 '위험'에 처해 있다. 유럽은 위고가 예상했던 것보다 훨씬 느리게나마 만들어지고 있으나 프랑스의 확대판이 아님은 분명하다. 드파르디외의 노력에도 불구하고 2005년 5월 29일 프랑스 국민투표에서 유럽헌법조약은 거부되었다. 프랑스인들은 비프랑스적인 유럽을 거부하는 것일까? 그들은 과연 어떤 유럽을 원하는 것일까?

연표

1802년 2월 26일 브장송에서 출생.
1822년 첫 시집 《오드와 잡영집》 출간. 아델 푸셰와 결혼.
1825년 랭스에서 거행된 샤를 10세의 대관식에 참석.
1829년 사형제 폐지의 주장을 담은 소설 《사형수 최후의 날》 출간.
1830년 2~5월 '에르나니 전투'. 위고가 이끄는 낭만주의자들이 승리.
1831년 소설 《노트르담 드 파리》 출간.
1841년 아카데미 프랑세즈 선출. 매우 정치적인 성격의 입회 연설.
1842년 유럽의 미래에 대한 논의를 펼친 여행기 《라인 강》 출간.
1845년 7월왕정의 귀족원 의원으로 임명.
1848년 6월 4일 제2공화국 제헌의회 의원 당선.
1849년 5월 13일 입법의회 의원 당선.
1849년 8월 파리 국제평화회의에서 유럽합중국 주창.
1851년 12월 루이-나폴레옹 보나파르트의 쿠데타에 대한 저항과 해외 망명.

1852년 팸플릿 《꼬마 나폴레옹》 출간.

1862년 베스트셀러 사회 소설 《레 미제라블》 출간.

1870년 9월 5일 귀국.

1871년 2월 제3공화국의 첫 의회에 진출하나 3월에 사임.

1876년 상원 의원.

1885년 5월 22일 파리에서 사망.

참고문헌

박흥순, 《소설과 역사: 빅토르 위고와 조르즈 상드를 중심으로》, 청동거울, 2002.

이규식, 《빅토르 위고: 시대의 우렁찬 메아리》, 건국대학교출판부, 1996.

전수연, 〈빅토르 위고의 유럽합중국〉, 《역사학보》 제192집, 2006년 12월, pp.337~365.

Georgel, Pierre(dir.). *La Gloire de Victor Hugo*. Paris: Éditions de la réunion des musées nationaux, 1985.

Metzidakis, Angelo. "Victor Hugo and the Idea of the United States of Europe", *Nineteenth-Century French Studies*, Vol. 23(1994~95), pp. 72~84.

Pena-Ruiz, Henri & Scot, Jean-Paul. *Un poète en politique: les combats de Victor Hugo*, Paris: Flammarion, 2002.

유럽통합을 주창한 민족주의자

: 주세페 마치니

장문석

20세기 초 이탈리아에서 파시즘을 발명한 무솔리니(Benito Mussolini)는 지중해를 '우리의 바다(mare nostrum)'로 만들자는 슬로건 아래 공격적인 제국주의 정책을 펼쳤다. 이 슬로건은 로마 제국의 영광을 재현하려는 이탈리아 민족주의의 극단적인 표현이었다. 파시스트들은 민족주의의 유산을 제 것으로 하기 위해 갖은 노력을 펼쳤고, 그런 가운데 파시스트 철학자 젠틸레(Giovanni Gentile)는 주세페 마치니(Giuseppe Mazzini)라는 인물 속에서 걸출한 민족주의-파시즘의 조상을 발견했다. 무솔리니는 자신이 100여 권에 달하는 마치니의 저작을 모두 읽은 몇 안 되는 사람들 중의 하나라고 자랑하기까지 했다. 그러나 사실 '파시스트 마치니'의 전설은 허구이다. 비록 마치니가 튀니지와 리비아에 문명을 전파하는 것이 이탈리아의 '사명'이라는 식의 다분히 파시스트적인 발언을 한 적이 있기는 하지만, 그는 기본적으로 지중해를 '우리의 바다'가 아니라 '유럽의 호수

무솔리니가 내건 파시즘 슬로건, 〈지중해는 '우리의 바다'〉 선전 포스터.

(lago Europeo)'로 생각했다. 마치니는 세간에 민족주의자로 널리 통하고 있지만, 그가 유럽통합론자이기도 했다는 사실은 잘 알려져 있지 않다. 마치니의 사상에서 민족주의와 유럽통합 사상이 수렴되고 있었다는 사실은 참으로 흥미롭다. 그러한 수렴은 필경 19세기 '자유주의 시대'라는 역동적인 사유 공간에서 가능한 일이었을 것이다. 기실, 이와 같은 사유 공간에서 마치니는 개인의 자유와 민족의 독립을 통합적으로 사고하려 했고, 나아가 자유롭고 독립된 민족들의 형성이 민족 간 갈등이 아니라 민족 간 평화의 필수적인 전제 조건이라고 확신함으로써 유럽통합 사상을 성숙시켜나갔다.

마치니의 초기 활동

마치니는 1805년 6월 22일 이탈리아 제노바의 유복한 중간계급 가정에서 태어났다. 그의 아버지는 의사이자 대학교수였다. 아버지는 사랑하는 아들 피포—주세페의 아명—가 가업을 잇기를 바랐으나, 마치니가 해부실에서 충격을 받고 쓰러진 뒤 그런 희망을 버려야 했다. 마치니는 소년 시절 사냥터에서 죽인 티티새 때문에 평생 괴로워했을 만큼 연약한 신경의 소유자였다. 마치니는 의학 대신에 법학을 전공했지만 실제로 그가 열정을 쏟은 분야는 문학이었다. 그는 단테(Dante Alighieri)와 바이런(George Gordon Byron)을 숭배했고 문학 비평에도 발군의 재능을 자랑했지만 문학 소년의 꿈은 이루지 못했다. 독서와 집필과는 거리가 먼 치열한 정치투쟁의 최전선에서 평생 헌신해야 했기 때문이다. 그렇기에 마치니는 책과 함께하는 조용한 삶을 더욱더 갈망했다.

마치니는 가정적인 사람이었지만 가정과는 거리가 먼 혁명가의 삶을 살아야 했다. 그는 결혼은 신성한 것이며 부부간의 사랑은 지고한 위안과 안식을 준다고 생각했다. 또한 부부는 절대적으로 평등하며 양자 사이에는 단지 성향과 소명의 차이만이 있을 뿐이라고 믿었다. 그러나 마치니 자신은 평생 독신으로 지냈고 사랑하는 어머니와도 거의 만나지 못했다. 물론 마치니에게도 연인은 있었다. 한때 시돌리(Giuditta Sidoli)라는 귀족 미망인과 동지적인 교감 이상의 연정을 나누었다. 둘 사이에는 아이까지 생겼으나(이를 부정하는 견해도 있기는 하지만) 불행히도 아기는 어려서 죽었다. 마치니와 시돌리의 사랑은 결코 결혼으로 이어지지 못했다. 마치니가 짊어졌던 혁명가의 삶은 가정의 안온함과는 거리가 멀었기 때문이다. 실제로 그는 지인들로부터 결혼하지 않은 이유에 대해 종종 질문을 받곤 했는데, 그럴 때마다 중혼할 수 없음을 그 이유로 들었다. 자신은 이미 이탈리아와 결혼했다는 뜻이었으리라.

마치니는 튀니지와 리비아에 문명을 전파하는 것이 이탈리아의 사명이라며 다분히 파시스트적인 발언을 남겼다. 사진은 1937년 리비아를 방문한 무솔리니.

　이렇듯 마치니의 삶은 조국의 독립, 통일, 자유에 바쳐졌다. 그는 19세기 이탈리아 리소르지멘토(Risorgimento), 즉 민족 통일운동의 주인공이었다. 카부르(Camillo Benso di Cavour)가 이탈리아 통일의 '두뇌'요, 가리발디(Giuseppe Garibaldi)가 '검'이었다면, 마치니는 '혼'이었다. 마치니는 어려서부터 '이탈리아인' 나폴레옹에 대해 귀가 닳도록 들었고, 나폴레옹이 몰락한 후 형성된 1815년 빈 체제의 성립과 함께 이탈리아 전역이 오스트리아의 지배를 받게 된 뒤에는 저항적 낭만주의와 자유주의 사상에 깊이 공명하게 되었다. 또한 빈 체제에서 제노바는 독립을 잃고 사보이아 왕조의 피에몬테의 지배 아래에 들어갔는데, 자연히 제노바의 자유를 짓밟은 피에몬테 전제군주정에 대항한 공화주의 사상도 마치니의 가슴속에서 여물어가기 시작했다. 마치니의 삶에서 결정적인 전환점은 1820~21년의 반란이었다. 당시 이탈리아 정국은 '카르보나리(Carbonari)'로 알려진 자유주의적 비밀

결사 단체가 주도한 크고 작은 반란들로 들끓고 있었다. 이때 체포된 결사 단원들은 제노바 항구에서 유배지로 이송되곤 했다. 소년 마치니는 어머니와 함께 부두에서 이 실패하고 좌절한 혁명가들을 경외심에 가득 차 바라보았고, 그때부터 애국적 열정이 소년의 마음을 휘감아버렸다.

마침내 1829년에 마치니는 정식으로 '카르보나리' 단원이 되어 민족 혁명에 투신하게 되었다. 그러나 이듬해 동료의 밀고로 마치니는 피에몬테 정부에 의해 체포되어 투옥되었다. 마치니의 험난한 인생 역정이 시작된 것이다. 증거 불충분으로 풀려난 뒤 마치니는 1831년 3월 프랑스의 마르세유에 거처를 정했다. 이때부터 마치니의 마음속에는 종래의 '카르보나리' 식 정치 활동에 대한 염증이 싹트기 시작했다. 그리하여 마치니는 '카르보나리' 가 시종일관 추구한 소수 선동가들의 비밀 활동을 지양하고, 대중 교육과 대중 봉기에 입각한 새로운 민족적 정치 활동 노선을 구체화하게 되었다. 마치니는 1831년 7월 마르세유에서 30~40명의 망명가들과 함께 이러한 노선을 따를 '청년 이탈리아(Giovine Italia)' 를 결성하기에 이르렀다.

'청년 이탈리아' 는 강령과 회원과 자금을 갖춘 명실상부한 이탈리아 최초의 정당이라 할 수 있다. 이 조직은 가장 바람직한 정부 형태로서 공화정을 전면에 내세웠다. 마치니에 따르면, 공화정이란 한마디로 '인민의 정부' 를 가리켰다. 물론 어떤 군주가 민족 혁명의 대의에 동참한다면, 마치니는 이 군주를 언제라도 지지할 용의가 있었다. 그러나 전제군주들이 민족주의의 대의를 수용한다는 생각은 마치니에게 비현실적으로 보였다. 곧 마치니의 민족주의와 공화주의 사상은

'청년 이탈리아'의 활동을 통해 널리 확산되어 단원 수가 수천을 헤아리게 되었다. '청년 이탈리아'는 동명의 정치 신문을 발간하여 이탈리아에 밀반입했고, 당연히 마치니의 이름은 정부의 블랙리스트에 올랐다. 그러던 중 1833년 피에몬테 정부에 맞선 쿠데타 음모가 적발되었고, 마치니도 여기에 연루되어 반란을 진압한 프랑스 정부의 재판소에서 사형을 언도받기도 했다. 결국 7월에 마치니는 프랑스를 떠나 스위스로 피신하게 되었다. 망명가의 삶이 본격적으로 시작된 것이다.

스위스 망명 시절에 마치니는 자신의 사상을 더욱 구체화했다. 그 중요한 전환점은 1834년 봄에 베른에서 열두 명의 이탈리아, 폴란드, 독일 출신의 망명가들과 함께 '청년 유럽(Giovine Europa)'을 결성한 일이었다. '청년 유럽'의 저변에 흐르고 있던 사상은 자유로운 민족들이 공동의 이해관계를 조정하는 의회를 수립하여 느슨한 연방체를 구성한다는 것이었다. 여기에는 억압과 폭정을 뚫고 자유와 독립을 쟁취한 민족들은 진정 다른 민족들의 해방을 위해서도 싸울 것이며, 그럼으로써 해방된 민족들은 형제처럼 지낼 수 있으리라는 가정이 있었다. 이와 같은 민족들의 형제애를 구현한 것이 바로 유럽연방이었다. 마치니는 이탈리아의 독립을 추구하는 '청년 이탈리아'와 유럽의 형제애를 강조한 '청년 유럽'은 모순되기는커녕 상호 보완적인 역할을 할 것으로 기대했다. 마치니 자신은 큰 확신은 없었으나 유럽연방이 살아생전에 실현될 수 있으리라 믿었다. 그러나 유럽연방의 실현을 위한 전진 기지라고 할 수 있는 '청년 유럽'은 대중적 지지 기반과 자금이 부족했다. 이런 현실적 어려움이 있었는데도 마치니의 민족주의와 유럽통합 사상은 유럽은 물론이요, 아메리카 대륙의 혁명가들에게도 큰 영감을 불어넣었다. 그리하여 독일, 그리스, 폴란드, 러시아를 필두로 청년 보헤미아, 청년 우크라이나, 청년 티롤, 청년 오스트리아, 청년 아르헨티나 등이 속속 결성되었다.

마치니의 민족주의와 유럽통합 사상

많은 역사가들은 이미 1830년대에 유럽에서 민족주의자로서의 마치니의 위상과 명성이 확고했다고 본다. 그런데 여기서 짚고 넘어갈 점은 마치니의 사상을 '민족주의'로 개념화하는 것이 옳은가 하는 문제이다. 왜냐하면 마치니 자신이 '민족주의'라는 말을 별로 선호하지 않았기 때문이다. 마치니의 전기를 쓴 탁월한 역사가 맥 스미스(Denis Mack Smith)에 따르면, 마치니는 '민족주의'를 절대적으로 잘못된 사상이라고 비난했다고 한다. 마치니에게 '민족주의자'란 다른 인민의 권리를 거리낌 없이 침해하는 국수주의와 외국인 혐오증과 제국주의에 물든 자였다. 그렇다면 마치니는 민족주의자라기보다는 애국주의자로 품평을 받아 마땅하다. 즉 그에게 '애국주의'란 민족적 이기심을 극복해 궁극적으로 새로운 유럽의 탄생, 그리고 더 나아가 인류의 평화와 진보에 기여하는 사상이었다. 마치니의 표현을 빌리자면, '애국주의'는 "우리의 궁극적 목표라고 할 인민들 사이의 형제애"를 해치지 않고, 해쳐서도 안 될 것이었다.

이처럼 마치니를 애국주의자로 보는 시각은 그를 민족주의자로 보는 통념에 중대한 수정을 가하고 있다. 그럼에도 민족주의와 애국주의를 구분하는 것이 가능하고 필요한 일인가 하는 문제는 따져볼 일이다. 한 민족주의 연구자가 예리하게 지적했듯이, 애국주의는 특정한 정치체나 정치제도에 대한 충성심과 긴밀하게 관련되어 있는 반면에 민족주의는 국가라기보다는 민족, 특히 종족적이고 문화적인 공동의 뿌리를 갖고 있는 민족에 대한 충성심과 직접적으로 관련되어 있다. 그러나 민족주의자들도 민족이라는 연약한 속살을 보호할 국가라는 딱딱한 껍데기가 절대적으로 필요하다고 본다. 또한 민족주의도 강조점이 어디에 있느냐에 따라 공민적 민족주의/종족적 민족주의, 혹은 정치적 민족주의/문화적 민족주의로 구분될 수 있다. 이런 경우에 애국주의는 공민적 · 정치적 민족주의와 상통한다고 할 수 있다. 이렇듯 민족주의는 애국주의와 구분될 수 있지만, 그와 동시에 애국주의를 포괄하기도 한다. 그러므로 민족주의와 애국주의를 엄밀하게 구분하는 것은 기본적으로 불가능하고 불필요한 일일 수 있다.

실제로 마치니의 '민족주의적' 사상은 민족주의에 내재한 그런 복잡성과 모순성을 남김없이 보여준다. 무엇보다 마치니는 종족이 민족의 기초라는 점을 부정했다. 오랜 역사 속에서 각 종족은 서로 구별하기 어려울 정도로 뒤섞였기 때문이다. 그는 이렇게 말했다. "혼합되지 않은 종족을 찾아볼 수 있는 곳은 유럽에는 단 한 곳도 없다. 현대 세계에서 가장 강력한 민족국가인 프랑스는 게르만족, 켈트족, 로마족의 혼합체이다." 다만, 언어의 중요성에 대해서는 마치니도 충분히 강조했다. 단테와 같은 시성(詩聖)이 조상이라는 사실, 이탈리아어와 같이 아름다운 언어적 전통이 면면히 내려오고 있다는 사실은 민족의식이 형성되는 데 결정적이라는 것이다. 그러나 이탈리아 민족이 독립, 통일, 자유를 쟁취할 수 있는 조건은 종족도 아니고 언어도 아니었다.

마치니에게 이탈리아 민족 혁명의 당위성을 '자연적으로' 보여주는 것은 바로 지리였다. 즉 알프스 산맥과 바다로 둘러싸인 이탈리아의 지리적 조건이야말로 왜 이탈리아가 하나의 민족국가가 되어야 하는지를 웅변한다는 말이다. 그럼에도 마치니에게 진정 중요한 민족의 요소는 종족도 아니고 언어도 아니며 지리도 아니었다. 하나의 민족으로 함께 살겠다는 인민의 각성과 결단이야말로 민족 형성의 진정한 원천이었다. 이러한 마치니의 민족주의에 대해 전기 작가 킹(Bolton King)은 이렇게 정리하고 있다.

> 민족성이란 하나의 감정, 하나의 도덕적 현상으로서 물질적 원인에 의해 발생될 수도 있지만 도덕적 사실에 의해 존재하는 것이다. 자유주의 이론이든 민주주의 이론이든 민족의 명확하고 의미 있는 기초는 될 수 없다. 인민의 의지만이 민족의 기초가 된다.

그렇다면 마치니에게 민족이란 자연적으로 주어진 존재가 아니었다. 그것은 역사적 토대 위에서 도덕적 자각을 통해 만들어가야 할 당위였다. 따라서 단지 종족적이고 문화적인 고유 전통을 갖고 있다고 해서 모든 민족이 국가가 되리라는 보장은 없었다. 하나의 민족이 국가가 되기 위해서는 그에 합당한 '역량'을 갖추어야 한다는 것이 마치니의 변함없는 신조였다. 그런 민족적 역량을 통해서만 민족 발전은 인류 진보에 기여할 수 있을 것이었다. 이런 맥락에서 마치니는 오직 충분한 '규모'를 갖춘 민족만이 생존하고 발전할 수 있다고 믿었다. 가령 마치니는 이탈리아, 영국, 프랑스는 그 자연적 경계와 보유한 자원의 관점에서 능히 독자적인 민족국가로 발전하리라 확신했다. 독일도 마찬가지였지만 두세 개의 행정권역으로 나뉘리라 예견했다. 에스파냐와 포르투갈은 한 나라가 될 것이며, 그리스와 스위스도 그럴 것이었다. 반면에 소국 벨기에와 덴마크의 미래는 의심쩍었다. 아마도 스칸디나비아 민족들은 한 나라로 통합되어야 할 것이었다. 사정이 복잡한 동유럽에서도 대체로 보아 러시아, 폴란드, 체코, 세르비아 정도가 독립적인 민족국가가 될 만했다. 이처럼 '큰 것'을 선호한 마치니였지만, 미국은 너무 크다고 생각하여 두세 개의 연방으로 분리되어야 한다고 주장하기도 했다. 유럽의 민족 지도에 대한 마치니의 생각은 시기에 따라 변덕을 보이기는 하지만, 1857년의 시점에서 유럽은 열두 개의 민족국가들로 이루어지리라고 내다보았다. 그런데 1차 대전 이후에 마치니가 싫어한 '작은' 민족들의 독립이 실현되어 유럽에 26개국으로 이루어진 새로운 지도가 등장했음을 보면, 마치니의 예언은 빗나갔다고 하겠다.

마치니의 이러한 민족주의는 철저히 '규모의 원칙'에 기초한 19세기 전반의 자유주의적 민족주의였다. 자유주의적 민족주의자들이 신봉한 원칙은 다음과 같았다. 첫째, 충분한 규모를 갖춘 민족만이 참된 민족이다. 둘째, 작은 민족에서 큰 민족으로 나아가는 것이 역사적 진보이다. 셋째, 따라서 민족 형성은 부득불 통합과 팽창의 과정이 될 수밖에 없다. 이런 담론에서 보면, 브르타뉴인과 바스크인이 프랑스 민족의 일원으로서 프랑스 시민권을 누리는 것과 웨일스인과 스코틀랜드인이 영국 민족의 일원으로서 영국 시민권을 누리는 것이 세계의 보편적인 진보에 부합할 터였다. 이와 비슷한 논리에서 이탈리아의 변경 지대에 사는 독일어권 및 슬라브어권 소수 종족들도 통일될 이탈리아의 시민권을 누리는 것이 당연하고 바람직했다. 게다가 마치니는 이탈리아가 특별한 역사적 사명을 지니고 있다는 점을 믿어 의심치 않았다. 영국인들의 사명이 공업과 식민지에 있고 독일인들의 사명이 사상에 있다면, 이탈리아인들의 사명은 "이상과 현실 사이를 재빨리 넘나들며 하늘과 땅이 어떻게 결합될 수 있는가를 추구"하는 데 있었다. 이렇듯 이탈리아와 같은 큰 민족의 사명을 강조하는 생각에는 국수주의로 빠질 수 있는 위험이 도사리고 있었다. 마치니 자신은 국수주의를 혐오했지만 자신의 사상에 인종주의적이고 제국주의적인 요소가 있음을 미처 깨닫지는 못하고 있었다.

그러나 마치니의 민족주의에 내재하는 인종주의적이고 제국주의적인 요소를 길들인 것은 그의 유럽통합 사상이었다. 마치니는 일단 민족들이 억압과 폭정에서 해방된 다음에는 곧바로 민족들 사이의 우애를 증진시킬 수 있는 유효한 정치적 틀로서 유럽연방의 창설이 필요하다고 주장했다. 필경 마치니는 민족국가의 창설과 애국주의의 옹호가 인류 진보의 필수적인 조건이라고 믿었다. 그럼에도 그는 종족과 문화에 기초한 호전적 민족주의를 항상 불안한 눈으로 바라보았다. 그는 언제나 자신의 민족주의 이상을 민족들의 평화로운 공존과 인류의 조화로운 진보라는 더 큰 대의에 묶어두고 있었다. 실제로 마치니는 그토록 고귀한 '조국(patria)'이라는 단어가 하나의 유럽의회와 유럽재판소를 갖춘 미래의 유럽합중국에서 소멸하리라 믿었다. 이처럼 마치니에게 민족주의와 유럽통합은 상충하는 것이 결코 아니었다.

물론 마치니의 사상을 19세기 사상사의 한 구석을 차지하고 있었던 연방주의(federalism) 경향과 연결시키기는 어렵다. 마치니가 유럽연방의 창설을 주장했지만 적어도 이탈리아라는 일국에서는 연방주의적 정부 형태에 극력 반대했으니 말이다. 오직 단일한 중앙집권적 통일 국가만이 프랑스와 오스트리아의 제국주의에 견딜 수 있다는 것이 마치니의 생각이었다. 엄혹한 국제 환경 속에서 이탈리아 연방 국가는 결코 생존할 수 없을 것이었다. 그렇다면 마치니는 국제적으로 연방적 질서에 찬성했다는 점에서 '국가 간 연방주의(interstate federalism)'의 옹호자였다고 할 수 있지만, 국내적으로는 강력히 통합된 이탈리아를 주장했다는 점에서 '국가 내 연방주의(intrastate federalism)'에 대해서는 반대했다고 하겠다. 그런 점에서 마치니는 당대에 같은 급진파(민주파)의 일원이면서도 국내적 연방주의와 국제적 연방주의를 동시에 주창한 카타네오(Carlo Cattaneo)나 페라리(Giuseppe Ferrari)와 같은 지식인들과 구별된다.

그렇기는 해도 마치니를 국가주의자로 단정해서는 안 된다. 마치니는 지방자치 정부야말로 국가라는 리바이어던을 견제할 유일한 제도라고 지적했다. 실제로 1861년에 이탈리아가 통일된 뒤 피에몬테의 제도와 법률을 남부에 이식하는, 이른바 '피에몬테화'가 추구되었을 때, 마치니는 남부를 비롯한 이탈리아 여러 지역의 사정에 무지한 피에몬테 관료제의 중앙집권화가 드러낸 위험성을 간단없이 비판했다. 그는 피에몬테의 총리로서 이탈리아 통일을 이끈 자유주의 정치가 카부르와 그 후예들이 추진한 '피에몬테화'가 그들 자신의 신념인 자유주의적 원칙을 배반하는 것이라고 힐난했다. 그만큼 마치니는 지방의 자율성과 다양성을 존중하는 지방자치 제도들의 중요성을 강조했다.

그는 지방정부를 억누르는 중앙집권화 정책이야말로 무엇보다 대중의 정치교육을 방해하는 원흉이라고 생각했다. 자신이 사는 지방에서 자신의 대표자를 스스로 선출하지 못하고, 중앙에서 파견한 지사의 일방적인 명령에 따라야 하는 주민들에게서 어떻게 정치의식의 성숙한 발전을 기대할 수 있다는 말인가? 그러므로 마치니를 단순히 '국가 간 연방주의'의 옹호자요, '국가 내 연방주의'의 반대자로 묘사하는 것은 절반의 진실만을 말해준다. 물론 마치니는 일국 내에서의 연방적 질서를 일관되게 주장하지는 않았다. 그렇지만 일국 내부에서의 문화적 · 지방적 다양성을 보장해야 한다는 인식만큼은 마치니의 사상에 확고하게 둥지를 틀고 있었다.

이처럼 마치니가 유럽통합과 지방자치를 강조했다는 사실은 그의 자유주의 사상이라는 더 큰 이념적 맥락을 제쳐놓고는 온전히 이해될 수 없다. 그의 민족주의가 당대의 자유주의적 담론 속에 깊이 침윤되어 있듯이 말이다. 그는 인민주권의 원칙 위에서 일관되게 양심과 종교의 자유, 언론과 집회의 자유, 자유로운 선거와 폭정에 대한 저항권을 옹호했다. 이런 마치니의 주장은 너무나 급진적인 것으로 보여서 당대의 많은 자유주의자들은 마치니가 자유주의의 한계를 넘어섰다고 비난했다. 실제로 1848년 유럽혁명의 거대한 물결 속에서 마치니의 주도로 수립되었으나 단명으로 끝난 1849년의 '로마 공화국'의 경험은 보통선거제와 종교의 자유를 헌법에 명시함으로써, 당대의 기준에서 자유주의는 물론이고 민주주의를 극한까지 밀어붙이는 본보기를 제시했다. 마치니가 유럽통합과 지방자치를 역설한 것도 그것이 인간의 자유를 증진시키는 데 꼭 필요하다고 생각했기 때문이다. 마치니가 사이비 자유주의자든 진정한 자유주의자든 혹은 민주주의자든, 중요한 것은 그의 사상에 '자유'가 핵심어로 확실하게 자리 잡고 있었다는 점이다. 표어를 만드는 데 천부적인 재능을 과시한 마치니는 이렇게 말했다. "자유는 신의 선물이다. 자유 없이는 선악을 구분할 책임도 능력도 없다."

패배자 마치니?

마치니는 이탈리아 통일이 이탈리아인들은 물론이요 유럽인들의 자유를 증진시키는 데 기여해야 하고, 또 기여할 수 있다고 믿었다. 그리고 공화국이야말로 통일된 이탈리아에서 자유를 증진시키는 가장 올바른 정치 형태라고 믿었다. 그러나 역사는 마치니의 믿음을 저버렸다. 1848년 혁명이 실패한 뒤 이탈리아 통일의 주도권은 '자유주의화된' 피에몬테 군주정과 피에몬테의 헤게모니를 승인한 온건한 자유주의자들의 손에 넘어갔다. 믿음직한 동지인 가리발디조차도 1860년에 전설적인 남부 원정을 성공리에 끝낸 다음 자신이 정복한 남부를 피에몬테의 국왕 비토리오 에마누엘레 2세(Vittorio Emanuele II)에게 헌납했다. 마치니 역시 피에몬테가 이탈리아 통일에 실질적인 물리력을 제공하는 한 군주정을 받아들일 만큼은 현실적이었다. 통일이라는 당면 과제가 워낙 급박했으니 말이다. 그리고 군주정 주도로 통일한 이후에, 공화국이냐 아니냐의 문제는 인민의 자기 결정으로 해결할 수 있으리라 믿었다. 그럼에도 마치니는 군주정에 대한 뿌리 깊은 불신을 떨쳐버리지 못했고 공화국을 실현하지 못한 이탈리아 통일의 불완

비토리오 에마누엘레 2세와 가리발디가 테아노에서 만나 악수하는 장면. 이 테아노의 악수를 통해, 가리발디는 자신이 정복한 남부를 피에몬테 왕정에 헌납했다.

전함에 절망했다. 그는 이탈리아 민족통일의 '혼'으로 불리면서도 통일 이후에도 사면받지 못했다. 그런 만큼 마치니는 패배자였다. 패배자인 것으로도 부족해서 많은 사람들로부터 미움까지 받았다. 그는 결국 가난 속에서 1872년 3월 10일에 쓸쓸히 숨을 거두었다.

그러나 마치니는 패배자가 아니었다. 실제로 그가 가졌던 이탈리아 통일에 대한 이념은 초기에 많은 이들에게 잠꼬대로 들렸고, 그에게서 영감을 받은 가리발디와 붉은 셔츠단의 남부 원정이 카부르에게는 "얼빠진 모험"으로밖에 보이지 않았다. 그러나 결국 원정과 통일은 실현되었다. 민족이라는 이념은 점점 더 많은 이들을 사로잡았고, 카부르는 1860년에 중부 이탈리아의 교황령을 침공한다는 마치니의 계획에 놀랐지만 나중에는 그 계획을 가로챘다. 이것은 일종의 아이러니였다. 현실 정치의 챔피언이 이상주의자의 계획을 전유한 셈이었다. 그렇다면 마치니의 이탈리아 민족주의 이념은 결코 이상주의가 아니었다고 할 수 있다.

그럼에도 마치니의 신들린 듯한 종교적 수사는 그를 이상주의자로

마치니와 가리발디의 초상.
앉아 있는 사람이 마치니이다.

바라보게 만든다. 그는 이탈리아의 민족 형성이 신성한 섭리에 의해 인도된다고 웅변하곤 했다. 필경 이런 수사는 합리적 자유주의자요, 현실 정치가로 자처하는 이들을 불편하게 했다. 마치니가 가장 혐오한 것은 부르주아적인 속물근성이었다. 마치니는 이러한 속물근성으로 개인들이 민족적 대의에는 눈감고 오직 자신의 물질적 욕구를 채우는 데 급급하다고 한탄했다. 그리고 이런 속물근성의 배후에는 권리 이론이 있다는 것이 마치니의 판단이었다.

즉 권리 이론이 모든 이가 자신의 권리만을 주장할 뿐 타인에 대한 의무는 경시하는 세태를 정당화했다는 것이다. 특히 그의 눈에 프랑스혁명은 '권리' 의 이름으로 개인적 이기심과 유물론을 배양한 것으로 비쳤다. 그래서 마치니는 프랑스풍의 사상에 늘 적대적이었고 프랑스의 나폴레옹 3세를 피에몬테의 비토리오 에마누엘레 2세보다 더 미워했다. 그에게 나폴레옹 3세는 권리 이론에 물든 프랑스인들의 개인주의와 물질주의의 상징처럼 보였다. 이런 맥락에서 마치니는 시민은 '권리' 만이 아니라 사회에 대한 '의무' 를 지고 있음을 잊지 말아야 한다고 역설했다. 그는 저 유명한 〈인간 의무론〉에서 이렇게 말했다.

권리 이론은 우리를 봉기시켜 장애를 타도하게 할 수는 있지만, 국가를 구성하는 모든 요소 간의 강력하고도 지속적인 조화를 형성케 하지는 않는

——인물로 보는 유럽통합사

다. 생존의 제1목표로 행복이나 복리를 주장하는 이론으로는 단지 낡은 정열을 새로운 사회질서에 불어넣어 몇 달 안 가 그 사회를 부패시키는 이기적 인간이나 물질 숭배자밖에 만들어내지 못할 것이다.

그런데 이렇게 '이기적 인간'과 '물질 숭배자'를 멸시한 마치니의 사상이 사회계약과 권리의 개념에 입각하여 작성된 '정통' 근대 사상사의 계보에서 '이단'으로 간주되어 누락된 것은 안타까운 일이다. 그의 사상은 오랫동안 망각되거나 폄하되어왔다. 더욱 놀라운 것은 그가 깊은 종교적 심성을 지녔으면서도 항상 교회와 충돌했고 자주 무신론자로 비난받았다는 사실이다. 마치니는 임종을 앞두고 이렇게 말했다고 한다. "하나님을 믿느냐고? 당연히 하나님을 믿지."

사실 마치니의 정치사상을 정확히 재구성하여 온전히 평가하기란 매우 어렵다. 마치니라는 고집스런 '유토피안'을 둘러싼 오해와 음해의 커튼이 너무나 두터워 이를 찢고 진실의 핵심을 만져보기란 여간 힘든 것이 아니다. 게다가 마치니는 체계적인 논저를 거의 쓰지 않았다. 그는 오랜 망명 생활을 하면서 수만 통에 달하는 편지를 썼으나, 그중 많은 편지가 소실되거나 압수당하거나 마치니 자신에 의해 폐기되었다. 물론 남아 있는 편지의 양도 상당하지만, 무수한 편지 속에 흩어져 있는 사상의 편린들을 맞추는 데는 엄청난 공력이 필요하다. 그렇지만 유럽의 이름으로 이탈리아를 말하고, 인류의 이름으로 민족을 말하는 마치니의 정치사상은 오늘날의 민족주의와 유럽통합을 온전히 이해하는 데 필수적이다. 그의 사상은 민족주의자가 국가 간 전쟁이 아니라 평화의 사도가 되어야 하고, 이를 위해 유럽합중국과 같은 연방적인 틀이 필요하며, 연방은 그에 속한 인민들의 자유와 민주주의를 보장해야 한다는 점을 역설하고 있다. 확실히, 마치니의 유럽통합과 국제 평화의 이념은 민족주의가 19세기의 자유주의적 사유 공간에서 국수주의와 제국주의로 빠지지 않으면서 스스로를 초월할 수 있는 계기를 발전시킬 수 있음을 흥미로운 방식으로 보여주고 있다.

연표

1805년 출생.
1815년 유럽의 빈 체제 수립. 이탈리아의 복고 왕정 시대 개막.
1820~21년 이탈리아 전역의 카르보나리 반란.
1831년 '청년 이탈리아' 결성.
1834년 '청년 유럽' 결성.
1848년 이탈리아와 유럽혁명 발발.
1849년 로마 공화국 수립한 뒤 붕괴.
1852년 카부르가 피에몬테 총리에 취임.
1860년 가리발디가 이탈리아 남부를 원정.
1861년 통일 이탈리아 왕국 선포.
1872년 사망.

참고문헌

킹 볼튼, 황의방 · 송재원 옮김, 《마치니 평전: 민족통일의 사상과 행동》, 한길사, 1982.
장문석, 《민족주의 길들이기: 로마 몰락에서 유럽통합까지 다시 쓰는 민족주의의 역사》, 지식의풍경, 2007.
Burgess, Michael. *Federalism and European Union: The Building of Europe, 1950~2000*, London: Routledge, 2000.
Mack Smith, Denis. *Mazzini*, New Haven and London: Yale University Press, 1994.
Roshwald, Aviel. *The Endurance of Nationalism: Ancient Roots and Modern Delemmas*, Cambridge: Cambridge University Press, 2006.

유럽연방을 꿈꾼 사회주의자
: 피에르조제프 프루동

이용재

흔히 '아나키즘의 선구자'로 불리는 피에르조제프 프루동 (Pierre-Joseph Proudhon, 1809~65)은 프랑스 동남부 지방 브장송(Besançon)에서 태어났다. 스위스에서 프랑스로 뻗은 쥐라 산맥 끝자락에 자리 잡은 브장송은 아직 산업화의 촉수가 미치지 않은, 순박한 농민과 수공업자들이 모여 사는 전원 도시였다. 찌든 가난 탓에 중학교를 중도에 포기하고 출판사에 취직하기 전까지 소년 프루동은 집안의 일손을 돕기 위해 더러는 밭일을 하고 더러는 가축을 돌보며 들판에서 하루를 보내곤 했다. 농부가 제 땅을 갈고 노동자가 제 몫의 일을 하며 권력의 압제에 시달리지 않고 마음껏 자유를 누리는 목가적인 이상향을 꿈꾼 프루동의 아나키즘 사상은 실로 그의 마음속 깊이 간직된 어린 시절에 대한 향수와 무관하지 않을 것이다.

프루동은 자신이 살던 시대에 온몸으로 맞선 '시대의 이단아'였다. 그는 "소유란 도둑질이다!"라고 선언하면서 질서와 재산을 수호신으

브장송 프티바탕 가에 있는 프루동 생가.

로 섬기는 19세기 부르
주아 사회에 도전했으
며, "신은 해악이다!"라
고 외치며 가톨릭교회와
종교적 믿음을 거부했
다. 프루동이 활약한 시
대는 '부르주아 왕국' 7

월왕정이 1848년의 2월혁명으로 타도되고 변화와 개혁의 기대로 충
만했던 제2공화정(1848~51)을 거쳐 권위와 독재로 점철된 제2제정
(1852~70)에 이르는 격동의 세월이었다. 독학생의 출세작 《소유란 무
엇인가》(1840)에서 정치경제학 이론서 《경제적 모순의 체계 또는 빈곤
의 철학》(1846)을 거쳐 좌절한 혁명가의 옥중 회고록이라 할 수 있는
《어느 혁명가의 고백》(1849)에 이르기까지, 프루동이 사회주의 사상가
로 이름을 날리며 정치 활동을 펼칠 당시에 쓴 그의 모든 저작들에는
기존 체제와 질서에 대한 저항과 거부의 몸짓이 담뿍 담겨 있다. 사상
적 모색과 정치적 역정을 거치면서 그가 도달한 것은 권력도 지배도
없는 '자유의 왕국', 즉 '아나키(anarchie)'였다.

원래 '지배자 또는 통치가 없는 상태'를 뜻하는 '아나키'라는 말은
프랑스 대혁명 이후 19세기 정치 판도에서 주로 부정적인 의미로 사
용되었다. 기존 체제를 지키려는 보수 세력은 급진 혁명 세력을 비난
하면서 재산이 약탈되고 질서가 파괴되며 헌법이 유린되는 혼돈 상태
를 아나키라 불렀다. 아나키란 폭력과 무질서의 동의어를 뜻했다. 하
지만 프루동은 아나키에 긍정적인 색채를 부여하고자 했다. 프루동에

따르면 개인과 사회는 원래 스스로 성장하고 발전하는 것이며, 현 사회의 불의와 불평등은 공권력의 지나친 간섭과 통제에서 오는 것이다. 따라서 강제적인 지배와 통치가 사라진 사회만이 진정한 조화와 안정을 되찾을 수 있다. "인간이 평등 안에서 정의를 찾듯이, 사회는 아나키 안에서 질서를 찾는다." 프루동은 "아나키, 즉 주인이나 주권자의 부재,

1865년 귀스타브 쿠르베가 그린 〈피에르조제프 푸르동〉. 파리 오르세 박물관 소장.

우리가 하루하루 접근해가는 통치 형태가 바로 이것이다"라고 말하면서, 《소유란 무엇인가》를 내놓은 1840년부터 이미 아나키스트로 자처했다. 그는 정치권력과 통치의 해체를 꾀하는 아나키즘 사상의 대명사가 되어버린 것이다.

아나키즘에서 연방주의로

하지만 프루동의 후기 사상은 사뭇 다른 면모를 보여준다. 전 유럽을 들끓던 혁명의 열기가 가라앉기 시작한 1849년 초, 프루동은 공화국 대통령 나폴레옹 3세를 격렬히 비방한 글을 내놓아 경찰에 체포되었고, 결국에는 감옥살이를 해야 했다. 프루동은 출소 후 정치 무대를 떠나 자신의 사상을 새롭게 다듬어나갔다. 그러나 1858년에 가톨릭교회를 격렬히 비난한 《혁명과 교회에서의 정의》(1858)로 당국의 소추를

받자, 그는 가족과 함께 벨기에로 망명을 떠나야 했다. 브뤼셀에 머문 4년 동안 그는 국제 무대로 관심의 폭을 넓혀 인류 사회에서 전쟁이 갖는 의미와 영향에 대한 연구에 착수해 《전쟁과 평화》(1861)를 내놓았다. 감옥 생활이 그에게 자신의 짧막한 정치 활동을 돌이켜보면서 소유 제도와 국가권력의 문제를 다시 다듬을 기회를 주었듯이, 망명 생활은 국제기구와 평화조약 등 국제 정치를 성찰할 여유를 마련해주었던 것이다.

이제 그의 관심은 정치권력과 국가기구의 폐지라는 이상론에서 벗어나서 그것의 재구성이라는 적극적이고 현실적인 방면으로 향하기 시작했다. 감옥 문을 나설 무렵에 쓴 《19세기 혁명의 일반 이념》(1851)에서 프루동은 '자유'와 '권위' 사이의 적대성을 해소할 방안을 찾기 시작했으며, 급기야 만년의 유작 《소유의 이론》(1865)과 《노동자계급의 정치적 역량》(1865)에서는 '소유'와 '통치'의 불가피성을 인정하고 '권력'과 '국가'를 재조직할 방안을 내놓았다. 프루동의 후기 저작들에는 당대인들에게 익숙한 '체제 파괴자'로서의 면모만큼이나 '체제 설계자'로서의 건설적이고 적극적인 면모가 눈에 많이 띄는 것이다. 그의 후기 사상은 《연방의 원리》(1863)로 수렴되었다. 그가 생애의 끝자락에서 도달한 것은 인간 사회의 새로운 조직 원리로서의 연방주의였다. 만년에 프루동은 자신에게 숙명처럼 붙어 다니는 '아나키스트'라는 호칭을 마다하지는 않았지만, '연방주의자'로 불리기를 더 원했다. 체제의 파괴자로 출발한 프루동은 체제의 건설자로 변모된 모습을 내보이며 삶을 마감했던 것이다.

프루동의 초기 사상과 후기 사상 사이의 이러한 양면성은 사실 당대

논객들뿐만 아니라 후대 연구자들에게도 당혹감을 주기에 충분했을 것이다. 비판가들은 체제 공격자에서 슬그머니 체제 순응자로 바뀌어 버린 사상의 내재적 모순을 들추어내려 했고, 추종자들은 초기와 후기 중 어느 쪽의 유산을 받아들여야 할지 당혹스러워했다. 프루동에게 모순과 몰이해의 사상가, 심지어 '사회주의의 지킬 박사와 하이드'라는 그리 달갑지 않은 평판이 따라다니는 것은 바로 이 때문이다.

물론 프루동은 자신의 사상이 오랜 모색의 결과이며 수미일관된 체계를 갖추고 있다고 강조했다. 한편으로 사색과 성찰이 깊어짐에 따라, 다른 한편으로 정치 현실과의 접촉을 통해 때로는 강조점이 바뀌고 때로는 단계와 수준이 달라졌을 뿐이며 결국 인간 사회의 진전을 밝히는 하나의 원대한 체계로 집대성되었다는 것이다. 사실 오늘날 30여 권에 달하는 방대한 저작과 연구 노트와 서간집으로 남은, 20여 년에 걸친 그의 사상 편력을 외부에서 어느 한 기준으로만 꿰뚫어본다는 것은 애당초 불가능할지도 모른다. 정작 그로서는 '아나키스트 프루동'과 '연방주의자 프루동' 사이에 어떤 모순도 느끼지 않았다. 그는 만년에 자신의 사상 편력을 돌이켜보면서 "1840년에 내가 통치에 대한 나의 비판적 결론인 아나키로 시작했다면, 나는 만민법의 기본 토대이자 모든 국가 조직의 사망선고라 할 연방주의로 끝을 맺어야 할 것이다"라고 말했다. 자신의 연방주의는 아나키즘의 연장선에 있다는 것이다.

하지만 지금까지 우리에게 익숙한 프루동은 아마도 정치권력을 불신하고 국가기구의 해체를 주장하는 아나키스트 프루동일 것이다. 프루동이 1846년에 《경제적 모순의 체계 또는 빈곤의 철학》에서 당시

로는 신예 사상가인 마르크스(Karl Marx)의 유물론 체계를 비판하자, 마르크스는 곧 《철학의 빈곤》(1847)에서 맞대응했다. 그 후 사회주의 운동은 아나키즘과 마르크스주의라는 거대한 두 줄기로 갈라섰다. 결국 프루동은 주로 마르크스주의와 줄곧 대립각을 세운 아나키즘의 선구자로서 후대의 평판을 얻게 된 반면, 그의 후기 사상은 그리 큰 주목을 끌지 못하게 된 것이다. 《전쟁과 평화》, 《연방과 이탈리아 통일》(1862), 《1815년 조약이 없었다면》(1863) 등 국제정치에 대해 방대한 저작을 내놓은 평화 사상가 프루동은 여전히 우리에게 낯선 모습이었다.

그러나 최근에 유럽통합 운동의 전개와 더불어 프루동의 사상은 새로운 조명을 받고 있다. 프루동이 말년에 내놓은 국제정치 이론, 전쟁과 평화에 대한 탐색, 나아가 유럽연방 건설안이 유럽통합의 맹아적인 모델 중 하나로 관심을 끌기 시작했다. 통합 유럽의 선구자로서의 프루동의 모습이 부각되고 있는 것이다. 우리는 이제 《소유란 무엇인가》로 대변되는 그의 초기 사상에서 《연방의 원리》로 표현되는 그의 후기 사상으로 향하게 된다. 여기서 우리는 재산과 권력의 철폐를 부르짖는 혁명가 프루동보다 진보와 평화를 가져다줄 체계를 설계하는 사상가 프루동을 만난다. 평화 사상가, 유럽통합 이론가, 연방주의자 프루동이 우리를 기다리고 있는 것이다.

민족주의를 넘어서

아나키즘에서 연방주의로의 전환에 대해 대개의 연구자들은 모순과

1865년 귀스타브 쿠르베가 그린 〈프루동과 그의 딸들〉. 파리 프티 팔레 미술관 소장.

혼란으로 가득 찬 그의 사상 궤적에서 결국 나타날 수밖에 없는 방향 전환이자 단절이라고 해석하곤 한다. 하지만 정치 문제와 연방주의 개념에 대한 프루동의 모색은 사실상 1850년대 초부터 찾아볼 수 있다. 19세기 중엽 민족주의적 대립과 상쟁으로 치닫는 국제 정세에 대한 그의 탐색은 그를 자연스럽게 경제에서 정치로, 나아가 아나키즘의 연장선에서 연방주의로 눈을 돌리게 했던 것이다. 그의 연방주의 사상은 당시 유럽 국제무대의 뇌관으로 등장한 민족 통일운동과 단일 민족국가의 탄생에 대한 경계의 메시지로 나타났다. 프루동의 연방주의는 민족주의에 대한 반대 명제로 등장한 것이다.

나폴레옹 제국이 몰락한 후 유럽의 국제 질서는 1815년에 성립한 보수적이고 복고적인 '빈 체제'에 의해 좌우되었다. 승전국 오스트리아, 프로이센, 러시아의 팽창과 패전국 프랑스의 고립화를 꾀한 빈 체제는 유럽의 지도를 완전히 바꾸어놓았다. 하지만 빈 체제는 자유와 해방 더 나아가 통일을 외치는 혁명의 물결에 휩쓸려 맥없이 무너졌다. 이미 1829년에 그리스는 터키의 압제에서 벗어나 독립을 선언했으며, 벨기에는 1830년에 네덜란드로부터 독립을 쟁취했다. 1848년에 혁명의 물결이 전 유럽을 휩쓰는 가운데, 독일과 이탈리아에서는 통일운동이 싹텄으며, 폴란드, 헝가리, 보헤미아 등지에서는 러시아나 오스트리아에 맞선 민족해방의 봉화가 올랐다. 일곱 개 군소 왕국으로 나뉘어 있던 이탈리아는 오스트리아와 프랑스의 간섭을 물리치고 1861년에 마침내 통일을 달성했다. 1866년과 1870년에 오스트리아와 프랑스를 연달아 꺾은 프로이센은 30여 군소 게르만 국가들을 하나로 묶어 통일 독일제국을 세웠다. 실로 19세기는 유럽의 각 민족들이 통일과 단일국가 수립을 당면 과제로 삼아 전쟁을 불사하던 민족주의의 시대였다.

'국제정치 이론가' 프루동이 유럽의 화합을 위해 내놓은 구상은 사실 19세기의 시대정신이라 할 수 있는 민족주의 이념에 정면으로 맞서는 것이었다. 프루동에 따르면, '민족체(Nationalité)'와 '통일(Unité)'이라는 두 단어는 오늘날 일종의 신앙이자 법이며 국가이성으로 군림하고 있다. 하지만 하나의 민족이 하나의 국가를 구성해야 한다는 민족주의 논리는 안으로는 개인과 지역의 자율을 침해하고 밖으로는 다른 국가의 영역을 넘보는 패권주의로 변질될 수 있다.

프루동이 민족을 명분으로 내건 단일국가 성립에 경계의 눈을 돌린 이유는 우선 그것이 계급 장벽을 은폐하고 진정한 사회 변혁을 가로

막는 구실을 한다는 데에 있었다. 그는 1858년에 《혁명과 교회에서의 정의》에서 다음과 같이 쓰고 있다.

> 오늘날 폴란드, 이탈리아, 헝가리, 아일랜드의 회복이라고 불리는 것은 실은 인민들에게 심각한 영향을 미치는 중앙 집중화 기조를 지닌 강국을 모델로 한, 방대한 영토의 통합에 다름 아니다. 그것은 민주정치의 열정을 부추기는 군주정의 모조품이다. 그것은 자유가 아니며 하물며 진보도 아니다. 민족적 통일체에 대해 그토록 말을 늘어놓는 자들은 개인의 자유에는 거의 관심을 두지 않는다. 민족주의란 경제 분야에서의 변혁을 회피하기 위해 바로 이들이 이용하는 핑계인 것이다.

그는 1830년 11월에 발생한 폴란드 봉기에서 외국 침략자에 맞선 민족주의의 깃발이 때로는 지배층의 체제 유지 전략에 동원되는 생생한 사례를 보았다. 빈 체제 이후 러시아의 속국으로 전락한 폴란드에서 러시아 왕조의 지배에 맞선 민족 봉기가 일어났다. 하지만 대 귀족 중심의 백색파와 중소 귀족 중심의 적색파로 분열된 폴란드의 민족운동은 대다수 농민층의 지지를 받지 못하고 실패로 끝나고 말았다. 프루동이 볼 때, 폴란드인들이 진정으로 독립국가를 세우려면, 민족 단일성의 회복을 외치기에 앞서 우선 농민해방을 비롯해 정치적 자유와 사회적 평등을 이룩해야만 했다. 그는 민족해방이 봉건귀족 지배 체제의 재현을 가져오지 않을까 우려한 것이다.

> 폴란드인에게 자유, 평등, 경제적 변혁 따위를 설파하자. 그들이 현 시대의

특징인 헌법적 · 정치적 · 시민적 자유들을 얻도록 도와주자. (…) 하지만 민족체(nationalité)의 회복에 대해서는 말하지 말자. 그것은 뒤로 후퇴하는 길이다. — 〈1860년 4월 21일 편지〉, 〈서한집〉

더 나아가 단일국가의 성립은 필연적으로 개인의 자유와 지방의 자율을 침해하는 권력 집중의 위험을 초래할 것이었다. 1861년에 통일 이탈리아 왕국이 선포된 직후, 프루동은 《연방과 이탈리아 통일》에서 "이탈리아의 역사적 · 정치적 전통에 어긋나는" 중앙집권적 단일국가의 탄생에 경계의 눈초리를 던졌다.

미래의 이탈리아와 같은 2,600만 주민으로 이루어진 국가는 지방과 자치구의 모든 자유가 정부라는 상급 권력을 위해 희생된 국가이다. 여기에서 모든 지역은 입을 닫아야 하며 '지방 정신'은 침묵을 지켜야 한다. 시민이 투표용지에 찍힌 이름으로 자신의 주권을 행사하는 투표일을 제외하고는 공동체 전체가 중앙권력 속에 흡수된다. 행정, 사법, 군대, 교육, 공공사업, 경찰, 제전 등에 관한 모든 사안은 내각의 몫이고, 입법은 의회의 몫이다. 사람들을 서로 알아보기도 힘든 어떤 하나의 추상적인 민족체로 묶는 것, 달리 말하자면 시민들이 살면서 서로를 식별할 수 있는 개별 민족체들을 근절하는 것, 이것이 바로 통일이다. (…) 그런데 민족주의의 원칙이 참된 것이라면, 그것은 강대국들뿐만 아니라 약소국들에게도 참된 것이어야 한다. 그것은 거대 집단들뿐만 아니라 군소 집단들의 독립과 자율을 포함해야 한다.

통일 이탈리아의 출현을 경계하는 이러한 놀라운 주장은 당시 마치니, 가리발디 등 민족주의의 깃발을 내걸고 통일을 외치는 이탈리아 혁명가들의 분노를 자아냈으며, 이탈리아의 통일이 프랑스에 유리한 국제 정세를 조성할 것이라고 본 대다수 프랑스 자유주의자들을 놀라게 했다. 프루동은 역사의 진전에 둔감한 '모순투성이 늙은이'라는, 진보 진영의 비난을 감수해야 했다.

하지만 위에서 알 수 있듯이, 프루동은 단일 민족국가의 성립 자체에 대해 무조건 반대한 것은 아니었다. 프루동이 문제로 삼은 것은 민족체의 구성이 약자들의 권익을 침해해서는 안 되며 구성원들의 자유를 최대한 보장할 수 있는 단위에서 이루어져야 한다는 점이었다. 이런 점에서, 이미 오래전부터 단일국가 체제를 형성하고 있는 프랑스도 프루동의 비판을 피해갈 수 없었다. '하나이자 나뉠 수 없는 공화국(République une et indivisible)'이라는 공화주의 전통에 충실한 프랑스는 일찍부터 강력한 중앙집권적 단일국가를 형성해왔다. 하지만 프루동은 유작으로 뒤늦게 출간된 《프랑스와 라인 강》(1867)에서 "오늘날 프랑스 민족은 플랑드르인, 코르시카인, 노르망디인, 스칸디나비아인 등 적어도 20여 개의 별개 민족들로 구성되어 있다. (…) 프랑스인이란 관례(convention)에 의한 존재일 따름이다"라고 잘라 말했다. 요컨대 그가 볼 때 언어, 종교, 인종, 지리, 전통 등 소위 민족체 형성의 '자연적' 요소로 내세우는 것들은 실은 우연의 산물일 뿐이다. "조국(patrie)을 만드는 것은 땅의 우연성도 인종의 가변성도 아니며 바로 법(droit)이다"라고 푸르동은 주장한다.

따라서 민족은 단일국가로 통일되어야 한다는 논리는 민족주의자들

〈1870년 유럽의 각축장〉. 철혈 재상 비스마르크로 표현된 프로이센이 왼쪽 무릎으로 잠든 게으름뱅이 오스트리아를 짓누르고 오른손으로는 네덜란드를 쥐고 있다. 사나운 동양인 용병으로 표현된 프랑스는 긴 칼을 프로이센을 향해 겨눈다. 혁명가 가리발디로 표현된 이탈리아는 프랑스와 프로이센의 압력에 맞서고 있다. 뚱뚱한 귀부인 에스파냐는 난쟁이 병사 포르투갈을 짓누르며 잠에 취해 있다. 늙은 노파 영국은 반항하는 애완견 아일랜드와 다투고 있다. 넝마주의 늙은이 러시아는 누더기 옷자락으로 크림 반도를 숨기고 있다.

이 주장하듯이 자연적 순리가 아니라 추상적이고 인위적인 구성물일 뿐이다. 민족의 이름으로 중앙집권적 통일을 완성한 국가들은 대외적으로도 민족의 이름으로 패권과 팽창을 추구하게 된다. 프루동은 이탈리아 반도에서 통일 전쟁이 한창이던 1860년에 이미 유럽 전쟁의 위험을 예견한다.

낡은 유럽은 서둘러 페허로 향하고 있다. (…) 우리는 신성한 권리를 지키고 되찾으며 민초를 착취할 목적을 지닌 대여섯 제국의 형성으로 나아가고 있다. 군소 국가들은 희생될 것이다. (…) 그러면 유럽에는 권리도 자유도 원칙도 규범도 없게 될 것이다. 그리고 이 여섯 대제국들 사이에서 대규모 전쟁이 벌어질 것이다. (…) 무장한 유럽이 죄지은 유럽을 응징할 것이다. (…) 도처에서 나는 정치 전쟁들이 아니라 '민족 전쟁들(guerres nationales)'이 움트고 있음을 본다. — 〈1860년 5월 3일 편지〉, 《서한집》

민족주의는 패권주의를 낳고 전쟁을 부른다. 유럽은 통일을 완성한 거대 단일국가들 사이의 각축장이 될 것이다. 유럽의 미래에 대한 프루동의 비관적인 전망은 유감스럽게도 반세기 후 현실이 되었다.

연방주의와 유럽 평화

그렇다면 민족의 이름으로 국가들이 패권 다툼을 벌이는 시대에 유럽의 평화를 보장할 방안은 어디에서 찾아야 하는가? 국제 관계의 기본 원리인 강대국과 약소국 사이의 세력 균형은 어떻게 마련되어야 하는가? 여기서 프루동은 '국가들의 연방(Fédération des États)'이라는 해결책을 내놓는다.

연방주의는 19세기 유럽사상사에서 한 번도 주류의 위치를 차지하지 못하고 늘 소수파 이념으로 머물렀지만, 그렇다고 프루동이 연방제 이론을 홀로 제창한 것은 아니었다. 빈 체제가 자리 잡은 1814년에 프랑스 사회주의자 생시몽(Claude Henri Saint-Simon)은 《유럽 사회 재조직론》에서 복고 왕정의 유럽에 맞서 국민들의 자유와 유럽의 평화를 보장할 연방제적 유럽 청사진을 펼쳐놓았다. 이탈리아 통일운동의 기수 카타네오는 민족주의에 기댄 주류 통일론에 맞서 조국의 통일과 유럽의 새로운 질서를 염두에 두고 연방제 구상을 내놓았다. 독일의 콘스탄틴 프란츠(Constantin Frantz) 역시 다가올 독일의 통일은 단일 민족국가 체제가 아니라 중세부터의 역사적 정통성을 간직한 연방제 구조로 이루어져야 한다고 주장했다. 하지만 연방주의는 19세기 유럽의 현실과는 거리가 멀었다. 국제 관계를 좌우하는 5대 강국(영국·프랑스·오스트리아·프로이센·러시아)은 물론이거니와 거의 모든 국가들은 단일국가 체제를 이루고 있었으며, 연방 체제는 약소국 스위스 그리고 독일 지역 군주국들의 느슨한 연합체인 게르만 연방(Deutscher Bund)에서나 찾아볼 수 있었다.

프루동이 연방주의 문제를 연구하기 시작한 것은 그가 1849년부터 형무소에 갇혀 혁명의 실패를 되돌아보며 사회 재조직 원리를 새로이 탐색하면서부터였다. 진정한 혁명은 경제적 변혁이어야 하며, 새로운 사회질서는 구성원들 사이의 평등과 자율에 입각해야 한다는 그의 상호주의(mutualisme) 이론은 정치적 측면에서 자연스럽게 연방주의 청사진으로 향했다. 프루동은 감옥에서 쓴 《어느 혁명가의 고백》에서 이미 연방주의적 이상향을 꿈꾸었다.

> 정치적 의미로 말하자면 더 이상 민족체도 조국도 없으며 단지 출생지가 있을 뿐이다. 인종과 피부색에 상관없이 인간은 누구나 이 우주의 토착민이다. 시민권은 어디서나 주어진다. (…) 외교단도 종교회의도 없으며 민족들 사이에는 조화가 넘친다. 이제 그 어느 것도 조화를 해치지 못한다.

프루동은 한 걸음 더 나아가 연방주의를 국내 문제를 넘어 유럽 화합의 원칙으로 제시하기에 이르렀다. 그는 1858년에 출판한 《혁명과 교회에서의 정의》에서 "유럽의 세력균형에 대한 최선의 보장책"으로 "보편적 연방주의"를 내놓았다. 프루동이 생애의 마지막 순간에 도달한 것은 바로 새로운 사회조직의 원리이자 유럽 평화의 보장책으로서의 연방주의였다.

프루동은 《연방의 원리》 첫머리에서 "연방제 이론은 아주 새로운 것이다. 지금까지 누구도 그것을 제시한 적이 없다고 나는 믿는다"라고 말했다. 물론 프루동이 연방주의를 처음으로 주창한 것은 아니었다. 하지만 그는 그에 앞서 연방제 구상을 내놓은 여느 사상가들을 훌쩍 넘어서서, 연방주의라는 개념을 단순히 국내외 정치기구나 민간단체들 사이의 권능을 조직과 배분이라는 법적·제도적 틀을 넘어서 인간관계를 조율하고 사회를 재조직하는 정치철학의 차원으로 끌어올렸다. 프루동이 계획한 것은 정치조직과 사회 구성, 국내문제와 국제 관계, 과거와 미래를 한꺼번에 아우르고자 한 실로 원대한 구상이었다.

> 지난 20년 동안 다듬은 나의 모든 경제 사상은 '농업-공업 연방(fédération agricole-industrielle)'이라는 세 단어로 요약된다. 마찬가지로 나의 모든 정치 견해는 '정치적 연방(fédération politique)' 또는 '탈집중주의(décentrailsation)'라는 비슷한 정식으로 요약된다. (…) 현재와 미래의 나의 모든 희망은 이 두 가지의 논리적 귀결인 세 번째 정식, 즉 '단계적 연방(fédération progressive)'으로 표현된다.

프루동은 연방주의를 구성원들 사이의 자발적 계약(contrat)의 형태로 제시한다. 그것은 "하나 또는 여러 정해진 목표들을 위해, 계약 당사자들이 포기하는 몫보다 더 큰 몫의 주권과 행동을 유지한다는 것을 기본 조건으로 하는 쌍무적이고 상호적인 계약"이다. 일국적이든 국제적이든 연방제를 구성하는 데 가장 중요한 선결 요소는 가맹 당사자들의 자율과 대등한 상호 관계를 확보하는 일이다. 연방 안에서 특정 국가나 단체가 더 우월한 지위를 가져서는 안 된다.

프루동이 앞으로 건설될 유럽연방에 가입할 수 있는 기본단위로 국가뿐만 아니라 도시나 영토 또는 지역을 들고 있는 것도 바로 이 점을 염두에 두었기 때문이다. 유럽연방은 심지어 한 국가 안에서 서로 분리 투쟁 중인 쌍방 모두에게도 문호를 개방할 것이었다. 민족체 원리를 비판하고 단일 민족국가를 인위적인 가공물로 본 프루동은 중앙집권적인 통제에서 벗어나 구성원들 사이의 평등과 자율이 최대한 보장될 수 있는 지역공동체라면 어느 것이든 유럽의 가족이 될 수 있다고 보았다. 나아가 그는 유럽연방에 가입한 회원국들은 원할 때면 언제든지 연방에서 탈퇴할 권리를 가져야 한다고 주장했다. 이러한 자유탈퇴 허용론은 연방 자체의 존속을 위협할 수 있으며 따라서 국제 관계의 현실을 무시한 이상론이기도 했다. 군소 연방국가 스위스에서 1846년에 11개 가톨릭 주(canton)가 연방 체제에서 탈퇴를 선언하자 나머지 13개 프로테스탄트 주는 전쟁으로 맞대응했다. 마찬가지로 연방 국가 아메리카에서는 1861년에 남부 주들이 분리·독립하려 하자 결국 남북전쟁이라는 엄청난 내전이 벌어지고 있었다. 하지만 프루동이 볼 때, 스위스와 아메리카의 사례는 중앙집권적 패권주의의 야욕이 연방제 원리를 훼손한 실패작에 지나지 않았다.

그렇다면 유럽연방이 성공하려면 어떤 조건을 갖추어야 하는가?

우선, 유럽연방을 구성할 회원국들 자체가 먼저 연방제 정치 구조를 갖추어야 하며, 이러한 연방제 정치는 연방제적 경제구조에 기반을 두어야 할 것이다. 연방제적 국제 질서는 논리적으로 일국적 차원에서의 연방 구조를 전제로 한다. 연방주의란 국제 관계의 원리가 되어야 하지만 무엇보다 국내에서 먼저 적용되어야 한다. 프루동이 통일 이탈리아가 중앙집권적 단일국가로 나아가는 데 반대하고 게르만 연방으로 묶여 있는 독일이 설혹 통일되더라도 연방 체제를 계속 유지해야 한다고 주장한 것은 바로 이런 이유에서였다.

여기서 프루동은 1848년 혁명 실패 이후 자신이 새로운 사회조직 원리로 제시했던 상호주의 이론을 연방주의와 연결시킨다. 정치조직은 가변적이다. 진정한 변혁은 사회적 토대에서 이루어져야 한다. 정부보다는 산업 조직이, 헌법보다는 경제적 관계가, 겉잡아 말해서 정치보다는 경제가 먼저 연방주의의 토대 위에 설 때 국내에서든 국제적으로든 연방제 정치 구조가 자리 잡을 수 있다는 것이다. 이렇듯 프루동의 연방주의는 단순히 국제 관계의 차원에 머물지 않고 국내의 사회 재조직 문제와 연결되며 정치 영역과 경제 영역을 긴밀하게 통합시킨다. 훗날 연방제 이론가들이 프루동의 이론을 '총체적 연방주의(fédéralisme intégral)'라고 부른 이유가 바로 여기에 있다. 따라서 프루동의 이론 체계는 여느 연방주의 이론들보다 더 논리적 일관성을 갖추었지만, 그만큼 더 달성하기 힘겨운 구상이기도 했다.

다음으로, 유럽연방은 국가든 지역이든 규모가 작은 단체들로 조직되어야 하며 점진적이고 단계적으로 구성되어야 할 것이다. 구성단위가 작고 많아질수록 연방 체제를 유지하기 힘들 것이라는 주장은 착각에 자니지 않는다. 연방제가 통치와 행정의 중앙집권화와 양립할 수 없는 속성을 지니고 있는 까닭에, 오히려 영국, 프랑스, 오스트리아, 프로이센, 러시아 등 강대국들은 연방제를 반대하며 유럽 화합에 걸림돌이 된다. 프루동이 당시 민족주의의 대세를 거스르면서 통일된 단일국가의 출현을 경계한 것도 바로 이 때문이었다. 거대 주권국가들은 상호 보장 계약으로 서로 묶여 있는 작은 독립국가들로 탈바꿈되어야 한다. 그는 "수백 평방 리우(lieue, 1lieue는 약 4킬로미터에 해당한다)의 영토에 모여 사는 주민 규모"를 연방을 구성할 단위 국가의 가장 자연스럽고 알맞은 평균치로 보았다.

따라서 프루동이 볼 때, 유럽의 현 상황에서 유럽연방을 당장에 구성한다는 것은 무모하고 불가능한 일이었다. 그가 1848년 혁명 직후 프랑스에서 빅토르 위고를 비롯한 몇몇 진보적 지식인과 사상가들이 내놓은 소위 '유럽합중국' 구상에 대해 비판적 시선을 던진 것도 바로 이런 이유에서였다.

> (이것은) 전체 대회(Congrès)라는 상임기구 아래 현재 유럽에 존재하는 크고 작은 모든 국가들이 연합체(alliance)를 이룬 것에 다름 아닌 듯 보인다. (…) 그런데 전체 대회에서 각국은 자신의 영토 면적과 인구수에 비례하는 표결권을 가진다. 약소국들은 곧 강대국들에게 종속된다. 그러면 이 신성동맹은 내부의 분란을 겪은 후 곧 유일한 강국 즉 거대 유럽 왕국으로 변질될 것이다. 이와 같은 연방은 함정일 따름이며 어떤 의미도 갖지 못할 것이다.

"유럽은 단일한 연방(confédération)을 구성하기에는 여전히 너무 크며, 그것은 기껏해야 연방들의 연방(confédération de confédérations)에 지나지 않을 것이다." 따라서 프루동이 볼 때, 연방 유럽 건설은 단계적으로 서서히 이루어져야 하며 강대국들은 가능하면 작은 단위로 분리되는 것이 바람직했다. 그는 《연방의 원리》에 뒤이어 출판된 《1815년 조약이 없었다면》에서 "더욱 탐욕적이고 모든 것을 빨아들이며, 적개심을 내뿜는 단위 국가들"을 만들 것이 아니라 오히려 "이미 존재하는 유럽의 예닐곱 강대국들을 60여 개의 주권국가들로 쪼개야 한다"는 자못 도발적인 주장을 내놓았다.

요컨대 유럽연방은 해당 국가들 사이의 균형을 고려해서 만들어져야 하며 구성 조직들의 자율성을 보장해야만 한다. 이러한 연방 체제는 대내적으로 각 국가와 지역에 최대한의 활동과 독립을 부여하고 각 개인에게 최대한의 자유를 가져다줄 것이며, 특히 대외적으로 평화와 안전을 보장할 것이다. 프루동은 자신이 꿈꾼 유럽연방에 대해 자못 이상적인 전망을 내놓는다.

> 연방제 아래 사는 국민들은 평화를 위해 조직된 국민들이다. 국가가 무슨 필요가 있는가? 군 복무는 헌병, 참모부 서기관, 군대 휴게소 점원 정도로 줄어든다. 동맹 체제도 통상조약도 필요 없다. 자유로운 국민들 사이에는 공통의 법으로 충분하다. 세금 징수 외에 모든 상행위가 자유롭게 이루어진다. 각국의 법률을 존중하는 한 자유롭게 여행하고 어디에나 거주할 수 있다.

그러나 프루동의 연방주의 구상은 유럽연방이라는 '이상향'에 지나치게 몰두한 나머지 일단 유럽연방이 성립한 후 발생할 수 있는 분규를 조절할 방안에까지는 이르지 못한 듯하다. 그는 주로 연방에의 가입과 탈퇴, 연방의 규모와 성공 가능성 따위를 논하고 있으나, 정작 가입 국가 또는 단체들과 상급 연방기구 사이의 권능의 배분과 조정 문제에 대해서는 설득력 있는 해결책을 내놓지 않았다. 프루동의 구상에서 중앙 연방기구는 '통치기구(gouvernement)'가 아니라 '대행자(agence)'로 구실할 뿐이며 연방기구의 운용과 권한에 대한 자세한 언급을 찾아보기 힘들다.

개별 국가주권을 넘어서는 상위 권력체가 없는 연방제란 가능한가? 오늘날 돌이켜보건대 지난 50년 동안의 유럽통합 운동은 회원국의 국가주권을 최대한 보장하면서 각국 정부 간 협력 체제로 그치려는 '정부간주의(intergovernmentalism)'와 회원국으로부터 일부 권력을 넘겨받은 상위 권력기구를 두려는 '초국가주의(supranationalism)' 사이의 대립과 타협 과정에 다름 아니었다. 유럽연합(EU)의 조직 구조에는 개별 국가주권적 요소와 초국가주권적 요소가 혼재되어 있다. 유럽인들은 '국가들의 유럽(Europe des nations)'에서 '연방의 유럽(Europe fédérative)'으로 향하는 어느 중간 지점에 머물고 있는 것이다.

《연방의 원리》는 앞부분에서 밝힌 원대한 구상과는 달리 짤막한 단평으로 그치고 말았다. 프루동은 자신의 연방주의 사상을 끝까지 밀고 나가지 못한 채 숨을 거둔 것으로 보인다. 여기서 우리는, 그에게 충분한 시간 여유가 주어졌다면 만년에 국가의 필요성과 통치의 불가항력을 받아들인 그로서는 어떤 식으로든 개별 국가권력들을 조율할 수 있는 초국가적 상위 기구를 마련했을 것이라고 가정해볼 수 있을 것이다. 프루동이 남긴 미완의 과제는 오늘날 유럽통합론자들의 고민으로 고스란히 돌아온 것이다.

유럽통합을 향하여

19세기는 연방주의의 세기도 평화 공영의 시대도 아니었다. 민족주의의 깃발 아래 이탈리아와 독일은 통일을 달성했으나, 통일국가의 수립은 대외적인 전쟁을 치르며 이루어졌다. 유럽은 거대 단일 민족국가들이 패권을 다투는 각축장이 되었다. 19세기 중반까지만 해도 유행어처럼 번지던 '유럽합중국'이란 용어는 19세기 후반부터 거의 자취를 감추었고, 더구나 연방식 유럽통합론은 설 자리를 잃었다. 민족국가들 사이의 패권 다툼은 결국 20세기에 들어 두 차례에 걸친 세계대전을 낳았다. 거대 단일국가들이 들어서면, 결국은 "대여섯 거대 제국들이 조만간 전쟁을 벌일 것이다"라는 프루동의 예측은 정확하게 맞아떨어진 것이다.

파국적인 두 차례의 세계대전은 유럽인들에게 평화와 공영에 대한 갈망을 불러일으켰으며 유럽통합에 대한 희망을 다시금 북돋아주었다. 이제 유럽인들은 민족국가로 이루어진 전통적인 국제 질서를 청산하고 전쟁 방지와 평화 유지를 위해 국경선을 철폐하고 유럽을 하나의 공동체로 만들고자 했다. 유럽통합 운동의 전개와 더불어 한때 잊혔던 연방주의 사상이 다시 힘을 얻기 시작했다. 통합 유럽이 진정한 평화와 공영의 장이 되기 위해서는 단순한 재래식 국가 간 협의기구에 머물러서는 안 되며 가맹국들 사이의 견제와 균형을 유지하고 더 나아가 국경을 초월한 지역 단위의 자율성을 보장할 수 있는 연방제 형태로 나아가야 한다는 주장이 설득력을 얻은 것이다.

프루동의 연방주의가 오늘날 새롭게 부각되는 것은 바로 이러한 유럽통합의 전망에서이다. 연방주의 사상은 유럽통합에 합류하는 여러 흐름 중 굵직한 한 줄기를 이루고 있다. 프루동이 유럽통합에 남긴 유산은 한편으로 연방제 통합론자들 중에서도 특히 드니 루즈몽(Denis de Rougemont)에서 알렉상드르 마르크(Alexandre Marc)를 거쳐 헨드릭 브루크만(Hendrik Brugmans)으로 이어지는 연방제적 유럽통합론자들의 활동과 저술을 통해 계승되고 있으며, 다른 한편으로 유럽연합(EU)의 각종 기구들과 정책을 통해 면면히 이어지고 있다. 프루동은《연방의 원리》를 끝맺으며 "20세기는 연방주의의 시대를 열 것이다. 그렇지 않으면 인류는 1,000년에 걸친 연옥을 되풀이할 것이다"라고 말했다. 유럽공동체가 탄생하기 한 세기 전에 프루동이 내놓은 마지막 잠언은 오늘날 통합 유럽이 나아갈 길을 밝히는 등불이 될 것이다.

프루동은 생의 마지막 순간도 "민족들의 배타성이 사라지는 날, 여가를 위해서든 일을 위해서든 누구나 자유롭게 국경을 넘나드는 날, 누구든 여러 국가의 시민이 되는 날"이 오리라는 희망을 버리지 않았다. 그가 머릿속에 그린 유럽합중국의 정경은 농부가 제 땅을 갈고 노동자가 제 몫의 일을 하며 권력의 압제에 시달리지 않고 마음껏 자유를 누리는 아나키즘의 이상향에서 그리 멀리 떨어져 있지 않을 것이다.

연표

1809년 프랑스 동남부 브장송에서 출생.

1830년 프랑스 7월혁명.

1830~48년 프랑스 7월왕정.

1838년 쉬아르 연구 지원금 수혜. 파리 상경.

1840년 《소유란 무엇인가》(소유에 대한 첫 번째 연구).

1841년 《블랑키 씨에게 보내는 서한》(소유에 대한 두 번째 연구).

1842년 《콩시데랑 씨에게 보내는 서한》(소유에 대한 세 번째 연구).

1843년 《인류에게서의 질서의 창조》.

1844년 카를 마르크스, 칼 그륀, 미하일 바쿠닌 등과 교류.

1846년 《경제적 모순의 체계 또는 빈곤의 철학》으로 마르크스와 결별.

1848년 프랑스 2월혁명. 파리 시 보궐선거에서 국회의원에 당선.

1848~52년 프랑스 제2공화국.

1848년 《사회 문제의 해결》.

1849년 대통령 나폴레옹 3세를 비난한 죄로 기소. 수형 생활 중 결혼. 52년 6월 출옥. 《어느 혁명가의 고백》.

1851년 《19세기 혁명의 일반 이념》.

1852~70년 프랑스 제2제국.

1853년 《진보의 철학》.

1858년 《혁명과 교회에서의 정의》. 불온사상 유포죄로 기소. 가족과 함께 벨기에로 망명. 62년 9월, 사면 후 귀국.

1861년 《전쟁과 평화》, 《과세 이론》.

1862년 《연방과 이탈리아 통일》.

1863년 《연방의 원리》, 《1815년 조약이 없었다면》.

1865년 파리에서 사망. 유작 《소유의 이론》, 《노동자계급의 정치적 역량》 출판.

참고문헌

피에르조제프 프루동, 이용재 옮김, 《소유란 무엇인가》, 아카넷, 2003.

장 프레포지에, 이소희 옮김, 《아나키즘의 역사》, 이룸, 2003.

C. Bouglé et H. Moysset(dir.), *Oeuvres complères de P.-J. Proudhon*, 15 vols., Marcel Rivière, 1923~1950.

유럽합중국을 부르짖은 아나키스트
: 미하일 알렉산드로비치 바쿠닌

이종훈

1867년 9월. 유럽 전체의 시선이 스위스 제네바의 한 대회장에 집중되고 있었다. 바로 '평화 자유 국제연맹(Ligue internationale de la Paix et de la Liberté)'을 출범시키기 위한 창립 총회였다. 이날 집회의 하이라이트는 단연 미하일 알렉산드로비치 바쿠닌(Mikhail Aleksandrovich Bakunin, 1814~76)의 등단 모습이었다. 6,000명이 참가한 창립 대회에서 육중한 체구의 바쿠닌이 발언하려고 연단 쪽으로 걸어올 때 이탈리아 통일의 영웅 가리발디가 자리에서 일어나 그와 포옹하는 극적인 광경이 일어났다. 참석자들은 두 혁명 노전사의 모습에 열광하며 모두 자리에서 일어나 두 사람의 이름을 연호하고 박수를 보냈다.

집회의 열기는 당시 유럽 지식인들의 국제 평화에 대한 기대와 우려를 반영한다. 바로 한 해 전에 프로이센이 '7주 전쟁'에서 오스트리아를 제압하여 유럽의 새로운 강자로 부상하였고 이를 견제하려는 프랑스 등 주요 국가의 대응으로 유럽에는 또다시 긴장이 고조되고 있었다. 이러한 상황에서 프랑스의 법학자인 아콜라(Emile Acollas)는 바쿠닌뿐만 아니라 위고, 밀(John Stuart Mill), 르클뤼(Élisée Reclus), 가리발디, 블랑(Louis Blanc), 파브르(Jules Favre), 게르첸(Aleksandr Gertsen) 등 유럽 각지의 저명인사를 위시한 1만 명의 발기인을 확보하여, '평화 자유 국제연맹'의 창립 총회를 준비해왔다. 회합의 이러한 취지에 부응하여 유럽의 국제 평화 방안을 놓고 갖가지 견해가 백가쟁명식으로 제시되었다. 바쿠닌이 나름대로 제시한 해법은 '유럽합중국(les Etats-Unis de l'Europe)'의 결성이었다.

바쿠닌은 19세기의 대표적인 아나키즘 이론가이자 혁명가이다. 그는 러시아 출신이지만 20대 중반 이후 주로 유럽 중서부 지역에서 활약했다. 1848년 혁명기에 이미 그는 슬라브인들로 구성된 자유로운 연맹의 결성과 더 나아가 '범유럽공화국연맹(die allgemeine Föderation der europäischen Republiken)'의 수립을 촉구한 바 있다. 이후 거의 20년 만인 1867년에 다시 한 번 '유럽합중국'의 청사진을 새로운 차원에서 제시한 것이다.

바쿠닌의 이름은 종종 '거친 반항 청년', '파괴의 사도', 또는 '어둠의 세력' 같은 부정적인 수식어구와 함께 거론된다. 그의 계승자라고 자처하는 아나키스트들도 "파괴의 욕구는 창조의 욕구"라는 바쿠닌의 경구를 즐겨 사용한다. 그렇다면 통념상 국가 파괴를 목표하는 전형적인 아나키스트가 유럽통합과 무슨 관련이 있다는 말인가? 매우 의아하게 느낄 수 있다.

결론부터 말하면 그는 유럽통합주의자이다. 하지만 그는 기존 국가의 틀 위에서 진행되는 유럽통합을 거부했다. 대신 그의 통합론은 자유의 원리에 기초한다. 국가는 억압의 원리를 상징하고, 이는 자유와 양립될 수 없다는 것이 바쿠닌의 입장이다. 바쿠닌 사상을 가리켜 "자유에서 시작하여 자유에서 끝난다"고도 평가할 정도로 그에게서 '자유'란 전부를 의미한다. 자유의 원리에 기초한 그의 사회 통합론을 연맹주의(fédéralisme)* 혹은 연합주의라고 한다. 그의 유럽통합론은 이러한 연맹주의의 틀 속에서 이해되어야 한다.

역사의 주변부, 슬라브인들에 주목한 통합론

바쿠닌은 19세기 전반 러시아 사회의 전형적인 귀족 출신 인텔리겐치아에 속한다. 그는 자신들의 윤택한 삶이 인민의 희생을 대가로 한 것임을 깨닫고 양심의 가책으로 괴로워한다. 이른바 '참회하는 귀족'이다(Nikolai Berdyaev의 테제). 바쿠닌은 러시아 인민을 억압하는 차르체제가 폴란드인을 비롯한 다른 민족에게도 고통의 근원이라고 보았다. 즉 러시아 인민의 자유와 폴란드인의 자유는 불가분의 관계였다. 따라서 폴란드와 러시아에서 자유는 차르 전제정치를 분쇄함으로써 획득될 수 있다고 생각했다. 더 나아가 그는 폴란드인뿐만 아니라 여러 슬라브족을 억압하고 있는 또 하나의 제국 오스트리아까지 타도 대상으로 보게 된다. 이러한 제국의 파괴가 우선 슬라브인에게 자유

◆ 바쿠닌 자신의 저작에 여러 차례 나오는 fédéralisme이라는 용어는 연방(聯邦)주의로 번역할 경우 두 가지 점에서 문제가 된다. 첫째, 연방(聯邦)의 방(邦)이라는 한자어가 국가를 의미하는데, 국가를 부정하는 아나키스트가 국가 간 연방을 주장한다는 것이 논리상 모순되기 때문이다. 둘째, 바쿠닌 이론에서 연맹 결성의 주체는 기존 국가가 아니라, 개인, 마을, 지역 등 사회조직의 기본단위 내지는 하급 단위이기 때문이다.

를 주며 유럽통합으로 귀결되어야 한다
고 보았다.

이러한 그의 유럽통합 사상은 오랜
성찰의 결과였다. 바쿠닌은 1814년 모
스크바로부터 북서쪽에 위치한 트베르
주 프랴무히노에서 태어났다. 이 당시
러시아 귀족 자제는 어려서부터 프랑스
어와 독일어 교육을 받으며 서유럽 문

바쿠닌의 자화상. 1829년.

화를 수용했다. 이러한 여건으로 인해 바쿠닌은 청년 지식인 중에서
가장 빠르게 피히테나 헤겔의 철학을 이해하고 소개할 수 있는 위치
에 있었다.

당시 바쿠닌은 러시아나 오스트리아 제국의 억압과 지배를 받는 다
른 슬라브족에 대해 연대 의식을 가지고 있지는 않았다. 무엇보다도
그의 헤겔 철학 해석은 오히려 현실을 정당화하는 보수성을 지녔다.
이러한 의식에 큰 변화를 준 것은 베를린 유학이었다. 여기서 그는 헤
겔 철학을 급진적으로 해석하는 헤겔 좌파의 사상적 영향을 받는다.
불과 2년 만에 헤겔 좌파를 대표할 만한 〈독일에서의 반동: 한 프랑스
인의 소고〉를 발표하기에 이른다. 여기서 그는 "파괴의 욕구는 창조의
욕구"라는 말을 통해 '부정'과 '파괴'가 지니는 중요한 의미를 설파한
다. 이후 현실을 부정하고 파괴하여 새로운 질서를 세우는 혁명적 수
사가 바쿠닌 사상에서 항상 나타나는 요소로 자리 잡았다. 이것은 바
로 헤겔 좌파 철학의 지속적 영향이라고 할 수 있다.

하지만 현실에 대한 부정은 그로 하여금 이제까지 신봉했던 독일 철

학마저 형이상학으로 규정하여 더 이상 그것에 집착하지 않고, 좀 더 현실 문제에 관심을 보이며 실천적 성격을 지닌 프랑스 사회사상에 관심을 갖게 되는 계기가 되었다. 이러한 변화는 〈독일에서의 반동〉이란 글의 부제에 나와 있듯이 필자가 '프랑스인'이라고 자처한 대목에서도 암시된다. 프랑스 농촌 출신의 독학 지식인이자 사회 사상가인 프루동과의 교류도 이러한 차원에서 이해할 수 있다. 훗날 바쿠닌은 특히 정치권력과 지식인의 온갖 권위에 맞서는 프루동의 '자유' 정신에 크게 공감하면서 프루동 사상의 계승자임을 자처할 정도였다.

당시 시대 분위기도 '자유'의 문제에 대한 관심을 증폭시켰다. 바쿠닌보다 정도는 덜 하지만, 프랑스 혁명의 전통 속에서 자라난 19세기 유럽 자유주의자들의 관점에서도 자유란 개인의 자유뿐만 아니라 민족의 자유도 의미했다. 이들의 생각으로는 민족도 개인과 마찬가지로 의지에 반해서 전제군주나 외국인에 의해 지배받지 않을 권리를 지녔다. 따라서 민주주의와 민족주의는 정치적 정의를 위한 동맹 관계에 있었다. 19세기를 통하여 이에 대한 모범적 예로 손꼽힌 것이 바로 폴란드였다. 폴란드는 민족주의와 민주주의의 상징성을 동시에 지녔다.

바쿠닌은 1845년 《레포름》지에 게재된 공개서한과 1847년 11월 폴란드 봉기 17주년 기념 연설에서 박해받는 러시아와 폴란드의 공통된 운명과 양국 인민의 유대를 강조했다. 이 일로 러시아로부터 항의를 받은 프랑스 정부는 바쿠닌에게 추방령을 내렸다. 그러나 프랑스에서 1848년 2월혁명이 일어나 임시 혁명정부가 수립됨에 따라 파리로 다시 돌아왔다. 곧이어 1848년 3월에 베를린과 오스트리아 수도 빈에서 혁명이 발발한다. 《레포름》지 기고문(3월 13일자)을 통하여 바쿠닌은 혁명이 오스트리아 제국과 러시아 차르 니콜라이 1세(Nikolai I)에게 거대한 위협이라고 주장했다. 더 나아가 그는 러시아까지 포함한 전 유럽을 '민주공화국연맹'으로 바꾸어놓기 전까지는 혁명을 중단하지 않으리라고 단언했다. 이 대목에서 바쿠닌이 생각하는 새로운 유럽통합의 싹이 보인다.

1848년 6월 오스트리아가 지배하고 있던 프라하에서 범슬라브 민족 대회가 개최되었다. 바쿠닌은 여기에 대의원 신분으로 참여했다. 그러면서도 한쪽으로는 급진파의 봉기를 지원했다. 슬로베니아 귀족 출신 빈디슈그레츠(Alfred Windisch-Grätz) 휘하 정부군의 시가지 포격으로 봉기는 일주일 만에 진압되어 바쿠닌은 브레슬라우로 피신했다.

이 범슬라브 민족 대회를 주도한 것은 팔라츠키(František Palacký)를 비롯한 체코 민족주의자들이었다. 이들은 오스트리아 제국 안에서 슬라브인인 체코인들이 좀 더 많은 권리를 누릴 수 있도록 제도적 보장을 요구하는 온건 노선을 견지했다. 즉 체코인들이 희망했던 것은 제국으로부터의 분리 혹은 독립이 아니라 이른바 '오스트리아슬라브주의(Austroslavism)'로 표현할 수 있는 자치였다.

이러한 주장에 대타격을 가한 장본인이 바로 바쿠닌이었다. 그는 프로이센, 러시아, 투르크 그리고 무엇보다도 오스트리아 제국의 전제정치를 타도하고 '모든 슬라브 민족들을 즉시 통합하는 연맹'과 '신성한 공수동맹'을 결성해야 하며, 더 나아가 '범유럽공화국연맹'을 수립해야 한다고 주장하였다. 이러한 내용은 1848년 12월 라이프치히에서 소책자 형태로 간행된 《슬라브인들에 대한 호소》에 담겨 있다. 이 호소문은 독일어와 폴란드어로 출판된 후 다시 체코어와 프랑스어로 번역되어 당시 지식인들 사이에 널리 읽혔다.

폴란드 해방 문제는 당시 대부분의 자유주의자들도 공감하던 문제였다. 그러나 오스트리아 제국 해체 주장은 당시로서는 매우 충격적인 내용이어서 유럽의 급진파 중에도 이러한 주장을 폈던 사람은 바쿠닌 외에는 없었다. 한편 바쿠닌은 슬라브인들의 투쟁에 유럽 여러 나라의 진보 세력의 지원이 필요하다고 보았다. 그래서 전제군주정에 대항하는 '범유럽공화국연맹'의 기치 아래 이들을 규합하려 했다. 독일의 급진주의자들, 그리고 심지어 여태껏 슬라브인들을 억압한 마자르인들과도 제휴해야 한다고 촉구했다. 마음속으로는 이탈리아인의 독립 투쟁을 지지하면서도 어쩔 수 없이 오스트리아군 제복을 입고 출동한 슬라브인 병사들은 진압군의 대열에서 이탈하여 유럽의 자유를 위한 혁명군을 결성하라고 호소했다. 호소문에는 '자유의 연대성'이 통합의 원리로서 강조되었다.

제 민족은 깨달았습니다. 그것은 유럽 어느 곳에서든 아직도 억압 아래 살고 있는 단 하나의 민족이라도 존재하는 한, 제 민족의 복지는 보장될 수 없다는 점입니다. 그것은 또한 제 민족의 자유가 아무 곳에서나 친숙한 것이 되려면 그것은 모든 곳에서 친숙한 것이 되어야 한다는 점입니다. 그리고 처음으로 그들은 사실상 한 입으로 모든 사람과 모든 민족의 자유를 요구하고 나섰습니다. 그것은 진정하고 완벽한 자유, 유보와 예외와 제약이 없는 자유입니다.

바쿠닌이 범슬라브 민족 대회에 참여하며 슬라브 민족들 사이의 관계를 다루는 소위원회에서 일하는 가운데 작성한 〈새로운 슬라브 정책의 기초〉에는 비슷한 내용이 좀 더 분명하게 표현된다.

> 어느 한쪽의 행복과 불행은 동시에 다른 한쪽의 행복과 불행이 되어야 하며, 나머지 사람들이 자유롭지 못하는 한, 그 어느 누구도 스스로 자유롭다고 느끼고 생각할 수 없으며, 어느 한쪽의 박해는 다른 한쪽의 박해로 인식되어야 한다.

이러한 바쿠닌의 입장을 엥겔스(Friedrich Engels)는 〈민주적 범슬라브주의〉라는 글에서 통렬히 비판했다. 즉 호소문에는 '정의', '인류애', '평등', '형제애' 등의 도덕적 관념만 열거되어 있을 뿐, 그것의 실현 기반인 역사, 정치, 경제, 사회적 문제에 대한 고찰이 결여되어 있다는 것이다. 무엇보다도 마르크스나 엥겔스는 헤겔의 관념을 차용하여 슬라브족을 '역사를 갖지 못한 민족들'로 규정했다. 엥겔스는 폴란드인을 제외하고 오랫동안 국가 형성을 하지 못한 대부분의 슬라브족이 이제 와서 정치적 독립을 추구하는 것은 역사를 뒤로 돌리는 일이라고 보았다. 여기에 여러 슬라브족의 후견인 역을 자임하고 나설 보수 반동의 러시아 차르 체제가 중부 유럽의 역사 발전에 대한 위협이라고 간주되었다. 마르크스나 엥겔스의 입장에서 독립국가의 지위를 갖출 만한 경우는 '잡다한' 슬라브족들이 아니라 오히려 헝가리인들, 즉 마자르족이었다. 그러나 두 사람은 1848~49년 마자르인의 독립 항쟁이 러시아 제국 군대의 침공으로 좌절되는 것을 목도하며 크게 우려했다. 이들이 폴란드 국가의 부활을 지지한 것도 보수 반동의 첨병인 러시아의 개입을 저지하는 지정학적 방벽이 필요하다고 본 때문이다. 마르크스나 엥겔스의 입장에서 공산주의로의 발전이나 사회주의혁명의 전제 조건은 발전된 자본주의사회였다. 따라서 이러한 사전 예비 단계로서 중부 유럽의 통합 경제권과 이를 가능하게 할 통일된 독일 같은 국민국가 형성이 필요했다. 그런 상황에서 슬라브 군소국의 출현은 이러한 역사 발전에 걸림돌이 될 뿐이고 오히려 역사 발전을 가로막아 역사적 퇴행을 초래할 뿐이었다.

반면 바쿠닌의 관점에서 정치적 통합과 경제적 통합은 별개였다. 전자는 지배-피지배 관계로 지탱되지만, 후자는 협력-의존 관계로 유지될 수 있다고 보았기 때문이다. 따라서 슬라브인들의 번영과 발전에 굳이 오스트리아 제국 같은 억압적 통합체가 필요하지 않다는 것이다. 아울러 〈새로운 슬라브 정책의 기초〉에서 바쿠닌은 슬라브인들이 유럽의 형성에 가장 늦게 참여한 존재임을 부정하지 않았다. 이제 그들이 유럽의 다른 민족들이 지금까지 보여준 업적인 휴머니티, 자유, 그리고 형제적 통합을 나름대로 실현하도록 소명을 부여받았다는 것이 그의 주장이었다.

'아래로부터 위로', '주변부로부터 중심으로'의 통합

바쿠닌은 '슬라브인 연맹'과 '범유럽공화국연맹'을 제창한 지 거의 20년 만인 1867년 스위스 제네바에서 '유럽합중국'이라는 화두를 던진다.

유럽의 국제 관계에서 자유, 정의, 평화가 승리하여 유럽의 여러 가족 구성원들 사이의 내전 자체가 불가능하게 하려면, 유럽합중국 수립만이 유일한 길입니다.

그동안 유럽의 국제 정세와 바쿠닌의 삶은 파란만장했다. 1848년 6월 프라하에서 급진파와 청년들의 봉기를 지원하던 바쿠닌(당시 범슬라브주의의 발현 조짐에 우려하던 마르크스는 그를 차르의 밀정으로 의심하기까지 했다)은 이듬해인 1849년 5월 드레스덴 봉기 참여자들에 조언하다가 결국 이들의 지도

드레스덴 시청에서 혁명군을 지휘하는 바쿠닌. 등을 돌리고 의자에 앉아 있는 사람이 바쿠닌이다. 1849년.

자가 되었다. 흥미로운 것은 바쿠닌의 노선을 비판했던 마르크스와 엥겔스가 이번에는 바쿠닌을 드레스덴 봉기의 '냉철한' 지도자로 치켜세운 점이다. 봉기를 주도한 죄목으로 체포된 바쿠닌은 작센 왕국의 법정에서 사형선고를 받고 복역 중, 오스트리아 정부의 요청으로 신병이 인도되어 프라하 봉기 교사 및 주도로 다시 사형선고를 받고 복역하였다. 그러다가 그는 러시아 정부의 요청으로 다시 신병이 인도되어 1851년부터 페테르부르크의 감옥에 수감되었다.

1848~49년 혁명의 열기가 가라앉은 후 약 10년간 유럽에는 적어도 외형적으로 평화 상태가 유지되었다. 물론 1850년대 초에 프랑스에서

대통령이던 나폴레옹 3세의 친위 쿠테타로 황제 정치가 재등장하고, 흑해 연안에서 크림 전쟁이 있었지만, 유럽 정세는 비교적 안정된 상태였다. 그러나 1859년 이탈리아 통일전쟁으로 오스트리아 제국과 프랑스가 무력충돌하게 되는 사태가 초래되었다. 1857년부터 시베리아 유형에 처해진 바쿠닌은 남부 이탈리아를 제압한 가리발디의 활약 소식에 탄복하였다. 그는 1861년 탈출에 성공하여 일본과 미국을 거쳐 그해 말 런던에 망명 중인 옛 친구들과 재결합했다. 1863년 초 폴란드에서 러시아에 대항한 봉기가 다시 한 번 일어나자 바쿠닌은 의용 지원자들과 함께 배편으로 영국을 떠났다. 그러나 선장이 항로를 변경해 봉기에 직접 참여하지 못하고, 대신 스톡홀름에서 폴란드인의 투쟁을 지지하는 연설과 논설문을 작성해 발표했다. 폴란드 봉기가 또한 번 좌절되는 것을 지켜보면서 바쿠닌은 사회 지배층 중심의 민족주의나 민족해방운동의 한계를 절감한다. 그는 1864년 런던에서 마르크스와 만난 자리에서 봉기의 실패 원인이 "폴란드 귀족들이 농민 사회주의 천명을 거부"한 데 있다고 지적했다.

1864년부터 이탈리아에 정착한 바쿠닌은 몇몇 혁명운동 결사체를 조직하며 그 강령을 집필하게 된다. 이 과정을 통하여 그의 아나키즘 이론이 정립되고 체계화된다. 아울러 국가 중심의 유럽 정치 질서를 혁명으로 해체하여 새로운 통합을 목표로 하는 연맹주의 이론도 좀 더 정교하게 다듬어지게 되었다. 같은 해 9월 런던에서는 노동계급의 단결을 촉구하는 국제노동자협회, 즉 '제1인터내셔널'이 창립되었다. 이는 국가 주도의 한계를 벗고 '만국' 노동자라는 소외 계층이 주역으로 나서면서 유럽통합 운동의 새로운 장을 연 사건이기도 하다. 이후

부터 제1인터내셔널은 바쿠닌의 주
요 활동 무대가 되었다.

1864년의 바쿠닌.

바쿠닌은 1867년과 이후 1년 정도
'평화 자유 국제연맹' 중앙위원회
위원으로 활동하며 자신의 혁명적
프로그램이 채택될 수 있도록 노력
했다. 이 당시 집필된 것이 《연맹주
의, 사회주의, 반신학주의》로서 공
식 발표된 바쿠닌의 글 중에서 최초
의 아나키즘 선언문으로 간주된다. 이 글은 그가 수년 전에 집필했던
혁명적 비밀결사의 강령들을 보완한 선언문이다. 오늘날까지 전해지
는 이러한 강령들 중에서 대표적인 것은 1865~66년에 작성된 《인류
해방의 국제 비밀결사》와 《혁명 교리문답》이 있다.

바쿠닌의 연맹주의 이론은 이 세 편의 글에 집약되어 있다. 그것은
기존 국가를 전면 부정하는 '해체적 통합' 이라고 할 만한 것으로 혁명
적 아나키스트의 해법이기도 하다. 그에 따르면 유럽합중국은 현존
국가들로부터는 결성 불가하다는 것이다. 국력 차이가 천차만별이라
구성원의 평등한 통합이 이루어질 수 없기 때문이다. 바쿠닌은 특히
좌초 상태에 빠진 '독일연방' 을 예로 들며, 이러한 '군주정 연맹체' 가
주민의 평화 및 자유 보장에는 무능력하다는 것을 지적했다. 더 나아
가 아무리 공화국이라 하더라도, 중앙집권적-관료적-군사적 국가를
'평화 자유 국제연맹' 이 받아들여서는 안 된다는 주장을 폈다. 왜냐하
면 이러한 국가들은 본질적으로 폭력, 정복, 자유에 대한 부정에 기초

하므로 평화를 보장할 수 없기 때문이다. 따라서 폭력과 권위에 기초하여 '위로부터 아래로' 그리고 '중심으로부터 주변부로' 구축된 기존 국가의 통합-조직-운용 방향을 완전히 뒤집어 정반대 방향으로 재조직함으로써 새로운 통합이 가능해진다.

> 우선 자유로운 결사와 자유로운 연맹의 원리에 의해서, 질서와 조직이 '아래로부터 위로' 그리고 '주변부로부터 중심으로' 형성되어 나가는 것이다. 그리하여 개인들을 코뮌으로, 코뮌들을 지방으로, 지방들을 민족으로, 민족들을 우선 유럽합중국으로 그 다음에는 전 세계 합중국으로 결속한다.

이러한 상향식 통합 이론은 20년 전의 호소문에서는 찾기 어려운 새로운 요소라고 할 수 있다. 이에 대한 착상은 바쿠닌의 시베리아 유형 시절에 비롯된 것으로 짐작된다. 왜냐하면 탈출에 성공하여 런던에 도착한 직후 작성한 기고문 〈러시아, 폴란드, 다른 여러 슬라브 친구들에게〉와 소책자 《인민의 대의: 로마노프인가, 푸가초프인가, 아니면 페스텔인가?》의 부록에 유사한 내용이 나타나기 때문이다. 두 글에서 바쿠닌은 촌락공동체부터 시작하여 군·현-구-주 등의 단위로 '밑으로부터 위로' 주민의 '자치'와 '선거'를 통하여 자유연맹으로 재편되는 환골탈태의 방식을 제시하고 있다. 즉 슬라브 연맹 구상이 새로운 유럽통합의 결성 방식으로 전환된 것이다.

이러한 결성 방식에서 출발점을 이루는 기본단위는 코뮌이다. 그것은 자유로운 결사체들로 이루어진다. 그러나 결사체에 가담하지 않은 개인들도 코뮌의 구성원이 될 수 있다. 바쿠닌의 연맹주의 이론에서 중요한 것은 '연합·결속 행위(se fédérer)'인데, 무엇보다도 그 행위의 주체는 개인이고 그 다음은 개인들의 자발적 조직체인 조합이나 코뮌 등이다. 이 코뮌 구성원들이 선거를 통해 행정 업무 담당자를 선출한다. 역시 선거에 의해 구성된 법원이 코뮌 구성원들 사이의 논쟁 및 이견에 대하여 판정을 내린다. 그리고 이러한 코뮌들이 연맹·연합·결속하여 지방을 구성한다. 각 지방의 운영을 담당하는 것은 입법회의, 행정처, 선거로 구성된 법원 등이다. 또한 지방들의 연맹은 민족을 형성한다. 즉 바쿠닌에게 '민족'이란 연맹주의 이론 체계 내에서는 '지방들의 연맹' 이상의 의미를 지니지 못한다. 최종적으로 민족들의 연맹이 일반론적으로는 '국제연맹'이 된다. '유럽합중국'은 이러한 '국제연맹'의 하나인데, 더 상급 단위인 '세계합중국'으로 발전될 수 있다.

이러한 구도에서는 하급 단위일수록 자유의사에 따른 결정의 권리를 강력하게 행사할 수 있다. 모든 개인들부터 시작하여 코뮌, 지방, 민족들은 이웃의 자유를 위협하지 않는 한, 양도할 수 없는 절대적인 자치권과 자결권을 지닌다. 이들은 자신들의 자유의사에 따라 스스로의 일을 처리하고, 스스로의 내부 조직을 갖추며, 자신들이 원하는 다른 집단과 동맹하거나 이미 결성된 연맹에 자유롭게 가입하거나 그로부터 탈퇴할 수 있다. 이러한 결정에서 기존 국가들의 정치적-전략적-상업적 이해관계 및 그에 따라 결정된 국경선이나 특정한 지역에 대한 이른바 역사적 권리는 전혀 고려 대상이 되지 않는다. 특히 자유로운 탈퇴의 권리를 바쿠닌은 매우 중요시한다. 왜냐하면 이것이 보장되지 않는다면, 연맹이란 은폐된 중앙집권화에 불과하기 때문이다.

그런데 개인이나 각 조직 단위의 자결권 행사로 인해서 가입과 결속보다는 오히려 탈퇴 행위가 더 많아지면서 사회조직 간의 분열이 심화되는 우려스러운 현상이 야기될 수 있다. 그렇다면 자유의사에 기초한 사회들이 필연적으로 통합에 이른다는 바쿠닌의 전망은 지나치게 낙관적인 것이 아닌가? 바쿠닌은 심지어 한 민족 가운데서 분리·독립을 원하는 어떤 지방이 민족 통합체 내의 잔류나 가입을 강요받을 경우 반란도 일으킬 수 있다고 본다.

그러나 한 지방이 소속되었던 통합체로부터 스스로의 결정에 따라 이탈하여 독립하는 경우가 점점 많아진다면 어떻게 되는가? 바쿠닌은 이러한 현상이 오래 지속될 수 없다고 확신하였다. 이 경우 독립이란 고립을 자초할 수 있기 때문이다. 즉 이러한 고립 상태란 연대성에 의거한 혜택과 지원 혹은 보호의 포기를 의미하는 것이다. 그렇기 때문에, 연맹으로부터 탈퇴한 어떤 지방으로 하여금 그 자신의 고립적 자의를 마음껏 누리도록 조용히 내버려둘 경우, 생필품 수요뿐만 아니라 내부적으로 여러 가지 필요의 압력으로 인해서 그 지방은 제 발로 그리고 신속히 통합체에 복귀 또는 가입하게 된다는 것이 바쿠닌의 생각이다. 즉 개인이나 여러 사회조직이 경제적 필요에 반하여 반발하지는 않지만, 자유와 권리에 대한 모든 침해에 대해서는 반발한다는 점이다.

바쿠닌은 1863년 폴란드인들의 봉기가 실패했던 것은 바로 이 점을 이해하려 하지 않았기 때문이라고 생각했다. 봉기 당시 바쿠닌은 그들에게 폴란드 분할 이전 즉 1772년의 국경선을 더 이상 언급하지 말라고 간청하였으나 허사였다. 옛 국경선의 회복이 의미하는 것은 비록 러시아의 탄압에 똑같이 시달리는 처지이지만 폴란드와는 역사적 · 문화적으로 아무런 관련이 없는 루테니아인(Ruthenians)*이나 우크라이나인 전체를 폴란드의 지배하에 두겠다는 것이다. 폴란드인들이 옛 국경을 요구하는 대신에 인민의 자유를 대의명분으로 내걸고 러시아에 대한 투쟁에 동참할 것을 모두에게 호소하였더라면, 루테니아인들은 함께 봉기해 인민적 연대감을 느껴 폴란드에 통합되기를 원했을 것이라고 바쿠닌은 아쉬워한 바 있다. 결국 폴란드인들에게는 이웃의 자유에 대한 신념이 결여되었던 것이다.

결국 연맹의 결속을 가능케 하는 것은 자유에 대한 절대적 보장과 경제적 협력이다. 그러나 개인이나 코뮌이 비록 전자에 따라 절대적 자유를 행사하여 고립을 유지한다고 하더라도, 그 선택이 한시적일 수밖에 없는 것은 바로 후자 때문이다. 바쿠닌은 연맹주의의 경제적 실현을 인터내셔널에서 찾고자 하였다. 자신이 제안했던《연맹주의, 사회주의, 반신학주의》가 '평화 자유 국제연맹'의 중앙위원회에서 채택되지 않자, 바쿠닌은 1868년 연맹을 탈퇴하고 인터내셔널에 가입하였다.

연맹주의의 경제적 측면

국제노동자협회를 주된 활동 무대로 삼으며 여기에서 마르크스와 대립했던 바쿠닌은 자신의 노선을 "폭넓게 발전되고 최종 결론에 이른 프루동주의"로 요약한 바 있다. 이러한 규정은 그의 지지 기반과도 관련된다. 인터내셔널에서 바쿠닌은 대부분이 프랑스인, 벨기에인, 이

| ◆ 서부 우크라이나의 카르파티아 지역 슬라브인.

탈리아인, 에스파냐인으로 구성된 연합 세력을 이끌었다. 프랑스, 벨기에, 서부 스위스에서 바쿠닌은 프루동의 계승자로 간주되었다. 바쿠닌은 프루동의 저작 중에서 특히 1848~51년의 혁명기에 집필된 《어느 혁명가의 고백》,《19세기 혁명의 일반 이념》을 적극적으로 평가하고, '정치적 국가의 철폐'와 '경제적 연맹에 의한 사회의 조직화'가 두 저작의 중심 사상이라고 요약했다. 바쿠닌은 특히 후자를 대폭 수용하여 자신의 연맹주의 이론을 보완하였다.

바쿠닌의 연맹주의 이론에서는 코뮌 이외에 또 하나의 기본단위로 노동자들의 협동조합이 자리 잡고 있다. 전자가 정치적 기본단위라면, 후자는 경제적 기본단위이다. 그러나 경우에 따라서는 같은 지역의 노동자 조합들이 코뮌을 구성하는 기본단위가 되기도 한다.

그렇다면 바쿠닌에게 노동자조합의 의미는 무엇인가? 그는 1840년대부터 영국, 프랑스, 벨기에, 스위스에서, 그리고 그 후 이탈리아에서 노동조합이 결성된 것이야말로 격동의 19세기를 상징하는 '최대의 사건'이며 '가장 중요하고도 가장 결정적인 사실'이라고 규정한다. 왜

국제노동자협회 제4총회 당시 바쿠닌과 동료들. 1869년 바젤.

인물로 보는 유럽통합사

냐하면 그로써 민주주의가 진정으로 가능하게 되기 때문이다. 바쿠닌은 노동자들이 고립 상태에서는 무력할 뿐만 아니라 노예 상태로 영원히 신음하게 되리라고 본다. 반면에 이들이 결속하여 노동조합을 결성한다면, 막강한 자본가들보다 정치·경제적으로 더 강력하게 되며 마침내 그들을 이길 수 있으리라고 보았다.

노동조합들이 현존하는 코뮌, 지방, 심지어 국가들의 경계선까지 무너트리면, 세계는 더 이상 민족 단위로 나뉘는 것이 아니라 다양한 산업 집단으로 나뉘게 된다. 또한 정치에 대한 요구에 따라서가 아니라 생산에 대한 요구에 따라 조직되는 새로운 체제가 인류 사회 전체에 성립되는 것이다. 바쿠닌은 이러한 조합들이 하나의 거대한 경제 연맹을 형성하게 되리라고 전망했다. 이 연맹은 세계적 규모의 정확하고 상세하며 방대한 통계에 근거하여 정보를 제공받는 거대한 협의 기구를 갖게 될 것이다. 상업 및 산업의 공황과 원치 않는 불경기와 재앙과 자본 및 노동력의 유실이 없도록, 여러 지역 사이에서 세계 산업 생산량에 대한 관리, 결정, 분배를 제시하고 요청하게 된다. 이렇게 된다면 세상의 모습은 일신되게 될 것이라 생각했다.

바로 이것이 국제노동자협회 내의 이탈리아 및 에스파냐 연맹들이 이념으로 삼았던 '혁명적 집산주의'의 내용이다. 당시 인터내셔널은 마르크스에게도 바쿠닌에게도 자기 사상의 전 유럽적 확산을 위해서라도 양보할 수 없는 국제적 조직이었다. 마르크스가 공장노동자를 '진정한' 프롤레타리아로 보고 공업 발전 수준이 높고 공장노동자가 대규모로 형성된 영국과 독일의 노동운동을 중시했다면, 바쿠닌은 수공업과 농업 부문의 근로 대중도 사회변혁을 주도하는 중요한 요소로 간주하고 수공업 전통이 강하거나 상대적으로 공업 발전이 덜 된 프랑스, 이탈리아, 에스파냐, 러시아의 민중에 주목하였다. 보기에 따라서는 노동운동을 통한 두 사람 나름의 유럽통합을 위한 실험의 장이었다고도 할 수 있다.

바쿠닌을 돌아보며

바쿠닌의 유럽통합론은 오늘날까지도 많은 시사점을 제시해주고 있다. 비록 그 형태와 내용은 다르더라도 유럽연합 가입 희망국을 흡입하는 힘은 '경제적 연맹주의'가 가져다주는 혜택이 아닐까? 국가 간 협의로 주도되는 통합 속에서 한 국가의 지방이나 코뮌이나 개인은 얼마나 자신의 목소리를 낼 수 있을까? 예를 들어 화폐 통합은 모든 이에게 혜택이었을까? 유럽공동체 속에서 다수결에 밀려나는 소수 의견은 얼마나 배려될 수 있을까?

그리고 무엇보다 오늘날 유럽에서 중심과 주변부의 구별은 과연 사라진 것일까? 존속한다면 주변부는 통합 과정에서 소외되지 않고 어느 정도 역할을 할 수 있을까? 어쩌면 바쿠닌이 말했던 '슬라브'는 주변부를 상징하는 또 다른 이름은 아닐까?

카(Edward Hallett Carr)는 바쿠닌에 대해서 항상 비판적이고 유보적인 입장을 취하지만, 1차 대전 직후인 1918년에 승리한 것은 엥겔스가 아니라 바쿠닌이었다고 인정한다. 카는 바쿠닌의 《슬라브인들에 대한 호소》를 오스트리아 제국의 붕괴와 그 지배하의 슬라브인들의 해방을 정확히 70년 전에 공식적으로 선언한 것으로 "유럽사의 한 이

정표"라고 평한 바 있다. 물론 오스트리아 제국의 해체와 여러 슬라브 국가의 출현 자체가 유럽통합을 의미하는 것은 아닐 것이다. 그러나 오늘날의 유럽통합은 양차 대전을 초래한 배타적 민족주의의 폐해에 대한 성찰 속에서 진행되어왔다는 점을 고려할 필요가 있다. 이것은 유럽 내 한 문화권의 우위를 전제로 한 다른 문화권의 배제를 지양하는 것이다. 그런데도 유럽 지성사 연구의 권위자인 스튜어트 휴즈(Stuart Hughes)는 유럽의 핵심을 사상 문화적 차원에서 고려할 때, 가장 먼저 제외시킬 수 있는 것이 슬라브 문화권이라고 한 바 있다. 이어서 그는 이베리아, 스칸디나비아, 그리고 최종적으로는 영국까지도 배제할 수 있다고 했다. 물론 이것은 정치·경제적 측면을 고려하지 않은 가정이지만, 문화적 주도력이나 헤게모니가 과연 이와 무관한 것일까?

또한 슬라브인들의 국가는 아니라 하더라도 '슬라브'라는 이름으로 상징되는 유럽의 주변부가 처한 상황은 다른 것일까? 외형적 평등에도 불구하고 내면적인 '열등의식'이나 소외감으로 정체성의 위기를 겪는 일은 없는가? 유럽연합을 주도해온 국가의 사회 구성원들은 드러나지 않는 '우월감'이나 배타성에서 자유롭다고 할 수 있는가? 카가 1차 대전의 결과를 놓고 의미를 부여한 바쿠닌의 사상은 오히려 오늘날 더 음미되어야 하는 것이 아닐까?

연표

1814년 러시아 트베르 주 프라무히노에서 출생.

1842년 베를린 대학교에서 철학 수업 후 《독일에서의 반동》 발표.

1847년 11월 파리에서 개최된 폴란드 독립 항쟁 17주년 기념식에서 연설.

1848년 6월 프라하에서 개최된 범슬라브 민족 대회 및 프라하 봉기 참여.

1848년 12월 《슬라브인들에 대한 호소》 출판.

1849년 5월 독일연방 작센 왕국 수도 드레스덴에서 봉기 참여 및 지휘.

1849~51년 독일 작센 및 오스트리아 법정에서 봉기 주도 혐의로 두 차례 사형선고 받음. 러시아 정부에 신병 인도되어 페트로파블로프스크 요새 감옥에 수감.

1861년 시베리아 유형(1857년 이후)에서 탈출. 12월 일본, 미국을 경유하여 런던 도착.

1862년 《러시아, 폴란드, 다른 여러 슬라브 친구들에게》 발표. 《인민의 대의: 로마노프인 가, 푸가초프인가, 아니면 페스텔인가?》 출판.

1863년 4~10월 러시아에 대항하는 폴란드 봉기(1월) 지지 연설 및 신문 기고.

1864~67년 이탈리아 도착하여 가리발디 상봉 후 피렌체 정착. 나폴리로 이주(1866).

1867년 스위스로 이주, '평화 자유 국제연맹' 제네바 대회 참석. 《연맹주의, 사회주의, 반신학주의》 집필.

1868년 '평화 자유 국제연맹' 탈퇴. 제1인터내셔널 제네바 지부 가입 및 '사회민주동맹' 결성.

1870년 프로이센-프랑스 전쟁 발발. 바쿠닌, 봉기 지원차 리용 도착(9월 15일).

1870~71년 《폭압의 독일제국과 사회혁명》 집필.

1872년 9월 제1인터내셔널 헤이그 5차 총회에서 제명.

1873년 《국가 본질과 아나키》 출판.

1876년 7월 1일 스위스 베른에서 사망.

참고문헌

이종훈, "바꾸닌 사상에서의 자유와 사회 혁명의 문제", 《서양사론》 제45호, 1995년 3월.

E. H. 카, 박순식 옮김, 《반역아 미하일 바쿠닌》, 종로서적, 1989.

Bakunin, Mikhail Aleksandrovich, *Narodnoe Delo. Romanov, Pugachev ili Pestel?*, London, 1862.

Bakunin, Michael. "Aufruf an die Slawen. Von einem russischen Patrioten", *Zwei Schriften aus den 40er Jahren des XIX. Jahrhunderts*. Bd. II, No. 11/12 (November-Dezember, 1936).

Bakounine, Michel, "Fédéralisme, socialisme, antithéoligisme", *Oeuvres*. tome 1. Paris: P. V. Stock, 1895.

Bakounine, Michel, "Société internationale secréte de l' émancipation de l' humanité", Catteau, Jacques(dir.). *Bakounine. Combats et débats*. Paris: Institut d' Etudes slaves, 1979.

Bakounine, Michel, "Cathéchisme révolutionnare", Guérin, Daniel(dir.). *Ni Dieu ni maitre. Anthologie de l' anarchisme*. tome 1. Paris: François Maspero, 1970.

2

유럽공동체(EC)의 성립과 발전

: 양차 세계대전에서 영국의 유럽공동체 가입까지

범유럽운동의 창시자
: 리하르트 쿠덴호베칼레르기◆

김승렬

'범유럽(Pan-europa)사상과 운동의 창시자', '코스모폴리탄 유럽인', '귀족적 위엄을 지닌 유럽통합의 예언자요 이상주의자', '유럽통합에 기여한 사람에게 수여되는 최초의 샤를마뉴상 수상자.'

이 말들은 유럽연합가 〈환희의 송가〉를 제안한 유럽인 리하르트 쿠덴호베칼레르기(Richard Nikolaus Graf Coudenhove-Kalergi) 백작에 따라다니는 수사들이다. 그는 한국의 일반 독자에게는 잘 알려져 있지 않지만, 유럽통합사에 관심을 갖고 있는 사람이라면 유럽통합사 개설서에 빠짐없이 등장한다는 사실을 쉽게 알 수 있을 것이다. 하지만 그에 대한 대다수의 글은 그를 영웅으로 묘사한 성인전(聖人傳)과 같다.

◆ 이 글은 다음의 졸고를 바탕으로 쓰였음을 밝혀둔다. 김승렬, 〈오스트리아·헝가리 제국 해체 이후 오스트리아의 초민족주의론—쿠덴호베칼레르기의 범유럽운동〉, 강성호 외, 《중유럽 민족문제: 오스트리아·헝가리 제국을 중심으로》, 동북아역사재단, 2008.

30대의 쿠덴호베칼레르기.
출처: Vanessa Conze, Richard Coudenhove-Kalergi. Umstrittener Visionär Europas(Zürich, 2004).

큰 비전을 제시하고, 성실하게 사고하며, 어려움을 꿋꿋히 견뎌내고, 나약한 동지들을 격려하며, 지칠 줄 모르고 일을 하는 개척자. 그러나 최근 몇 년 사이 출간된 비판적인 글들에 따르면, 그는 권위적이다 못해 독재적이기까지 하며, 보수주의자가 민주주의 시대에 적응하는 데 따르는 정신적 혼란을 보여주는 인물이었다. 두 이야기 모두 다 일리가 있다. 그렇지만 그는 민주주의와 유럽통합에 대한 정형화된 오늘날의 이미지에 신선한 시선을 던지는 인물이라는 점에서 오히려 매력이 넘치며, 양차대전 사이에 있었던 유럽통합 담론의 사회경제적 내용을 암시한다는 점에서 흥미롭다.

민족주의에 비판적인 귀족 청년

그는 일본의 수도 도쿄에서 1894년 11월 17일 태어났다. 모친은 가톨릭으로 개종한 일본인(아오야마 아키코)이었고, 부친 하인리히 쿠덴호베칼레르기(Heinrich Coudenhove-Kalergie)는 오스트리아의 오래된 명문 귀족 가문의 후예로서 보헤미아에 위치한 론스페르크(Ronsperg) 성을 영지로 소유한 오스트리아 · 헝가리 왕국의 외교관이었다. 그러므로 그는 유럽적 전통과 아시아적 전통이 혼합된 가정환경에서 성장했다. 리하르트는 2년 남짓 도쿄에 머물다가 론스페르크로 이주했다. 그는 이곳에서 가정교사를 통해 가톨릭에 바탕을 둔 귀족 교육을 받고 자랐다. 라틴어, 독일어, 영어, 프랑스어 등 주요 유럽어를 배웠다. 무려 18개 국어를 하는 아버지로부터 러시아어와 헝가리어까지 배웠으며, 어머니로부터 일본어를 배웠다. 그는 빈에 있는 귀족학교 테레지아눔(Theresianum)에서 중등교육을 받았다. 1913년부터 빈(Wine) 대학교에서 철학과 역사를 전공했으며, 1917년 철학 박사학위를 취득했다. 테레지아눔은 오스트리아 · 헝가리 제국에서 가장 중요한 중등 학교였다. 황제 근위병 장교나 고급 관료가 되기 위해서는 이곳을 졸업해야 할 정도로 비중 있던 학교였다. 빈 대학교는 유럽적 명성을 누리던 오스트리아 · 헝가리 제국 최고의 대학이었다. 그러므로 리하르트는 출신뿐 아니라 학력과 능력 면에서도 제국의 엘리트 과정을 밟은 촉망받는 청년이었다. 그는 1차 대전 동안 건강상의 이유로 군 복무를 할 수 없었다. 1915년 그는 낭만적인 국제도시 빈에서 활약하던 미모의 여배우 롤란트(Ida Roland)와 결혼했다. 그녀는 1951년 사망할 때까지 남편의 범유럽운동을 적극적으로 지원했다.

그러니까 건장한 청년들이 조국을 위해 목숨을 바칠 때 쿠덴호베칼레르기는 빈 대학교에서 학문과 사랑과 낭만을 만끽했던 셈이다. 만약 오스트리아가 전쟁에 승리했다면, 그의 전력은 치명적인 약점이 될 수 있었다. 나약한 자신을 탓하고 도피적인 생활을 했을 것 같은데, 그는 그렇지 않았다. 오히려 자신을 자랑스럽게 생각했다. 왜냐하면 전쟁을 야기한 민족주의에 대해 비판적이었기 때문이다. "유럽의 민족들은 광신적 민족주의에 사로잡혔습니다. 독일의 시인들은 민족주의적 시를 써대며 전쟁을 영광스러운 것으로 묘사합니다. 저는 이에 항의합니다." 1914년경 애인 롤란트에게 보낸 편지에서 리하르트는 이렇게 썼다. 가족의 코스모폴리탄적 성격이 쿠덴호베칼레르기의 이러한 정서에 영향을 주었으리라. 더군다나 부친 하인리히는 19세기 말부터 유행한 반유대주의에 비판적인 태도를 취했던 인물이다. 이것 또한 리하르트가 반유대주의에 비판적 입장을 갖게 된 데 영향을 주었으리라. 그는 귀족적이며 보수적인 지향 탓에 무솔리니의 파시즘 체제와 돌푸스(Engelbert Dolfuss)의 권위주의 체제에 대해서 그다지 거부감을 갖지 않았다. 오히려 이들과 친했다고 보아야 한다. 하지만 민족주의와 인종주의에 대한 비판적인 태도 때문에 그는 나치즘에 동조하지 않았다.

분열된 '베르사유의 유럽'과 범유럽 사상

쿠덴호베칼레르기의 범유럽 사상은 전후 유럽이 직면한 상황, 특히 오스트리아가 처한 상황을 고려하지 않으면 이해하기 힘들다. 1차 대전은 군주정과 자유주의적 공화정이 마지막 결전을 벌인 전쟁이었다. 결과는 군주정의 몰락이었다. 네 개의 제국(독일, 합스부르크, 터키, 러시아)이 붕괴되었다. 러시아는 공산주의 혁명으로, 나머지 세 제국은 패전으로 그렇게 되었다. 발트 해로부터 흑해 및 지중해에 이르는 유럽의 중·동유럽은 대변혁을 겪었다. 그중 가장 극심한 변화를 보인 지역은 합스부르크 제국 영토였다. 베르사유 체제가 재편한 유럽의 질서는 새로운 민족 · 사회 분규의 불씨를 안고 있었다.

독일의 보복주의, 재편된 국가 내에서 소수민족으로 전락한 민족들의 복수심, 국제연맹의 부실화, 공산혁명에 대한 열정과 이에 대한 두려움, 미국과 소련의 부상과 유럽의 왜소화 등 불안한 미래를 예시하는 신호들은 많았지만, 이에 대한 안전 보장은 거의 없었다. 오스트리아의 상황은 더욱 어두웠다. 오스트리아의 독일인들은 1918년 11월 12일 민주공화국을 건국하였고, 국명을 도이취외스터라이히(Deutschösterreich, German Austria)라 칭했다. 그리고 1918년 11월 9일 건국된 독일의 바이마르 공화국과 연합(Anschluss)할 것을 결의하였다. 정당을 초월하여 대부분의 오스트리아 독일인들은 바이마르 공화국과의 연합을 민족자결주의 원칙을 적용한 것으로 간주하였다. 이것은 어찌 보면 1848/49년 혁명 이후 대립된 두 개의 통일 방안 중 실현되지 못했던 대독일주의*의 뒤늦은 성취라고도 볼 수 있다. 당시 합스부르크 제국의 오스트리아가 대독일주의 방식의 통일을 할 수 없었던 가장 큰 이유가 제국 해체에 대한 우려였는데, 이제 이 문제가 1차 대전 패전으로 해결된 셈이다. 하지만 실질적 이유는 경제적인 데 있었다. 합스부르크 제국의 오스트리아 경제는 보헤미아의 산업지대와 헝가리의 농업지대가 겸비되었을 때 정상적으로 유지될 수 있는 것이었다. 이 두 지대가 떨어져 나간 오스트리아는 바이마르 공화국과 연합하지 않으면 경제적으로 자생하기가 매우 어려운 상황이었다. 제국의 후속 국가 중 약 700만 명(이중 200만 명이 수도 빈에 살았다)에 이르는

◆　1848/49년 독일 혁명 과정에서 분열된 독일의 통일 방안으로 오스트리아를 포함한 대독일주의와 이를 제외한 소독일주의가 대립했다. 독일은 1870/71년 프로이센 중심의 소독일주의 방식으로 통일되었다.

인구를 거느린 오스트리아의 형편이 가장 힘들었다. 옛 관리들이 몰려오고 굶주림과 인플레이션, 연료 부족, 유행성 감기가 기승을 부리는 등 빈의 고통은 이루 말할 수가 없었다. 한 오스트리아 언론인이 말했듯이, 바이마르 공화국과 분리된 독립된 "나머지 국가"는 "아무도 원치 않는 국가"였다.

하지만 협상국 세력과 오스트리아가 맺은 강화조약인 생제르맹(Saint-Germain) 조약은 1차 대전 동맹 세력의 부활을 암시하는 '오스트리아와 독일의 연합'을 금지하고 국명에서 Deutsch(German)를 삭제하도록 하였다. 그 결과 Republik Deutschösterreich는 Republik Öster-reich(오스트리아 공화국)으로 바뀌었다. 이후에도 두 개의 신생 공화국은 경제적 관계를 개선하기 위해 계속 노력했지만, 성공할 수 없었다. 이후 국제연맹은 1922년 오스트리아에 재정 지원을 약속하였다(제네바 의정서). 그 조건은 역시 오스트리아가 독일과 어떠한 경제적 동맹 관계도 맺지 않는다는 것이었다. 1931년 오스트리아는 재차 바이마르 공화국과 관세동맹을 체결하려 하였지만, 생제르맹 조약의 연합 금지 조약 때문에 성공할 수 없었다. 생제르맹 조약은 오스트리아에게 일종의 '명령'이었다.

쿠덴호베칼레르기는 전후 평화주의적인 표현주의 작가 힐러(Kurt Hiller) 주위에 모여든 젊은 지식인들의 모임에 참여했으며, 후마니타스(Humanitas)라는 일종의 프리메이슨 단체에도 가입하였다. 후마니타스는 국제적인 차원에서 자선사업과 사회 개혁뿐 아니라 평화운동에 헌신하는 단체였다. 윌슨(Thomas Woodrow Wilson)의 국제주의와 국제연맹은 그의 주목을 끌었다. 국제연맹이 세계합중국의 시발점이 될 수 있으리라는 기대 때문이었다. 하지만 곧 미국과 러시아가 불참함에 따라 그는 크게 실망하였다. 쿠덴호베칼레르기는 윌슨의 국제주의가 배제된 베르사유 체제를 잠재적인 전쟁 상태와 같다고 진단했다. 19세기 이래 발전을 거듭한 기술과 경제는 국경을 초월하여 긴밀한 네트워크를 필요로 하고 있다는 점 또한 그는 주목하였다. 특히 유럽이 강대국으로 부상한 미국과의 경제 경쟁에서 뒤처지지 않기 위해서는, 미국과 같은 광역 경제권을 형성해야 한다고 그는 생각했다. 무엇보다 그에게 큰 영향을 미친 것은 1917년 러시아 공산혁명이었다. 그는 공산주의가 유럽의 문화에 치명적인 위협이 될 것이라고 보았다. 이러한 세 가지 이유에서 그는 새로운 유럽 평화 질서 구상에 몰두했고, 1922년 범유럽운동(Paneuropa Bewegung) 단체를 창립하였다. 1923년 10월에는 그의 출세작《범유럽》을 발간했다. 같은 해 동명의 출판사를 설립하고, 다음 해 동명의 월간지를 발간하는 등 활발한 언론·출판 활동을 벌이기 시작했다. "뭉치지 않으면 공멸뿐(Zusammenschluß oder Zusammenbruch)!", "유럽을 유럽인들에게!" 마니교적으로 단순화된 이 선동 구호가《범유럽》의 키워드이다.

그런데 '범유럽'은 '범(Pan)'이 연상시키는 그런 광범위한 유럽이 아니었다. 우리는 유럽하면 보통 영국과 러시아를 포함시킨다. 무슨 영문인지 쿠덴호베칼레르기는 이 두 국가를 제외했다. 그의 논변을 들어보자. 영국은 유럽에 반 정도만 걸쳐 있다. 왜냐하면, 영국은 그 자체가 커다란 하나의 제국이므로 유럽에 머물기에는 너무 덩치가 커져 있기 때문이다. 그렇지만 그는 범유럽과 영국이 경제와 방위 분야에서 서로 긴밀한 협력 체제를 구축해야 할 필요성을 강조했다. 더군다나 양 세력은 다른 지역의 유럽화를 위해, 영국은 식민지를 관리하고 범유럽은 그들 지역의 개발에 필요한 인적 자원을 제공함으로써 공조해야 할 것이었다. 그리고 동일한 문화적 기반을 갖고 있는 범유럽과 범아메리카의 중개 역할도 영국이 해야 할 일로 간주되었다. 쿠덴호베칼레르기는 영국이 제국을 상실할 경우 범유럽의 일원이 될 것이라 기대했다.

그는 영국의 경우와 달리 러시아에 대해서는 적대적 입장을 견지했다. 범유럽의 동부 경계는 러시아의 서부 국경인데, 그것은 러시아가 볼셰비키 혁명의 길을 감으로써 서구 문명에 등을 돌렸기 때문이다. 러시아는 내전에서 곧 회복되어 세계적 강대국으로 부상할 것이었다. 그런데 문제는, 군주제든 공산제든, 러시아는 전통적인 서방 팽창 정책을 펼칠 것이라는 점이었다. 그러므로 유럽의 군소 국가들이 러시아의 위협을 막는 유일한 길은 상호 협력 체제를 구축하는 것이라고 그는 강조했다. 더욱 위험한 것은 서방 민주주의 국가들이 구축한 베르사유 체제에 불만을 품고 있는 독일인들이 프랑스와 협력하는 길에서 벗어나 공산주의 러시아와 공조하는 길을 택하는 경우였다. 이때 러시아 세력은 라인 강까지 쉽게 진출할 것이고, 나머지 유럽을 집어삼키는 것은 식은 죽 먹기라고 쿠덴호베칼레르기는 진단했다. 하지만 그는, 유럽 평화 질서가 정착되면 언젠가는 차르 표트르 대제(Pyotr I)의 러시아처럼 공산주의 러시아도 유럽으로 돌아설 것이라고 기대했다.

세계는 이제 기술과 경제의 발전으로 광역 경제권으로 재편될 것이라고 쿠덴호베칼레르기는 예상하였다. 그는 다섯 개의 광역 경제권으로서 범아메리카, 러시아(소련), 영 제국, 동아시아 그리고 범유럽을 예

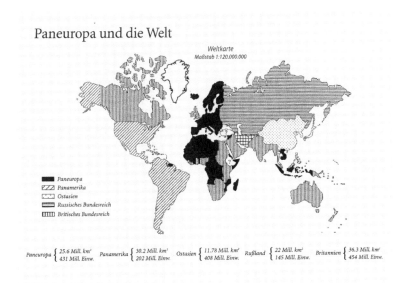

Paneuropa und die Welt

Weltkarte
Maßstab 1:120.000.000

■ Paneuropa
▨ Panamerika
▨ Ostasien
▤ Russisches Bundesreich
▥ Britisches Bundesreich

Paneuropa { 25.6 Mill. km² / 431 Mill. Einw. } *Panamerika* { 30.2 Mill. km² / 202 Mill. Einw. } *Ostasien* { 11.78 Mill. km² / 408 Mill. Einw. } *Rußland* { 22 Mill. km² / 145 Mill. Einw. } *Britannien* { 36.3 Mill. km² / 454 Mill. Einw. }

《범유럽》(1923)에 삽입된 세계지도 '범유럽과 세계'. 여기에 더해 프랑스, 네덜란드, 벨기에가 소유한 식민지들
이 범유럽에 포함되었다.

시했다. 그러나 유럽은 작은 나라들로 분리되어 있어 현대의 경제적
필요에 부합하는 광역 경제권이 될 수 없다. 또한 유럽은 막 치른 전쟁
으로 큰 피해를 입고 문명 중심지의 지위를 상실했다. 그러므로 유럽
은 이제 네 개의 경제권에 의해 추월당하고 있다. 지난날의 지위를 되
찾기를 바란다면, 유럽은 경제적·정치적으로 통합되어야 한다. 유럽
의 평화와 안보는 통합을 통해서만 달성될 수 있다고 그는 보았다.

그는 이것을 '범유럽'이라 불렀다. 범유럽은 '유럽합중국'이라는
명칭을 갖는 느슨한 국가연합으로 시작하여 하나의 유럽 민족국가로
까지 발전할 수 있을 것으로 예상했다. 하지만 새로운 유럽통합체는
어떤 단계에서든 유럽 민족(국가)들의 정체성을 대체해서는 안 된다.
오히려 다양한 민족 정체성들이 분쟁 없이 순기능적으로 발전할 수

있는 커다란 틀의 역할을 해야 한다. 즉, 유럽합중국은 지나치게 중앙집권적으로 구성된 미합중국과 달리 느슨한 형태로 상정되었다.

그는 단번에 범유럽을 결성하려는 것이 아니었다. 여러 단계를 설정하였다. 유럽 민족들 간 분쟁거리를 논의하기 위한 회의체를 결성하는 것이 첫 번째 과제로 설정되었다. 물론 영토 문제와 같이 쉽게 극복할 수 없는 의제들은 제외되지만, 군비축소, 안전보장, 유럽법원 설립, 소수민족 문제, 관세 · 교통 · 국가 채무 · 문화 문제 등은 논의해 볼 만한 의제들이다. 이외에 각종 회의와 행사를 주관하기 위한 범유럽사무국 설치도 주요 과제 중 하나이다. 다음으로는 회의 진행이 어느 정도 단계에 도달하면 우선 강제적인 유럽 국제재판 관할권과 불가침 · 국경 보장 등의 내용을 포함한 '평화 연방(Friedensbund)'을 결성하는 것이 중요하다. 이것이 두 번째 과제다. 세 번째 단계로 설정된 것은 유럽관세동맹 체결을 통한 경제공동체 설립이다. 이 모든 단계의 마지막에 자리한 것은 '유럽합중국', 명실상부한 '유럽연방(Europäischer Staatenbund)' 건설이다. 상 · 하 양원을 설치하되, 상원은 각국을 대표하는 의원들로, 하원은 유럽 주민의 직접 선거를 통해(주민 100만명 당 1명의 의원) 선출된 300여 명의 의원들로 구성할 것이 제안되었다.

《범유럽》은 유럽 전역에서 큰 호응을 얻어 순식간에 5,000부 이상 팔려 나갔다. '범유럽'이란 단어는 그가 발명한 것이지만, 그 아이디어는 여러 곳에서 왔다. 범게르만주의, 범슬라브주의 등 '범(Pan)'은 여러 곳에서 사용되었다. 특히 평화주의자로서 노벨 평화상 수상자인 프리트(Alfred Hermann Fried)의 '범아메리카(Panamerika)'에서 그는 '범유럽'을 창안했다. 하지만 이 책의 인기 덕에 '범유럽'이란 단어는 유럽 외교계와 언론계에서 양차 대전 사이에 유럽통합 운동의 상징이 되었고, '범유럽'은 항상 쿠덴호베칼레르기와 연관되었다. 그는 동시대인들로부터 진정한 '유럽인'으로 통했다.

'나머지 국가' 오스트리아와 범유럽운동

범유럽운동을 가장 환영한 곳은 오스트리아였다. 왜냐하면 빈의 정계에서 범유럽 구상은 불구화된 오스트리아의 국제적 장벽을 극복할 수 있는 수단으로 여겨졌기 때문이다. 쿠덴호베칼레르기 스스로도 오스트리아의 문제를 토대로 자신의 범유럽 사상을 전개한 흔적이 농후하다. 앞서 말했듯이, 범유럽 사상의 세 가지 동기는 오스트리아의 일반적 여론을 집약한 것이었다. 1923년에는 빈을 범유럽운동의 중심 도시로 삼자고 제안했다. 일찍이 다민족 제국의 수도였던 빈은 초국적 정서를 가장 많이 간직하고 있었기 때문이다. 여기에는 과거 제국 경제권을 상실한 오스트리아가 이를 회복해야 한다는 절실한 요망이 담겨 있다고 볼 수 있다.

쿠덴호베칼레르기는 1925년 합스부르크 왕가의 저택이자 빈의 정치 1번지 호프부르크(Hofburg)에 범유럽연합(Paneuropa-Union) 사무국을 개설하고 유럽 전역을 대상으로 본격적인 범유럽운동을 전개하기 시작했다. 그는 로스차일드(Nathan Mayer Rothschild), 바르부르크(Max Warburg), 보슈(Robert Bosch)의 재정 지원을 확보했다. 이들은 독일에서 활동하는 은행가와 기업가로서 유럽의 경제통합을 위해 범유럽운동을 지원했다. 그는 또한 상징을 활용할 줄 알았다. 그가 직접

저널 《범유럽》.
붉은 십자가와 황금색 원이 범유럽의 로고이다.

기안한 범유럽 로고는 황금색 동그라미 바탕 위에 붉은색 십자가가
드리워진 모양이다. 중세 십자군의 상징인 붉은 십자가는 초국적 유
럽공동체를 나타내는 가장 오래된 상징이며, 태양을 의미하는 황금색
원은 국제적 휴머니즘의 상징이다. 얼핏 보면, 적십자의 상징과 흡사
해 보인다. 적십자가 19세기 중반 만들어졌으니, 쿠덴호베칼레르기가
이를 모방한 듯하다. 어쨌듯 범유럽 저널, 범유럽 출판사, 범유럽 티셔
츠와 손수건 등 각종 물품을 통해 이 로고는 얼마 지나지 않아 유럽 전
역에서 유명해졌다.

그는 1925년 유럽 각국의 주요 정치가와 문화계 인사들에게 두 가
지 질문이 담긴 편지를 발송했다. "귀하는 유럽합중국 창설이 필요하
다고 보십니까?", "귀하는 유럽합중국의 창설이 가능하다고 생각하십
니까?" 그는 166통의 답신을 받았다. 긍정적인 답신을 보낸 이들 중
에서는 이름만 대면 알 만한 유명 인사들이 많았다. 아인슈타인(Albert
Einstein), 후에 서독 수상이 된 아데나워(Konrad Adenauer), 유명 작가
토마스 만(Thomas Mann), 사민당 정치가 샤이데만(Philipp

1926년에 열린 제1회 범유럽국제회의. 연단에서 연설하는 사람이 오스트리아 수상 자이펠이다. 중앙 상단에 범유럽 로고가 있고, 왼쪽에 나폴레옹이, 가운데 칸트가, 오른쪽에 니체의 초상화가 보인다.

출처: Vanessa Conze, Richard Coudenhove-Kalergi. Umstrittener Visionär Europas(Zürich 2004).

Scheidemann), 오스트리아 초대 수상 레너(Karl Renner), 그 후임 수상 자이펠(Ignaz Seipel) 등. 그는 범유럽운동에 우호적인 유럽 여론을 조성하기 위해 1926년부터 범유럽국제회의(Paneuropa Kongress)를 개최하기 시작했다. 이에 걸맞은 유명 인사가 회의를 주관해야 했다. 이 대목에서 쿠덴호베칼레르기는 발군의 실력을 발휘했다. 범유럽국제회의의 명예 의장단은 체코슬로바키아 외무장관 베네슈(Edvard Beneš), 프랑스 재무장관 카요(Joseph-Marie-Auguste Caillaux), 독일 대통령 뢰베(Paul Löbe), 오스트리아 수상 자이펠, 이탈리아 전임 외무장관 스포르차(Carlo Sforza), 그리고 쿠덴호베칼레르기 등으로 구성되었다. 범유럽의 창시자는 또한 단상을 샤를마뉴, 칸트, 나폴레옹, 마치니 그리고 니체에 이르기까지 '위대한' 유럽인들로 장식함으로써 유럽 정체성을 과시했다. 4일 동안 지속된 제1회 범유럽국제회의에 참석한 사람은 24개국에서 왔으며, 총 2,000명이 넘는다. 또한 11월 공산혁명으로 망명길에 오른 러시아의 케렌스키(Aleksandr Fyodorovich Kerenskii)도 참석했다. 이는 범유럽회의의 반(反)볼셰비즘적 특성을 상징적으로 보여준다.

자이펠은 쿠덴호베칼레르기의 범유럽 사상, 특히 경제적 통합과 평화·안보 동맹에 대한 제안을 긍정하며 이의 실현을 위해 협력할 것을 촉구하였다. 이것은 빈 정부가 범유럽운동을 오스트리아 외교 정책의 수단으로 삼았다는 방증이다. 이것은 또한 범유럽운동 창시자의 의도이기도 했다. 독일과의 연합을 주장하는 독일파 인사와 벌인 지상 설전에서 그가 내세운 논리를 들어보자.

경제적인 측면에서나 민족적 측면에서 자족적인 오스트리아는 없다. 오직 커다란 공동체에서 분리된 오스트리아만 있을 뿐이다. 이 국가는 자족적 국가로 선언되었다. 그러나 이 선언은 인위적이다. 오스트리아 공화국은 경제적으로 구(舊) 도나우(Danube) 제국의 한 부분이며, 민족적으로는 독일 민족에 속한다. 오스트리아는 결단코 민족국가가 아니며 외부로부터 차단된 자립 경제를 추진할 수도 없다. 오스트리아는 이 두 가지 점에서 태생적으로 비정상적이다. 그 결과 오스트리아는 처음부터 이웃 국가와의 관계 정상화를 위해 애썼다. 감성적으로는 독일과, 이성적으로 구 제국 후속 국가들과. 즉 독일과의 연합(Anschluss) 혹은 도나우 연방(Donauföderation),◆ 이것이 신생 오스트리아 국가가 취할 수 있는 외교정책이다. 빈 정

◆ 도나우 강은 옛 합스부르크 제국을 가로지른다. 이에 착안하여 구 제국의 광역 경제권을 복원한 연합체를 도나우 연방이라 부른다.

부의 모든 정치가들은 오스트리아가 격리되어서는 생존 능력이 없음을 명확히 알고 있다. 하지만 독일과의 연합이나 도나우 연방을 실현하기는 국제적으로 너무 힘들다.

그가 이렇게 말한 것은, 독일과의 연합은 국제조약이 금지하고 있고 도나우 연방은 합스부르크 제국에서 시달려온 후속 국가들이 원치 않았기 때문이다. 이러한 제약을 피하면서 오스트리아를 이웃 국가들과 연결하는 현실적인 방안이 바로 범유럽이라고 그는 생각했던 것이다. 즉 유럽 전체의 재편을 통해서 오스트리아의 현실적 문제를 해결하는 우회적인 정책이 바로 범유럽 정책이라는 것이다. 그의 범유럽운동은 오스트리아가 취할 수 있는 현실적인 외교정책을 제시한 셈이다.

쿠덴호베칼레르기는 범유럽연합의 초대 회장으로 선출되었다. 1927년에는 프랑스 외무장관 브리앙(Aristide Briand)이 범유럽연합의 명예총재단에 참여하고, 발레리, 프로이트(Sigmund Freud), 오르테가 이 가세트(José Ortega y Gasset), 블룸(Leon Blum) 등 유럽의 유명 인사들이 동참함으로써 범유럽연합의 명성과 영향은 유럽 전역으로 확대되었다. 범유럽국제회의는 나치 독일이 오스트리아와 연합한 이후 쿠덴호베칼레르기가 망명길에 오를 때까지 수차례 지속되었다. 쿠덴호베칼레르기는 유럽 명사들과 여론의 호응에 힘입어 각국에 범유럽연합 지부를 개설하고 활동가들을 확보할 수 있었다. '범'유럽은 공간적 의미와 함께 사회적 의미를 포함하고 있다. 참여한 유명 인사들은 기독교민주당, 자유당, 그리고 사회민주당을 골고루 대표하는 인물들이었다. 하지만 1920년 후반 사민당 계열의 인사들은 그 기독교적 경향

1930년 5월 베를린에서 개최된 범유럽대회. 왼쪽이 토마스 만, 가운데가 이다 롤란트, 그리고 그 옆이 쿠덴호베칼레르기이다.

때문에 범유럽운동 지지를 철회했다. 이는 '범' 유럽운동의 계급적·이데올로기적 한계를 드러낸 사건이었다.

범유럽운동은 프랑스 외무장관 브리앙이 독·프 화해를 위해 유럽연방 창설에 관한 제안을 한 1930년 그 절정에 도달했다. 쿠덴호베칼레르기는 이를 환영했다. 하지만 이 모든 유럽통합안은 대공황과 나치즘의 대두로 사실상 종말을 고했다. 쿠덴호베칼레르기는 이후에도 이탈리아의 무솔리니와 오스트리아의 돌푸스에게 범유럽운동을 지원해줄 것을 요청했으나 허사였다. 그는 1938년 나치 독일을 피해 미국으로 망명했다. 전후 유럽으로 돌아온 쿠덴호베칼레르기는 범유럽연합을 복원하고 1946년에는 유럽의원연합(Europäische Parlamentarier-Union)을 새롭게 결성하였다. 하지만, 그는 이전과 같은 영향력을 발휘할 수 없었다. 왜냐하면 정부 차원에서 유럽통합을 추진하여 실질적인 성과를 거두고 있었기 때문이다. 1960년대 후반 고희의 나이가 된 쿠덴호베칼레르기의 열정은 아직 식지 않았다. 그는 동유럽의 민주화를 새로운 사업 방향으로 설정하고 이에 주력했다. 1972년 그가 사망한 이후에도 범유럽연합은 이 사업을 지속했고, 공산권 붕괴 이후 동유럽의 유럽연합 가입과 정착을 위해 민간 차원의 일을 하고 있다. (범유럽연합 홈페이지: www.paneuropa.org)

범유럽과 오늘날의 통합 유럽

쿠덴호베칼레르기가 1차 대전 이후 구상했던 범유럽은 2차 대전 이후 사실상 실현되었다. 역사의 우연일까? 그 통합 양상도 범유럽과 흡사했다. 반공주의적 유럽통합, 1970년까지 영국이 유럽통합에서 불참한 상황, 1960년 프랑스 식민지가 대거 해방되었지만, 느슨한 형태로 구제국이 유럽통합에 연합된 상황, 영국이 결국 유럽통합에 참여한 사실, 공산권 붕괴 이후 과거 중부 유럽이 유럽연합에 편입된 상황이 범유럽 창시자의 예언가적 기질을 입증하는 것이 아닐까. 하지만 범유럽이 2차 대전 이후 전개된 유럽통합과 다른 점에도 주목해야 한다.

쿠덴호베칼레르기는 분명 독일과 프랑스의 적대 관계를 해소하는 '화해'를 지향하는 평화 사상을 능가했다. 이 점에서 범유럽운동은 명실상부한 최초의 유럽통합 운동이었다. 하지만 적대적 관계에 놓인 민족국가들의 이해관계를 지나치게 가볍게 보았다는 비판을 처음부터 받았다. 쿠덴호베칼레르기는 《범유럽》에서 베르사유 조약이 확정한 국경이 초래한 문제는 일단 범유럽의 의제에서 배제했다. 왜냐하면 당시 국제질서의 중핵에 해당하는 이러한 사항은 민간기구인 범유럽연합이 다루기에는 너무 힘겨운 주제기 때문이었다. 그는 범유럽운동이 실질적인 성과를 거두어서 국경의 중요도가 대폭 떨어질 때 이 문제를 논의하자는 복안을 갖고 있었다. 그러므로 베르사유 체제에서 피해를 보았다고 생각한 민족들(예컨대 바이마르 공화국)로서는 범유럽 사상을 원칙 이상의 수준에서 지지하기 어려웠다. 그만큼 범유럽 사상의 실현 가능성은 낮을 수밖에 없었다. 범유럽 사상은 이상적이고 매력적이지만, 그만큼 비현실적이었다. 그러나 이는 시대적 한계라고 보아야 할 것 같다. 프랑스 정부가 범유럽운동을 친독일적이라 비판한 반면, 독일은 베르사유를 지지하는 범유럽운동을 지지할 수 없었다. 양 대전 사이에 이 둘을 조율할 수 있는 방안이 있었을까? 회의적이다. 또 한 차례의 유럽적 비극만이 그 조건을 만들어줄 수 있었음을 역사는 말하고 있다. 2차 대전 이후 유럽통합의 주역들(모네, 슈만, 아데나워 등)의 전략이 쿠덴호베칼레르기와 달랐다는 점 또한 주목해야 한다. 이들은 범유럽의 이상을 공유했지만 국익의 조율 또한 그 이상(理想)만큼 중요하다는 점을 알고 있었다.

 범유럽은 경제통합을 매우 강조했다. 관세동맹에 대한 강조가 그 좋은 예이다. 그러나 쿠덴호베칼레르기는 식민주의적 사고에서 벗어나지 못했다. 범유럽이 다른 네 개의 광역 경제권에 대해 경제적 자립을 달성하기 위해 식민지가 필요하다고 그는 역설했다. 그는 오스트리아 · 헝가리 제국의 후속 국가들의 독립은 인정했지만, 범유럽의 식민지역(프랑스, 네덜란드, 벨기에 식민지)의 민족자결권은 인정하지 않았다.

오히려 아프리카를 범유럽에 원료와 식량을 공급하는 '정원'이나 '농장'으로 간주했다. 어느 비판자의 말처럼, 식민주의에서 벗어나지 못한 범유럽의 구호 "유럽을 유럽인들에게"는 "아프리카를 아프리카인들에게"라는 반제국주의 구호를 잉태하고 있었다. 2차 대전 이후에도 느슨한 형태로 구 식민 지역이 유럽통합에 연계되었지만, 이는 구 식민 본국의 결정에 따른 것만큼 해방된 독립국가들의 자체 결정에 의한 것이다. 오늘날의 유럽통합에 '제국'은 존재하지만, 쿠덴호베칼레르기와 같은 '식민주의적 제국주의'는 이미 사라졌다.

범유럽 회원국의 최소 조건은 극단적인 민족주의에 경도되지 않으며 인간의 기본권을 존중하는 것이었다. 이러한 조건 때문에 쿠덴호베칼레르기는 공산주의 국가와 나치 독일을 제외시켰다. 그렇지만 그는 의회 기능을 정지하고 대중운동을 통해 정권을 잡은 오스트리아의 돌푸스 독재정권을 지지했을 뿐 아니라 무솔리니의 파시즘 체제와도 친근했다. 그는 범유럽 사상과 파시즘 간에 공통점이 있으니, "범유럽 사상의 기초는 민주주의가 아니라 귀족주의"이기 때문이라고 저널 《범유럽》(1933)에서 말했다. 이는 오늘날 통합 유럽에서는 용납할 수 없는 발언이다. 이 점에서 쿠덴호베칼레르기는 2차 대전 이후 전개된 유럽통합과 큰 차이를 보인다. 오늘날은 민주주의 국가만이 통합의 주체가 될 수 있기 때문이다. 포르투갈, 스페인, 그리스가 1970년대에 비로소 유럽공동체에 가입할 수 있었던 것은 이들 국가가 그때까지 권위주의적, 독재적 정치체제를 유지했기 때문이다. 후에 범유럽의 창시자는, 모든 나라가 민주주의국가가 되는 것을 기다릴 수 없었으며, 다양한 정치체제가 국가연합의 틀 안에서 혼재한 상태에서도 범유럽은 실현되어야 한다고 변명을 늘어놓았다. 하지만 이유는 보다 더 깊은 곳에 있었다.

'고귀한 족속'의 후예인 쿠덴호베칼레르기는 민주주의를 부정하진 않았지만, 대중의 의견에 따라 좌지우지되는 정치 형태에 대해서는 비판적이었다. 그의 출세작 《범유럽》에 따르면, 보통선거권은 "기계주의적 세계관"이 세상을 점령하는 수단이며 미사여구로 치장된 민주주의는 "금권주의의 가면"에 불과하다. 그래서 그는 "금권주의적 민주주의(plutokratischer Demokratismus)"라는 그럴듯한 개념을 만들어냈다. 그는 양적 원칙에 기초한 민주정과 질적 원칙에 기초한 귀족정이 혼합된 정치 형태를 옹호하였다. 마치 중우정치를 비판하며 대안으로 혼합정을 제시한 아리스토텔레스를 보는 것 같다. 그러나 그가 긍정적으로 본 귀족정은 구래의 신분적 귀족에 의한 것이 아니라 정신적 귀족, 교육받은 현자요 용맹스러운 사람들에 의한 통치를 의미했다. 이 대목에서는 '철인 정치'를 논한 플라톤을 보는 것 같다. 쿠덴호베칼레르기의 귀족 개념은 양 대전 사이에 유행한 '보수 혁명'의 '신귀족'과 통한다.

이 점에서 그는 '1914년 세대'에 속한다. 이 세대는 전쟁 이전의 귀족적인 빈의 문화에 영향을 받고, 막 시작된 민주주의 시대를 전쟁 이전의 시각에서 해석하는 경향을 보였다. 하지만 그는 다른 의미에서도 제국의 후예였다. 양 대전 사이에 빈의 지성계를 주름잡던 사람들은 이전의 제국 시기에 성장했던 인물들이다. 이들은 적응하기 어려운 변화무쌍한 자기 시대를 평온했던 제국 시기를 기준으로 판단했다. 독일인이 우위를 점했지만 여러 민족이 공존했던 제국 시대! 민족

분규로 생존의 위협을 받던 '민족국가' 오스트리아를 구원하는 길은 과거를 복원하는 것이었다. 그러나 쿠덴호베칼레르기는 여기서 한 걸음 더 나아갔다. 민족자결주의 시대에 제국은 시대착오적이었다. 그러면 남은 대안은 다른 방식으로 제국을 복원하는 것이다. 합스부르크 제국의 형식을, 아니 신성로마 제국의 형식을 민족자결주의의 내용에 담아 복원하는 길이다. 위기를 뒤로 피할 수 없다면, 앞으로 피할 수밖에. 그는 민족주의나 제국의 방식으로 구원할 수 없던 조국, "아무도 원치 않던" "나머지 국가" 오스트리아를 유럽을 구원함으로써 구해내려 했다. 오늘날 통합 유럽에 안착한 오스트리아는 그의 뜻이 헛되지 않았음을 말해준다.

연표

1894년 일본 도쿄 출생.

1913~17년 빈 대학교에서 〈윤리의 원칙으로서의 객관성〉으로 철학 박사학위 취득.

1914~18년 1차 대전.

1915년 이다 롤란트와 결혼.

1917년 러시아 공산혁명.

1922년 무솔리니의 권력 장악. '범유럽연합' 출범.

1923년 《범유럽》 출간.

1926년 제1회 범유럽국제회의 개최.

1930년 브리앙이 '유럽연방' 제안.

1931년 오스트리아가 독일과의 관세동맹 체결 협상 실패.

1933년 독일이 나치 독재 체제 수립.

1934년 오스트리아에 독재정권 돌푸스 정부 수립.

1938년 독일과 오스트리아의 연합. 리하르트의 망명(스위스, 미국).

1939~45년 2차 대전.

1946년 '유럽의원연합' 결성.

1951년 이다 롤란트 사망.

1952년 스위스 여성과 재혼. 그러나 두 번째 부인은 얼마 후 사망.

1969년 오스트리아 여성과 세 번째 결혼.

1972년 사망.

참고문헌

볼프강 슈말레, 박용희 옮김, 《유럽의 재발견》, 을유문화사, 2006.

Conze, Vanessa. *Richard Coudenhove-Kalergi. Umstrittener Visionär Europas*, Zürich: Muster-Schmidt Verlag Gleichen, 2004.

Coudenhove-Kalergi, Richard N. *Paneuropa*, Wien/Leipzig, 1923.

Schöndube, Claus. "Ein Leben für Europa. Richard Graf Coudenhove-Kalergi", Jansen, T. & Mahncke, D.(eds.). *Persönlichkeiten der Europäischen Integration*, Bonn: Europa Union Verlag, 1981.

Ziegerhofer-Prettenthaler, Anita. *Botschafter Europas. Richard Nikolaus Coudenhove-Kalergi und die Paneuropa-Bewegung in den zwanziger und drei β iger Jahren*. Wien et al.: Böhlau Verlag, 2004.

통합과 배타의 이중주 연주가
: 폴 발레리*

박지현

폴 발레리(Paul Valéry). 그는 우리에게 낯설게 느껴질 수 있다. 프랑스 문학이나 시 분야에 관심 있는 독자를 제외하고는 다른 유명 작가들에 비해 그의 사상과 작품이 가지는 대중적인 인지도는 그리 높지 않다. 설사 전문 독자라 하더라도 프랑스 현대문학에서 발레리는 주지주의의 대표적 문인으로서 각인되어 있는 경우가 대부분이라서 유럽통합을 주장한 선구자적 지식인으로 언뜻 받아들이기가 쉽지 않다.

하지만 오늘날 유럽연합(EU) 체제에서 살아가는 프랑스인뿐만이 아니라 다른 유럽연합 회원국 국민에게 유럽통합을 어떻게 생각하며 살아가야 할지를 안내해주는 문학 텍스트 중의 하나가 발레리의 유럽 정신이다. 특히 그가 주장한 유럽 정신은 2차 대전 이후 프랑스 문학

◆ 이 글은 《서양사론》 제99호(2008)에 실린 〈폴 발레리의 '유럽 정신' 과 유럽통합의 배타성〉에서 기본적인 논제를 기반으로 수정한 것이다.

교과서에서 줄곧 다루어져 왔기 때문에, 유럽 정체성 확립을 위해 유럽연합이 추진하는 문화 프로그램에서 그의 사상이 자주 발견되며, 이는 프랑스인에게 매우 익숙하다. 더구나 유럽 역사 교과서에 이어서 발간될 유럽 문학 교과서(일부는 시범적으로 출간되었지만)에 발레리의 유럽 정신이 포함될 예정이기 때문에, 유럽연합 회원국 국민에게도 범유럽통합의 지식인으로서 그의 인지도는 더욱 높아질 전망이다. "거의 모든 것이 유럽에서 이루어졌고, 유럽에서 비롯된다"는 그의 대표적 문구는 유럽 정체성 확립을 위한 정치적·문화적 담론이 형성되는 과정에서 계속 회자될 것이다.

그런데 우리와 같은 제3국의 입장에서는 그가 차지하는 위상이 높아질수록 염려되는 부분이 없지 않다. 현재 유럽연합이 경제적 차원을 넘어서 정치·문화공동체의 방향으로 선회하면서 1·2차 대전 이후 잃어버렸던 서유럽의 영향권을 다시 찾겠다는 잠재적인 의도가 점차 드러나고 있는데, 이러한 시점에서 발레리의 유럽 정신이 강조되고 있기 때문이다. 발레리의 유럽 사상은 1차 대전 이후 서유럽 국가가 가졌던 제국주의 위상이 손상되면서 나타난 유럽 사회의 전반적 위기 이후 제안되었다. 따라서 그 안에는 통합적 의미도 있지만 다른 각도에서 본다면 배타적 의미가 포함되어 있다. 사실 유럽연합의 확대를 기점으로 정치·문화공동체로 전환하려는 유럽연합은 유럽 정체성이라는 현실적 문제에서 심각한 어려움을 겪고 있다. 각국 회원국의 이민, 인종 문제를 비롯해서 몇몇 가입 신청국의 승인 문제가 유럽 정체성과 맞물려 있다. 특히 종교·역사·문화적 갈등으로 유럽연합이 내세우는 유럽이라는 지리적 범위와 유럽인이라는 문화적 정의가 현실적으로 일치되지 않는 경우가 있다. 그럼에도 불구하고 유럽 통합 성립의 중추 역할을 담당한 서유럽 회원국을 중심으로 유럽인의 정체성을 위한 교육정책 실시와 문화 프로그램 개발이 여전히 진행되고 있기 때문에, 발레리의 유럽 정신은 오늘날 유럽연합의 본질적인 성격을 내포하고 있다고 보아도 무방하다. 이 점에서 발레리는 유럽 통합 사상을 제시한 선구자적인 인물을 넘어서서 오늘날 유럽연합의 방향성까지도 미리 내다본 인물이다.

지중해 유럽인의 탄생

발레리가 다른 문인보다 유럽, 유럽인, 그리고 유럽 정신에 관심을 가졌던 이유는 무엇일까? 그 대답은 의외로 그의 출신과 가계에서 찾아볼 수 있다. 그는 프랑스 남쪽 지중해 연안 도시인 세트(Sète)에서 1871년 10월 30일 태어났다. 부친은 코르시카(Corsica) 출신의 프랑스인이며, 모친은 트리에스테(Trieste) 태생으로 이탈리아인이었다. 가족 모두가 지중해 연안 출신이며 그들의 가족사는 프랑스와 이탈리아 사이에 얽힌 서유럽의 근현대사와 밀접한 관련이 있다. 나폴레옹의 출신지이기도 한 코르시카는 1768년 이래 오늘날까지 프랑스령으로, 이탈리아 사르데냐(Sardegna) 섬의 북쪽에 위치하고 있다. 프랑스 본토 출신이 아니라서 부친의 가계가 유명하거나 알려지지 않았던 반면, 모친의 가계인 그라시(Grassi)는 이탈리아 최대의 명문가였다. 발레리 스스로 측근에게 자랑했듯이, 그라시 가문은 15세기부터 밀라노의 통치자인 비스콘티(Gian Galeazzo Visconti)를 비롯해서 대주교, 추기경,

취리히 호숫가에 선 발레리.

군인 등을 배출했으며, 18세기 나폴레옹의 침공 때문에 트리에스테로 이주했다. 1848년 이탈리아 통일운동(Risorgimento)이 일어나면서 그라시 가문은 오스트리아 제국에 대항하여 그들의 압력을 받아야 했지만, 이탈리아 통일 주체인 사르데냐 왕이 그라시 가문을 보호하였다. 사르데냐 왕의 명으로 발레리의 조부가 세트 주재 이탈리아 영사가 되었고, 그 시기에 세트의 세관사로 있었던 부친이 현재의 모친과 만나게 되면서 발레리가 태어난 것이다. 이러한 연유로 발레리는 자라나는 과정에서 이탈리아 외가와 자주 왕래하면서 지중해 연안에 자리 잡은 프랑스와 이탈리아의 자연적 · 문화적 특성을 직접 보고 경험하는 기회를 가질 수 있었다.

그래서인지 발레리에게 지중해 연안은 특별했다. 그의 눈에는 지중해가 다른 지역보다 지적으로 다양하고 수많은 이론과 사상이 양산되고 파급되는 장소이자 경제적으로 교역과 무역의 무한한 경쟁력과 잠재력을 가지고 있는 장소이며, 유럽 정신을 형성하는 가장 중요한 중추 역할을 하는 장소로 비쳤다. 그에겐 지리적으로 유럽이란 "구대륙의 뱃머리이며 아시아의 서쪽 꼬리"이고 "동쪽으로 자연스럽게 향해 있으며", "남쪽으로 빛나는 해안으로 둘러싸여 있으며" 특히, "남쪽 해안 지중해는 유럽이 시작되는 곳"이며 "유럽인이 양성되는 곳"이

———— 인물로 보는 유럽통합사

다. 이처럼 지중해는 지리적으로 유럽의 핵심이며 역사적으로 유럽인과 유럽 정신을 양성하는 곳이고, 기능적으로 사회 변화를 빠르게 수용할 수 있는 역동적인 곳이다. 그가 쓴 유명한 시 〈바다의 묘지〉의 한 구절에서도 지중해는 새로운 세계를 열어주는 힘으로 표현되고 있다. "마셔라, 내 가슴이여, 바람의 탄생을! 신선한 기운이 바다에서 솟구쳐 올라 나에게 내 혼을 되돌려준다. (…) 오 엄청난 힘이여! (…) 바람이 분다! 살아봐야겠다! (…) 부숴라, 파도여! 부숴버려라 네 희열의 물살로 삼각돛배들 모이 쪼던 저 조용한 지붕을!"

지중해가 가진 "엄청난 힘"을 믿는 발레리에게 지중해의 유럽은 시적 영감을 주었을 뿐 아니라 그 당시 사회적 주요 흐름이었던 민족주의와 거리를 두고 유럽적 시야를 가질 수 있게 해주었다. 그가 태어난 해인 1871년은 프로이센-프랑스 전쟁(보불전쟁)의 결과 프로이센이 프랑스 베르사유 궁전의 거울 방에서 독일제국을 공식으로 선포한 해이다. 이탈리아 통일운동에 이은 독일통일은 민족국가의 시대가 본격적으로 시작되었음을 알리는 계기가 되었다. 이때부터 각국의 민족주의가 대세로 등장하면서 유럽 제국주의 국가 사이에서는 서로 간에 민족국가의 이익을 내세운 팽팽한 긴장감이 맴돌고 있었다. 특히 서유럽 제국주의 국가 사이의 식민지 경쟁은 1914년 1차 대전이라는 대규모 전쟁을 불러일으켰고, 전쟁의 승자나 패자나 상관없이 전 유럽 사회가 물질적·정신적으로 피폐해질 수밖에 없었다. 이러한 상황 아래서 발레리가 유럽통합론을 위기의 대안으로 제시할 수 있었던 잠재적 배경에는 지중해의 유럽인이라는 정체성을 일찍이 가졌기 때문이다. 이 정체성으로부터 오는 새로운 유럽 질서에 대한 열망이 그만큼 컸던 것이다. 민족 통합론이 가져다주는 황폐함에서 다시 일어설 수 있는 그 힘을, 발레리는 지중해라는 자연적 환경에서 꽃피었던 로마 문화, 그리스도교 문화, 그리고 르네상스의 그리스 문화에서 찾았다. 그는 공동의 미래를 설계하려는 정치적 차원의 유럽통합을 《유럽인》(1924)에서 제안하였다.

> 유럽은 특혜를 받은 장소이며, 이를 이끄는 주도자는 바로 유럽인, 그리고 유럽의 정신이다. (…) 우리의 정신을 발전시키고 이를 보존해야만 한다. (…) 그러나 우리는 완전한 유럽인이 되지 못하고 있다. 우리에게 무언가 부족하다. 그것은 체제에 대한 공감대, 국가와 사법권의 형성, 그리고 절대적 이상과 영원한 정의를 가진 정신의 심오함이다.

유럽 정신의 현재성

오늘날 프랑스인뿐 아니라 유럽연합 회원국 국민에게 발레리의 유럽통합론이 유효한 이유는 무엇일까? 그가 일생 중에 가장 활발하게 문예활동과 정치적 활동을 벌였던 1920년대와 1930년대 사이에서 그해답을 찾을 수 있다. 그는 불과 열아홉 살에 시인으로 성공하였으나 그로부터 20년 남짓 거의 활동을 하지 않고 육군부의 포병자재국 서기관, 전 아바스 통신사의 회장 개인 비서로 일하면서 무명의 생활을 유지하였다. 그러다 1차 대전이라는 큰 사건을 겪으며 그는 자신의 유럽적 시야를 글로 표현하는 계기를 마련했다. 1919년 발레리는 《정신의 위기》에서 유럽통합이 필요한 이유를 밝혔다. "유럽은 진정 어떻게

자신의 사무실에서. 1922~25년 사이.

될 것인가?" "군사적 위기는 끝났을지도 모른다. 그러나 경제적 위기
는 그 모든 면에서 뚜렷이 보인다." 프랑스는 전쟁에서 승리했지만 미
국과 소련의 영향력으로 인해 더 이상 유럽에서 중심 국가의 위상을
가질 수 없으며, 점차 미·소 양국의 질서 안에서 유럽 사회는 작아질
수밖에 없을 것이라 그는 예견하였다. 작아지는 유럽의 위기를 구할
수 있는 방안이란 민족주의의 갈등에서 벗어나 유럽 국가 사이의 통
합을 이끄는 유럽 정신이라고 그는 생각하였다. "위기란 어떤 기능의
체제에서 다른 기능의 체제로 이행되는" 것이므로 유럽 정신을 바탕
으로 유럽의 통합 질서 체제가 필요하다고 보았다.

1920년대 유럽 사회의 변화, 특히 1925년 로카르노 조약은 발레리
의 제안을 실제적인 정치 계획으로 발전시킬 수 있는 길을 열어주었

다. 로카르노 조약은 1차 대전의 갈등이 채 가시기도 전에, 프랑스, 독일, 벨기에, 영국, 이탈리아가 스위스 로카르노에서 상호 보장 조약을 맺어 서유럽의 안전을 약속한 것이었다. 로카르노 조약의 주된 목적은 독일 침공의 가능성을 배제시키고 라인란트에서 연합국 군대의 점령을 해제시키는 데 있었다. 하지만 실상 서유럽 지도자들은 발레리가 지적한 유럽의 위기에 대한 공감대가 존재하였기 때문에 갈등보다는 통합의 길을 선택하였다. 비록 각국 국민 사이에 전쟁의 상흔과 서로 간의 반감이 심각하게 남아 있는 상황이었지만 말이다. 로카르노 조약의 주된 인사였던 프랑스 외무장관 브리앙은 1929년 미국 대공황의 여파로 충격에 싸인 서유럽 국가에게 유럽연합의 설립을 제안하였다. 유럽 각국이 상호 관세장벽을 철폐하고 경제 공동시장을 만들자는 것이 주된 내용이었으며, 2차 대전 이후 성립될 유럽경제공동체(EEC)의 원형이 되는 안건이었다. 비록 브리앙의 제안이 1930년대에는 현실적으로 실행되지 못했지만 발레리는 그의 제안을 적극적으로 찬성하였다. 이를 계기로 발레리는 문예활동을 동반한 유럽연합을 위한 정치 활동을 시작하였다.

발레리는 이미 1924년부터 프랑스 펜클럽의 회장이 되었고, 1925년에는 프랑스 아카데미 학술원 회원이 되면서 유럽 지식인 사회에서 더욱 인지도가 높아졌으며, 국제연맹 산하 국제 지적 협력위원회(Commission internationale de coopération intellectuelle de la société des Nation)의 주요 인사가 되었다. 1930년 국제연맹 문예 상설위원회(Comité permanent des arts et lettres de la Société des Nations)로 개칭되면서, 발레리는 줄곧 이 위원회의 모든 활동에 구체적으로 관여했다.

1925년 로카르노 조약에 참석한 대표단들. 오른쪽에서 세 번째가 발레리이다.

그는 위원회의 주요한 국제 토론회를 기획하고 주재하면서, 유럽 정신을 각국 지식인들과 소통하는 중요한 지적 매개 언어로 정착시키기 위해 노력하였다. 국제 토론회를 구성하면서 그는 유럽 문명에 대한 획기적인 전환점을 마련한 인물을 선정하여 각국(특히, 서유럽 중심)의 지식인과 의견을 교환하였다. 이때 그는 각국의 갈등을 촉발시키는 인물보다 유럽통합 차원에서 유럽 정신을 드러낸 인물을 선정하고, 그 인물을 통해 유럽 정신의 개념 및 그 필요성을 각인시키려 노력하였다. 1932년부터 1938년까지 9회에 걸쳐서 국제 토론회가 열렸고, 1회는 '유럽인, 괴테'를, 3회는 '유럽 정신의 미래'를, 5회는 '현대인의 형성' 등을 다루었다. 3회 토론회에서는 정치적 차원에서 좌절된 브리앙의 유럽연합안을 지적 차원의 유럽연합 연구로 전환시켰다. 발레리는 유럽 문명의 미래를 위해 유럽 지식인의 화합이 필요하며 유럽인이라는 통합된 정체성을 통해 정치적 차원의 유럽연합이 실현 가능하다고 생각하였다. 사실 이러한 그의 생각은 오늘날 유럽연합의 방향성을 정확히 예견하고 있다. 유럽연합은 1992년 마스트리히트 조약 〔Masstricht Treaty, 일명 '유럽연합조약(Treaty on European Union: TEU)'〕으로 탄생되었고, 1997년 이를 개정해서 유럽이사회의 가중 다수결 원칙과 공동 외교정책을 세운 암스테르담 조약으로 정치적·사회적·경제적 기능이 보완되면서 유럽통합을 이끄는 대표적 기구가 되었다. 정치 연합을 추진하면서 시민의 정치적인 권리를 본격적으로 논의하기 시작하였고, 마스트리히트 조약에서 처음으로 유럽 시민권이라는 조항을 만들었다. 현재 유럽 시민권의 효용성과 현실화에 대한 논의가 진행 중이긴 하지만, 교육 현장에서는 유럽인이라는 유럽 정체성의 의식을 높이기 위한 다양한 문화 프로그램(역사, 문학, 예술)이 개발, 활용되고 있다. 그래서 발레리의 유럽 정신은 유럽통합의 지적 계보에만 머물지 않고 오늘날 유럽연합의 시민권에 대한 개념에 영향을 미치고 있다.

그렇지만 발레리의 유럽 정신은 긍정적인 면만을 가지고 있지는 않다. 발레리는 유럽인의 정체성을 이룰 수 있는 기본적 요소를 세 가지인 로마 문화, 그리스도교 문화, 그리스의 인문·자연과학 유산이라고 말한 바 있다. 이 경우에 오늘날 종교적으로 그리스도교가 아닌 다른 종교를 가진 유럽인, 이민자, 외국인은 제외의 대상이 된다. 또한 역사적으로 그리스, 로마 문화에게 영향을 미친 메소포타미아, 이집트 문명의 역할, 그리고 중세 유럽에게 그리스, 로마 문화의 유산을 전수해준 이슬람 문명도 상대적으로 평가 절하된다. 이렇듯 발레리의 유럽 정신은 유럽 중심적인 세계관에서 출발하고 있는 탓에 아시아·중동·아프리카인과 그들의 문화를 배제시키려는 성향이 다분하다.

발레리는 유럽 정신의 우수성을 바탕으로 다른 유럽 국가들 사이의 상호 이해를 이끌어내려는 세계관을 가졌기 때문에, 국제연맹에서 그리고 국제 토론회에서 유럽통합을 위한 연구를 그리고 유럽 지식인의 역할을 강조하였던 것이다. 사실 그 당시, 1차 대전이 끝난 이후 서유럽 국가는 여전히 식민지를 보유한 상태였기에 자유, 평등, 평화, 독립이라는 단어의 의미가 유럽 국가들 사이에서만 소통되고 공감되었다. 유럽 중심의 국제, 세계라는 틀 안에서 국제연맹 활동을 한 발레리에게 배타적인 유럽 중심주의는 부인할 수 없는 주요한 사상적 토대였고 그의 유럽 정신에서도 마찬가지였다.

실제로 오늘날 유럽연합은 암스테르담 조약을 통해 유럽 시민에게 "자유, 안전, 정의"의 공간과 "내부 국경선이 없는" 공간을 보장해주지만, 국경선 개방에 따라 불법 이민의 위험성이 초래된다는 이유로 제3국인의 출입, 장기 체류, 정착을 철저히 통제하는 공동의 이민법을 마련하고 있다. 유럽 경찰권이 확대되면서 제3국인의 이동의 자유를 공공연하게 억압하는 일이 종종 발생했다. 국적과 상관없이 겉으로 드러나는 외모로 인종차별을 받는 경우가 일상생활에서 빈번해졌다. 유럽 경찰에 의해 불법 체류자로 판단되면, 최장 18개월 억류한 뒤 추방해 5년간 재입국을 금지하고, 한번 추방되면 5년 동안 유럽연합 27개 회원국에 입국할 수 없다. 암스테르담 조약은 '비자, 망명, 그리고 정치적으로 관련된 사람들의 자유로운 통행'이라는 제목의 제4장을 추가해 자유로운 인적 왕래를 명시했지만, 그 조항의 이면에는 이러한 초강력 배타성도 존재하고 있다. 유럽연합이 배타적인 유럽 시민권을 형성할수록 제3국인과 같은 비유럽인이나 각 회원국의 국적을 가진 이민자

혹은 외국인은 그들의 자유와 권리를 제한받고 그들의 문화·종교적 선택을 존중받지 못할 가능성이 크다. 이러한 차원에서 발레리의 유럽 정신이 부정적인 의미로 활용되기도 한다.

새로운 유럽인의 모험

그렇다면 오늘날 발레리의 유럽 정신이 지닌 배타성은 1930년대 어떠한 지적 조류에서 오는 것일까? 유럽통합의 지적 계보에서 빠진 또 다른 통합론에서 그 답을 찾을 수 있다. 로카르노 조약 전후로 이탈리아에서는 무솔리니의 일인 독재 체제가 이루어졌고, 이에 자극받은 독일 나치당은 1933년 드디어 히틀러(Adolf Hittler) 정권을 수립하였다. 이때 유럽 각국의 파시스트 추종자는 파시스트당을 만들어 '파시즘의 유럽'을 실현시키고자 하였다. 프랑스 파시스트는 유럽 지식인을 중심으로 파시즘의 유럽 정신을 파급시키고자 다양한 정치·문화적 차원의 지적 교류 단체를 만들거나 참여하였다. 이는 유럽 지식인을 중심으로 유럽통합과 관련된 연구 프로젝트를 추진했던 발레리의 활동 양상과 흡사하다. 그중에서도 독일과 프랑스 파시스트 지식인들이 모여서 설립한 1935년 프랑스-독일협회(Comité France-Allemagne)가 두드러졌다. 표면상 내세운 협회의 목적은 프랑스와 독일 간의 사적·공적 관계를 지식, 과학, 경제, 예술, 스포츠 분야뿐 아니라 모든 분야에서 발전, 촉진시키는 데 있었다. 하지만 이 협회의 궁극적인 목적은 나치의 유럽을 받아들일 수 있는 파시스트의 인맥을 만드는 데 있었다. 이 협회의 부회장 브리농(Fernand de Brinon)은 "나는 믿었고 또 믿는다. 프랑스와 독일 사이의 화해가 평화를 이룰 수 있는 유일하고도 효과적인 보장이다"라고 《프랑스 독일 1918~34년》에서 밝혔다. 1945년 2차 대전 이후 유럽통합 준비 과정에서 독일과 프랑스의 화해가 가장 큰 전제였다는 사실을 상기한다면, 두 국가 간 통합이 유럽통합의 기초라는 인식에 대해서는 발레리뿐 아니라 나치 협력자인 브리농도 함께 공감하였다고 볼 수 있다. 비록 브리농은 나치의 유럽화라는 목적을 다르게 가졌지만 말이다. 그러나 그 당시 나치의 유럽이란 폭력과 학살을 전제로 하는 독재 질서였기에 발레리는 이를 경계하였다. 그는 "독재자의 이미지는 정신에 따른 피할 수 없는 응답"이며, "모든 이가 독재를 의식적으로 생각하느냐 아니냐"에 따라서 모든 가치관이 독재자로 흡수될 수 있다는 위험성을 《현 세계에 대한 시선》에서 경고하였다.

하지만 1940년 독일이 유럽의 대부분을 점령하는 상황 아래서 발레리는 파시스트의 유럽통합론에 대해 적극적인 대립적 입장보다는 중립적인 입장을 취하고 있었다. 1940년 프랑스는 크게 점령 지역과 자유 지역으로 나뉘었다. 전자는 북쪽의 독일 영역이고, 후자는 남쪽에 위치한 프랑스 비시 정부(gouvernement de Vichy)◆의 영역이었다. 프랑스 의회는 비시를 수도로 한 협력 정부인 비시 정부를 합법적으

◆ 2차 대전 당시 독일 점령하의 프랑스는 1940년 7월 10일 프랑스 의회의 압도적 지지로 비시 정부를 세우게 되었다. 자발적이고 합법적으로 세워진 절차 과정과는 달리, 비시 정부는 해방 직후 '나치의 괴뢰정권'이라는 수식어를 달고 독일 점령으로 생긴 강제적 정권으로 간주되었다. 1970년대 이후부터 점차 비시 정부가 공식적인 절차를 통해 제3공화국을 승계했다는 사실이 부각되자, 프랑스 학계는 프랑스 현대사에서 비시 정부의 위치를 재검토하기 시작하였다. 최근에 1940년에서 1944년까지 비시 정부 아래 살았던 프랑스인들의 이중적이고 역설적인 태도에 초점을 맞추어 연구가 진행되고 있다. 박지현, 《누구를 위한 협력인가: 비시프랑스와 민족혁명》(책세상, 2004) 참조.

로 출범시켰다. 점령자인 독일군과 협력 정부인 비시 정부가 공존하는 새로운 상황이 연출되었다. 이는 다른 점령국들과 비교할 때 매우 이례적인 일이었다. 히틀러와 그 측근들은 프랑스의 나치화를 목표로 삼지 않았기 때문에 자발적인 협력정부인 비시 정부를 승인했다. 그들은 다루기 쉽고 타협적이고 중립적인 프랑스인들이 수용할 만한 정부 체제를 두어, 내적으로는 프랑스를 약화시키고 외적으로는 프랑스와 연합군의 관계를 배제시키려 했다. 비록 이러한 실질적 목적을 알지 못했지만, 프랑스 파시스트는 전쟁 전부터 지향했던 나치의 유럽화가 비시 정부의 수립으로 가속화될 수 있다는 생각으로 적극 동조하였다. 반면 발레리와 같은 유럽통합주의자는 그들이 정의하는 유럽 개념에 따라서 나치의 유럽화, 일명 '새로운 유럽(Europe Nouvelle)'을 지지해야 할지, 아니면 이에 저항해야 할지 그 선택의 길목에 서 있었다. 그런데 발레리는 협력과 저항 사이에서 공식적으로 어떤 것도 선택하지 않았다. 처음부터 끝까지 유럽통합을 내세운 나치의 유럽화를 반대한 적도 없었다. 오히려 그는 파시스트의 협력 잡지로 전환된 《신프랑스잡지》*에 참여하면서 명성에 오점을 남겼다. 《신프랑스잡지》는 1908년 11월에 시작해서 오늘날까지도 계속 발간되고 있는 프랑스의 유명 문예비평 잡지이며, 발레리의 《정신의 위기》가 발표된 잡지이기도 하다. 독일 점령으로 임시 폐간되었다가 파시스트 협력 문인인 드리외 라로셸(Pierre Drieu La Rochelle)이 편집장이 되어 1940년 12월에 다시 출간되었다. 이때 발레리는 지드(André Gide),

---

◆　La Nouvelle Revue française(NRF)를 '신프랑스평론' 혹은 '신프랑스지'로 번역하지만, 본고에서는 원문을 그대로 살리는 의미에서 '신프랑스잡지'로 하겠다. 박지현, 〈기억의 터에서 《신프랑스잡지(La Nouvelle Revue française)》(1940~1943) 다시 읽기〉, 《프랑스사 연구》 18호, 2008, pp.121~151 참조.

　　　　　　　　　　　　　　　　　　　인물로 보는 유럽통합사

나치의 유럽통합을 지지하는 협력 문인인 페르낭데(Ramon Fernandez), 지오노(Jean Giono), 몽테를랑(Henry de Montherlant)과 함께 참여하였다. 물론 그가 프랑스 아카데미 차원에서 비시 정부의 수립을 축하하려는 제안을 반대하였기 때문에 나치의 유럽화에 대해 반대의사를 표명했다고 보기도 한다. 하지만 발레리가 적극적인 저항의 길을 선택하지 않았던 지적 배경에 대해서도 거꾸로 생각해보면, 발레리의 유럽 정신과 나치의 '새로운 유럽' 사이에서 흐르는 공통점이 발견된다. 그것은 유럽 문명의 위기에서 찾아볼 수 있다.

발레리는 "아시아의 작은 뱃머리"가 될 수 있는 유럽의 위험성을 경고하였고, 물질문명의 노예 상태에서 빚어진 정신의 위기에서 벗어나 도덕과 인간성을 회복시킬 수 있는 정치제도를 확립해야 한다고 주장하였다. 이러한 정치체제 아래서 유럽 정신의 개혁이 가능하며 그동안 부조리하였던 유럽 사회의 전반을 구할 수 있으리라 예견하였다. 이러한 내용은 2차 대전 독일 점령 아래 나치의 유럽 안으로 스며들었고, 1943년 친나치 잡지인 《제르브》의 정치적 구호가 되었다.

> 유럽의 중심이며 유럽을 방어할 수 있는 유일한 힘을 가진 독일이 프랑스에 도움을 청한다. (…) 오늘날 두 중심만이 존재한다. 그것은 승리를 가져오는 독일과 그 연방국들, 그리고 유구한 문명의 역사인 유럽을 파괴시키기 위해 동쪽에서 밀려드는 볼셰비키 파도와 아시아가 있을 뿐이다. 인간 문명이 사라지려고 한다. 영혼, 지성, 자유를 사로잡은 (볼셰비키 파도에서) 유럽인들은 점점 더 빠져나올 수가 없다. (…) 프랑스인들이여! 어떻게 당신들은 이것을 보고만 있을 수 있겠는가?

이미 발레리는 1919년 《정신의 위기》에서 아래와 같이 말했다.

문명은 지금 멸망할 지경에 이르렀음을 우리는 알고 있다. (…) 거의 모든 것이 유럽에서 이루어졌고, 유럽에서 비롯되었다. (그러나 오늘날) 유럽은 사실 무엇이 될 것인가? 즉 아시아 대륙의 작은 뱃머리인가? 아니면 지금 나타난 그대로, 다시 말하자면 지구의 귀중한 부분, 지구의 진주, 거대한 신체의 뇌로 머무를 수 있는가? (…) 모든 시대에서 인간의 자질은 유럽의 우수성으로부터 결정되었다. (…) 유럽 정신이 전체적으로 전파될 수 있을까? (…)

1940년 '새로운 유럽'의 정치 구호 내용은 발레리가 지적했던 유럽의 위기와 거의 일맥상통한다. 볼셰비키 혁명으로 무장한 소련의 힘과 연합군의 주축인 미국의 힘으로부터, 유럽의 중심인 독일과 프랑스가 손을 잡고 유럽 문명을 지켜야 한다는 1940년의 유럽통합과, 1차 대전 이후 미국과 소련의 정치적 질서에서 벗어나 유럽이 연합할 것을 제안한 1919년 발레리의 유럽통합은 유럽 중심의 세계관에서 합쳐진다.

비록 발레리는 자유, 평등사상에 근거한 자유민주주의 체제를 선호했지만 그의 유럽 역사관은 궁극적으로 '새로운 유럽'과 같은 선상에 있다. 물론 그 당시 파시스트의 정신과 발레리의 유럽 정신이 같을 수는 없다. 하지만 1차 대전 이후 서유럽 제국주의에 대한 유럽 문명의 위기론을 발레리가 주도했기 때문에 그의 유럽 정신에는 통합적 의미 이외에도 배타적 의미가 존재할 수밖에 없다.

오늘날 유럽 정신의 이중주

발레리의 유럽 정신은 유럽연합이 경제공동체에서 정치공동체로 전환되면서 내놓은 커다란 쟁점인 정체성 문제와 관련되어 있다. 유럽연합의 확대는 유럽 시민권과 관련되어 문제점이 뚜렷하게 드러난다. 우선 경제적으로 낙후된 사회주의 체제의 일부 국가들을 통합시킴으로써, 서유럽 국가와 비서유럽 국가 사이에서 애매모호한 유럽 정체성의 분리 혹은 차별이 생긴다. 그 다음으로 회원국의 외국인 노동자와 그 가족들에 대한 정체성 문제가 드러난다. 유럽연합에 속하지 않은 국가의 이민자들은 법적·사회적으로 점점 더 소외되어가고 있으며 이민자, 이주민이라는 의미가 비유럽인이나 유색인으로 등식화되는 경향이 짙다. 따라서 소수민의 권리를 보호해야 할 유럽연합의 법이 유럽 시민권 조항에서 민주주의적 가치관을 발휘하기엔 아직 요원한 상태이다. 오히려 각 유럽 국가에게 혈통적 시민권의 의미를 자극하여 곳곳에서 극단적 인종주의를 불러일으킬 여지를 주고 있는 실정이다. 새로운 정치·문화공동체를 위한 유럽통합론이 현실적으로 유럽연합의 확대와 더불어 심각한 갈등을 빚고 있는 시점에서 발레리의 유럽 정신이 가지는 통합과 배제의 이중주는 계속해서 연주될 가능성이 크다. 특히 몇 차례나 유럽연합의 심의를 거쳐 회원국으로 통과된 헝가리의 불만이나, 보스니아에 대한 유럽 회원국의 무관심, 그리고 이미 회원국을 신청했음에도 직간접적인 종교·문화·정치·외교적 갈등으로 신청이 지연되고 있는 터키와 유럽연합 회원국 사이의 긴장감은 점점 높아지고 있다. 유럽연합이 확대되는데도 서유럽 국가 위주의 유럽관이나 유럽 시민권이 계속해서 강조될 경우에는 "모든 것이 유럽에서 왔다"는 발레리의 유럽관이 1940년의 '새로운 유럽'에 점점 더 가까워지는 현상을 볼 수밖에 없다. "유럽 없이 세계는 없다"는 1940년 파시스트 지식인의 구호가 발레리의 유럽 정신을 통해 앞으로 유럽연합의 구호로 발전되지 않기를 바라는 바이다.

연표

1871년 프랑스 남부 지중해안의 항구도시 세트에서 출생.
1891년 《구시첩》으로 문예활동 시작.
1894년 매일의 사색을 기록한 《카이에》를 쓰기 시작, 51년 동안 이어짐.
1897년 대외적 문필 활동 중단. 내적인 작품 활동의 본격화.
1912년 앙드레 지드의 요청으로 작품 발표 준비.
1914년 1차 대전 발발.
1917년 《젊은 파르크》 발표.
1918년 1차 대전 종결.
1919년 유럽의 위기와 유럽 정신에 대한 《정신의 위기》 발표.
1925년 로카르노 조약. 프랑스 아카데미 회원과 국제연맹 문예 상설위원회 회원이 됨.
1929년 브리앙이 유럽연합안 제시.
1932년 국제연맹 문예 상설위원회 주요 인사.
1933년 니스 지중해 대학교 센터 책임자.
1937년 콜레주 드 프랑스 대학 시 분야 담당 교수.
1939년 2차 대전 발발.
1940년 독일 점령. 프랑스 협력 정부인 비시 정부 탄생.
1944년 파리 해방. 드골과 만남.
1945년 사망.

참고문헌

박지현, 〈폴 발레리의 '유럽 정신'과 유럽통합의 배타성〉, 《서양사론》 제99호, 2008.

유제식, 《폴 발레리 연구》, 신아사, 1995.

폴 발레리, 박수은 옮김, 《발레리선집》, 을유문화사, 1999.

Girault, René (dir.). *Identité et conscience européennes au 20e siècle*, Paris: Hachette, 1994.

Lawer, James. *Paul Valery: An anthology*, Bollingen: Princeton Univ. Press, 1977.

Trebitsch, Granjon, Michel & Marie-Christine (dir.). *Pour une histoire comparée des intellectuels*, Bruxelles: Complexe, 1998.

유럽의 바다에서 사투를 벌인 노인
: 알티에로 스피넬리

장문석

1941년 7월, 2차 대전이 한창이던 무렵 이탈리아의 반파시스트 정치범들이 수감되어 있던 벤토테네(Ventotene) 섬에서 〈벤토테네 선언〉으로 알려진 "자유롭고 통합된 유럽을 위한 선언"이 발표되었다. 담배를 마는 종이에 작성된 이 선언문은 곧 이탈리아 본토에 밀반입되어 주요 저항운동 조직들에 보급되었고, 마침내 1944년 로마에서 정식으로 출판되기에 이르렀다. "근대 문명은 그 기초로서 자유의 원칙을 채택하는 바, 어떤 개인도 타인에 의해 단순한 도구로 사용될 수 없으며, 자율적인 삶의 중심이 되어야 한다는 원칙이 그것이다"로 시작되는 선언문은 "자유롭고 통합된 유럽은 전체주의 시대가 오직 일시적인 후퇴일 뿐이라는 점에서 근대 문명을 강화하기 위한 필수 전제이다"라는 결론으로 마무리된다. 이 문건의 집필에는 벤토테네 섬에 수감되어 있던 저명한 반파시스트 자유주의자들인 로시(Ernesto Rossi)와 콜로르니(Eugenio Colorni) 등이 참여했지만, 문안의 대부분을 실제 작성한 이는 알티에로 스피넬리(Altiero Spinelli)인 것으로 알려져 있다. 그리고 바로 이때부터 사망할 때까지 스피넬리 의 모든 삶은 오직 한 길, 즉 유럽통합을 위한 노력에 바쳐졌다.

연방주의로의 '전향'

스피넬리는 유럽통합의 역사에 지워지지 않을 족적을 남긴 대표적인 유럽연방주의 이념의 옹호자로서, 종종 '유럽통합의 아버지' 중의 한 명으로 간주되고 있다. 그는 1907년 8월 31일 로마에서 태어나 1986 년 5월 23일, 78세의 일기로 타계할 때까지 유럽연방의 창설이라는 한 가지 목표에 투신한 정치가이자 사상가였다. 비록 그는 국적상으 로 이탈리아인이었지만, 그의 삶 자체로만 보면 진정한 '유럽인'이었 다. 물론 그는 살아생전에 유럽연방의 탄생을 볼 수 없었다. 이는 지금 도 마찬가지이다. 그렇다면 스피넬리는 실패자인가? 비록 스피넬리의 육신은 사라졌지만, 그가 생전에 옹호한 하나의 유럽이라는 정신은 여전히 살아 숨 쉬고 있다. 목하 유럽연합(EU)은 완료된 형태가 아니 라 여전히 진행되고 있는 역동적 실체이다. 여전히 사람들은 국적에 얽매여 있지만, 국경을 자유로이 넘나들며 휴가를 떠나고 유로를 지 불하며, 포도주를 마시는 대신에 맥주를 마시고 축구 스타 베컴(David Beckham)에 열광하는 새로운 세대의 '유럽인'이 출현하고 있다. 따라 서 유럽통합의 결말이 어떨지 단언하기는 힘들지만, 스피넬리의 유럽 연방주의가 실패했다는 섣부른 판단도 자제해야 한다.

　스피넬리를 유럽연방주의자로 살아가도록 이끈 중요한 요인은 무엇보다 파시즘의 경험이었다. 그가 성년에 도달했을 즈음에 이탈리아는 파시스트 체제 아래에 있었다. 스피넬리는 파시즘에 반대하여 당시 비타협적인 반파시즘 운동을 전개하던 이탈리아 공산당(Partito Comunista Italiano, PCI)에 가담했다. 그는 공산당 지하 활동을 전개하던 중 1927년에 체포되어 10년간 수감 생활을 했고, 6년간 폰차(Ponza) 섬과 벤토테네 섬에서 유형 생활을 했다. 총 16년에 걸친 이 오랜 부자유스러운 감금 생활을 거치면서 그는 점차 공산주의로부터 벗어나 민주주의 및 유럽연방주의로 전향함으로써 궁극적인 사상의 자유를 추구했다.

이러한 사상의 자유가 처음으로 천명된 것이 바로 앞에서 언급한 〈벤토테네 선언〉에서였다. 스피넬리 개인에게 이 선언문은 공산주의자로서의 삶을 청산하고 '유럽인'으로서 새로운 삶을 시작하는 일종의 정치적 고해성사였다. 그와 동시에 선언문은 유럽연방주의를 구체적인 정치적 기획으로 처음 제시했다는 점에서 필경 유럽통합사의 중대한 이정표였다. 〈벤토테네 선언〉에서 특히 주목할 만한 대목은 "진보적인 당파와 반동적인 당파를 가르는 선"이 민주주의와 사회주의 사이에 있지 않고, "투쟁의 본질적인 목적과 목표를 낡은 것, 즉 민족적인 정치권력의 정복에서 구하는 사람들"과 "하나의 견고한 국제 국가의 창출을 주요 목적으로 바라보는 사람들" 사이에 있다고 논하는 부분이다. 이 대목에서 우리는 파시즘에 대한 스피넬리의 비판이 민족주의 일반에 대한 투쟁으로 승화되고, 민족주의에 대한 대안으로서 유럽연방주의가 제시되고 있음을 엿볼 수 있다. 비록 선언문 곳곳에 왕년의 공산당 활동가로서 스피넬리에 묻어 있는 사회주의에 대한 애

착이 드러나기는 하지만, 이제
사회주의와 비사회주의의 구분
은 연방주의와 비연방주의의
구분에 비하면 부차적인 지위
로 격하되고 있다. 유럽연방이
정치적 의제로 인식되고 연방
주의가 주도적인 정치적 원칙
으로 설정된 것이다.

유럽의회에서 발언을 신청하고 있는 스피넬리.

　그렇다면 감옥 속의 스피넬리는 어떻게 유럽연방주의 이념을 발전
시킬 수 있었는가? 스피넬리 자신이 회상하듯이, 그는 자신의 "정신
적 스승"인 로시로부터 자유주의와 시장경제의 중요성을 배웠고, 다
시 로시의 스승으로서 당대의 가장 저명한 경제학자이자 전후 이탈리
아의 초대 대통령이 될 에이나우디(Luigi Einaudi)의 사설들을 읽으면
서 유럽연방에 대한 생각을 구체화할 수 있었다. 흥미로운 것은 스피
넬리와 로시가 에이나우디에게 감옥에서 읽을 책을 보내달라고 요청
했을 때, 에이나우디가 영국 연방주의자들의 저작들을 넣어주었다는
사실이다. 이는 스피넬리가 영국 연방주의의 사상적 전통을 접하는
계기가 되었다. 또한 그가 미국 독립 혁명기의 연방주의 논설들을 탐
독했다는 증거도 있다. 그렇다면 유럽 대륙의 사회주의적 연방주의보
다는 앵글로-색슨 식의 자유주의와 결합된 연방주의 전통이 바로 스
피넬리의 유럽연방주의의 사상적 원천이 아닐까 한다. 스피넬리는 다
음과 같이 술회하고 있다.

민족주의의 정치 경제적 왜곡에 대한 그들*의 분석과 연방주의적 대안에 대한 분별 있는 논의는 마치 구원처럼 오늘날의 내 기억 속에 강렬한 인상으로 남아 있다. 그 당시에 나는 정신적 명석함과 정확성을 추구하고 있었기 때문에 프루동이나 마치니의 어렴풋하고 비틀려 있는 이데올로기적 연방주의보다는 이 영국 연방주의자들의 명석하고 정확한 사유에 더 많이 이끌렸다. 나는 그들의 저작들 속에서 당시에 유럽이 이끌려 들어가는 혼란을 이해하고 그에 대한 대안을 고안하는 데 필요한 아주 훌륭한 열쇠를 발견했다.

〈벤토테네 선언〉에서 또 하나 주목할 만한 대목은 유럽연방주의가 먼 미래에나 실현될 이상이라기보다는 '지금 당장' 실현되어야 할 정치적 기획이며, 이를 위한 조직적 기반을 마련하는 일에 즉각 착수해야 한다고 호소하는 부분이다. 이러한 생각은 곧 실천에 옮겨졌다. 그는 가석방 직후인 1943년 8월 27~28일에 화학 교수이자 반파시스트 활동가인 롤리에르(Mario Alberto Rollier)의 밀라노 사저에서 로시, 콜로르니, 진츠부르그(Leone Ginzburg), 벤투리(Franco Venturi), 예르비스(Guglielmo Jervis) 등 연방주의에 공감하는 열다섯 명의 반파시스트 지식인들과 비밀리에 회합을 갖고, 전후 유럽통합에서 지대한 역할을 할 이탈리아 최대의 연방주의 운동 단체인 '유럽연방주의 운동(Movimento Federalista Europeo, MFE)'을 결성했다. MFE는 당시 북부 이탈리아를 점령하고 있던 독일 나치 군대에 맞서 무장투쟁을 촉구했고, 전후의 혁명적 상황에서 연방주의를 위한 투쟁의 결정적 중요성을 강조했다.

| ◆ 영국 연방주의자들.

이러한 연방주의로의 '전향기'에 스피넬리는 개인적으로 소중한 인연을 만나게 되는데, 그녀가 바로 콜로르니의 아내였던 히르슈만(Ursula Hirschmann)이다. 그녀는 베를린 출신의 유대계 독일인으로서 이탈리아로 이주한 경제학자였다. 그녀는 자신의 초기 삶을 다룬 비망록의 제목을 '조국이 없는 우리(Noi senza patria)'로 정할 정도로 존재 자체와 사상이 투철하게 국제주의적인 인물이었다. 스피넬리는 콜로르니가 1944년에 사망한 뒤 히르슈만과 결혼했는데, '조국이 없는' 그녀는 '유럽인' 스피넬리에게 가장 이상적인 반려자이자 동지가 된다. 연방주의를 위해 살고 연방주의를 위해 죽을 수 있는 최선의 가족적 환경이 마련된 셈이다.

연방주의 혁명론

1944년에서 1946년까지 스피넬리는 행동당(Partito d'Azione)에 가담하여 유럽연방주의와 민주주의 혁명을 접목하려는 이론적 실험에 착수했다. 그는 이 시기에 쓴 글들에서 연방주의를 민주주의의 필수적인 전제 조건으로 간주하면서 이른바 '연방주의 혁명론'을 주창했다. 이 글들에서 스피넬리는 개인적 삶에서의 자유, 집단적 삶에서의 민주주의, 경제적 삶에서의 사회주의적 정의라는 행동당의 민주주의적·사회주의적 강령을 충실히 천명하면서도, 이러한 강령들이 오직 연방주의적 원칙 아래에서만 의미를 갖게 될 것이라고 강조했다. 그는 유럽 국가들이 민주주의 연방으로 통합되어야 하며, 연방은 종족·문화적 성격에 따른 회원국들의 고유한 권리를 침해함이 없이 유럽의 단합을 위한 입법, 행정, 사법의 민주주의적 권리를 가져야 하며, 이를 위해 필요하다면 회원국의 주권을 제한할 수도 있다고 주장했다. 그리고 이러한 유럽적 차원의 연방주의 원칙의 실현 없이는 이탈리아 국내의 그 어떤 개혁이나 혁명도 성공할 수 없으리라 내다봤다. 요컨대 "자유도, 사회주의도, 민주주의도 민족적·정치적·경제적 분할이 통용되는 현행의 유럽에서는 절대로 유지될 수 없다"는 것이다.

그러나 행동당이 이탈리아 재건 과정에서 소외되자 스피넬리는 자신의 '연방주의 혁명론'을 실천에 옮길 수 없다는 쓰라린 좌절감을 안고서 동료들과 함께 스위스로 건너갔다. 이로써 연방주의 거물들이 자리를 비우게 되었다. 그렇지만 이탈리아 연방주의운동의 기력이 완전히 소진된 것은 아니었다. 1946년에 MFE는 적어도 세 가지 방향에서 활동을 펼쳐 가시적인 성과를 이루어냈다. 첫째, MFE는 266명의 교수들을 규합해 MFE의 연방주의 노선을 지지한다는 이른바 '유럽연방을 위한 이탈리아 교수 선언'을 주도했다. 둘째, 전후 이탈리아에는 반파시스트 투쟁 경력에 따라 각 정당에서 추천한 400명의 인사들로 구성된 국가 고문단이 있었고, 이들은 정계에 큰 영향을 미칠 수 있는 사람들이었는데, MFE는 고문단의 외교 분과 위원회와의 모임을 통해 연방주의 노선을 제도권 정계에 선전하는 활동을 펼쳤다. 셋째, 이런 정치 활동들을 통해 MFE는 이탈리아의 제헌의회에 압력을 가해 이탈리아의 국가주권의 일부를 제한하는 유명한 헌법 제11조를 채택하도록 하는 쾌거를 이루었다. 1947년에 작성된 이탈리아 헌법 제11조는 이렇다. "이탈리아는 다른 국가들과 동등한 조건에서 민족들 사이의 평화와 정의를 확립하려는 체제에 필수적인 주권의 제한을 인정한다.

해방 정국에서 연설하는 데 가스페리.

이탈리아는 그 목적을 추구하는 국제조직들을 후원하고 증진할 것이다."

그런데 곧이어 이탈리아 연방주의운동의 방향 전환을 강제한 중요한 사건이 발생하게 되었으니, 마셜 플랜(Marshall Plan)의 등장이 바로 그것이었다. 1947년 미국이 제시한 마셜 플랜은 스피넬리에게 정치적으로 재기할 수 있는 기회를 제공했다. 그는 로시와 함께 이 플랜을 유럽의 연방적 통일을 위한 기회로 삼자고 역설하면서 MFE의 대표로 선출되어 정치 활동을 속개했다. 그는 이 시기에 유럽통합에 대한 이른바 '기능주의적 접근법'에 맞서 비타협적인 투쟁을 전개했다. 기능주의란 일반적으로 낮은 수준의 현실적인 협력(경제적 협력)과 이러한 협력 기능의 자연스러운 '파급효과(spillover)'를 통해 높은 수준의 협력(정치적 협력)을 이끌어낼 수 있다고 믿는 신조를 가리킨다. 그러나 스피넬리의 눈에 기능주의는 유럽의 통일과 국민주권의 유지를 동시에 추구하는 자기모순적인 신조로 보였다. 그에게 기능주의는 "민족주의의 언어가 용인되지 않는 쇠퇴기에 민족주의의 특권을 유지하는 방식"에 불과했다.

따라서 스피넬리는 경제 통합이 자연스럽게 유럽연방으로 이어지리라는 기능주의적 낙관론을 거부하고, 경제 통합이 잘 이루어지기 위해서라도 정치적 연방 국가가 필요하다는 철저한 연방주의론을 옹호했다. 그럼에도 이 시기 그의 사상에는 의미 있는 변화가 일어나고 있었다. 그것은 마셜 플랜을 수용하고 데 가스페리(Alcide De Gasperi)와 스포르차 같은 고위 정치가들과의 협력을 중시한 현실주의적인 전략이었다. 이런 현실주의적 선회와 더불어 자신의 지적 · 사상적 뿌리라고 할 수 있는 사회주의에 대한 판단도 근본적으로 바뀌고 있었다. 스피넬리는 1950년 11월 4일자 일기에서 연방주의의 문제를 이해하지 못하는 사회주의는 "유럽의 거대한 반동 세력"이 되었다고 신랄하게 평가했다. 그런가 하면 1951년 7월 7일자 일기에는 스피넬리 자신에 대한 세간의 평가가 "극단주의자"에서 "건설적이고 균형 잡힌 강인함"을 지닌 정치인으로 바뀌었다는 점을 적고 있다. 이런 평가는 여전히 좌파적 · 혁명적 이념과 수사에서 벗어나지 못했던 그 이전의 입장에 비추어보면 커다란 변화인 것이다.

그렇다면 스피넬리는 기능주의에 반대하고 연방주의 원칙에 충실하면서도 기본적으로 현실적인 노선을 견지하고 있었던 것으로 보인다. 그는 기능주의의 결함에 대해 뚜렷하게 인식하면서도 기능주의가 연방주의운동에 제공하는 가능성에 대해서도 열려 있는 태도를 취했다. 다시 말해서, 기능주의는 근본적인 모순을 안고 있어서 유럽통합의 대안이 될 수 없으며, 연방주의가 그 모순을 적절히 활용함으로써 기능주의의 성과를 전유하는 것이 필요하다는 것이 스피넬리의 입장이었다. 이런 입장으로부터 그는 이른바 '제도적 접근법'을 채택한 것으로 보인다. 이런 접근법에 따르면, 처음부터 점진적이되 철저하고 지속적으로 연방주의적인 성격의 제도들을 창출해나감으로써 유럽연방에 도달할 수 있을 것이었다. 특히 스피넬리에게 이를 위해 가장 중요한 것은 유럽적 차원의 제헌의회의 소집과 유럽헌법의 제정이었다.

그런데 스피넬리의 '제도주의'는 그의 연방주의 이념에 본디 내재해 있었던 것으로 보인다. 스피넬리의 방대한 일기를 편집한 학자들에 따르면, 스피넬리에게 가장 큰 영향을 준 인물은 이탈리아의 정치사상가 마키아벨리(Niccolò Machiavelli)와 미국의 정치가 해밀턴(Alexander Hamilton)이었다. 스피넬리는 마키아벨리로부터 정치의 덕(virtù)이 곧 힘이자 권력투쟁이라는 점을 배웠고, 이로부터 일체의 추상적인 이데올로기들을 혐오하게 되었다. 또한 해밀턴으로부터는 정치가 곧 힘이 되는 비합리적인 현실에서 정치 질서를 세워야 한다면 오직 제도만이 "자유의 방파제"로서 권력을 제어하고 정치 질서를 보장할 수 있다는 점을 배울 수 있었다. 이러한 판단이 옳든 그르든 간에, 적어도 1947년 이후의 스피넬리는 유럽통합의 이상을 위해서는 법적·정치적 제도를 구축하는 것이 무엇보다 중요하다는 교훈을 얻었음이 분명하다. 이는 현실 정치와 긴밀한 관계를 유지한 그 이후의 행보가 입증하고 있다.

역설적인 것은 스피넬리가 기능주의에 대한 비판을 통해 연방주의적 원칙과 현실 정치를 절충하려고 하던 바로 그때, 민주주의적이고 초국가적인 새로운 유럽 질서를 구축하려는 연방주의적 시도가 활력을 잃어가고 있었다는 사실이다. 1950년은 확실히 유럽통합에 대한 '기능주의적 접근법' 쪽으로 무게중심이 기울어지는 전환점이었다. 1950년 5월 9일, 프랑스 외무장관 슈만의 제안, 즉 유럽의 주요 자원인 석탄과 철강의 공동 생산과 공동 관리를 주창한 '슈만 플랜'은 그러한 전환의 상징적인 사건이었다. 스피넬리로서는 그런 제안이 성에 차지 않았으나 슈만 플랜과 잇따른 유럽석탄철강공동체(ECSC)의 창설이 제공한 새로운 기회에 주목했다. 그러나 기세를 몰아 유럽방위공동체(EDC)와 유럽정치공동체(EPC)를 건설하려고 한 스피넬리의 시도는 결국 실패로 돌아갔다. 비록 현실 정치의 복잡한 역학 관계 속에서 유럽의 군사적·정치적 통합 시도는 물거품이 되었으나, 유럽통합을 위한 노력은 유럽경제공동체(EEC)와 유럽공동체(EC)의 창설이라는 기능적·경제적 형태로 꾸준히 발전해갔던 것도 부인할 수 없는 사실이다. 물론 공동체는 스피넬리의 이상과 달리 현실적으로는 정부간주의(intergovernmentalism)를 통해 작동했다. 그러나 스피넬리는 유럽연방이 존재하지 않는 상황에서 유럽연방주의자가 되어야 하는 불편한 운명을 거부하지 않았다.

패배자 스피넬리?

스피넬리는 1962년에 잠시 정계를 떠났으나 1970년에 이탈리아 정부의 지명으로 유럽집행위원으로서 유럽 정치 무대에 복귀하고, 1979년에는 독립 후보로 이탈리아 공산당의 추천을 받아 유럽의회 의원에 당선되어 말년까지 연방주의를 위한 정력적인 활동을 펼쳤다. 특히 스피넬리는 이듬해인 1980년 7월 9일 유럽의회 내 의원들의 비공식적 모임인 '악어 클럽(Crocodile Club)'의 결성을 주도했다. 클럽의 명칭은 첫 회합 장소인 스트라스부르 소재의 한 레스토랑인 '오 크로커다일(Au Crocodile)'에서 따왔다. 클럽의 정치적 목표는 유럽연방의 수준으로까지 유럽통합을 강력히 추진하고, 민주주의를 위해 유럽의회에 더 많은 권한을 부여하는 것이었다. 이처럼 그는 생이 끝날 때까지도 유럽연방의 설립을 위한 정치 활동에 투신했다.

민주주의적 유럽연방의 창설에 평생을 바친 스피넬리였지만, 그는 자기 눈으로 유럽연방이 탄생하는 것을 볼 수 없었고, 지금도 연방의 목표는 요원하기만 하다. 그리하여 많은 현실주의자들은 스피넬리의 이상주의를 매섭게 비판하면서 그의 정치적 중요성을 축소시키려는 경향이 있다. 물론 이런 비판은 일리가 있다. 왜냐하면 주권국가들이 엄연히 존재하는 상황에서 지금 당장 유럽연방을 창출하자는 스피넬리와 유럽연방주의자들의 주장은 다분히 이상주의적인 잠꼬대로 들리기 때문이다. 적어도 대중적 상식과 통념에 의하면 그렇게 들린다.

그럼에도 유럽연방주의가 어느 날 갑자기 스피넬리와 그의 동지들의 머릿속에 떠오른 것은 아니다. 거기에는 면면한 전통이 있다. 스피넬리가 말한 영국의 연방주의 전통뿐만 아니라 19세기 이탈리아 민족 통일운동의 실패한 지식인들, 즉 마치니, 카타네오, 페라리 등이 표명한 이탈리아의 연방주의 전통이 있는 것이다. 스피넬리는 그런 전통

이탈리아의 연방주의자이자 '유럽합중국'의
주장자인 카를로 카타네오의 초상.

들을 현재에 이어준 가교로서의 역사적 역할을 수행했다. 또한 그와 동지들의 주장이 아무리 이상주의적인 소리로 들리더라도, 유럽통합의 최종 목표는 하나의 유럽연방임을 줄기차게 강조함으로써 유럽통합 과정에서 일종의 '최대 강령적' 압력 집단의 정치적 역할을 훌륭하게 소화한 것으로 보인다. 그렇다고 스피넬리와 그의 동지들 자신이 유럽연방이 즉각 만들어질 수 있다고 믿을 만큼 그렇게 정치적으로 순진한 사람들도 아니었다. 그들에게 중요한 것은 과정은 오래 걸리더라도 최종 목표는 유럽연방임을 잊지 않는 것이었다. 스피넬리가 기능주의를 신랄하게 비판한 이유도 여기에 있었다. 그는 이렇게 말했다.

우리들 가운데 누구도 유럽연방이 유피테르(제우스)의 머리에서 나온 미네르바처럼 완전무장의 완벽한 존재로 나타나리라 기대하지 않는다. 우리는 여러 번의 망치질을 통해서만 점진적으로 국민주권의 나무에 연방주의의 못이 박힐 것임을 알고 있다. 그러나 우리는 이 망치가 강철로 만들어져야 한다고 생각한다. 그런데 기능주의의 망치는 스펀지에 불과하다.

그렇다면 스피넬리는 어떤 사람인가? 많은 이들이 헛소리로 비아냥거린 유럽연방의 이상을 고수하면서 제도 정치권에 오래 몸담고 있었고, 또 정치적 실패를 연이어 겪으면서도 연방주의적 원칙을 끝내 포기하지 않았던 스피넬리는 도대체 어떤 사람인가? 한 연구자는 스피넬리의 일생을 조감한 뒤에 그를 헤밍웨이(Ernest Hemingway)의 유명한 소설 《노인과 바다》에 나오는 노인에 비유한다. 일생일대에 가장 큰 고기를 잡았으나 사투를 벌이며 항으로 끌고 오는 동안 상어에게 모두 뜯어 먹힌 고기의 앙상한 뼈만을 가져온 바로 그 노인 말이다. 그러나 노인은 패배자가 아니다. 그는 투쟁을 결코 멈추지 않을 것이기 때문이다. 과연 이런 비유는 스피넬리라는 한 인간의 정체성을 이해하는 데 안성맞춤이다. 스피넬리는 사망하기 4개월 전 유럽의회에서 행한 마지막 연설에서 이 '노인'의 기백을 다음과 같이 우렁차게 밝힌 바 있다.

우리는 집에 돌아왔고, 우리에게 남은 것은 앙상한 뼈뿐이다. 이것이 유럽의회가 투쟁을 멈추어야 할 이유는 아니다. 우리는 다시 모험에 나설 채비를 갖추어야 한다. 이번에는 우리의 고기를 낚고 이를 상어로부터 안전하게 보호할 수 있는 더 좋은 낚시 도구를 갖고서 말이다.

연표

1907년 출생.
1922년 로마 진군. 무솔리니 집권.
1927년 반파시즘 혐의로 체포됨.
1941년 〈벤토테네 선언〉 발표.
1943년 '유럽연방주의 운동(MFE)' 창설.

1947년 마셜 플랜이 시작됨.

1950년 슈만 플랜이 시작됨.

1979년 유럽의회 의원으로 피선.

1980년 '악어 클럽' 결성.

1986년 사망.

참고문헌

Corbett, Richard. "Spinelli and the Federal Dream", Bond, Martyn., Smith, Julie. and Wallace, William(eds.). *Eminent Europeans: Personalities Who Shaped Contemporary Europe*, London: Greycoat Press, 1996, pp. 179~191.

Delzell, Charles F. "The European Federalist Movement in Italy: First Phase, 1918~1947", *The Journal of Modern History*, Vol. 32, No. 3(September 1960).

Lipgens, Walter. and Loth, Wilfried(eds.). *Documents on the History of European Integration. Vol. 3, The Struggle for European Union by Political Parties and Pressure Groups in Western European Countries 1945~1950*, Berlin: Walter de Gruyter & Co., 1988.

Mayne, Richard. "Schuman, De Gasperi, Spaak-The European Frontiersmen", Bond, Martyn., Smith, Julie. and Wallace, William. *Eminent Europeans: Personalities Who Shaped Contemporary Europe*, London: Greycoat Press, 1996, pp. 22~44.

Pinder, John(ed.). *Altiero Spinelli and the British Federalists: Writings by Beveridge, Robbins and Spinelli 1937~1943*, London: Federal Trust, 1998.

Spinelli, Altiero(a cura di Edmondo Paolini). *Diario europeo 1948/1969*, Bologna: Mulino, 1989.

Spinelli, Altiero(a cura di Piero Graglia). *La rivoluzione federalista: Scritti, 1944~1947*, Bologna: Mulino, 1996.

Spinelli, Altiero. *Come ho tentato di diventare saggio*, Vol. I, *Io, Ulisse*. Bologna: Mulino, 1984.

초국가 유럽의 산파

: 장 모네*

김승렬

'모네'가 누구냐고 묻는다면 프랑스 인상파 화가 클로드 모네(Claude Monnet)로 답하는 사람이 우리나라에서는 거의 전부일 것 같다. 장 모네(Jean Monnet)는 우리에게 잘 알려진 인물이 아니니 어찌 보면 당연한 것 같다. 그는 위대한 정치가도 아니요, 유명한 사상가도 아니며, 이름을 날린 사업가도 아니었다. 그러나 2차 대전 후 유럽에서 그가 차지하는 실제 비중은 유럽통합의 아버지라 불리는 슈만, 아데나워, 데 가스페리에 견줄 만큼 크다. 이 세 사람의 작품이라고 알려진 1950년대 유럽통합은 막후 실력자 모네가 없었다면 불가능했을지 모른다. 1980년대부터 유럽통합사를 연구하는 대표적인 역사학자들에게 모네 석좌(Jean Monnet Chair)라는 명예 칭호가 부여된 데서도 그의 위상을 알 수 있다. 그런데 그는 프랑스의 위인들

♦ 이 글은 다음의 졸고를 참고하여 작성했다. 김승렬, 〈장 모네의 유럽통합론: 1950년대 전반기 유럽통합과 영국 문제〉, 《서양사연구》 제38집, 2008년 5월.

60대의 장 모네.
출처: J. van Helmont/F. Fontaine, Jean Monnet(Lausanne, 1996).

————인물로 보는 유럽통합사

만 안장될 수 있는 팡테옹에 묻혔다. '최초의 유럽 시민'이라 불린 이가 프랑스의 영웅으로 대접받고 있는 것이다! 흥미롭고 역설적이기까지 하다. 마치 국가 이익과 유럽 이익 사이의 갈등을 이론화한 정부간주의(intergovernmentalism)와 초국가주의(supranationalism)의 대립*을 한 인물에서 보는 듯하다. 실제로 1950년대 그는 프랑스를 배반하고 미국과 독일의 이익을 추구한 사람이라는 혹독한 정치 공세를 받기도 했다. 하지만 모네의 인생 역정과 사유 세계를 살펴본다면, 이 둘은 한 사람 속에서 조화를 이룬다는 것을 금세 알아챌 수 있을 것이다.

코냑의 촌뜨기에서 전쟁의 숨은 영웅으로

모네는 프랑스인을 희화화할 때 묘사될 법한 누추한 시골 농부의 외관을 갖고 있다. 그가 시골 출신이니 그럴 만하다. 하지만 농부는 아니었다. 부친은 코냑(Cognac) 지방의 대농이자 코냑으로 알려진 유명한 주류 생산 공장을 운영했다. 부친의 코냑 회사는 모네에게 평생 든든한 재정을 지원했다. 코냑은 프랑스의 작은 지방이지만, '코냑' 덕에 세계와 다양한 관계를 맺고 있는 열린 지역이었다. 모네는 16세에 중등 과정을 마쳤지만 대학 진학을 포기하고 영어를 배우기 위해서 런던으로 갔다. 1910년대 20대의 청년 모네는 부친 회사와 스웨덴, 러시아, 이집트, 특히 미국의 거래를 주선하는 등 국제 업무를 담당했다. 청년 시절부터 그의 활동 무대는 영어권이었기 때문에 동년배 프랑스인들에 비해 국제적 감각과 네트워크를 더 많이 갖출 수 있었다. 한 가

◆ 이 두 이론은 오늘날 유럽통합을 설명하는 대표적인 이론이다.

지 흥미로운 일화가 있다. 모네는 대서양 횡단 여객선 타이타닉을 1912년 승선하려 했지만, 객실 예약을 하지 못해 그만 그 역사적인 항해를 놓치고 말았다. 그런데 그 배는 난파되었다. 모네는 실수 덕에 대서양 한복판에서 물귀신이 될 위험에서 벗어날 수 있었다. 신의 섭리를 엿볼 수 있는 대목이기도 하지만, 달리 해석하면, 사람에게는 실수가 필요할 때가 있는 것 같다.

1차 대전이 발발했을 때 그는 신장염 때문에 군 복무에서 면제되었지만, 다른 방면에서 조국 프랑스를 위해 헌신할 길을 찾았다. 프랑스의 승리는 영국과 프랑스의 군수물자 조달 협력의 성공 여부에 달렸다고 생각한 모네는 그동안 축적해온 자신의 국제적 관계망을 활용하였다. 그는 1915년 통상부장관이 된 부친의 친구 클레망텔(E. Clémentel)의 참모가 되어 자신의 구상을 실천할 기회를 얻었다. 전쟁 말엽에는 협상국 군수물자 조달기구(Allied Maritime Transport Executive)의 프랑스 대표로 활동하기까지 했다. 이러한 경력 덕에 그는 1919년 31세라는 어린 나이에 국제연맹 사무부총장이 되었다. 그는 독일과 폴란드 간 상부 실레지아(Upper Silesia) 문제 해결을 위해 국제연맹에 중재위원회를 설립하여 영토 귀속을 위한 주민투표를 주관케 했다. 주민투표는 전쟁과 같은 상황을 야기했지만 이 지역 영토의 국가 귀속에 결정적인 역할을 하였다. 그러나 독일의 자르(Saar) 문제 해결은 실패했다. 프랑스는 로렌의 철광 산업과 자르의 석탄 산업을 결합시켜 독일의 산업 중심지 루르 지방과 균형을 유지하려 했기 때문에 자르를 프랑스에 병합하려 했다. 모네는 반대했지만, 프랑스의 병합 의지를 꺾을 수 없었다. 프랑스 정부는 국제 정세의 압박과 독일의 힘에 밀려 자르 지방의 국가 귀속 문제를 1935년 주민투표에 회부할 수밖에 없었다. 독일의 나치 정권은 민족주의적 정서에 힘입어 합법적으로 자르를 다시 독일 영토로 회복하는 데 성공했다. 양 대전 사이에 자르 문제는 민족주의가 극단적으로 치닫는 계기가 된 셈이다.

1차 대전 직후 많은 사람들이 기대했던 평화는 실망스럽게도 정착되지 못했다. 모네는 국제연맹과 같은 정부 간 협력기구로는 국제평화를 정착시킬 수 없고, 보다 강력한 연방주의적 국제기구가 필요하다고 생각하면서 1923년에 국제연맹을 떠났다. 1925년 그는 미국 월스트리트에 본부를 둔 투자은행 블레어 앤 컴퍼니(Blair & Company)의 유럽 지부장이 되어 미국의 유럽 대부 업무를 담당했다. 이 여신은 1920년대 유럽 경제 회복에 많은 기여를 했는데, 2차 대전 이후 점령 독일의 미국인 고등판무관(High Commissioner)인 매클로이(J. McCloy)는 이를 '미니 마셜 플랜'이라 불렀다. 모네는 중국 근대화 사업의 고문 역할을 해달라는 국제연맹의 요청을 수락하고 1934~36년 동안 장개석 정부와 함께 국제 중국개발은행조합(China Development Finance Corporation)을 조직하고 중국 철도 건설에 관여하였다. 하지만 중일전쟁의 발발로 사업을 중단해야 했다.

1938년 뮌헨 협정 이후 다시 전운이 감돌자 프랑스 수상 달라디에(Edouard Daladier)는 미국산 전투기 구입을 위해 모네를 특사로 루스벨트(Franklin Delano Roosevelt)에게 파견했다. 이는 달라디에가 모네를 루스벨트의 친구로 생각했기 때문이지만, 파리 주재 미국 대사 벌릿(W. C. Bullitt)이 모네를 특사로 추천했기 때문이기도 했다. 1939년 전쟁이 발발하자 모네는 1차 대전 때처럼 영국과 프랑스 양국의 공동

군수물자 조달 조정관으로 임명되었다. 그는 파리를 자주 방문했지만, 그의 사무실은 런던에 있었다. 그는 당시 독일-이탈리아 동맹에 강력하게 대처하기 위해 영국-프랑스 국가연합(Anglo-French Union)을 구상했다. 처칠(Winston Churchill)과 드골(Charles de Gaulle)은 이에 잠시나마 동조했지만, 이 기획은 실현되지 못했다. 모네와 드골은 이때 처음 만났다. 모네는 연방주의적 통합을 구상한 것이 아니라 느슨한 국가연합을 의도했다. 이것은 기본적으로 통합 자체가 목적이 아니라 프랑스가 끝까지 대독 항전을 지속할 수 있도록 하기 위함이었다.

프랑스가 나치 독일에 항복하자 비시 정권을 인정할 수 없던 모네는 국적을 포기하고 정치적 망명객이 되었다. 그는 영국 군수물자 조달 업무 추진을 위해 처칠이 서명한 영국 여권을 들고 워싱턴으로 갔다. 이때 그는 전후 유럽통합에 큰 영향력을 행사하게 될 미국의 주요 인사들과 친분을 맺게 되었다. 뿐만 아니라 그는 영국과 미국의 협력에 실질적인 역할을 수행하였다. 영국이 미국과 마찰이 생기면 이를 해결하는 사람은 모네였다. 모네는 미국의 참전과 군수물자 생산에도 영향을 미쳤다. 케인스(John Maynard Keynes)에 의하면, 모네는 전쟁을 1년 더 빨리 끝내는 데 기여했다. 연합군이 북아프리카를 탈환한 후 루스벨트는 비민주적이라는 이유로 드골이 프랑스 수장이 되는 것을 반대하고 대신 지로(Henri-Honore Giraud) 장군을 내세웠다. 그러나 모네는 드골이 수장이 되어야 프랑스가 단결할 수 있다고 루스벨트를 설득했다. 그의 나이 57세 되던 해에 두 번째 지독한 세계 전쟁은 끝났다. 그는 프랑스로 귀환하였고 이후 줄곧 프랑스에 머물렀다.

"현대화 아니면 몰락": 프랑스 경제 현대화 계획

모네는 2차 대전 시 프랑스가 나치 독일에게 패한 근본적인 원인을 경제적 낙후에 있었다고 진단하고, 1945년 프랑스 경제 현대화를 추진할 총괄 기구로서 현대화 설비 기획원(Commissariat Général du Plan de Modernisation et d'Equipement) 설립을 드골 정부에 제안하였다. 사실 프랑스 경제 현대화 기획은 모네의 것 말고도 여럿 있었지만, 그의 제안이 최종적으로 채택되었다. 그리고 모네가 그 원장에 임명되었다. 프랑스의 경제 현대화 계획은 미국과 협상 중 전후 국제경제 질서 재편에 대한 미국의 구상에 적응하면서 변화를 겪었다. 미국이 프랑스에 제시한 원조 조건 중에는 외환 및 관세 통제의 조기 자유화가 들어 있었다. 이에 프랑스는 1946년 2월 관세정책 관련 특별위원회를 소집하여 보호무역 실태를 조사하였다. 1930년대 고관세로부터 혜택을 가장 많이 누렸던 부분이 자동차 산업이었는데, 이 분야는 2차 대전 시 가장 많은 타격을 받은 부분 중 하나였다. 국내시장의 협소함 때문에 이 부분의 재건은 해외 시장에 의존해야 했다. 해외 시장에서 가격 경쟁력을 갖추기 위해서는 주요 원자재인 철강의 가격이 저렴해야 하는데, 프랑스의 철강 가격은 오히려 다른 경쟁국에 비해 높았다. 이는 다시 철강 생산에 결정적으로 중요한 프랑스의 석탄이 양과 질 면에서 떨어지기 때문에, 영국이나 특히 독일에서 수입하는 것에 의존할 수밖에 없고, 프랑스의 철강 가격은 이들 나라보다 높을 수밖에 없었다. 그러므로 자동차 산업 부분에서 관세를 내리거나 철폐할 때, 경쟁력을 갖추기 위해서 다량의 양질의 석탄을 저렴한 가격에 확보하는 것이 필요했다. 이것은 철강을 주요 재료로 사용하는 모든 산업 부분에 적용되는 이야기였다.

모네는 1947년 향후 6년간의 경제개발 계획을 수립하여 석탄, 철강, 시멘트, 전기, 철도 그리고 농기계를 우선 성장 전략 부분으로 확정했다. 이 계획은 원장의 이름을 따라 '모네 플랜(plan Monnet)'이라 불리게 되었다. 철강 산업은 군비 생산에서 중심적인 위치를 차지할 뿐만 아니라 제조업의 기초이기 때문에, 모네의 현대화 계획의 중심에 놓여 있었다. 현대화 설비 기획원은 1949년 약 1,000만 톤(이것은 전간기 최대 생산량을 기록한 1929년 수준을 약간 상회한 것), 1951년에는 약 1,200만 톤, 그 이후는 약 1,500만 톤의 철강 생산을 계획하였다. 독일의 서부 점령 지역의 생산 제한을 감안할 때, 이것은 프랑스가 유럽의 철상 생산 중심지가 되고, 따라서 중공업 중심지가 독일에서 프랑스로 이전되는 것을 의미하였다. 그런데 여기엔 전제 조건이 두 가지 있었다.

첫째, 177개의 중소 철강 업체들을 각각 매년 100만 톤의 생산 능력을 갖춘 열두 개의 거대 기업으로 통폐합하는 것이 필요했다. 모네의 철강 산업 현대화 계획은 프랑스 철강업 고용주조합(Chambre syndicale de la sidérurgie française)과의 갈등 속에서 실행되었다. 프랑스 철강업 고용주조합은 투자 및 증산 계획에는 동의하였지만, 구조 개편에 대해서는 격렬히 반대하였다. 하지만 모네는 구조 개혁이 프랑스 재생의 마지막 기회임을 역설하고 국가 경제적 목적과 이익집단들의 이해관계를 조절하는 데 성공하였다. "현대화 아니면 몰락(modernisation or decadence)"이라는 모네 플랜의 구호에 그의 절박성을 엿볼 수 있다. 그 결과 공무원, 기업, 노조, 그리고 외부 전문가로 구성된 효율적인 프랑스 코포라티즘(Corporatism: 계급협조주의)이 모네의 총 지휘 하에 작동하기 시작하였다. 모네가 1952년 신설된 유럽석탄철강공동 체 집행위원장으로 자리를 옮기기까지 약 7년 동안의 기획원장 시기 는 지나치게 민주적인 프랑스 4공화국 헌법으로 정부가 수차례 교체 된 때였다. 모네의 초당적인 위치와 미국 및 유럽의 주요 인사들과의 인맥 그리고 프랑스 현대화에 대한 절실한 필요성, 이 모든 것이 프랑 스 코포라티즘이 원활히 작동하도록 했던 요소들이었다. 1950년 중반 이후 나타난 프랑스 경제의 중흥은 이러한 모네의 기여가 없었다면 불가능했을 것이다.

둘째, 석탄의 확보 문제였다. 1946년 국내 석탄 총생산량은 약 4,900만 톤이었다. 위의 철강 생산량을 달성하기 위해서 1952년에는 최소한 8,500에서 9,500만 톤이 필요한데, 국내 생산량 증산을 통해 최대 6,000만 톤까지 달성할 수 있을 것으로 예상되었다. 따라서 나머 지 부분은 수입해야 하는데, 영국은 자체 경제 현대화를 위해 석탄 수 출을 대폭 줄였기 때문에, 프랑스는 어쩔 수 없이 미국으로부터 비싼 석탄을 수입해야 했다. 이것은 달러 부족을 더욱 가중시키는 것이었 을 뿐 아니라 독일의 석탄에 비해 질이 약간 떨어져 문제였다. 대안은 루르(Ruhr) 지역의 석탄을 확보하는 것이었다. 따라서 1952년에는 필 요 석탄 부족분 중 1,200만 톤을 루르에서 확보하고자 하였다. 이것은 1938년 당시 독일에서의 석탄 수입량에 비해 500만 톤가량 많은 것이 었다. 따라서 프랑스의 경제 재건은 미국 원조뿐만 아니라 독일 전후 처리 문제와도 깊은 관련되어 있었다. 프랑스 철강 산업의 재건과 성 장은 독일 경제 회복 속도, 특히 석탄과 철강 생산의 제한 해제 속도와 내용에 깊이 의존되어 있으며, 따라서 서방 연합국의 독일 점령 정책에 의존되어 있었다.

"미지의 세계로의 도약":
최초의 초국가 유럽, 유럽석탄철강공동체의 탄생

2차 대전 직후 프랑스의 대독일 정책은 독일을 여러 국가로 분열시킴으로써 응징하는 것이었으나, 다른 연합국들의 반대로 실현될 수 없었다. 미소 갈등의 여파로 독일은 동서독으로 분열되고 서독은 미국, 영국, 프랑스의 점령 지역이 합하여 성립되었다. 서독은 미국에게 대소련 유럽 정책에서 매우 중요한 위치를 점하였으니, 소련의 공세에 맞서 서유럽을 강화시키는 경제적 중심지 역할을 하게 될 전망이었다. 루르 탄전 생산 제한을 포함하여 서독에 부과되었던 생산 제한 조치들은 점점 해제됐다. 사실 미국은 1948년부터 영국과 프랑스가 나서서 루르 지역을 다른 유럽 국가들의 석탄·철강 산업과 함께 공동의 기구 아래 통합할 것을 바랐다. 영국은 끝내 이를 거절했고, 프랑스는 2년 가까이 이에 응하지 않다가 미국이 루르 지역 생산 제한을 해제하려던 1950년 5월 10일 런던 외상 회담 하루 전날 슈만 플랜 발표를 통해 이 요구를 극적으로 수용했다. 이는 프랑스의 대독일 정책의 맥락을 송두리째 전환하는 것을 뜻했다.

이 계획의 실질적인 입안자는 모네였다. 모네는 전전 영국과의 협력을 통해 독일 문제를 해결하려 했던 것처럼 전후에도 영국에게 러브콜을 보냈다. 하지만 영국은 미국이 유럽에 관여하는 정도만큼만 관여하려 했기 때문에 모네는 다시 영국의 변화를 기다릴 수밖에 없었다. 그러나 1950년대 초반 상황은 기다림의 미덕을 비웃듯 급박하게 돌아갔다. 모네는 1950년 3월부터 프랑스가 직면한 독일 문제, 특히 루르 탄전 문제를 해결하기 위한 묘책으로 초국가적 유럽통합을 구상하기 시작했다.

모네가 고심했던 문제들은 냉전의 악화, 독일 문제, 프랑스 경제 재건, 그리고 프랑스의 국제정치적 위상이었다. 냉전이 더욱 악화되어 열전으로 전환될 가능성에 대해 깊이 우려했던 모네는 독일 문제가 그 중심에 있다고 지적하였다. 유럽이 통합되지 않은 채 미국에 의해 서독의 경제 · 정치 · 군사적 재건이 신속하게 이루어질 경우, 이것이 소련을 자극하여 냉전은 더욱 악화될 것이었다. 다시 군사력을 보유한 서독은 분단 상황에 불만을 품고 통일을 지향할 것이며 다시 민족주의에 호소함으로써 세계평화를 위협할 가능성이 높아질 것이었다. 영국은 허약해진 유럽에 대한 집착을 버리고 미국 편에 더욱 가까이 갈 것이고, 한편 프랑스를 불신하고 있는 미국에게 서독은 서유럽의 신뢰할 만한 파트너로 부상하여 프랑스는 동서 갈등에서 이류 국가로 전락하고 독일의 위협과 소련의 위협을 동시에 방어해야 하는 어려운 처지에 놓이게 될 가능성이 높았다. 또한 미국의 독일 중심의 냉전 전략은 프랑스 경제 현대화 계획에 막대한 지장을 초래할 수 있었다. 미국이 루르 산업지대에 부과된 모든 제한 조치를 해제하려 하는데, 이것이 실현될 경우, 서독은 프랑스보다 저렴한 비용으로 양질의 철을 생산할 것이고, 이것은 프랑스의 현대화 계획을 위태롭게 할 것이었다. 프랑스는 서독과의 경쟁 때문에 다시 관세 인상으로 이에 대응할 것이고, 이것은 다시 마셜 플랜의 기본 목적인 유럽 시장의 자유화를 방해할 것이었다. 서독은 자신의 시장을 확보하기 위해 동유럽 시장에 관심을 보일 것이며, 이것은 다시 동유럽과의 정치적 협력으로 연결될 가능성이 높았던 것이었다.

모네에 의하면, 이러한 안보 정치적 · 경제적 문제들을 해결하는 방법은 "이 문제들이 서 있는 조건들 자체를 바꾸는 (…) 구체적이며 결연한 조치"인 유럽통합에서 찾아야 했다. 그동안 유럽통합에 대한 노력이 없었던 것은 아니지만, 유럽평의회(Council of Europe)는 끝없는 논쟁으로 결실을 맺지 못했고, 유럽경제협력기구(OEEC)는 약간의 성과를 거두기는 했지만, 위와 같은 산적한 문제를 해결하기에는 역부족이며, 나토는 서독의 재군비를 통제할 수 있는 기구가 아니었다. 이러한 유럽은 단지 "주권국가들의 부가물(addition des souverainetés)"에 불과했다. 진정 필요한 것은 "과거의 형태를 버리고, 공동의 경제적 기초를 건설함과 동시에 국민국가들이 받아들일 수 새로운 권위체의 창설(instauration d'autorité)을 통해서 유럽의 정치 · 경제 · 안보의 맥락을 전환하는 길(une voie de transformation)로 들어서"는, 초국가 유럽이라는 "미지의 세계로 도약"하는 것이었다. 다시 말하면, 오랫동안 군수물자 생산에 사용되던 독일과 프랑스의 "석탄과 철강 산업의 통합"을 통해 장차 양국 간 전쟁을 생각할 수 없게 만들 뿐만 아니라 물리적으로도 불가능하게" 만드는 것이었다. 이것이 그 안에서 독일과 프랑스가 긴밀한 협력의 틀을 제공할 수 있는 초국가적 유럽통합이었다. 모네의 이러한 사유 방식을 근거로 모네를 2차 대전 직후 제기된 문제들을 한데 묶어내는 "총괄 능력(transactional leadership)"과 국민국

1950년대 장 모네(왼쪽)와 프랑스 외무장관 로베르 슈만(오른쪽).
출처: Marc Fritzler/Günther Unser, Die Europäische Union(Bonn, 1998).

가의 틀을 초월한 유럽적 차원에서 이에 대한 해결책을 제시하고 실행하는 "맥락 전환 능력(transforming leadership)"을 소유한 유럽인이라고 말한 모네 전기 작가 뒤셴(F. Duchêne)의 평가는 매우 적절하다.

모네는 유럽석탄철강공동체 제안서를 외무장관 슈만에게 보냈다. 슈만은 이를 전격적으로 받아들이고 이에 대한 모든 정치적인 책임을 자신이 지기로 하였다. 이 때문에 모네의 제안이 슈만 플랜이라고 불리게 되었다. 슈만은 프랑스와 서독의 석탄·철강 산업을 초국가적 기구 아래 통합하기 위한 회의를 개최할 것과 초국가주의에 동의하는 모든 유럽 국가들은 이 회의에 참여할 것을 촉구하였다. 이 공동체는 평화를 위한 유럽통합의 제1보이며, 앞으로 유럽통합은 계속 발전해야 한다고 슈만은 강조하였다. 1950년 초여름 6개국(프랑스, 서독, 이탈리아, 네덜란드, 벨기에, 룩셈부르크)은 미국의 지원 아래 협상을 시작하여 다음 해 각각 의회 비준을 받는 데 성공했다. 석탄철강공동체가 출범한 1952년 가을부터 모네는 집행위원장*에 취임하였다. 석탄철강공동체 집행위가 위치한 룩셈부르크는 19세기 후반 독일과 프랑스의 타협의 결과 탄생한 작은 국가이면서 슈만의 고향이기도 했다.

유럽석탄철강공동체는 새로운 정책 결정 방식을 도입했는데, 그것이 다수결 또는 특별다수결(예컨대 3분의 2 다수결)이었다. 바로 이것이 공동체의 초국가성을 담보하는 형식적 틀로서 국제관계 역사상 초유의 일이었다. 모네가 3년의 재임 기간 동안 초국적 형식의 내실을 기하기 위해 노력한 결과 6개국 간 존재했던 석탄 · 철강 시장의 장애 요인들이 상당히 제거되었다. 특히 자국 정책을 먼저 결정한 후 국제기구에 통보하는 이전의 관행에서 벗어나 결정하기 전 먼저 석탄철강공동체에서 다른 회원국들과 협의한 후 결정하는 관행이 정착되었다는 것은 초국가성의 형식을 실효적으로 만든 중요한 진일보라 평가할 수 있다.

모네의 선택은 20세기 전반, 특히 양 대전에서 프랑스의 혈맹(Entente cordiale)이던 영국을 제외하고 독일과 통합의 길로 나아가는 것으로서 프랑스 외교 관계의 거대한 전환을 의미했다. 여기에는 커다란 문제가 잠재해 있었다. 어느 프랑스 사회주의자는 국회에서 영국이 빠진 유럽을 성토했다. 그는 영국이 불참한 유럽에서 "독일 산업은 지배적인 위치를 점할 것이고, 프랑스는 채소 재배 지역으로 전락

◆　필자는 유럽석탄철강공동체의 고위관청(High Authority)을 오늘날 유럽연합 집행위원회에 준하여 번역하였다. 고위관청이라는 번역어가 우리에게 매우 낯설기 때문이다.

할 것입니다. 이것은 히틀러의 꿈이 그가 패배했는데도 거꾸로 실현되는 것과 다르지 않습니다. 이것은 독일의 유럽일 것입니다"라고 말했다. 이러한 우려는 당시 프랑스뿐 아니라 베네룩스 3국에서도 적지 않았다. 이를 잠식일 대안은 모네에게 미국이었다. 미국의 이해관계가 유럽통합체와 유기적으로 연결된다면 미국은 통합 유럽 내에서의 독일 우위에 대한 우려를 불식시킬 안전판이라고 모네는 보았다. 미국은 실제로 슈만 플랜 협상에 지원사격을 가함으로써 모네를 도왔다. 미국은 영국의 참가 문제에 대한 공개적인 입장 표명을 자제했지만, 영국이 불참하더라도 초국가성이라는 슈만 플랜 협상의 전제 조건을 지지하였다. 이러한 측면에 주목해볼 때, 슈만 플랜의 숨겨진 의미는 유럽 세력의 균형자가 영국에서 미국으로 대체되었다는 점이다.

방위/정치 통합 기획의 실패와 유럽통합의 재도약

그런데 모네가 유럽석탄철강공동체 협상을 시작하자마자 한국전쟁이 발발했다. 동아시아에서 발생한 열전이 유럽으로 전이되어 서독이 다시 군사적으로 부활할 것을 우려한 모네는 훗날에야 실현될 수 있을 것으로 예상했던 정치 군사 통합을 앞당기기로 작심했다. 모네에게 원칙은 동일했다. 회원국 간 평등하고 동일하게 국방 분야의 주권으로 유럽기구에 이양한다는 초국가성의 원칙! 그의 제안으로 유럽석탄철강공동체를 협의하고 있던 6개국이 협상 테이블에 앉았고, 미국도 이를 지원하였다. 이렇게 시작된 유럽방위공동체와 유럽정치공동체 협상은 모네가 최초의 초국가기구의 수장으로 활동하는 동안 지속되

1953년 6월 3일 백악관 회동. 앞줄 맨 왼쪽이 모네, 가운데가 미국 대통령 아이젠하워, 뒷줄 맨 왼쪽이 미국 국무장관 덜레스, 뒷줄 왼쪽으로부터 세 번째가 파리 주재 미국 대사 브루스이다.
출처: Jean Monnet(Lausanne, 1996).

었다. 모네는 이 두 협상에 직접 간여하지는 못했지만, 막후에서 측면 지원을 하였다.

그렇지만 모네의 지극한 노력에도 이 두 통합 기획은 무산되었다. 1954년 여름 두 기획에 대한 비준이 그 진원지인 프랑스 국회에서 거부당했다. 실패의 원인은 무엇보다 모네와 슈만으로 대변되는 유럽주의와 과거 반나치 연합 전선의 선봉에 선 드골주의자와 공산주의자의 연합 전선이 극심하게 대립한 프랑스 국내 정세 때문이었다. 드골주의자들이 '위대한 프랑스'의 민족 담론에 의지한 반면 공산주의자들은 자본주의적 방식의 통합을 반대했다. 좀 더 자세히 설명하자면, 공

———— 인물로 보는 유럽통합사

산주의자들은 유럽통합 자체를 비판했지만, 드골주의자들이 반대한 것은 유럽통합 자체가 아니었다. 이들은 프랑스의 헤게모니가 보장되는 느슨한 형태의 유럽통합을 지지하였다. 하지만 이 둘은 미국이 지원하는 모네의 초국적 통합에 또 한 번의 연합 전선을 형성하였다. 프랑스 주권의 희생과 패전국 독일의 국권 회복이 연결된 초국적 통합은 무력으로 실패한 히틀러의 유럽 재패 야욕이 미국의 지원하에 평화적 방식으로 실현되는 것이라는 비판은 아직도 편만한 반독 여론을 자극하기에 충분했다. 1954년 3월 20일과 21일에 이들은 '진정한 유럽'을 위한 대회를 파리에서 개최하였는데, 약 150명의 영향력 있는 초국적 유럽통합 반대론자들이 참석하였다. 드골주의자인 미슐레(Jules Michelet)가 의장직을 맡았다. 공산주의자 카사노바(Giovanni Giacomo Casanova)가 연설을 마쳤을 때, 미슐레는 그에게 손을 흔들며, "내 친구여, 우리는 연대하여 반나치 저항운동을 했던 10년 전으로 되돌아가 있습니다"라고 격려했다. 미슐레는 이 대회 전날 〈르 몽드〉에 기고한 '새로운 레지스탕스를 향하여?'에서 다음과 같이 강변했다. "조국 수호자들은 조국이 없는 자들과 관료들의 위험한 유럽에 대항하여 이렇게 모였다. 우리들의 사상은 간단하고 매우 오래된 것이다. 즉, 우리의 전통과 고향을 수호하라!"

이 대립은 사실 이 두 기획에 관련된 것이지만, 최초의 통합 기획인 유럽석탄철강공동체 문제에서 비롯되었던 것이다. 유럽석탄철강공동체는 석탄과 철강에 국한된 부분 통합이며 프랑스 경제 현대화 계획에 긴밀하게 연동된 프로그램이었기 때문에 두 반대 그룹의 논변이 결정적 영향력을 행사하지 못한 반면 유럽방위/정치공동체의 경우는 이와 사뭇 다른 양상을 보였다. 방위와 정치는 부분으로 분할할 수 없으며 그 자체가 국가주권의 요체다. 게다가 프랑스가 초국가적 유럽에 군사 주권을 이양한다면 자신의 식민지를 유지할 수 없을 것이라는 우울한 전망이 힘을 얻었다. 이 모든 것이 반독 및 반미 감정과 연결되어 강력한 저항력을 구성했다.♦

유럽방위공동체 기획이 좌초된 후 영국의 신속한 대응으로 서독이 전통적인 정부 간 협력기구인 나토 및 서유럽연합(Western European Union)에 가입함으로써 유럽의 군사 · 정치 통합 문제는 일단 해결되었다. 그러나 이것은 모네가 주조한 초국가적 유럽통합의 위기를 의미했다. 프랑스 국내 정계에서 그의 영향력이 떨어졌다. 그는 이를 극복하기 위해 핵에너지 산업을 통합하는 방안을 구상했다. 마침 베네룩스 국가들은 6개국 관세동맹 및 공동시장 창설에 대한 제안을 할 참이었다. 이 두 계획은 1955년 5월 베네룩스 각서(Benelux-Memorandum)를 구성하는 주요 내용이 되었다. 1955년 가을, 모네는 석탄철강공동체 집행위원장직을 사퇴하고 유럽통합을 위한 유럽시민단체(Action Committee for a United States of Europe)를 결성하여 유럽통합에 우호적인 여론 형성에 매진하였다. 1958년 유럽경제공동체와 유럽원자력공동체가 설립됨으로써 모네의 초국적 유럽통합은 위기 탈출에 성공했다.

♦ 해방 직후 모네의 조국 경제 현대화 계획을 승인하고 추진토록 한 사람은 드골이었다. 그러나 초국가적 유럽통합을 두고 이 둘은 서로 극렬한 대립을 보였고, 이러한 양상은 이후 지속되었다.

모네의 유럽과 오늘날의 유럽연합

유럽통합에 대한 모네의 직접적 영향력은 물론 1950년대에 국한되지만, 1979년 91세의 일기로 생을 마감할 때까지 그의 활약은 지속되었다. 1959년에는 경제적으로만 통합되어 있는 유럽의 정치적 차원을 강화하기 위해 미국의 연방준비이사회의 이름을 모방한 유럽준비기금(European Reserve Fund)을 설립해 금융 통합으로 나아갈 것을 제안했으나 그 실현은 십수 년을 기다려야 했다. 1960년 케네디(John F. Kennedy)가 미 대통령으로 당선되자 미국과 유럽이 '동등자의 파트너십(partnership of equals)' 관계를 설정하고 경제문제에 관한 한 유럽공동체가 각국 정부를 대신해 미국과 교섭할 것을 제안하였다. 그러나 드골의 거절로 이마저 실현되지 못했다. 하지만 유럽연합(EU) 창설 이후의 대서양 양안 관계는 모네의 제안이 점점 실현되고 있음을 증거하고 있다. 모네의 제안들은 시대를 앞서갔지만, 통합 유럽이 나아갈 미래의 청사진 역할을 톡톡히 한 셈이다. 모네는 유럽 회의론자들에게는 철저한 비판의 대상이었지만, 유럽주의자들에게는 브뤼셀(유럽공동체 본부가 소재한 벨기에 수도)의 수호신이었다.

모네의 유럽은 전통적인 정부간주의를 고수한 영국이 제외되었지만 자신의 국권 회복을 위한 최상의 길이라 판단한 서독이 합세하고, 미국이 유럽 냉전 전략 차원에서 지지한 초국가 유럽이었다. 달리 말하면, 초국가 유럽은 '미국-프랑스-서독 3국 동맹(triple alliance of the US, France and West Germany)' 또는 '워싱턴-파리-본 축(Washington-Paris-Bonn axis)'이라 할 수 있다. 이것은 전통적 형식의 정치와 군사

동맹을 품을 수 있는 튼튼한 토대였으며, 이후 영국도 초국가주의를 인정하고 가입 신청을 할 만큼 견고한 유럽이었다. 그러므로 모네의 유럽은 경제적 성격의 동맹을 넘어 정치적·안보적 성격도 포함된, 냉전이 심화되어가는 시기에 미국과 서유럽을 긴밀하게 연결한 견고한 동맹이며 세계적 냉전 체제를 떠받쳤던 국제적 하위 체제(international subsystem)였다.

처음의 문제로 돌아가보자. 모네는 프랑스의 국익을 앞세운 사람인가, 아니면 유럽적 이익을 앞세운 사람인가? 프랑스 경제 현대화 기획의 총수 역할을 보면, 프랑스의 국익을 추구한 모네의 이미지가 부각되고, 강력한 민족적 저항과 비판 속에서도 유럽의 정치/군사 통합을 추진한 사례를 보면, 유럽적 이익을 앞세운 모네의 이미지가 부각될 것 같다. 한 발짝 물러나서 모네의 사유 속으로 한번 들어가보자. 모네의 유럽 사상의 현실적 모티브는 냉정한 프랑스의 국익 계산이었다. 프랑스 경제 현대화 계획과 유럽석탄철강공동체의 연관성을 보라. 그러므로 모네는 그를 비판한 프랑스인들과 다른 종류의 프랑스의 미래를 구상했다고 보아야 할 것이다. 기왕의 국민국가의 틀을 유지하는 것이 프랑스의 미래에 더 좋은 것인가, 초국가 유럽 속에서 기왕의 국민국가를 새롭게 정립하는 것이 더 좋은 것인가? 모네의 선택은 후자였다. 뿐만 아니라 그는 다른 회원국의 이해관계도 깊이 고려하였다. 이 점에서 모네는 국민국가의 이해관계를 무시한 이상주의적 연방주의자와 달랐으며, 민족주의의 병폐를 극복하고 평화주의적 유럽통합을 추진한 점에서 기왕의 민족적 국익을 우선시하는 현실주의자와 달랐다. 뒤센은 이러한 특징을 강조하기 위해 모네를 "실용주의적 이상

——— 인물로 보는 유럽통합사

주의자(pragmatic visionary)"라 부른다.

모네는 사업가로 인생을 출발했지만, 정치인이나 지식인이 되지 않은 채 프랑스 및 유럽 전체에 큰 영향력을 행사했다. 그는 1919년 베르사유 조약에서 후에 미 국무장관이 된 덜레스(John Foster Dulles)를, 1920년대 역시 후에 미 국무장관이 된 애치슨(Dean Gooderham Acheson)을, 그리고 2차 대전 때는 후에 미 대통령이 된 아이젠하워를 만나 이후 줄곧 좋은 관계를 유지했다. 프랑스 및 유럽 정계에서 '외부인'인 모네가 전후 프랑스 내정과 유럽 문제에 성공적으로 간여할 수 있었던 것은 그가 사업을 하면서, 국제연맹 및 연합국 군수물자 조달 업무를 수행하면서 쌓아온 이와 같은 미국인과의 인맥 덕이었다. 아마도 이 현상은 2차 대전 후 전 세계에서 확인되는 일반적인 현상이었을 것이지만, 모네의 특성은 일국적 차원을 넘었다는 점에 있다. 뒤센의 표현을 빌리면, 모네는 이 인적 관계망을 유럽 평화를 정착시키기 위해 전통적인 국제관계를 혁명적으로 변혁하는 데 십분 활용하였다. 그러므로 그는 대서양 양안과 유럽 국가들 간 "상호 의존 관계를 조성한 최초의 인물(the first statesman of interdependence)"이라 평가할 수 있다.

연표

1888년 출생.
1904년 고등학교 졸업. 런던으로 이주.
1917~18년 협상국 군수물자 조달기구의 프랑스 대표.
1919~23년 국제연맹 사무부총장.
1925년 미국 회사 블레어 앤 컴퍼니의 유럽 지부장.

1934~36년 장개석의 초청으로 중국개발은행 조합 업무와 철도 사업 담당.

1934년 이탈리아인 화가 실비아(Silvia)와 모스크바에서 결혼.

1939년 독일-이탈리아 파시스트 동맹에 맞서 영국과 프랑스의 연합을 제안.

1940~44년 영국인 국적으로 미국으로 건너가 연합군 무기 조달 사업에 간여.

1947~52년 프랑스 경제 현대화 설비 기획원장.

1950년 슈만 플랜(유럽석탄철강공동체)/플레벤 플랜(유럽방위공동체) 제안.

1952~55년 유럽석탄철강공동체 집행위원장.

1955년 유럽원자력공동체 설립 제안.

1879년 사망.

참고 문헌

김승렬, 〈장 모네의 유럽통합론: 1950년대 전반기 유럽통합과 영국 문제〉, 《서양사연구》
　　제38집, 2008년 5월.

장 모네, 박제운 · 옥유석 옮김, 《유럽통합의 아버지, 장 모네 회고록》, 세림출판, 2008.

Duchêne, François. *Jean Monnet: the First Statesman of Interdependence*, New York:
　　W. W. Norton & Company, 1994.

Roussel, Eric. *Jean Monnet 1888~1979*, Paris: Payard, 1996.

Bossuat, GérardçAndreas Wilkens(eds.). *Jean Monnet. L'Europe et les chemins de la
　　Paix*, Paris: Publication de la Sorbonne, 1999.

유럽과 '함께' 그러나 유럽에 '속하지 않은' 영국
: 윈스턴 처칠

안병억

1946년 9월 19일 스위스 취리히 대학교 강당. 개강 연사로 초청된 당시 야당인 영국 보수당의 윈스턴 처칠(Winston Churchill) 전 총리는 수백 명의 교수와 학생 앞에서 깜짝 놀랄 만한 제안을 하겠다며 프랑스와 독일의 화해를 촉구하는 연설을 했다. 그는 "유럽 가족 재창조의 첫 번째 단계가 프랑스와 독일 간의 파트너십"이라며 "정신적으로 위대한 프랑스와 독일 없이 유럽의 부활은 없다"고 강조했다. 6년간 유럽 대륙을 파괴의 구렁텅이로 몰아넣었던 2차 대전의 참화가 끝난 지 1년 4개월이 지났지만 당시 프랑스 정부는 명확한 대독일 정책을 수립하지 못하고 있었다. 프랑스는 1차 대전 후 강경한 대독일 보복 정책을 실시했고, 2차 대전 후에도 프랑스에서는 소련보다 독일을 주적으로 보는 시각이 우세했다. 바로 이때 영국, 미국, 소련과의 대동맹(Grand Alliance)을 결성해 2차 대전을 승리로 이끄는 데 기여했던 처칠이 연설을 통해 서유럽이 다시 전쟁의 참화를 겪지 않고 발전하기 위해서는 프랑스와 독일의 화해가 필수적임을 강조한 것이다. 결국 그의 이러한 견해는 1951년 프랑스, 독일, 이탈리아, 베네룩스 3개국이 회원이 된 유럽석탄철강공동체(ECSC)의 설립에 반영되었다. 유럽석탄철강공동체는 프랑스가 독일의 호전적인 민족주의를 제어하기 위해 전쟁의 필수 물자인 석탄과 철강의 공동 관리를 제안한 것으로 유럽통합의 첫 실험이 되었다. 역사적 혜안을 지닌 처칠의 면모를 다시 한 번 일깨워주는 명연설이다. 처칠은 독일과 프랑스 간의 화해를 촉구했으나 영국은 이러한 과정에 조력자 역할을 하겠다며 유럽과 '함께하겠지만' 유럽의 '일부는 아니다'라는 점을 명백하게 밝혔다. 그의 이러한 유럽관은 아직까지도 영국 지도층에게 영향을 미치고 있다.

신기록 보유자 처칠

역사학자들은 보통 처칠의 경력을 3단계로 구분한다. 1900년 하원 진출부터 1915년 다르다넬스(Dardanelles) 해협 작전의 실패로 각료직에서 사임한 때까지가 1단계이다. 2단계는 1917년 각료직 복귀부터 1930년대 각료직도 없이 하원 의원으로 지내던 시기, 마지막 3단계는 그의 인생에서 가장 화려했던 1940년 총리 취임부터이다.

처칠의 아버지는 랜돌프 경으로 보수당 정부에서 재무장관을 역임했으며, 어머니는 뉴욕 출신의 백만장자의 딸이었다. 그러나 부모가 정치와 사교에 바빠 처칠은 고독하고 우울한 어린 시절을 보냈다. 초등교육을 가정교사에게 받은 그는 런던 인근의 유명한 사립학교 해로

우(Harrow)에 입학하였다. 그러나 성적이 그리 좋지 못해 당시 귀족 자제들이 의례적으로 입학했던 옥스퍼드나 케임브리지 대학교에 입학할 수 없었고, 대신 왕립 육군사관학교(Royal Sandhurst)에 들어갔다. 처칠은 이 때문에 상당한 열등감을 느꼈지만 많은 노력으로 이를 극복할 수 있었다. 육군대학을 졸업한 후 종군기자로 남아프리카의 보어 전쟁에 참여했다가 전쟁 포로가 되었으나 극적으로 탈출한 뒤 기병연대에서 활약하였다. 그의 이 극적인 탈출기가 신문에 연재되면서 유명세를 타게 되어 1900년 스물여섯의 나이에 보수당원으로 하원에 진출하였다. 이어 1905년 불과 서른한 살의 나이에 식민차관으로 내각에 들어갔다. 1911년부터 5년간 해군장관을 역임하면서 해군의 현대화를 추진하였다. 그러나 1915년 3월 다르다넬스 해협 작전의 실패로 그는 각료직에서 물러났다. 1차 대전 당시 터키는 독일 동맹국이었다. 영국은 지중해 해상로의 안전을 확보하기 위하여 흑해 인근의 다르다넬스 해협에 과감한 상륙작전을 감행해 터키를 괴멸시키고 독일에 타격을 입힌다는 전략을 세웠다. 그러나 이 작전은 실패로 끝나고 투입된 50만 명의 장병 가운데 약 20만 명이 죽거나 다쳤다. 해군장관이었던 처칠은 결국 이 작전 실패에 책임을 지고 사임하였다. 의회가 이 실패에 대한 특별조사위원회를 구성하고 처칠의 책임을 면해줄 때까지 그는 오랫동안 작전 실패에 따른 좌절감과 죄책감에 시달려야 했다.

처칠의 인생 2단계는 1917년 자유당원으로 각료직에 복귀한 때부터 시작된다. 그는 처음 보수당원으로 하원에 들어갔으나 보수당 정부가 보호관세 정책을 취하자 1904년 자유당원이 되었다. 다시 입각한 그는 군수장관, 육군장관, 식민장관을 차례로 역임하게 된다. 하지만 그는 1922년 자유당 정부가 지나친 친소련 정책을 실시하고 소련에 차관을 제공하는 것에 반대해 다시 보수당원이 되었다. 1924년 재무장관이 되어 5년간 재직하면서 1914년 1차 대전 발발로 탈퇴했던 금본위제로의 복귀를 주도하였다. 그는 금본위제로 복귀하면서 파운드와 달러의 환율을 1대1로 유지해 많은 비판을 받았다. 이 조치로 파운드가 지나치게 고평가되면서, 영국 기업들이 경쟁력을 유지하기 위해 임금을 내리며 근로자들을 해고하였기 때문이다. 당시 그는 일각에서 주장되었던 식민지였던 인도의 독립에 강력하게 반대하였다. 처칠은 대영제국의 위대함에 자부심을 느끼고 백인이 미개인들을 문명화시켜야 한다는 생각에 젖어 있던 빅토리아 시대의 보수당원(Victorian Tory)이었다. 재무장관직에서 물러난 그는 1930년대 대부분을 평범한 하원 의원으로 보냈다. 런던 근교의 차트웰(Chartwell) 성에 거주하며 언론 등에 많은 글을 기고하였고,《영어를 사용하는 민족의 역사》라는 역사책도 출간하였다. 처칠은 1953년 노벨 문학상을 수상하기도 했는데, 이는 그 즈음 집필한 역사서 《2차 대전》(전6권)에 힘입은 바 크다. 그러나 처칠은 이 시기에도 민감한 문제에 대해 명확한 입장을 표명하였다. 1930년대 나치의 정권 장악 때부터 나치 독일의 재무장을 경고하였고, 이에 대한 대책 마련을 주문하곤 하였다.

보통 사람들이 은퇴하는 65세에 그의 경력 중 가장 화려한 시기가 시작되었다. 1940년 5월 거국내각의 총리에 취임한 그는 미국의 루스벨트와 긴밀한 협력을 바탕으로 소련과 대동맹을 결성해 2차 대전을 승리로 이끄는 데 기여하였다. 그는 총리 취임 직후인 1940년 5월 13

일 하원 연설에서 "승리 없이 생존할 수 없다"며 승리를 부르짖었다. 그리고 "피와 노고, 땀, 눈물밖에 줄 것이 없다"며 나치에 대항한 국민 대단결을 호소하였다. 루스벨트와의 지속적인 협력으로 전후 세계 질서의 틀을 짜는 데 기여했으나, 1945년 7월 전후 실시된 총선에서 노동

1946년 미국을 방문하여 승리의 V 자를 만들어 보이는 윈스턴 처칠.

당에 패배하였다. 야당 당수로 있으면서도 처칠은 1946년 3월 미국 미주리 주 풀턴에서 행한 소련의 위협을 경고하는 연설과 취리히 연설을 통해 프랑스와 독일의 화해, 유럽통합을 주장하였다. 1951년 10월 다시 총리로 복귀하였으나 건강 악화로 1955년 4월 물러났다.

유럽통합의 격려자

처칠의 유럽 정책은 2차 대전 후 국제 질서의 한 축으로서의 유럽 질서 구상과 이에 대한 기여, 그리고 유럽통합 정책이라는 두 가지로 크게 나누어볼 수 있다. 이렇게 그의 유럽 정책을 구분한 것은 서술의 편의를 위한 것일 뿐 유럽 질서 구상과 유럽통합은 서로 긴밀하게 연관되어 있다.

그는 하원 의원이 된 후 줄기차게 반공주의자였다. 1920년대 자유

당에서 보수당으로 당적을 바꾼 것도 당시 자유당이 신생국 소련에 대해 지나친 친소 정책을 취했다고 판단했기 때문이다. 그러나 그는 이념에 얽매이기보다 나치 독일이라는 더 큰 적을 격퇴하기 위해 더 작은 악 소련과 손을 잡았다. 전임자 체임벌린(Neville Chamberlain) 총리가 1938년 9월 나치 독일의 히틀러와 뮌헨 협정을 체결하는 등 유화 정책(appeasement policy)을 취하자 이를 강력하게 비판하고 소련과의 동맹 결성을 주창한 것도 이 때문이다. 물론 그는 소련의 베를린 봉쇄(1948년 시작됨) 훨씬 이전부터 소련의 팽창욕을 경계하는 선견지명을 지니기도 했다. 총리로 취임한 직후부터 나치로부터 유럽을 수호하는 데 미국의 참전이 절대적으로 필요함을 알고 미국을 유럽에 끌어들이기 위해 루스벨트와 각별한 관계를 유지하였고 미국과의 '특별한 관계(special relationship)'를 구축하였다.

1941년 8월 처칠은 대서양 함상에서 루스벨트와 공동선언을 발표하였다. 대서양헌장(The Atlantic Charter)은 당시 2차 대전에 참전하지 않았던 미국이 영국과 함께 전후 질서 구상에 대해 개략적인 밑그림을 그린 것이다. 이 선언은 국민의 자유로운 정부 선택권을 인정하며 항구적이고 전반적인 안전보장 제도의 필요성을 언급하고 있다. 또 노동조건의 개선 및 경제적 향상과 사회보장을 위한 국제 협력 도모, 모든 국가에게 국제통상 및 자원에 대한 동등한 기회 제공을 담고 있었다. 이러한 대서양헌장의 정신은 2차 대전 후 미국 주도로 형성된 자유무역 질서인 브레튼우즈 체제(Bretton Woods System)에 반영되었다.

1941년 12월 일본의 진주만 침공으로 미국이 참전하자 처칠은 루스벨트와의 관계를 적극 활용해 무기 대여법(Lend-Lease Act)을 성사시켰

처칠과 루스벨트가 1941년 대서양 함상에서 대화를 나누고 있다. 처칠이 미국과 '특별한 관계'를 구축했음을 암시하는 장면이다. AP 제공.

다. 이는 영국군에게 필요한 막대한 양의 군수물자를 미국으로부터 외상으로 구입할 수 있게 한 법안이었다. 처칠은 1939년 9~1945년 4월까지 루스벨트와 거의 2,000통에 가까운 편지와 전보를 교환하였다. 처칠이 1,161통, 루스벨트가 788통의 편지를 썼다. 영국과 미국과의 특별한 관계는 미국이 강대국으로 부상하고 있는 것을 알아차린 처칠이 미국과의 긴밀한 협력과 공조가 영국의 국익에 도움이 된다는 인식에서 의식적으로 추진한 것이었다. 1943년 12월 미국을 방문했던 처칠이 특별한 관계에 대해 발언했다는 일화는 아직도 회자되고 있다. 영국 케임브리지 대학교의 역사학자 레이놀즈(David Reynolds)는 다음과 같은 일화로 특별 관계를 설명하고 있다. 한번은 처칠이 목욕을 마치고 탕에서 나왔을 때 마침 루스벨트가 그의 방에 들어왔다. 발가벗은 처칠을 본 루스벨트는 황급히 방에서 나가려고 했으나 처칠은 "영국의 총리는 미국 대통령에게 아무것도 가릴 것이 없소이다"라고 말했다. 물론 당사자들은 이런 일화를 부인하고 있으나 두 나라 간의 긴밀한 관계를 언급할 때면 이런 일화가 아직도 등장하고 있다.

특별한 관계에 대한 그의 시각은 1946년 3월 미국 미주리 주 풀턴에 있는 웨스트민스터 대학(Westminster College)에서 한 연설에 가장 잘 드러나 있다. 당시 트루먼(Harry Shippe Truman) 대통령의 초청으로 미국을 방문한 그는 트루먼의 고향에서 소련의 동구권에 대한 야욕을 경계하며, "발트 해의 스테틴(Stettin)으로부터 아드리아 해의 트리에스테(Trieste)까지 유럽 대륙 전체에 '철의 장막(Iron Curtain)'이 드리워지고 있다"고 경계했다. 이어 "이 장막 뒤에 오래된 중동부 유럽의 수도가 있다"며 2차 대전 당시 러시아와 동맹을 결성해 겪은 것을 회상하며, "힘의 우위만큼 러시아가 경탄하는 것은 없으며 특히 군사적 약세만큼 그들이 경멸하는 것은 없다"고 역설하였다. 그는 소련의 야욕을 격퇴하기 위해 영어를 사용하는 국민 간의 형제적 관계가 필요하다고 말했다. 이어 형제적 제휴의 실례로 군사 자문관들의 긴밀한 관계와 상호 안보를 위해 현재의 군사시설을 계속해서 사용하는 것을 들었다. 처칠의 이 연설은 당시 많은 비판을 받았다. 소련과 함께 동맹을 결성해 2차 대전을 승리로 이끌었고, 당시 소련과 영국, 미국과의 관계도 원만한 편이었는데 소련을 너무 부정적으로 보고 지나치게 호전적인 연설이라는 비판이 대부분이었다. 어쨌든 그의 주장은 영미 간의 조약으로 성과를 거두었다. 1947년과 1948년 영국과 미국은 영-미 협정(UK-USA Agreements)을 통해 전 세계에서 신호 정보(signal intelligence)를 나누어 수집하고 정보를 공유한다고 명문화했다. 또 이 협정을 근거로 1962년 미국이 영국에 폴라리스(Polaris) 핵미사일을 유리한 조건으로 제공하고 핵연료와 정보도 영국과 일정 부분을 공유하게 되었다.

처칠은 나치를 격퇴시키기 위해 소련과 동맹을 결성하였고, 소련이 유럽 대륙에 야욕을 지니고 있음도 일찍부터 알고 있었다. 그러나 1943년 11월 말 열린 테헤란 회담에서 소련의 참전에 따라 동구권을 소련의 세력권으로 인정해주었다. 또 1945년 2월 얄타 회담에서도 소련의 폴란드 야욕을 저지하지 못하였다. 물론 그는 이 회담에서 독일 패망 후 연합국이 독일을 분할 점령하며 프랑스도 여기에 한 당사국으로 참여해야 함을 제기하여 관철시켰다. 미국이나 소련이 프랑스의 서방 점령국 지위 격상을 그리 달가워하지 않은 것을 감안하면 그래도 처칠은 드골의 체면을 세워준 셈이다. 이 회담과 관련된 소련, 영국, 미국의 비밀 해제된 문서를 검토한 미국의 역사학자 로버츠(Geoffrey Roberts)에 따르면 스탈린은 드골에 대해 불만이 많았다. 소련의 최고 지도자는 "드골은 프랑스의 위치를 이해하지 못하고 있다. 미국인들, 영국인들, 러시아인들이 프랑스를 해방시키기 위해 피를 흘렸고 프랑스는 나치 독일에게 패배했다. 프랑스는 현재 8개 사단밖에 없으나 드골은 미국, 영국, 러시아에 부여된 권한과 동등한 권한을 가지려 한다"고 노골적으로 드골의 요구 사항에 대해 불쾌감을 표현했다. 처칠은 비록 2차 대전을 승리로 이끄는 데 기여했지만, 전후 국제질서 구상을 위한 회담에서 영국의 국제적 지위 강등을 현실적으로 경험했다. 그는 1943년 11월 28일~12월 1일에 열린 테헤란 회담에서 영국을 소련이라는 곰과 미국이라는 들소 사이에 앉아 있는 가련한 당나귀로 보았다.

나치 독일이 지배하는 유럽에 반대해 혐오하던 공산주의자와 손을 잡은 처칠은 전후 전개된 유럽통합에 대해 취리히 연설 등으로 혜안을 제시했으나 이러한 움직임에 동참하지는 않았다. 그에게는 아주 좁은 도버 해협이 대서양보다 더 넓은 바다로 여겨졌다. 유럽통합에 대한 그의 이러한 시각은 오랫동안 연속성을 지닌다.

처칠은 1930년 2월 중순 〈새터데이 이브닝 포스트〉라는 신문에 기고한 글에서 유럽합중국이 필요함을 제기하였다. 1929년 말 프랑스의 외무장관 브리앙이 독일에 제안한 유럽연합안(European Union) 결성을 지지하며 유럽통합(European unification) 혹은 유럽 국가 차원의 연방적 링크(federal links)가 필요하다고 썼다. 그러나 그는 영국은 이러한 유럽연맹과 연관되어 있지만, "일부는 아니다"라고 분명하게 선을 그었다. 영국은 유럽 대륙 혹은 대륙에서 일고 있는 통합 움직임에 동참하지만 이 움직임의 일부는 아니라는 그의 시각은 이후에도 변치 않고 유지되었다.

전후 야당인 보수당의 당수로 취리히 대학교 개강 연설에 초청받아 한 연설에서 그의 이러한 시각은 더 분명하게 드러난다. 문명의 요람이던 유럽 대륙이 전쟁 때문에 파괴되었고, 이를 극복하기 위해서는 유럽합중국을 건설해야 하고, 이를 위한 첫걸음은 프랑스와 독일의 화해임을 강조하였다. 그는 쿠덴호베칼레르기 백작의 범유럽운동과 프랑스 외무장관이던 브리앙의 유럽연합안을 언급하며, 이러한 선례를 바탕으로 유럽통합을 추진해야 한다고 강조하였다. 그는 "영국과 영연방, 거대한 미국, 그리고 믿건대 소련도 새로운 유럽의 친구이자 후원자가 되어야 하며 유럽의 생존권과 번영권을 지지해야만 한다"고 강조하며, "유럽이여 일어나라!"라는 격려로 연설을 마쳤다. 어디까지나 영국을 유럽 대륙의 일부로 보지 않는 그의 시각이 분명하게 드러나 있다. 영국이 나치의 군홧발에 짓밟힌 유럽 대륙의 다른 국가보다 훨씬 우월한 위치에 있다는 전제가 이런 시각의 밑에 깔려 있다.

처칠이 전후 여당이 된 노동당의 유럽통합 정책을 비판한 것도 대안 제시라기보다 비판을 위한 비판의 성격이 크다. 애틀리(Clement Attlee)가 이끄는 노동당은 복지국가 건설을 선거공약으로 내세워 1945년 5월 총선에서 압승을 거두었다. 이후 노동당은 철도, 전기, 석탄 등 주요 산업을 국유화했다. 이런 상황에서 프랑스의 슈만 외무장관이 1950년 5월 석탄과 철강의 공동 관리를 주창하는 슈만 플랜을 발표했을 때, 노동당 정부는 협상에 참여하지 않았고 결국 영국은 유럽석탄철강공동체에 참가하지 않았다. 당시 처칠은 보수당 당수로 노동당의 이러한 정책을 비판했지만, 그 자신도 초국가기구에 주권을 넘기는 정책을 지지하지 않는다고 밝혔다. 승전국이며 식민지를 거느린 강대국 영국이 국가주권을 초국가기구로 이양해야 할 필요성도 느끼지 못하였고, 이는 바람직하지도 않은 정책이라고 여겼다.

1951년 처칠이 총리로 취임하자 유럽 대륙 일각에서는 영국 정부가 좀 더 적극적인 유럽통합 정책을 취해 통합을 이끌어 나가지 않을까 하는 일말의 기대도 있었다. 특히 독일과 베네룩스 3국에서 이런 기대가 많았다. 그러나 처칠은 당시 한국전쟁으로 심화되고 있던 냉전 체제에서 모종의 역할을 수행해보려는 노력에 집중하고 있었다. 미·소라는 초강대국의 틈바구니에서 중위권 국가로 전락한 영국이었지만, 그는 자신의 정치력과 미국과의 특별한 관계를 활용해 국제정치의 주요 행위자로서 역할을 수행하려 했다.

서독의 아데나워 총리가 1952년 5월 처칠을 방문하였다. 아데나워의 회고록에 따르면 그는 처칠에게 영국이 유럽통합의 움직임에 적극 참여해주기를 희망하였다. 아데나워는 자신이 당수로 있는 독일 기독교민주당(CDU) 당원들에게 한 연설에서 '히스테리한' 프랑스를 견제하고 미국과의 원만한 관계 속에서 유럽통합을 이끌기 위해 영국의 참여를 원하였다. 그러나 처칠의 대답은 간단하였다. 영국 총리는 아데나워에게 손수 '세 개의 교차하는 원'을 그려주며 영국 외교정책의 우선순위를 명확하게 표현했다. 영국은 세 개의 교차하는 원에 위치한 매우 독특한 나라이다. 제1원은 영연방과 대영제국, 제2원은 미국과 캐나다 등 영어를 사용하는 자유국가, 제3원은 유럽 대륙이다. 그는 영국의 독특한 지정학적 위치를 언급하며 영국 외교정책의 우선순위가 연방과 대영제국, 미국과의 특별한 관계, 그리고 마지막이 유럽임을 명시하였다. 유럽과 '함께하지만' '속하지 않는다'는 시각이 잘 드러나 있다. 1930년 처음으로 표명된 유럽통합에 대한 그의 견해는 20여 년이 지난 당시에도 거의 변함이 없었다.

지속되는 처칠의 유산

60년 넘게 정치인이라는 평생 직업을 가졌던 처칠은 총리를 두 번이나 역임했으며 재무장관과 해군장관 등 거의 다루지 않은 업무가 없을 정도로 다양한 관직에서 근무하였다. 2002년 BBC 방송이 가장 위대한 영국인 100명을 조사했을 때, 처칠이 1위를 차지할 정도로 영국인들은 그를 2차 대전이라는 절체절명의 위기에서 강력한 리더십으로 조국을 구한 애국자로 기억하고 있다. 놀라운 사실은 이듬해 영국, 프랑스, 독일, 스페인, 이탈리아, 폴란드 등 유럽 6개국에서 실시한 '19세기 이후의 유럽 위인들에 대한 선호도'에서도 처칠이 1위를 차지하였다는 사실이다. 비단 영국뿐만 아니라 다른 유럽 국가에서도 처칠의 위대성은 인정받고 있다.

그러나 빅토리아 시대의 보수당원이었던 그는 전후 유럽 질서 구상과 유럽통합에 대한 시각과 정책 때문에 많은 비판을 받았다. 19세기 말 대영제국의 절정 시기에 태어나 성장한 그였기에 어쩌면 그의 이러한 시각은 당연한지 모르지만, 엄청난 격변을 가져온 2차 대전 이후에도 그러한 시각을 지녔다는 점은 비판을 받고 있다. 2차 대전 이후 국제 질서가 미·소 초강대국 중심의 양극 체제로 개편되고 유럽 대륙은 세계의 중심에서 변방으로 밀려난 큰 구조적 변화가 있었음에도, 처칠은 대영제국과 영연방 그리고 미국과의 특별한 관계에 중요성을 두며 유럽 대륙에서 일고 있는 통합 움직임에 그다지 관심을 가지지 않았다.

전후 유럽 질서 구축과 처칠의 기여에 대한 비판은 대개 그가 소련에게 너무나 많은 양보를 했다는 점이다. 처칠은 특별한 관계를 유지했던 루스벨트 대통령보다 중동부 유럽의 지정학적인 중요성을 너무나 잘 알고 있었다. 미국 역사학자 루카치(John Lukacs)가 처칠 전기에서 기술하듯이, 그는 1944년 영·미연합군이 이탈리아를 해방시킨 후

영 · 미군을 다뉴브 강 주위의 전선으로 투입해야 한다고 루스벨트에게 간청하였다. 파죽지세처럼 중동부 유럽 전선에 매진 중인 소련군이 이 전선에서 많은 땅을 점령할 경우 전후 중동부 유럽 관련 협상에서 소련에게 밀릴 수 있다고 믿었기 때문이다. 반면 미국의 루스벨트 대통령은 종전 후 미군은 유럽에서 철군할 것이라고 밝혀 전후 유럽질서에 그다지 큰 관심을 보이지 않았다. 이처럼 중동부 유럽의 중요성을 알고 있던 처칠이 이곳을 소련의 영향권에 넘겨줌으로써 결과적으로 중동부 유럽을 팔아넘겼다는 비판이다. 역사학자 워런 킴벌(Warren Kimball)은 "처칠은 중동부 유럽을 나치 독일이라는 악 대신 소련이라는 악으로 대체했다"고 신랄한 비판을 가했다. 처칠은 평생 동안 반공주의자였으나 나치 독일이라는 더 큰 악을 격퇴하기 위해 초기부터 소련과의 동맹을 주장했으며 결국 이를 관철시켰다. 그는 2차 대전으로 2,000만 명이 넘는 인명을 희생한 소련에게 참전의 대가로 중동부에 대한 영향권을 인정해주는 것이 어느 정도 필요하다고 여겼으나 스탈린이 원하는 만큼 중동부 유럽을 가져가도록 바랐던 것은 아니다. 따라서 처칠은 루스벨트에게 중동부 유럽의 중요성을 수없이 강조하고 설득했지만 효과가 없었다. 따라서 처칠이 중동부 유럽을 소련에 팔아넘겼다는 비판은 온당치 못하다.

유럽통합을 일관되게 지지하고 전후 처음으로 독일과 프랑스 간의 화해를 주창한 그였지만, 영국을 유럽 대륙의 일부로 생각하지 않고 우월한 위치에 있는 국가로 생각한 그의 시각과 정책도 비판받고 있다. 2차 대전 후 영국은 미 · 소 초강대국에 낀 중위권 국가로 전락하였다. 그러나 처칠은 미국과의 특별한 관계를 통해 영국의 쇠락하는 국력을 만회하고자 하였으며 이를 구축하는 데 전력하였다. 그리고 외교정책의 우선순위를 극적으로 표현한 '세 개의 교차하는 원'이라는 비유를 통해 영국의 특수성을 표현하였다. 그의 이러한 정책은 후임자들에게도 계승되었다. 1970~74년까지 총리를 지낸 유럽통합 지지자 보수당 총리 히스(Edward Heath)를 제외하고, 2차 대전 후 대부분의 영국 총리들은 유럽과 미국이 갈등을 겪고 있을 때 미국을 우선하는 정책을 선택하였다. 보수당의 대처(Margaret Hilda Thatcher) 총리는 자신을 처칠의 후계자로 여겨 브뤼셀의 초국가기구가 영국에 개입한다고 주장하며, 자신의 반(反)유럽통합적인 정책의 정당성을 주장하곤 하였다. 대처는 또 처칠과 마찬가지로 미국과의 특별한 관계를 우선시하며 당시 미국의 레이건(Ronald Wilson Reagan) 대통령과도 개인적으로 매우 친밀한 관계를 유지하였다. 어쨌든 처칠의 후임자들은 그가 구축해놓은 미국과의 특별한 관계와 자국이 유럽과 함께하지만 여기에 속하지 않는다는 큰 틀을 아직도 벗어나지 못하고 있다. 큰 사고의 틀을 만들고 이 틀이 수십 년이 지난 아직까지 영향을 미친다는 점에서 처칠의 또 다른 위대성이 돋보인다.

연표

1874년 블레넘 궁에서 출생.

1893년 왕립 육군사관학교 입학.

1900년 올덤에서 보수당 의원으로 의회 진출.

1904년 자유당으로 합류.

1905년 식민차관으로 입각.

1908년 통상장관 지냄. 클레멘타인 호지에와 결혼.

1911~15년 해군장관 지냄. 해군의 현대화 추진.

1917~23년 군수장관, 육군장관, 식민장관 지냄.

1925년 보수당으로 복귀. 5년간 재무장관으로 금본위제 복귀 주도.

1939년 9월 해군장관으로 내각에 복귀.

1940년 5월 전시 거국내각의 총리로 취임.

1945년 보수당 총선에서 패배.

1946년 미국 미주리 주 풀턴 연설(3월 5일), 취리히 연설(9월 19일).

1951년 총선에서 승리 후 총리로 취임.

1953년 노벨 문학상 수상.

1955년 건강 악화로 총리직 사임(4월 5일).

1964년 하원의원 사임.

1965년 사망(1월 24일).

참고 문헌

셰드릭 미송, 백선희 옮김, 《윈스턴 처칠》, 동아일보사, 2003.

박지향, 〈'유럽의 영웅' 처칠〉, 《영국연구》 제14권, 2005, pp. 327~350.

이내주, 〈전시 리더십 연구〉, 《영국연구》 제14권, 2005, pp. 155~188.

그레첸 루빈, 윤동구 옮김, 《처칠을 읽는 40가지 방법》, 고즈윈, 2004.

Lukacs, John. *Churchill: Visionary, Statesman, Historian*, London: Yale University
     Press, 2002.

이탈리아의 타고난 유럽주의자
: 알치데 데 가스페리

이선필

1952년 9월 어느 날 이탈리아의 수상이자 외무장관이었던 알치데 데 가스페리(Alcide De Gasperi)는 독일의 아헨(Aachen)에서 로마로 돌아오는 기차 안에서 잔뜩 고무되어 있었다. 그는 중세 유럽을 통일했던 샤를마뉴의 탄생지인 아헨 시에서 매년 유럽통합에 기여한 인물에게 수여하는 샤를마뉴 상을 수상하고 돌아오는 길이었다. 그는 부인과 딸에게 수상한 메달을 보여주면서 "내가 죽으면 관 속에는 오직 이 메달만 넣어다오"라는 말로 메달에 대한 깊은 애정을 표현했다. 당시는 유럽방위공동체(EDC)에 대한 비준만 마치면 그가 지난 몇 년 동안 노력해왔던 하나로 통합된 '유럽'이 이루어질 수 있다는 희망이 가득한 시기였다. 아마도 그 순간 그는 수상한 메달이 한없이 자랑스러웠고, 가까운 미래에 전쟁이 영원히 사라진 새로운 유럽을 그려보고 있었으리라.

데 가스페리는 슈만, 모네, 스피넬리 등과 함께 '유럽의 아버지

1952년 9월 데 가스페리는 샤를마뉴 상을 받았다.

(founding father)'로 불릴 정도로 유럽통합에 대한 그의 기여는 지대하다. 이탈리아를 유럽통합의 절대적 지지자로 만든 '타고난 유럽주의자' 데 가스페리는 초기 유럽통합 과정을 주도한 인물이다. 하지만 명성만큼 그의 유럽통합 활동은 비교적 덜 알려져 있으며, 일부 역사가들은 종종 그의 유럽주의(Europeanism)가 외교정책 수행을 위한 도구로 사용되었다고 지적하며 평가절하기까지 한다. 데 가스페리, 그는 과연 누구인가?

오스트리아인에서 이탈리아의 지도자로

데 가스페리는 종종 '이탈리아의 슈만'으로 비유되기도 한다. 이는 두 사람이 모두 국가 간 영토 분쟁을 겪은 접경 지역에서 태어났고, 독실한 기독교인으로 유럽통합을 위해 헌신했다는 사실로부터 붙여진 칭호이다. 이러한 칭호처럼 그는 1881년 4월 3일 이탈리아 북부에 위치해 있지만 당시에는 오스트리아 · 헝가리 제국의 영토였던 트렌티노

(Trentino) 지방의 피아베 테시노(Piave Tesino)에서 4형제 중 장남으로 태어났다. 부유하지 못한 가정에서 태어났지만 그의 부친은 자식들의 교육에 특별한 애정을 가지고 있었다. 가톨릭계 초등학교에 다니면서 가톨릭을 받아들이기 시작한 데 가스페리는 빈과 인스부르크에서 수학하는 동안 기독교 학생운동에 깊게 개입하면서 독실한 기독교인이 되었다. 비록 오스트리아에서 태어나고 교육받았지만 그는 1904년 트렌티노 지역에 이탈리아어 대학교의 설립을 위한 학생운동을 펼치다가 체포될 정도로 스스로를 이탈리아인으로 느꼈다. 졸업 후 기독교적 성향을 가진 저널의 편집장을 역임하면서 이탈리아적 정체성을 가진 트렌티노 지역의 문화적 자율성을 주장하다가 오스트리아 경찰에 체포되기도 하였다. 1911년에는 티롤 지방에 근거를 둔 트렌틴 인민 정치연합(Popular Political Union of Trentine) 소속으로 오스트리아 제국 의회에 의원으로 선출되어, 6년 동안 의원으로 활동하면서 이 지역을 이탈리아 영토로 귀속시키기 위한 노력을 했다. 1919년 1차 대전의 종결과 함께 트렌티노 지방이 승전국 이탈리아로 귀속됨에 따라 데 가스페리는 공식적으로 이탈리아 시민권을 획득하게 되었다(같은 해 슈만은 독일 시민에서 프랑스 시민이 되었다).

이탈리아인이 된 직후 데 가스페리는 스트루초(Luigi Sturzo) 신부와 함께 이탈리아 인민당(Partito Popolare Italiano, PPI)을 설립하고 1921년 선거에서 이탈리아 의회 의원으로 당선되었다. 1922년 무솔리니가 등장해 정권을 잡은 이후 PPI는 무솔리니 지지파와 반대파로 분리되게 되었다. 데 가스페리는 초기에 PPI가 무솔리니 정부에 참여할 것을 주장하기도 하였으나, 파시즘 정권이 정당을 탄압하면서 의회민주주의를 위협하자 반대파로 돌아섰다. 그는 1924년 5월 사임한 스투르초를 대신해 당대표가 되면서 PPI를 이끌기 시작했다. 1924년 6월 사회주의자였던 마테오티(Giacomo Matteotti)가 파시스트들에 의해 납치되어 살해당하는 등 점점 파시즘 독재체제가 강화되자, 데 가스페리는 점점 더 무솔리니와 대립각을 형성하였다. 1926년 선거에서도 의회에 진출했으나 무솔리니에 의해 의회가 강제 해산되고 체포되어 재판에서 4년형을 언도받았다. 교황청의 중재로 1년 6개월 만에 석방된 그는 교황청 도서관에서 사서로 일하면서 신변의 안전을 도모할 수 있었다. 교황청에서 독일어 서적의 번역으로 생계를 이어가면서도 그는 1942년 비밀리에 이탈리아 기독교민주당(Democrazia Cristiana)을 창당하였다. 여기에는 옛 PPI 소속의 정치인들뿐만 아니라 기독교적 성향을 가진 여러 단체들이 참여했다. 1943년 9월 이탈리아의 항복 이후 형성된 국가해방위원회(CLN)에서 기민당이 주도적 역할을 하면서 데 가스페리는 이탈리아 정계에 화려하게 복귀하였다.

전쟁이 종결된 후 이탈리아 정부는 전쟁 기간 중 레지스탕스 운동에 참여했던 좌파와 우파 정당들이 모두 참여하는 거국내각 형태로 구성되었다. CLN의 지지를 받은 행동당(Partito d'Azione)의 전설적 레지스탕스인 파리(Ferruccio Parri)가 수상으로 선출된 첫 임시정부에서 데 가스페리는 외무장관을 역임했다. 하지만 두 달 후 행동당이 내부 분열로 다른 정당들의 지지를 잃게 되면서 1945년 12월 데 가스페리는 64세의 나이에 공산당(PCI)과 사회당(PSI)이 포함된 연립내각의 수상으로 취임하였다. 수상으로 취임한 이후 1946년 국민투표를 통해서 왕정을 공화정으로 변화시키는 데 성공하고, 평화조약을 조기에 체결해 주권을 회복하는 데 성공했다. 이 과정을 통해서 그는 연합국 지도 자들의 신임을 얻을 수 있었다.

1947년 미국을 방문한 이후 데 가스페리는 연립정부에서 공산당과 사회당 등 좌파 정당을 축출하고 중도우파 정부를 구성했다. 또한 미국의 유럽에 대한 원조 계획인 마셜 플랜을 수용하면서 이탈리아의 경제 재건을 위한 토대를 마련했다. 이탈리아가 마셜 플랜에 가입한 것은 당시 형성되고 있던 냉전의 기운 속에서 자본주의(미국) 진영에 서기로 결정했음을 의미하는 것이었다. 당시 많은 정치인들은 이탈리아가 어느 진영에도 포함되지 않는 중립국의 지위를 가져야 한다고 생각했지만, 데 가스페리는 1949년 이탈리아를 대서양동맹(Atlantic Alliance)에도 가입시켜 이탈리아를 확실히 서방 진영으로 끌어들였다. 서방 진영에 가입함으로써 이탈리아는 정치적 안정과 경제적 발전을 이룩할 수 있었다. 마셜 플랜과 대서양동맹 가입으로 이탈리아는 미국으로부터 많은 경제적 원조를 받을 수 있었고, 이는 1950년대 중반부터 시작된 소위 이탈리아 경제 기적의 토대가 되었다.

데 가스페리의 지도 아래 이탈리아가 정치적·경제적 안정을 회복한 순간부터 데 가스페리의 지도력은 내부로부터 도전받기 시작했다. 1950년대 초반 기민당 내에서 개혁 세력들은 데 가스페리가 사회 개혁과 경제개혁에 너무 소극적이라고 비판하고 나섰다. 이들 개혁 세력들은 좌파에 단호한 모습을 보이는 데 가스페리에 비해 보다 개방적인 입장을 가지고 있었다. 이에 데 가스페리는 1953년 선거에서 승리하여 당내에서 입지를 확고히 하기를 희망했다. 따라서 그는 선거법을 우파에 유리하도록 무리하게 개정하면서 입지가 좁아졌다. 새로운 선거법 덕분에 기민당은 승리했지만 만족할 만한 결과를 얻지 못해 당내에서 반대 세력을 더욱 확대시켰다. 데 가스페리는 결국 1953년 8월 총리직을 7년 만에 사임하여 이탈리아 정계에서 은퇴하고 유럽의회 의장직에 전념했으나 1년 만에 세상을 떠났다.

유럽을 통한 이탈리아의 구원자

데 가스페리의 생애와 정치적 삶은 학창 시절부터 가졌던 신념인 기독교와 밀접히 연관되어 있다. 그는 무솔리니에 의해 감옥에 수감되었을 당시 아내에게 다음과 같은 편지를 썼다.

> 신께서는 내가 왜 이토록 고통을 받도록 내버려두셨을까요? 나도 잘 모르겠지만 신께서는 알 수 없는 계획을 가지고 계십니다. 나는 그 앞에 무릎을 꿇을 뿐입니다. 신은 불공정하지도 않고 잔인하지도 않습니다. 신께서는 우리를 사랑하시고, 우리가 지금은 알 수 없는 무언가를 하도록 우리를 인도하십니다.

해방된 이탈리아를 이끌도록 하는 것이 데 가스페리가 믿었던 신의 계획이었을까? 어쨌든 그는 이탈리아를 전쟁의 파괴로부터 구해냈으며, 자신이 만든 기민당은 반세기 동안 이탈리아를 인도했다.

자신이 정치인보다는 신앙인으로 기억되길 바랐을 만큼 기독교는 그의 삶 전체에 깊이 자리하고 있다. 1차 대전 당시에는 기독교적 양심에 따라 중립을 지켰으며, 무솔리니가 이탈리아의 민주주의를 파괴하자 이에 단호히 저항했다. 하지만 이러한 반파시즘이 파시스트들에 대한 증오와 보복을 의미하는 것은 아니었다. 그의 반파시즘은 오히려 반파시스트인 자신들을 확인하고 판단하기 위해 필요한 기준이었다. 즉 반파시스트들이 부르주아 공화화주의자든 왕정주의 군인이든 무산계급의 공산주의자들이든 민주주의를 지켜내기 위해 결집하는 토대라는 것이다.

데 가스페리에게 기독교 신앙은 그의 모든 정치적 삶의 토대가 되었다. 하지만 그것은 교조주의적이지 않았고, 그는 기독교와 정치의 관계를 종속적으로 바라보지도 않았다. 1945년 그는 기민당의 임무를 "기독교라는 정신적 유산의 고결성을 보호하는 것"이라고 선언했다. 그에게 기민당의 임무는 파시즘의 일탈로부터, 그리고 전후의 파괴로부터 이탈리아의 고결성을 보호하는 것이었다. 하지만 그는 당내의 일부 순수주의자들과는 달리 이탈리아 정치의 교권화를 바라지는 않았다. 수상이 된 후 그는 기민당이 오히려 교회의 개입으로부터 독립적이기를 희망했다.

데 가스페리의 정치는 극단적이지 않은 중도와 타협 그리고 형제애를 바탕으로 하는데, 이러한 덕성은 바로 기독교로부터 나온 것이다. 오랜 기간 그의 비서로 활동했고 훗날 이탈리아 정치계의 독보적 지도자였던 안드레오티(Giulio Andreotti)는 "그는 갈등을 악화시키는 것에 반대했다. 그는 우리에게 타협과 중재를 찾을 것을 가르쳐주었다"고 회상하였다. 실제로 그는 자유당이나 공화당과 같은 온건 정당들을 연정에 합류시켜 어느 한쪽에 치우치지 않은 중도우파 정부를 구성했다. 이러한 원칙은 그의 마지막 정부까지 이어졌다.

데 가스페리의 가슴속에 자리했던 기독교는 그의 유럽통합 사상을 위한 토대를 제공해주었다. 사실 기독교 교리에 충실한 데 가스페리에게 유럽통합이라는 주제는 전혀 새로운 것이 아니었다. 그의 유럽주의(europeanism)는 가톨릭의 연대성(solidarity) 혹은 형제애라는 보편주의(universalism)로부터 유래한 가톨릭적 국제주의로부터 나온다. 과거 유럽통합을 주창했던 수많은 사람들처럼 그도 역시 유럽통합을 기독교적 보편주의를 통해서 평화와 자유를 얻는 과정으로 인식했다. 그는 "우리는 유럽인으로 생각할 수 있지만, 우리는 이러한 생각을 기독교주의의 보편적 개념 속에서 구하기를 바란다"고 했다. 그는 기회가 있을 때마다 "우리가 만약 뭉친다면 자유로울 것이고, 우리가 뭉친다면 강해질 것이다"라고 말했다.

기독교와 함께 데 가스페리의 유럽주의를 형성하는 데 도움을 준 또다른 중요한 요소로 그의 성장 배경을 들 수 있다. 슈만처럼 기독교 신앙과 함께 접경 지역에서 태어났다는 조건은 데 가스페리가 유럽통합이란 주제에 친근하게 접근하게 하는 계기를 만들어주었을 것이다. 다민족 제국인 오스트리아·헝가리 제국에서 태어나 교육받고 정치활동을 한 그는 이미 다양한 민족으로 이루어진 정치체제에 이미 익숙해 있었으리라.

하지만 데 가스페리가 본격적으로 유럽통합의 필요성에 대해 숙고하기 시작한 것은 파시즘에 의한 유럽 민주주의의 파괴를 목격한 이후였다. 당시 저항운동가들 대부분이 생각했던 것과 마찬가지로 데 가스페리 또한 유럽통합을 유럽인들의 자유와 민주주의를 지키기 위한 유일한 대안으로 보았다. 1943년 그는 각 민족들이 "전체 인민의

———— 인물로 보는 유럽통합사

연대를 지지해 자신들의 주권의 제한"을 수용할 것을 촉구하는 문서를 작성했다. 이러한 그의 생각은 기민당 설립 강령 속에 "자유를 사랑하는 유럽인들의 연방"을 제시하는 것으로 결실을 맺었다. 이는 통합된 유럽 속에서 모든 유럽 인민들의 연대를 의미하는 것이었다.

하지만 전쟁을 겪으면서 유럽이 다시는 전쟁의 참화를 겪지 않도록 유럽의 민족국가들이 서로 통합해야 한다는 유럽통합 운동은 종전과 함께 점차 사라졌다. 사람들의 관심은 오로지 전쟁의 파괴 속에서 생존하는 것이었으며, 파시즘이라는 공동의 적 앞에 그리고 평화로운 미래를 위해 유럽의 단결을 부르짖던 정치인들은 모두 각자 자신들 조국의 재건을 위해 뿔뿔이 흩어졌다. 따라서 유럽의 국가 체제는 민족국가 단위로 분열된 전쟁 이전의 상태로 돌아갔다. 그 결과 1945년 이후부터 약 2년여 동안 유럽에서는 유럽통합에 관련된 담론들이 사라지게 되었다.

유럽통합을 위한 유럽인들의 열정이 다시 살아난 것은 냉전이 시작되고 냉전을 위한 도구로 고안된 마셜 플랜이 발표된 1947년부터였다. 소련의 공산주의에 맞서 서유럽이 서로 뭉쳐야 한다는 위기감은 옛 동지들의 가슴속에 남아 있던 이전의 열정을 다시 되살려주었다. 데 가스페리 역시 그중 한 사람이었다. 유럽의 모든 국가들은 공산주의의 위협과 파괴된 경제를 되살리기 위해서는 협력만이 유일한 대안임을 깨닫게 되었다. 마셜 플랜이 유럽인들에게 협력의 동기를 제시해준 것이었다. 유럽에서 유럽 협력의 분위기가 조성되면서 이탈리아 정치계도 좌파를 제외하고 거의 모든 정치 세력이 유럽통합을 강력하게 지지하게 되었다. 1947년 12월 제정된 이탈리아 헌법에 "이탈리아는 다른 국가들과의 동등성을 조건으로 민족들 간의 평화와 정의를 확보하기 위한 질서에 필요한 주권의 제한을 허용한다. 이탈리아는 위와 같은 목표로 향할 국제기구를 고무하고 지지한다"는 조항이 삽입된 것은 이러한 변화를 입증하는 것이다.

이렇게 이탈리아 정치계가 유럽통합을 적극적으로·수용하게 된 것은 데 가스페리의 역할 덕분이었다. 데 가스페리는 바로 이때부터 유럽통합을 미국과의 긴밀한 관계와 함께 이탈리아 외교정책의 두 축으로 삼았다. 이 두 개의 축은 그가 수상으로 재직한 1953년까지 변하지 않는 원칙이었고, 현재도 이탈리아 외교정책의 가장 중요한 토대로 남아 있다. 데 가스페리는 기회가 있을 때마다 유럽통합을 유럽인들이 추구해야 할 일차적 목표로 천명하고 스스로 유럽통합 전선에 앞장섰다. 예를 들어 그는 1947년 서유럽의 여러 단체들이 조직한 유럽운동(European Movement)에서 가톨릭 신자들을 대표하게 되었고, 1948년 아야(Aja)에서 열린 범유럽적 차원의 유럽통합 회의에 적극적으로 참여하였다.

데 가스페리가 유럽통합에 적극적으로 대응했던 것은 당시의 이탈리아의 국가적 이해는 오로지 유럽통합을 통해서만 보장될 수 있다는 점을 잘 알고 있었기 때문이다. 사실 마셜 플랜은 이탈리아에게 부정적인 전망을 주고 있었다. 그동안 이탈리아는 강력한 공산당이나 사회당의 존재 때문에 미국으로부터 많은 경제적·정치적 지원을 받고 있었다. 하지만 마셜 플랜에 들어가게 된다면 상대적으로 강력한 영국이나 프랑스 등이 더욱 많은 원조를 받을 것이 분명했고, 반공 전선의 전초기지로서 이탈리아의 중요성이 약화되어 미국의 관심에서 멀

1952년 유럽방위공동체 설립 협상 당시 회원국 지도자들과의 만남. 왼쪽에서 두 번째가 데 가스페리, 맨 왼쪽이 독일의 아데나워 수상, 왼쪽에서 세 번째가 프랑스 외무장관 슈만.

어질 것이 분명했다. 또한 경제적인 측면에서도 마셜 플랜이 상정했던 유럽의 경제통합은 보호주의 속에서 성장해왔던 이탈리아의 산업에 부정적인 결과를 줄 것이 분명했다.

하지만 이러한 부정적인 요소가 있음에도 마셜 플랜에 가입하는 것은 국제 협력을 위한 논의에 참여함으로써 패전으로 인해 추락한 이탈리아의 국제적 지위를 강화하고 동맹국을 찾는 데 도움이 될 것이 명백했다. 전범국으로 낙인찍힌 이탈리아는 국제 무대에서 자신을 적극적으로 지원해줄 동맹국을 잃은 상태였다. 이는 1947년 평화조약 협상 과정에서 이탈리아를 지지하는 국가가 없었다는 사실로부터 입증되었다. 따라서 이탈리아는 마셜 플랜에 가입하여 서방의 평화와 협력을 위해 노력한다는 것을 보여주고, 미국을 위시한 서방국들로부터 이탈리아에 대한 지지를 얻어내고자 하였다. 결국 마셜 플랜에 가입하는 것은 이 계획을 제시한 미국의 유럽 정책에 동참한다는 것을 보여줌으로써 친선 관계를 재확인하고, 국제 무대에 다시 진입함으로써 다른 유럽 국가들과 동등성을 확보할 수 있는 기회였다. 이는 당시 외무장관이었던 스포르차의 말대로 이탈리아에게 "역사적 기회"였다.

또한 마셜 플랜은 미국의 원조를 수용해 경제발전을 보장할 수 있는 길이었다. 경제발전을 이룩한다면 국내에서 좌파의 성장을 막을 수 있을 것이기 때문에 국내 정치적 안정을 이룩할 수 있는 장점을 가지고 있었다. 한편 마셜 플랜에 가입해 유럽통합 과정에 참여함으로써 이탈리아가 가진 과잉 노동력을 유럽의 부유한 국가에 수출할 수 있을 것으로 기대했다. 데 가스페리는 1947년 1월 미국을 방문해 미국의 유럽 정책이 이탈리아의 그것과 동일함을 이미 확인했고, 마셜 플랜 발표 이후에는 "미국 계획에 동참하는 모든 국가는 의무뿐만 아니라 동일한 권리를 가져야 할 것"이라는 점을 요구했다. 이러한 데 가스페리의 노력에 의해서 이탈리아는 다른 국가에 비해서 마셜 플랜에서 상대적으로 많은 원조를 할당받을 수 있었고, 마셜 플랜을 운용하기 위해 형성된 유럽경제협력기구(OEEC)에서 다른 국가와 등등한 지위를 가질 수 있었다.

데 가스페리가 이렇게 유럽통합의 길을 가기 시작한 것은 유럽통합만이 이탈리아를 패전의 멍에에서 구출할 수 있다는 신념 때문이었다. 하지만 그도 역시 다른 유럽주의자들과 마찬가지로 통합만이 유럽에 평화를 보장해줄 수 있다고 믿고 있었다. 이러한 신념은 이미 1차 대전 직후부터 형성되었다. 1948년 11월 그는 브뤼셀에서 다음과 같이 연설했다.

> 평화를 위한 가장 우선적인 방어 수단은 독일을 (유럽 속에) 포함해 보복 전
> 쟁의 위험을 제거할 (유럽)통합 노력에 있다.

그는 독일 문제 해결만이 유럽에 평화를 정착시킬 수 있는 유일한 방법임을 깨달았고, 이는 독일과 프랑스의 화합과 유럽통합을 통해서만 가능하다고 생각했다. 데 가스페리의 유럽주의는 1950년에 이르러 보다 견고해졌다. 그는 1950년 5월 다음과 같이 독일과 프랑스의 화합을 촉수했다.

> 우리는 서둘러야 한다. 여전히 평화조약 서명이라는 불행한 전쟁의 상처가
> 남아 있다. 평화조약에 대해서 나는 해결책이 없다. 그러나 의지가 있다면
> 가능성도 있다. 나는 우리의 친구들인 프랑스와 독일에게 부탁하려 한다.
> 나는 그들이 부디 일을 서두르고 보다 멀리 내다보기를 바란다. 유럽의 미
> 래라는 이름으로, 그리고 공동의 구원이라는 이름으로 과거라는 장벽을 극
> 복할 필요가 있다.

데 가스페리의 호소가 프랑스의 유럽 정책에 영향을 주었다고 말하기는 힘들다. 하지만 그의 발언이 있은 며칠 후 프랑스는 유럽통합과 독일-프랑스 관계에 혁명적인 사건이 될 이니셔티브를 취했다. 1950년 5월 9일 16시 프랑스의 외무장관 슈만은 유럽의 석탄과 철강을 공동으로 생산하고 관리하자는 소위 '슈만 플랜'을 발표하였다. 이 선언의 기초는 바로 유럽통합사에서 가장 중요한 인물인 모네에 의해 제공되었다. 이 계획은 유럽의 석탄과 철강에 한정된 통합이 파급효과

1951년 3월 영국 방문 당시 처칠 수상과의 만남. 좌측에서 두 번째가 데 가스페리, 세 번째가 이탈리아 외무장관 스포르차, 오른쪽이 처칠.

(spillover effect)를 통해 다른 분야로 전이되면서 궁극적으로는 초국가적 유럽연방을 형성할 것이라는 가정에 따른 것이다.

이 계획은 무엇보다도 전쟁의 수단이 될 수 있는 석탄과 철강을 공동 관리 체제에 둠으로써 전쟁이 일어날 수 있는 가능성을 원천적으로 제거한다는 평화주의적 요소를 담고 있었다. 이 계획이 성공하기 위해서는 프랑스와 독일 간의 화해가 전제되어야 했으므로 이는 유럽에서 항상 전쟁의 발단을 제공했던 독일-프랑스 관계를 획기적으로 변화시킬 만한 것이었다. 결국 유럽석탄철강공동체(ECSC) 계획은 단순한 공동체 형성을 넘어 유럽에 영구한 평화를 정착시켜주는 장치였다.

슈만 플랜은 사실 이탈리아에게 심각한 우려를 줄 수 있는 계획이었다. 슈만 플랜은 자유로운 경쟁을 전제로 하는 것이었는데, 이는 보호주의 속에서 성장한 이탈리아 철강 산업에 치명적일 수 있는 것이었다. 또한 이탈리아에는 석탄과 철강 자원이 없었으므로 이 새로운 공동체 내에서 가질 수 있는 역할이 한정적이었다. 하지만 데 가스페리를 위시한 이탈리아의 정치계는 이 계획을 또 다른 "역사적 기회"로 받아들였다. 먼저 이탈리아가 유럽통합, 특히 유럽의 평화적 계획에 적극 동참한다는 것을 미국 등 서방 세계에 보여줄 수 있었고, 새로운 공동체에 가입함으로써 이탈리아 철강 산업의 현대화를 기대할 수 있었다. 또한 국제 무대에서 아직까지 완전한 동등성을 획득하지 못한 이탈리아가 프랑스를 지지하여 적극 참여함으로써 국제 무대, 적어도 유럽 무대에서 중요한 행위자가 될 수 있었다. 따라서 이탈리아는 다른 어느 국가보다 먼저 슈만 플랜에 가입할 것을 천명한 국가가 되었다.

"우리의 조국", 유럽의 아버지가 되다

슈만 플랜이 상정한 파급효과는 구체적인 기구로 완성되기 전에 곧 나타났다. 방위 분야로 나타난 파급효과는 한반도에서 한국전쟁 발발과 결코 무관치 않다. 한반도에서 전쟁이 발발하자 유럽인들은 소련의 스탈린이 유럽을 침공할 가능성이 높다고 생각했다. 하지만 아직 전쟁의 상처를 극복하지 못한 유럽으로서는 다가올 소련의 위협에 대처할 수 있는 방법이 없었다. 이에 미국은 유럽의 군비 증강과 독일의 재무장을 공공연히 요구하였다. 특히 독일의 재무장 문제는 이미 수차례의 전쟁을 겪은 유럽인들에게 두려움을 안겨주었다. 프랑스인들은 독일이 재무장을 해야 한다면 유럽인들, 특히 프랑스에 의해 통제될 수 있는 구조 내에서 이루어져야 한다고 생각했다. 1950년 10월 발표된 플레벤 플랜(Pleven Plan)은 바로 이에 대한 해법을 제시해주는 방위 분야에서의 유럽통합 계획이었다. ECSC와 마찬가지로 유럽의 군대를 하나로 통합해 공동의 관리 아래 둔다는 이 계획 역시 모네에 의해 제시되었다.

데 가스페리는 이미 유럽군의 형성이라는 가정에 대해 찬성하고 있었고, 여기에 독일이 포함되어야 한다고 믿고 있었다. 하지만 플레벤 플랜에 대한 이탈리아의 입장은 복합적이었다. 그것은 이 계획이 이탈리아에 가져올 문제뿐만 아니라 그것 자체의 구조적인 문제에 기인했다. 먼저 유럽방위공동체(EDC) 형성이라는 임무는 이탈리아에게 과도한 방위비 지출을 요구할 것이 명백했다. 또한 EDC는 결국 프랑스와 서독의 주도권 아래 운영될 것 또한 확실했다. 한편 프랑스가 상정한 EDC는 대서양조약과는 독립적으로 운영될 예정이었다. 이에 대해 이탈리아는 미국이 주도한 북대서양조약기구(NATO) 내에서 독일의 재무장이라는 계획을 지지하고 있었다. 미국의 계획은 프랑스의 계획보다 적은 방위비 부담을 줄 것이고, 독일의 재무장이 NATO 아래에서 이루어진다면 프랑스와 독일의 헤게모니가 형성되지 못할 것이며, 그렇게 될 경우 이탈리아는 프랑스와 독일 간 중재자의 역할을 수행할 수 있을 것이라는 모호한 희망 또한 존재하고 있었다. 데 가스페리는 유럽의 방어 조직이 대서양동맹을 방해하거나 분리되어 운영될 수 없다고 생각했다. 하지만 그는 "군대를 가진 공동 방어 조직은 유럽의 연대성을 위한 결정적 도구가 될 수 있다. 우리는 이러한 연대성과 평화를 위한 공동의 책임을 만들려는 모든 노력에 대해서 지지를 보낸다"고 선언함으로써 유럽군의 형성에 반대하지는 않았다. 다만 그는 유럽군이 NATO 조직과 긴밀히 연계되기를 희망했다. 따라서 이탈리아는 미국의 계획과 프랑스의 계획을 논의하기 위한 협상 과정에 모두 적극적으로 참여하고 있었다.

이러한 데 가스페리의 입장은 미국이 자신의 계획을 취소하고 프랑스를 적극 지지하여 프랑스의 계획이 가시적 성과를 내기 시작하면서 변화하기 시작했다. 1951년 여름 파리에서 진행된 EDC 설립 협상은 '임시보고서'를 발표하면서 EDC 설립에 밝은 전망을 주었다. 이제 EDC 설립은 기정사실이 되었다. 하지만 임시보고서의 발표와 함께 EDC 계획의 문제점들도 나타나기 시작했다. 그것은 유럽에 방위공동체가 설립된다면 그것이 민주적 제도에 의해 통제되어야 하는데, EDC 계획은 이를 준비하지 않았다는 것이다. 이탈리아의 연방주의자 스피넬리 등을 위시한 연방주의자들은 이에 대한 대안으로 국방, 외교, 재정, 경제정책을 모두 포함하는 유럽 정부를 가진 유럽연방을 형성해야 함을 데 가스페리에게 조언하였다.

데 가스페리의 변화는 바로 이 시점부터 시작되었다. 스페넬리의 조언이 데 가스페리에게 영향을 주었다는 것을 확증하기는 어렵지만, 데 가스페리 또한 이 시기부터 연방주의 노선으로 선회했다. 1951년 가을 데 가스페리는 이탈리아의 협상 대표단 단장을 연방주의자인 롬바르도(Ivan Metteo Lombardo)로 교체하고, 다른 5개국 협상단에게 EDC의 기능주의적 방법을 지양하고 초국가적 연방을 목표로 해야 한다는 각서를 제출했다. 이 각서에 따르면 이탈리아 정부는 EDC가 그

1951년 9월 뉴욕 방문 당시 시청 앞에서 연설하는 데 가스페리.

자체로서 목표가 아니라, 연방적 유럽을 향한 초석으로 유럽정치공동체(EPC) 설립을 위한 도구가 되어야 한다는 것이다. 데 가스페리는 11월 유럽평의회 자문의회에서 다음과 같은 발언으로 이와 같은 의도를 발표하였다.

만약 우리가 보다 고도의 정치적 의지 없이 단순한 공동의 행정부만을 형성한다면, 이러한 유럽주의적 행위는 우리의 이상적 삶에 반(反)하는 것이 될 위험에 처할 수 있다. 이것은 또한 어느 순간에 가서는 추상적이고 아마도 억압적이 될 상부구조로 나타날 수 있을 것이다. (…) 만약 국가들의 군대를 항구적이고 헌법적인 기구 속에 통합하여 보다 넓은 '우리의 조국'을 방어하기를 원한다면, 이 조국이 보다 굳건하고 활력이 넘치는 것일 필요가 있다. (…) 자유롭고 동등한 국가 간의 유대를 형성할 필요가 있다. 이러한 다리를 만들기 위해서 가장 우선적이면서 중요한 기둥은 공동으로 선출된 기구여야 한다. 그리고 기타 집단 행정기구들은 이 기구에 의해 통제되어야 한다.

데 가스페리가 제시한 '공동으로 선출된 기구'는 바로 유럽의회를 가진 정치공동체를 의미한다. 그리고 이 정치공동체는 정치, 경제, 군대를 모두 통제하는 하나의 초국가적 연방을 의미하는 것이었다. 비록 유럽평의회에서 데 가스페리의 촉구는 받아들여지지 않았지만 그는 단념하지 않았다. 그는 1951년 12월 중순 스트라스부르에서 열린 외무장관 회담에서 EDC 조약 안에 직접 보통선거로 의회를 형성한다는 의지를 삽입할 것을 주장했다. 하지만 시간을 절약하기 위해 국가의회의 대표로 구성되는 제헌의회를 소집할 것을 제안하면서 "이 제헌의회는 진정하고도 명확한 권한을 가져야 한다"고 주장하였다. 결국 그는 의회에 진정한 권력을 부여함으로써 향후 형성될 공동체가 민주적 통제를 받을 수 있도록 민주성을 부여하고자 하였던 것이다. 회의를 끝내면서 그는 "이 기회는 잡지 않으면 지나가버리고 잃어버릴 것이다"라는 최후통첩으로 아데나워와 슈만을 설득하는 데 성공했다.

데 가스페리의 이러한 노력으로 6개국은 EDC 조약문 제38조에 EDC 조약이 비준되어, 선출된 의회는 6개월 이내에 연방 혹은 연합 형성 계획을 작성하도록 임무를 부여하는 내용을 삽입하는 데 성공했다. 따라서 EDC 조약은 자체적으로 초국가적인 연방조직인 유럽정치공동체로 발전할 가능성을 포함하고 있었다. 데 가스페리는 1952년 1월 초 이탈리아인들에게 보내는 신년 메시지에서 다음과 같이 전하였다.

> 저는 국민 여러분께 이탈리아에 대해서가 아니라, 유럽에 대해서 말씀드리겠습니다. 그것도 어제와 오늘의 유럽이 아니라 내일의 유럽, 즉 우리가 생각하고 형성하려는 유럽에 대해서 말씀드리겠습니다. 유럽연방이라고 말할 때, 그것은 무엇을 의미하는 것일까요? 여기서 예를 들면 이탈리아인, 프랑스인, 독일인들이 모두 평화롭고 번영하게 된 스위스처럼 거대한 스위

스를 형성하는 것입니다. 우리는 우리 자신을 방어하기 위해 무장된 조직을 형성하려는 것이 아닙니다. 그것이 전혀 아닙니다. 우리는 우리의 발전을 불가능하게 할 수 있는 어느 곳으로부터 올 수 있는 시도들을 무력화시키기 위해, 우리의 삶과 발전을 방어하기 위해 뭉치려는 것입니다.

1952년 5월 27일 프랑스, 독일, 이탈리아, 베네룩스 국가들에 의해 EDC 조약이 서명되었다. 따라서 회원국 의회에서 비준이 끝나면 다음에는 자연스럽게 데 가스페리가 희망했던 대로 유럽정치공동체를 위한 길을 걷게 될 것이었다. 하지만 이 길은 스피넬리와 스파크(P. A. Spaak)에 의해 더욱 빨리 진행되었다. 그들은 제38조에 부여된 임무가 너무 모호함을 깨닫고, ECSC 의회를 확대한 '특별의회'를 구성해 공동체의 모든 활동을 규정할 헌법을 작성하는 임무를 부여하게 하는 데 성공했다. 특별의회는 1953년 3월 초 헌법안 작성을 끝내고 10일 만장일치로 이 헌법안을 통과시켰다.

하지만 유럽의 운명은 아직 국가들의 손에 달려 있었다. 왜냐하면 특별의회에 의해 작성된 헌법의 근거는 EDC 조약의 제38조이므로, 그 운명은 모든 서명 국가들에서 통과되어야 하는 EDC 조약의 비준에 달려 있었기 때문이다. 1953년 한국에서의 휴전, 스탈린의 사망 등으로 시작된 냉전의 완화로 공동의 방위공동체 형성 필요성이 감소했음에도 프랑스와 이탈리아를 제외한 나머지 4개국은 서둘러 비준을 끝냈다. 하지만 프랑스에서는 국내·외 정치적 요인으로 내부에서 유럽통합에 호의적인 세력이 위축되었고, 결국 1954년 8월 말 프랑스 의회는 EDC 조약의 비준을 거부하였다. 이렇게 해서 마지막 남은 이

탈리아의 의지와는 상관없이 EDC 조약뿐만 아니라 유럽연방을 위한 데 가스페리의 노력은 허무하게 사라졌다.

데 가스페리 자신의 정치적 삶의 마지막 부분을 화려하게 장식했던 유럽의 연방적 통합이라는 노력은 한순간에 물거품이 되었다. 데 가스페리는 이미 정계에서 은퇴해 있었기 때문에 그가 할 수 있는 일은 아무것도 없었다. 안타까우면서도 다행인 것은 그가 EDC 조약이 프랑스 의회에서 거부되기 며칠 전 세상을 떠났다는 사실이다.

이탈리아의 또 다른 마키아벨리?

데 가스페리에게 유럽통합은 자신의 신앙과 정치적 삶과 결코 분리될 수 없는 것이었다. 기독교가 바탕으로 하는 세계시민의 형제애라는 연대의식은 유럽통합이 추구해야 하는 목표였으며, 이탈리아의 평화와 번영이라는 정치적 목표는 곧 유럽통합을 통해서만 완성될 수 있는 것이었다. 이 점에서 데 가스페리의 유럽주의는 이상과 현실이 조화된 완벽한 것이었다. 하지만 바로 이러한 점 때문에 그의 유럽주의는 때때로 비난의 대상이 되고 있다. 즉, 그가 과연 '유럽의 아버지'인가 하는 문제이다. 그 비난의 요지는 그가 이상, 즉 유럽주의를 이탈리아의 국가 이익을 추구하기 위한 도구로 삼았다는 것이다.

그는 전쟁이 이탈리아에 남긴 부정적 유산들을 치유해야 하는 패전국의 수장이었다. 피폐해진 경제를 복구해야 했고, 좌파와 우파로 갈라진 국내 정치를 안정시켜야 했다. 한편 승전국들의 동의를 얻어 평화조약을 유리하게 마무리해야 했으며, 전쟁으로 추락한 이탈리아의 국제적 위신을 회복시켜야 했다. 이 과정에서 서방 세력들, 특히 미국의 유럽 정책에 순응하는 태도를 보였다. 또한 이 과정에서 유럽주의는 때때로 이탈리아의 국가이익을 위한 인질이 되기도 하였다. 이탈리아의 유럽주의 수용은 어디까지나 국가이익이라는 측면에서 고려되고 평가되었다. 이러한 측면에서 본다면 데 가스페리는 분명 이탈리아의 국가 이익에 따라 수시로 변화하는 현실주의자였다.

하지만 그의 유럽주의를 국가이익을 위한 현실주의적 전략으로만 바라본다면 그의 정치적 신념을 너무 과소평가하는 것이다. 그는 분명히 민족주의가 초래하는 반복되는 전쟁에 대한 해결책은 국가주권의 이양을 통해서만 해결될 수 있다는 신념을 오래전부터 가지고 있었고, 유럽통합을 유럽에 항구적 평화를 가져다줄 요소로 인식하고 이탈리아 외교정책의 축으로 삼았다. 1952년 4월 그는 이탈리아 상원에서 "우리의 동맹, 관세동맹, 연방 그리고 우리의 유럽주의는 결코 선거를 위한 방편이 아닙니다. 오히려 그것은 유럽에서 재건, 특히 평화 재건의 요소입니다"라고 분명히 밝히고 있다. 데 가스페리가 사망한 이후 이탈리아의 유력 일간지 〈메사제로〉는 "데 가스페리의 정치적 업적을 마키아벨리적 기교로 보는 사람은 잘못되었다. 왜냐하면 그가 정부에서 한 노력이 성공한 진정한 동기는 그의 심원한 도덕적 영감 속에 있기 때문이다"라고 밝히고 있다. 그는 분명 유럽에 발전과 영구한 평화를 정착시키기 위해 노력한 '유럽의 아버지'들 중 한 사람이다.

연표

1981년 4월 3일 트렌토 근처 피에베테시노에서 출생.

1911년 6월 오스트리아 · 헝가리 제국 의회 의원으로 선출.

1919년 이탈리아 시민권 획득. 이탈리아 인민당 창당.

1921년 이탈리아 의회 의원으로 선출.

1926년 인민당 해체.

1927년 3월 파시스트 정부에 의해 체포되어 4년형을 받음.

1928년 형 집행 정지된 후 교황청에 은신.

1942년 이탈리아 기독교민주당 창당.

1945년 이탈리아 왕국 수상으로 선출.

1946년 이탈리아 제1공화국 수상으로 선출.

1947년 미국 방문 이후 평화조약과 마셜 플랜 수용.

1951년 11월 유럽평의회에서 연설.

1951년 12월 스트라스부르에서 슈만과 아데나워의 설득으로 EPC 토대를 준비.

1952년 5월 EDC 조약 체결.

1953년 선거 후 정계에서 은퇴.

1954년 8월 19일 사망.

1954년 8월 30일 프랑스 의회에서 EDC 조약 부결.

참고문헌

이선필, 《유럽통합: 이상과 현실》, 높이깊이, 2006.

De Gasperi, Maria, R. C.(a cura di). *De Gasperi e l' Europa: scritti e discorsi*, Brescia: Morcelliana, 1979.

De Gasperi, Maria, R. C.(a cura di). *La nostra patria Europa*, Milano: Mondadori, 1969.

Pirey, De., Arnoulx, Elisabeth. *De Gasperi. Il Volto Cristiano*, Milano: Edizioni Paoline, 1992.

Lentini, Gerlano. *Alle Radici Cristiane dell' Unione Europea*, Roma: Citta Nuova, 2004.

전형적인 유럽인
: 콘라트 아데나워

신종훈

물론 우리는 성급하게 월계관을 준비하기를 원하지 않습니다. 그러나 조약들의 서명을 통하여 우리가 유럽통합을 향한 위대한 발걸음을 내디딜 수 있게 되었다는 기쁨은 감추고 싶지 않습니다. (유럽통합의 미래에 관하여) 비관론자들이 아닌 낙관론자들의 시각이 옳았습니다.

1957년 3월 25일 옛 로마 제국의 영화를 간직한 이탈리아의 수도 로마에서는 서독, 프랑스, 이탈리아, 벨기에, 네덜란드, 룩셈부르크 등 유럽 대륙의 여섯 국가가 유럽경제공동체(EEC)와 유럽원자력공동체(EURATOM)라는 두 개의 유럽공동체를 창설하기 위한 조약의 조인식이 거행되었다. 위의 인용문은 이 회담의 공식 의장 자격으로 서독의 초대 총리 콘라트 아데나워(Konrad Adenauer)가 행한 연설의 한 구절이다. 위기와 난관을 극복하고 힘들게 결실을 맺게 되었던 유럽경제공동체 탄생의 순간 아데나워는 이 연설을 통하여 유럽통합의 미래에

1949년의 아데나워. AP 제공.

관한 장밋빛 전망을 표현하고 있었다. 이때 창설된 유럽경제공동체가 오늘날 우리가 알고 있는 유럽연합(EU)의 모체가 되었다는 점에서 그의 낙관적 전망은 어느 정도 적중했다고 볼 수 있다.

2차 대전의 책임을 지고 분단국가로서 출발한 서독의 총리가 이 회담에서 공식 의장의 자리를 차지할 수 있었던 사실은 많은 것을 시사해주고 있다. 그것은 여전히 나치의 기억에서 완전히 자유롭지 못한 서독의 위상이 국제사회에서 놀랄 만큼 높아졌다는 사실을 보여주는 단적인 예라고 볼 수 있다. 그것은 또한 정부 수립 이후 서독이 유럽통합 운동 과정에서 보여준 노력에 대한 응분의 보상이라고도 볼 수 있을 것이다. 1940년대 후반부터 1950년대까지 유럽경제공동체 형성기에 서독이 보여준 유럽통합 운동에 대한 열정은 독일인에 대한 이웃 국가들의 불신을 현저하게 약화시켰고 서독이 국제사회에서 신뢰를 회복하는 데 일조를 하였던 것이다.

유럽통합의 장을 통해 독일과 이웃 국가들이 화해하려는 이 같은 노력의 중심에는 서독의 총리 아데나워가 서 있었던 것이다. 오늘날 역사가들은 그를 통합된 유럽 창건의 선구자들 중의 한 사람으로 평가함으로써 유럽통합의 초창기에 보여준 그의 역할을 적절하게 평가하고 있다. 또한 자칭이든 아니면 타자에 의해서든 그에게 붙은 "좋은 유럽인(der gute Europäer)"이란 별명은 유럽통합 운동에서 나타난 그의 기여도를 인정하는 적절한 수식어라고 볼 수 있을 것이다.

빌헬름 제국의 아들에서 서독의 총리까지

1958년 이후 2000년대 초반까지 서독과 통일 이후의 독일에서는 매년 독일을 위해서 가장 많은 일을 한 가장 위대한 독일인이 누구인가를 묻는 대국민 여론조사가 있었다. 독일인들의 대답은 괴테나 실러같은 대문호, 칸트와 니체 같은 위대한 사상가, 마르크스나 루터 등과 같은 위대한 혁명가가 아니었다. 그들이 선택한 인물은 정치인 아데나워였다. 20세기의 독일인들이 선택한 가장 위대한 독일인 서열에서 50년 가까이 부동의 1위를 차지한 사람이 우리에게는 그리 잘 알려지지 않았던 아데나워라는 사실 하나만으로도 우리가 그의 삶에 대한 관심을 기울이는 충분한 이유가 될 수 있을 것이다.

아데나워는 빌헬름 제국, 바이마르 공화국, 히틀러의 '제3제국' 그리고 서독 등 독일의 역사에서 네 개의 성격이 다른 독일을 살았다. 그중 바이마르 공화국 이후 서독에 이르기까지 파란만장했던 독일의 현대사에서 정치와 관련을 맺었던 그리 많지 않은 독일인 가운데 한 사람이다. 그는 비스마르크에 의해 독일제국(Deutsches Reich)이 창건된지 5년밖에 지나지 않았던 1876년 1월 5일 쾰른의 소시민적 가톨릭가정에서 출생하였다. 그의 아버지는 17년 동안 프로이센의 직업군인으로 복무한 이후 사망할 때까지 쾰른 시의 중급 관료로서 공무원 생활을 하였고 어머니는 신실한 가톨릭 신자였다. 이러한 가정환경은 아데나워가 규율과 질서 그리고 근면함을 존중하는 프로이센의 정신을 물려받고 그가 평생 가톨릭 신자로 살아가는 배경이 되어주었다.

일반적으로 역사상 위인들이 어려서부터 두각을 나타냈던 것과 달리 아데나워의 어린 시절은 평범하기 그지없었다. 1885년에 입학한 김나지움에서 아데나워는 사람들의 눈에 띄지 않는 평범한 학생이었다. 1894년 아데나워는 프라이부르크 대학교에서 법학 공부를 시작한 후 뮌헨 대학교를 거쳐 본 대학교에서 1897년에 졸업을 하였다. 그의 졸업시험 성적인 평점 C는 그가 학업에서도 이후 자신의 정치적 이력에서 보여주었던 탁월함을 가지고 있지 못했다는 사실을 알려주고 있다.

아데나워의 정치적 고향은 쾰른이었다. 그의 기나긴 정치적 이력의 첫 걸음은 1903년 쾰른의 유명한 법률사무소에 연수생으로 입사하면서 시작되었다. 당시 법률사무소 소장이었던 카우젠(Kausen)은 쾰른 시의회의 중앙당(Zentrum) 당수였고, 이러한 연유로 아데나워는 자연스럽게 중앙당과의 정치적 인연을 맺게 되었다. 1906년 중앙당 소속 행정 공무원으로 시작한 쾰른에서의 그의 첫 공직 생활은 1917년 그를 쾰른의 시장 자리에까지 오르게 하는 발판이 되어주었다. 라인 지방의 중심시인 쾰른의 시장에 취임할 당시 그의 나이는 41세였다. 쾰른 시장으로서 아데나워는 쾰른을 눈에 띌 정도로 성장시키면서 라인 지방의 지역 정치가로서 입지를 굳히게 된다.

그러나 1933년 3월 선거 이후 나치는 아데나워를 증오스런 바이마르 시대의 화신으로 낙인찍고, 그를 쾰른의 시장 자리에서 물러나게 하였다. 그 후 나치는 반체제 인사 블랙리스트에 아데나워의 이름을 올렸고, 아데나워는 나치의 위협 때문에 여러 번 은신을 하면서까지 정치적 핍박을 피해 다녀야만 했다. 비록 그가 나치 체제에 대한 적극적인 저항운동을 삼가고 조심스럽게 처신을 하였지만, 그는 언제나 나치 정권의 감시하게 놓여 있었고 1944년에는 체포되어 4개월 동안 감옥 생활을 해야만 했다. 아데나워가 나치로부터 받았던 핍박은 목숨을 잃거나 잃을 정도의 가혹한 고통을 받았던 많은 반체제 인사들에게 가해진 핍박에 비하면 경미하기 그지없었다. 그러나 그가 나치 체제하에서 받았던 경미했던 정치적 탄압은 전후 그의 정치 활동에서 도덕성 문제와 관련된 공격에서 방패막이 역할을 해줄 수 있었다.

1945년 3월 쾰른에 진군한 미군의 군정 관리는 아데나워를 다시 쾰른의 시장에 임명한다. 그러나 아데나워는 7개월 후 자신을 무능하다고 간주하였던 영국 군정에 의해 쾰른 시장직에서 다시 물러나야만 했다. 역설적이지만 영국 군정의 이러한 결정은 결과론적으로 볼 때 아데나워의 정치적 이력에 중요한 전환점을 마련해주었다. 왜냐하면 시장직에서 파면됨으로써 이제는 쾰른을 중심으로 하는 라인 지방의 지역 정치가로서의 부담과 한계를 벗어나 새로운 시작을 준비하고 있었던 서독이라는 연방적 차원의 큰 정치 무대에서 자신의 역량과 에너지를 쏟아부을 수 있는 기회가 그에게 주어졌기 때문이었다. 1945년부터 1949년까지 그는 영국 군정 지역의 기민당(CDU) 당수를 지내게 된다.

아데나워는 1948년 서독 정부 수립을 준비하기 위해 소집되었던 의회평의회(Parlamentarischer Rat)의 의장이 된다. 당시 많은 독일의 정치인들이 제헌위원회의 의장 자리에 그리 큰 정치적 의미를 부여하지 않았기 때문에 아데나워는 연장자라는 이유로 쉽게 의장이 될 수 있었다. 아데나워의 정치가로서의 결정적 도약이 당시 독일의 정치가들

1949년 5월, 기본법에 서명하고 있는 아데나워. AP 제공.

이 별 의미를 두지 않았던 제헌위원회 의장이 됨으로써 시작되었다는
사실은 역사의 아이러니한 일면을 보여주고 있다. 그리고 마침내
1949년 9월 아데나워는 자신이 던진 단 한 표의 표 차이로 신생 서독
정부의 총리로 선출된다. 이때 아데나워의 나이가 73세였다. 역사는
고령의 정치가를 이제 갓 태어난 신생 정부의 정상에 올리는, 약간은
어색하기까지 한 장면을 연출하였던 것이다. 그러나 아데나워는 고령
의 노인에게서 도저히 기대하기 어려운 추진력과 역동성을 보여주면
서 14년 동안 서독의 총리직을 수행하였다. 그리고 이 시기에 서독은
서방의 자유민주주의 진영에 확실한 뿌리를 내리게 되었고, 아데나워
는 서독이라는 국가의 정체성 형성기에 결정적인 영향을 미치는 인물
이 되었다. 1963년 10월 그는 87세의 나이에 수상직에서 물러난다.

자신의 생전에 이미 자국의 국민들에게 가장 위대한 독일인으로 존경을 받을 수 있었던 아데나워는 1967년 4월 19일 향년 91세로 세상을 하직하게 된다.

위대한 독일인?

무엇 때문에 다수의 독일 국민들은 '가장 위대한 독일인'이란 명예의 전당의 가장 상석을 아데나워에게 허락했던가? 왜 그들은 소위 말하는 "아데나워 신화"를 만들어냈는가? 1995년 행해진 여론조사 결과는 이 물음에 대한 답을 위해 중요한 단서를 제공해주고 있다. 아데나워를 가장 위대한 독일인으로 선택한 국민들 가운데 가장 많은 사람들이 대답한 이유는 서독이 그로 인해서 다시 자립적이고 독립적인 국가가 될 수 있었다는 점이었다. 사람들은 또한 아데나워가 서독을 질서가 잡히고 안정적인 민주주의국가로 정착하게 했다는 사실과 독일에게 다시 국제적인 위상과 발언권을 가져다주었다는 사실 등을 그의 가장 위대한 업적들로 꼽고 있다. 독일인과 독일 국가에 대한 이웃 국가들의 불신, 분단국가로서의 출발, 삼류 국가로 전락할지도 모른다는 불확실성 등이 당시 서독의 정부 수립 당시의 일반적인 분위기였다. 이처럼 열악한 정치적 환경에서 서독이 주권과 국제사회에서의 신망을 회복하고 자립적인 강국으로 다시 성장할 수 있게 된 공로를 다수의 독일인들은 아데나워에게 돌리고 있는 것이다.

1949년 서독 정부가 출범했을 때 서독은 완전한 주권국가가 아니었다. 무엇보다도 한 국가의 주권을 구성하는 가장 핵심적인 요건 가운데 하나인 독자적인 외교권을 갖지 못했기 때문이었다. 이러한 이유로 아데나워는 주권의 회복과 국제 무대에서 이웃 국가들과 동등한 지위 확보라는 정치적 사안을 초대 총리로서 자신이 추구해야 할 외교 정치의 최우선 과제이자 목표로 삼았다. 이와 동시에 그는 서독은 독일사의 새로운 정체성을 가져야 한다고 생각하였다. 그것은 과거의 오류, 즉 히틀러의 제3제국으로 발전할 수밖에 없었던 독일사의 특수한 길(Sonderweg)로부터 벗어나 서독이 민주주의국가로 뿌리내리는 것을 의미하였다.

주권의 회복과 새로운 민주주의국가로 정착한다는 두 가지 목표를 아데나워는 서방정책(Westpolitik)이라는 외교적 노선을 통해 달성하고자 하였다. 서방정책이란 냉전으로 인해 동·서의 양 진영으로 나누어진 국제정치의 현실에 직면하여 서독을 서방 세계에 확실하게 결합시키려는 정책을 의미하였다. 그러나 서방정책은 독일의 민족주의적 입장에서 볼 때 쉽게 받아들이기 힘든 정책이었다. 왜냐하면 당시 독일인들의 가장 큰 염원이 분단된 독일을 통일시키는 것이었기 때문이다. 서독이 냉전의 구도 속에서 일방적으로 서방 세계에 통합된다면 소련이 독일의 조속한 통일을 결코 허락하지 않을 것이라는 것은 명약관화한 사실이었다. 이러한 이유 때문에 서독에서 통일의 달성을 우선적으로 생각한 정치 세력들은 아데나워의 서방정책을 맹렬히 비난하였던 것이다.

아데나워는 독일의 통일이 독일 정치의 지상 과제라는 사실을 부인하지 않았지만 자신의 서방정책에 대한 민족주의적 세력으로부터 강한 반대를 받았음에도 굴하지 않았다. 그는 조속한 통일보다는 서독이 주권을 회복하는 것과 서방 세계에 안전하게 정착하는 것이 우선이라고 보았기 때문에 불굴의 신념을 가지고 서독을 서방 세계에 통합시키려는 외교정책을 일관되게 추진하였던 것이다. 통일은 그의 견해에 따르면 서독의 서방 통합 이후에야 논의가 가능하고 이루어질 수 있는 것이다. 결과론적으로 볼 때 비록 독일의 통일이 독일인들이 생각했던 것보다 훨씬 더 오랜 시간이 지나서야 이루어졌지만, 결국은 아데나워가 구상했던 방식에 의해서 통일되었던 것이다.

아데나워 연구의 대가 중 한 사람인 슈바르츠(Hans-Peter Schwarz)는 서방 세계를 지향했던 아데나워 외교 정치의 성격을 "독일 정치와 유럽 정치(deutsche und europäische Politik)"라는 문구로 적절하게 표현하였다. 외교에서 서방 세계를 향한 그의 새로운 방향 지향이 독일 정치인 동시에 유럽 정치라는 이 표현은 서독의 서방 통합의 외교가 불가피하게 유럽 정치, 즉 유럽통합과 불가분의 관계를 맺고 있었다는 사실을 적절하게 암시해주고 있다. 도대체 어떤 의미에서 독일의 주권 회복을 위한 서방 통합 정책이 유럽통합 운동과 불가분의 관계를 가지게 되었고, 그에게 '좋은 유럽인'이라는 수식어를 붙여주었을까?

그 관계를 이해할 수 있으려면 서독 정부의 출범을 전후한 시기의 정치적 상황을 살펴보아야 한다. 서독의 건국은 동·서 냉전이 시작되면서 2차 대전 이후 독일의 서쪽 영토를 분할 점령했던 미국, 영국, 프랑스 3국의 결정에 의해서 이루어졌다. 그러나 연합국은 서독에게 국방력과 외교권을 허락하지 않았고, 비상시에 그들이 서독에서 최고의 주권을 가진다는 전제 조건 아래서 서독의 정부 수립을 허락하였다. 다시 말해서 서독에서 실질적인 최고의 주권을 미국, 영국, 프랑스

3국의 연합국 관청이 공동으로 소유하고 있었던 것이다. 물론 연합국에 의한 서독의 주권 제한은 잠정적인 성격을 가지는 것이었다. 서독의 주권을 무한정 연합국이 가지고 있을 수는 없었던 것이다. 서독의 입장에서 볼 때 그들은 가능한 한 빨리 주권을 돌려받는 것이 국가의 위신과 이익에 부합되었던 것이다. 이와 관련하여 서방 연합국은 서독 정부가 유럽통합 과정에 가담하여 서방 세계에 완전히 편입되는 정도에 보조를 맞추어서 서독에게 유보된 주권을 점진적으로 되돌려 준다는 원칙을 천명하였다.

　서방 연합국이 이러한 원칙을 세운 첫 번째 이유는 냉전 상황에서 서독마저 공산주의 세력에 편입되는 것을 예방하기 위해서였고, 두 번째 이유는 서방 세계에 여전히 존재하고 있었던 독일인에 대한 두려움 때문이었다. 서독의 이웃들은 서독이 자주적인 주권국가가 된 이후에 또다시 유럽과 세계의 평화를 위협할 가능성을 배제하지 않았던 것이다. 이러한 가능성을 처음부터 봉쇄하기 위해서는 유럽통합의 과정을 통해서 서독이 유럽공동체에 결박되어야 한다는 생각이 서독의 주권 회복과 유럽통합이란 상호 관계의 배경에 깔려 있었다.

　유럽통합 과정은 서방 연합국의 입장에서 볼 때 난해한 독일 문제를 풀 수 있는 해답이었고, 서독의 입장에서 바라보면 주권국가를 위한 전제 조건이 되었던 셈이다. 이러한 이유로 아데나워의 서방 통합 외교정책은 양면을 가진 동전의 특성에 비유될 수가 있을 것이다. 그 한 면은 독일의 주권 회복이라는 목적을 가진 독일 정치적 성격을 띠고 있었고, 동시에 다른 한 면은 유럽통합을 추구하는 유럽 정치적 성격을 지니고 있었던 것이다.

아데나워는 주권 회복과 유럽통합의 거래라는 연합국에 의해 그에게 주어진 조건에 동의하였을 뿐만 아니라, 스스로 유럽통합을 위한 최선의 노력을 함으로써 이 조건을 적극적으로 이용하였다. 이와 같은 맥락에서 볼 때 아데나워의 유럽통합 정책은 자신의 최우선적인 정치적 목표 달성을 위한 도구적 성격을 지니고 있었다. 유럽통합은 아데나워 자신의 표현에 따르면 유아기에 있는 서독 정부를 외교 분야에서 다시 두 발로 설 수 있게 하는 '필수적 도약대'였던 것이었다.

그러나 만약 우리가 유럽통합의 도구적 성격을 지나치게 강조하여 일방적으로만 이해하게 된다면, 아데나워의 유럽통합 정책의 성격에 대한 왜곡된 상을 그리게 될 위험에 빠질 수 있으며, 왜 그에게 '좋은 유럽인' 혹은 '유럽통합의 선구자'라는 찬사가 허락되었는가에 대한 진정한 이유를 찾지 못하게 된다. 다른 식으로 표현하자면 다음과 같은 질문을 던질 수 있을 것이다. 아데나워가 유럽통합을 원하지 않았거나, 아니면 유럽통합 그 자체에는 냉담했으면서도 단지 주권 회복만을 위한 수단으로 유럽통합 정책을 추구하였던 것은 아닌가? 아니면 그의 정치적 신념 역시 유럽통합을 적극적으로 지지하였는가? 이러한 물음에 대한 답은 이어지는 절에서 다루게 될 것이다.

좋은 유럽인?

비록 아데나워가 유럽통합 문제를 주권 회복의 도구로 적극적으로 활용했지만, 그는 주권 회복의 문제를 떠나서도 스스로가 신념에 찬 유럽통합 옹호론자였다. 그가 신념에 찬 유럽통합 옹호자가 되었던 것에는 몇 가지 이유가 있었다. 우선 아데나워는 냉전이 가속화되는 국제 정세에 직면하여 공산주의의 위협으로부터 안전을 보장받으려면, 서유럽의 개별 국가들이 분열된 상태를 극복해야 한다고 생각했다. 서유럽 국가들이 단결할 때에만 소련의 팽창에 맞설 수가 있었으므로 아데나워에게 유럽통합은 서독을 포함해서 서유럽 국가들의 가장 근원적인 생존의 문제와 직결되어 있었던 것이다. 따라서 유럽을 추구하는 것은 자유를 추구하는 것과 동일한 것을 의미하였고 '유럽'은 아데나워에게 이념적인 가치를 내포하고 있는 정치적 개념이었다.

아데나워는 또한 유럽통합을 독일에서의 민족주의와 반서구적 경향들을 잠재우기 위한 유일한 대응책으로 간주하였다. 그는 독일에서 히틀러와 같은 극우적 민족주의 정치 세력이 또다시 힘을 얻게 될 가능성을 유럽이라는 큰 틀을 통해서 미연에 방지하기를 원했던 것이다. 독일뿐만 아니라 유럽적 차원에서도 민족주의의 위험을 예방하기 위해서 아데나워는 유럽통합을 원했고 이런 맥락에서 그는 민족주의의 시대에 종말을 고해야만 한다고 쉬지 않고 호소하였다. 이와 관련하여 아데나워는 1951년 외국의 기자단들과의 간담회에서 다음과 같이 말했다.

> 우리 모두는 과열된 민족주의가 유럽을 심연의 끝자리까지 몰고 왔다는 사실을 경험하였습니다. 유럽의 거의 모든 국가들이 이 재앙의 결과를 감수해야만 했습니다.

민족주의의 정신적 조류의 대안을 아데나워는 유럽통합에서 발견했

——— 인물로 보는 유럽통합사

던 것이다.

아데나워가 유럽통합을 위하여 전력을 기울였던 또 다른 중요한 이유는 프랑스와의 관계를 회복시키기 위해서였다. 아데나워는 만약 프랑스인들이 독일인들에 대해 품고 있는 불신감을 없애지 못하고 프랑스와 서독이 동반자가 되지 못한다면 서독뿐만 아니라 유럽의 평화와 발전을 보장할 수 없다고 보았다. 유럽통합의 틀 속에서 긴밀한 정치·경제적 협력 관계 구축과 상호 신뢰 회복만이 독일인과 프랑스인들 사이에 오래된 적대감을 극복하고 양국 간 진정한 화해가 가능하다고 믿었기 때문에 그는 신념에 찬 유럽통합 옹호자가 될 수 있었던 것이다.

만약 아데나워가 유럽통합을 주권 회복을 위한 도구로만 간주하였다면 1955년 서독이 주권을 회복한 이후에는 서독 정부가 유럽통합 운동에 미온적인 태도를 보였을 수도 있을 것이다. 그러나 아데나워는 주권이 회복된 이후에도 유럽통합 운동을 적극적으로 지지하였고, 1957년 유럽경제공동체 창설을 위해서는 심지어 주도적인 역할을 수행하였다. 그것은 서독 총리 아데나워가 신념에 찬 유럽주의자였기에 가능했던 것이다.

이렇듯 주권 회복을 위한 유럽통합의 도구적 성격과 아데나워의 개인적 신념이라는 두 가지 요소는 1950년대 서독의 유럽통합 정책을 이해하기 위한 중요한 열쇠가 되고 있다. 아데나워가 1950년대 유럽통합 과정의 구체적인 단계에서 보여준 태도를 살펴보면 이러한 정황을 쉽게 이해할 수 있다. 1950년 8월 서독과 자르 지방이 유럽평의회(Council of Europe)에 준회원국으로 가입할 당시 야당과 여론의 반대가 거셌지만 아데나워는 자신의 뜻을 관철시켰다. 서독이 준회국의 자격밖에 가지지 못하는 것은 다른 국가들과 동등권의 원칙에 위배되었고, 동시에 자르 지방도 독자적인 자격으로 가입하는 것은 서독이 자국 영토 자르 지방을 포기한다는 것을 의미할 수도 있었다. 따라서 서독의 유럽평의회 가입 문제가 서독 내부에서 심각하게 문제시되었던 것이다. 그러나 아데나워는 유럽통합을 위해서는 서독이 먼저 자국의 이익을 잠정적으로 희생할 수도 있다고 생각했으므로 유럽평의회에 가입하게 되었다.

또한 1950년 5월 프랑스 외무장관 슈만이 유럽석탄철강공동체(ECSC) 창설을 제안했을 때도 아데나워는 국내의 반대 의견을 무시하고 공동체 창설을 위해 적극적인 태도를 보여주었고, 이에 따라 1951년 4월 조약의 서명이 가능하였다. 석탄철강공동체 창설을 통해서 프랑스가 독일의 우수한 석탄과 철강을 자국의 경제적 이익을 위해 이용하려는 목적과 독일의 군수산업을 감시하려는 목적을 가지고 있다는 사실을 알았지만, 아데나워는 프랑스와의 화해를 위해서는 이러한 불이익도 감수해야 한다고 생각했다. 프랑스가 제안하여 1952년 5월 조약 서명이 이루어졌던 유럽방위공동체(EDC) 창설과 관련해서도 아데나워는 유럽통합을 향해서 그가 보여주었던 일관된 태도를 견지하였다. 유럽방위공동체조약은 무엇보다 군사적으로 독일을 차별하는 성격이 강했고, 냉전 상황에서 서방 세계의 군사조약이 독일의 통일에 미치게 될 불이익을 예상할 수 있었지만, 아데나워는 주권의 조속한 회복과 프랑스와의 화해를 위해서 유럽의 군사적 통합을 적극적으로 지지했던 것이다.

이와 같은 아데나워의 적극적인 유럽통합 정책은 결국 서독의 점진적인 주권 회복을 가능하게 하였다. 서독 정부는 서독이 유럽평의회에 가입하고 유럽 석탄철강공동체조약 서명을 눈앞에 둔 시점인 1951년 3월 연합국으로부터 외교권을 얻게 되어 드디어 외무부를 가질 수 있게 됨으로써 주권 회복을 위한 큰 진전을 이룰 수가 있었다. 그리고 1952년 5월에는 유럽방위공동체조약 서명과 병행하여 독일의 주권 회복에 관한 조약이 연합국과 서독 정부 사이에 체결되었고 서독 정부는 1955년 5월 마침내 주권을 회복할 수 있었다.

1954년 8월 프랑스 의회가 유럽방위공동체조약의 비준을 거부한 후 유럽통합 옹호자들은 경제 분야에서 새로운 통합 운동의 노력을 경주하였다. 그 결과 서독, 프랑스, 이탈리아, 베네룩스 3국 등 6개국은 유럽경제공동체 창설을 눈앞에 두게 된다. 그러나 조약안 마련을 위한 협상은 사회보장 정책의 평준화와 프랑스 식민지의 재정적 지원 문제 등 프랑스가 내건 까다로운 조건 때문에 난항을 거듭하게 된다. 이때 아데나워는 프랑스가 제시한 조건들이 서독 경제에 불리하게 작용할 것이라는 서독 경제계의 우려가 있었는데도 적극적으로 프랑스의 요구 사항을 수렴하였다. 유럽 국가들 간 긴밀한 경제협력의 강화를 통해서 유럽에서 지속적 평화 유지와 경제적 번영을 도모할 수 있다는 아데나워의 신념은 더 큰 이익을 위해서 개별 국가들이 일정 부분 희생을 감수해야 한다는 입장이었다. 이러한 그의 신념은 마침내 오늘날 유럽연합의 모체라고 볼 수 있는 유럽경제공동체의 탄생을 가능하게 하였다. 유럽경제공동체의 핵심적 초국가적 기구였던 유럽집행위원회(European Commission)의 초대 의장직을 독일인 할슈타인(Walter

유럽경제공동체 설립을 위한 '로마 조약'이 1957년 3월 25일 로마에서 조인되었다. 가운데에서 양손을 맞잡고 있는 이가 아데나워(오른쪽)와 이탈리아 수상 안토니오 세니이다. AP 제공.

Hallstein)이 차지할 수 있었던 것은 유럽경제공동체 탄생을 위한 서독의 주도적 역할에 대한 보상이라고 볼 수 있다. 그것은 또한 이웃 국가들로부터의 신뢰의 회복을 의미하였으며, 유럽에서 서독의 위상이 얼마나 증가하였는가를 보여주는 단적인 예라고 볼 수 있다.

유럽통합 과정에서 총리로서 아데나워의 마지막 업적은 그가 프랑스 대통령 드골과 함께 1963년 1월 체결한 서독과 프랑스 간 우호조약인 엘리제 조약이었다. 아데나워에게 유럽통합의 중요한 동기 중 하나였던 프랑스와의 화해를 위한 중요한 초석이 그의 정권 말기에 이 조약의 체결로 인해 놓이게 되었던 것이다. 이후 이 조약은 양국 간 정치, 경제, 문화, 교육 등 분야에서 활발한 교류를 통해 양국의 국민들이 서로를 이해하는 중요한 통로가 되었다. 또한 이 조약을 통해 형성된 서독과 프랑스 간 협력의 축은 이후의 유럽통합 역사에서도 중요한 축으로서의 기능도 담당하게 되었던 것이다.

전형적인 유럽인 아데나워

서독 외무부 고위 관리였던 그뢰벤(Hans von der Groeben)이 "유럽의 운명의 시간"이라 칭하였던 유럽경제공동체 탄생의 긴 여정에 아데나워가 결정적인 역할을 했다는 사실 하나만으로도 유럽통합 초창기에 유럽 건설을 위한 아데나워의 기여도를 충분히 치하할 수 있을 것이다. 그러나 이 같은 언급에만 머무른다면, 그것은 단순한 요약이며 표면적인 설명에 지나지 않게 될 것이다. 아데나워의 유럽 정치의 성격은 두 개의 의미 있는 단어로 요약할 수 있다.

'위대한 독일인'과 '좋은 유럽인'이라는 이 두 단어는 새로운 유럽의 건설에 이바지함으로써 유럽 탄생의 선구자 중 한 사람으로 칭송을 받은 아데나워의 유럽 정치를 이해할 수 있는 중요한 단어라고 볼 수 있다. 한편으로는 서독의 현실적 이해 추구와 다른 한편으로는 유럽이라는 이상의 실현이라는 상이한 두 요소의 절묘한 조화가 이 단어들 속에 함축되어 있고 이 함축성은 그의 유럽 정치에 일관되게 관통하고 있었다.

이 함축성은 동시에 우리가 유럽통합의 역사 전체를 이해하는 중요한 관점이 될 수 있을 것이다. 왜냐하면 유럽통합의 역사를 거시적으로 바라볼 때, 발전의 중요한 단계마다 개별 국가들의 민족적 이해 추구와 유럽이라는 큰 이상의 추구라는 두 가지 요소의 마찰과 타협 그리고 조정 과정이 부각되었기 때문이다. 그리고 이러한 두 요소 간 상호작용의 결과물이 현재의 유럽연합의 모습이라 볼 수도 있을 것이다. '유럽'에 가입의 대상이 되었던 특정한 국가의 개별적인 이해가 유럽이라는 이름하에 지나치게 희생당한다고 느꼈거나 유럽의 이해와 배치된다고 생각할 때 그 국가는 유럽에 가입하지 않았던 것이다. 1950년대에 영국이 그랬고, 1990년대에 노르웨이가 그랬다.

개별적 이해와 보편적 이해의 절충과 조화라는 이 같은 관점은 유럽 통합의 틀을 넘어서서 중세 이후의 유럽사 전체에 일관하는 큰 흐름과도 일맥상통한다고 볼 수 있다. 유럽의 역사는 끊임없이 개별적인 세력들과 보편적인 세력들이 서로 경쟁하면서 발전해왔음을 보여주고 있다. 다양한 형태들의 개별주의들은 공통성이라는 견고한 기반 위에서 움직여왔던 것이다. 유럽을 구성하는 각각의 특수성들은 공동의 문화권이라는 품 속에서 전개되었다. 같은 문화권 안에서 이웃한 삶의 방식들과 전쟁과 평화의 경험들이 상이한 형태와 강도를 지닌 채 공동의 지식과 체험의 내용들을 만들어왔고, 이러한 지식과 체험들이 유럽인들이 유럽이라고 부르는 것의 정체성 형성을 위한 거름이 되었던 것이다. 개별성과 보편성의 조화라는 유럽 역사의 이와 같은 전형적인 전개 방식이 아데나워의 유럽 정치에 고스란히 녹아 있다는 의미에서 그를 전형적인 유럽인이라고 칭할 수 있을 것이다.

연표

1876년 1월 5일 쾰른에서 출생.

1894~97년 프라이부르크 대학교, 뮌헨 대학교, 본 대학교에서 법학 공부.

1914년 엠마(1916년 사망)와 결혼.

1906년 쾰른 시 사무관.

1917~33년 쾰른 시 시장.

1919년 구시(1948년 사망)와 재혼.

1933년 나치에 의해 쾰른 시장에서 해임.

1945년 5월 다시 쾰른 시장에 임명. 10월 영국 군정에 의하여 쾰른 시장에서 해임.

1946년 노르트라인-베스트팔렌 주의 CDU 총재.

1948년 의회평의회 의장.

1949년 9월 서독의 초대 총리 취임.

1949~63년 서독의 총리.

1967년 4월 19일 뢴도르프에서 사망.

참고문헌

귀도 크놉, 안병억 옮김, 《통일을 이룬 독일 총리들》, 한울, 2000.

콘라드 아데나워, 갈봉근 옮김, 《아데나워 회고록》, 한림출판사, 1971.

신종훈, 〈서독과 서방통합의 문제: 콘라드 아데나워의 외교정책 1949~1955〉, 《독일연구》 제15권, 2008, pp. 141~168.

신창섭, 《가장 중요한 것은 용기이다: 서독 초대수상 아데나워의 리더십》, 답게, 1997.

Jansen, Thomas., Adenauer, Konrad. and Hallstein, Walter. "the Basis of Trust", Bond. Martyn., Smith, Julie., Wallace, William(ed.). *Eminent Europeans. Personalities who shaped contemporary Europe*, London, 1996, pp. 97~121.

유럽통합을 수용한 민족주의자

: 샤를 드골

조홍식

유럽통합의 역사에서 샤를 드골(Charles André Joseph Marie de Gaulle)이 차지하는 위상은 매우 독특하면서도 애매하다. 드골은 유럽통합의 핵심 추동 세력이었던 프랑스의 대통령으로 1958년부터 10여 년간 집권하는 동안 유럽통합의 흐름을 막지는 않았지만, 통합의 초창기에 있었던 낙관주의와 연방주의적 성격을 제거하는 데 기여하였다. 그는 프랑스를 축으로 하는 유럽 대륙 중심의 유럽통합에는 적극적이었지만, 미국의 영향력이 강한 영국을 배제하여 다른 유럽 국가들의 반발을 샀다. 역사적 거리를 두고 판단한다면 드골은 반(反)유럽주의자가 아니라 자신의 유럽관을 다른 정치 세력과 국가들에게 강요하려고 하였던 독선적 유럽주의자라고 부르는 것이 정확하다.

드골이 구상하는 유럽은 다양한 민족과 국가가 연합하는 유럽이지, 민족과 국가를 대신하는 새로운 정치체제로서의 유럽이 아니었다. 드

골에게 국가는 성역이었고 국제사회
는 국가와 국가가 생존을 놓고 경쟁
하는 냉정한 무대였던 것이다. 드골
대통령이 주재하는 국무회의에서 언
젠가 쿠브 드 뮈르빌(Maurice Couve
de Murville) 외무장관이 '우방 국가'
에 대해서 언급한 적이 있었다. 그러
자 드골은 장관의 말문을 끊고는

기자회견을 하고 있는 드골. 1953년.

"외무장관님, 제대로 된 국가라면 우방이 있을 수 없소"라고 면박을
주었다는 일화가 전해진다.

드골의 위상은 프랑스 역사에서도 독보적이다. 드골은 잔 다르크나
나폴레옹과 함께 세계에 가장 잘 알려진 프랑스인일 것이다. 지난
2006년 프랑스 2텔레비전의 여론조사에서 그는 프랑스 역사상 가장
위대한 인물로 꼽히기도 했다. 작가 앙드레 말로(André Malraux)는 "우
리는 모두 드골주의자였거나, 이거나, 일 것이다"라는 말로 20세기 그
의 중요성을 강조하였다. 프랑스 사람들이 그토록 드골에 열광하는
이유는 2차 대전 당시 조국의 영토를 나치 독일이 점령하였을 때 해외
에서 저항의 깃발을 들어 국가의 자존심과 영광을 구원했기 때문이
다. 또한 프랑스인들이 그토록 드골에 감사한 마음을 가지는 이유는
그가 집권했던 1958년부터 1969년이 고속 경제성장의 시기로 프랑스
의 근대화를 주도했기 때문이다. 이러한 국내 정치적 위상은 그의 유
럽 정치에 반영되어 독선을 낳았는지도 모른다.

군인에서 국가 지도자로

드골은 1890년 프랑스 북부 릴(Lille)의 외가에서 태어나 1970년 샹파뉴(Champagne) 지방의 자택에서 사망했는데 1940년이 그 인생의 전환점이라고 할 수 있다. 드골 인생에서 전반부가 평범한 중산층 출신의 군 장교의 삶이었다면, 후반부는 프랑스 현대사에서 가장 중심적인 역할을 담당하는 국가 지도자의 삶이었던 것이다. 2차 대전과 프랑스의 패망이라는 커다란 위기가 닥치지 않았더라면 드골은 자존심 강한 훌륭한 장군으로 생을 마감했을지도 모른다. 그러나 망국의 위기는 구국의 영웅을 만들었고, 드골은 영웅의 운명을 포착하고 또다시 재현하여 운명을 만들어가는 자의 호기를 부렸다.

드골 가문은 원래 가난한 귀족으로 18세기부터 파리에 정착했으며, 그의 아버지는 예수회에서 운영하는 중등학교 교사인 지식인이었다. 그의 외가는 릴에서 직물 산업을 했던 부르주아 가문이었다. 드골이 태어나 성장한 19세기 후반과 20세기 초반 프랑스는 '아름다운 시절(Belle Epoque)'이라고 불릴 만큼 상대적으로 풍요로운 시대였다. 하지만 정치적으로는 드레퓌스 사건이나 국가와 종교 분리 파동과 같은 위기로 점철된 혼란스런 분위기였다. 당시 가톨릭 가문이 대개 그랬듯이 그는 아버지로부터 왕권주의적 성향을 물려받았고, 국론을 분열시키는 정당과 정치인들에 대한 혐오를 갖고 자라났다. 이러한 성향은 그가 정치인으로 활동하는 시기에 강력하게 드러나게 된다.

드골은 1908년 프랑스 최고 사관학교인 생시르 사관학교(Ecole Saint-Cyr)에 입학하여 1912년에 졸업하였고, 아라스(Arras) 지역 보병

부대에 처음 배치되는데 그곳에서 페탱(Philippe Pétain) 대령과 처음 만나게 된다. 페탱은 나중에 1940년대 독일과 협력하는 비시 정권의 수뇌가 되고 드골은 이에 저항하는 자유 프랑스의 지도자가 되어 대립하게 된다. 하지만 이들의 첫 만남과 인연은 우호적인 것이었다. 페탱은 훌륭한 문장력과 남다른 총명함을 보이는 드골을 중용하면서 그의 지속적인 후원자로 등장하게 된다. 드골은 1914년 발발한 1차 대전에 참여하여 매년 한 번씩 부상을 입고, 1916년에는 전쟁 포로로 잡혀 2년 6개월간을 독일 바이에른 지역에서 보낸다. 청년기 군사 교육과 전쟁의 경험은 그로 하여금 국가 안보의 중요성을 깊이 새기게 해주었다.

1차 대전과 2차 대전 사이에 그는 평범한 군 장교 생활을 하였다. 폴란드나 레바논 등 해외에 파견 근무도 하고, 생시르 사관학교나 육군대학에서 교관으로 학생을 가르치기도 하였다. 한때는 국방부에서 근무하면서 정책적인 경험을 쌓기도 하였다. 그는 1930년대 고급장교 시절 다수의 논문이나 저서를 통해 나름의 군사 전략을 제안하는데 그 주요 내용은 전차나 항공기와 같은 현대 무기의 중요성을 강조하는 것이었고, 다른 한편 징병 군인 이외에 직업 군대의 창설도 강력하게 주장하였다. 하지만 군의 상부는 무척 조심스런 보수적 입장을 고수하였고, 좌파 정당들은 직업 군대가 사회적 탄압을 위해 악용될 위험 때문에 이에 반대하였다.

2차 대전은 프랑스를 패망의 구렁텅이로 빠지게 했고 동시에 드골로 하여금 구하게 하였다. 1939년 전쟁이 시작되었을 때 드골은 아직 대령에 불과했다. 이듬해 5월 임시 장군으로 임명되었고, 6월에는 레노(Paul Reynaud) 내각에서 국방차관에 임명되었다. 하지만 프랑스는 패전하였고 6월 16일 독일과의 강화를 주장하는 페탱 장군이 수상으로 등장하였다. 당시 드골은 영국과의 협상을 위해 런던에 있었는데, 프랑스가 항복하는 기미를 보이자 홀연히 역사와 운명의 순간을 잡고 거부와 저항을 외쳤다. 역사가 그에게 부여한 기회를 놓치지 않았던 것이다. 사실 50대까지 드골의 경력은 무척 평탄하고 일반적인 군인의 그것이었다. 고속 승진도 없었고, 그저 평판이 나쁘지 않은 신뢰할 만한 고급장교였던 것이다. 그러나 위기의 순간 그의 선택은 역사의 무대로 스스로를 등장하게 하는 능력을 발휘했다.

그는 6월 18일 BBC 라디오를 통해 런던 연설에서 소리쳤다.

> 우리는 적군이 지상과 공중에서 보여준 힘에 눌려 패배했습니다. (…) 그렇다고 모든 것이 끝나버렸습니까? 희망도 사라져버렸습니까? 이 패배가 결정적인 것일까요? 아닙니다! 저는 현실을 잘 알고 있습니다. 저를 믿으십시오. 우리는 절대 프랑스를 잃지 않았습니다. 우리를 패하게 한 똑같은 수단을 통해 언젠가는 승리를 쟁취할 수 있을 것입니다.

프랑스는 나치 독일에 항복하지 않았으며 본토가 점령당하더라도 해외에서 전쟁을 계속해야 한다는 내용이었다. 이 연설은 프랑스 역사에서 국운을 결정짓는 가장 진지하면서도 감동적인 연설로 역사적 사건이었다.

드골은 이를 계기로 독일과 협력하는 페탱 정부와 경쟁하는 망명정부의 수반으로 등장하였다. 그는 뛰어난 정치적 수완을 발휘하여 프랑스 해외 식민지 일부의 지지를 얻어내는 한편, 본토에서 활동하는 레지스탕스와 연계하여 투쟁을 전개하였다. 또 영국이나 미국과의 관계에서 자신과 레지스탕스 세력이 프랑스를 대표한다는 점을 강조하여, 전후 과정에서 프랑스가 패전국이 아닌 승전국의 지위를 획득하게 하는 데 결정적으로 기여하였다. 그는 노르망디 상륙작전 직후 1944년 6월 본토에 임시정부를 수립하고, 해방 정국에서 여성 투표권 부여, 주요 산업의 국영화, 사회보장 제도의 확립과 같은 중대한 개혁을 시행하였다. 하지만 그는 새로운 헌법 제정 과정에서 전통적인 의원내각제를 선호하는 좌파 및 기독교 민주주의 세력과 충돌하였고, 1946년 1월 이에 불만을 표시하며 사임하였다. 드골이 선호하는 헌법은 전통적 내각제가 아니라 국가원수가 주도적인 역할을 하는 대통령제에 가까웠기 때문이다. 드골의 정당과 정치인에 대한 불신은 바로 이 시기에 형성되었다.

그는 1947년 프랑스 민중연합(RPF)이라는 정치 세력을 만들지만, 초기의 성공은 지속되지 못했고 1952년에는 이 조직도 분열되어 와해되었다. 드골이 비판했던 제4공화국은 우선 인도차이나의 독립 전쟁에서 커다란 충격을 받았고, 이어 1956년부터는 알제리 독립 전쟁으로 혼란스러운 상황에 있었다. 1958년 알제리의 대도시 알제(Alger)에서 독립을 반대하는 프랑스 거주민들의 반란이 일어난 이후, 식민지 유지를 원하는 군부에서 내란의 위험을 언급하며 드골의 복귀를 요구하였다. 결국 드골은 6월 1일 12년 만에 다시 권좌로 돌아왔고, 이번에는 국가 내란의 위기를 해결하는 구원자로 등장하였던 것이다. 의회는 드골 수상이 6개월간 정부령(ordonnance)으로 통치할 수 있도록

1958년 9월 4일 파리 공화국 광장에서 새 헌법을 공포하는 드골.

허락했고 개헌을 추진하도록 하였다.

드골은 1958년 여름 헌법 개정을 준비했는데, 자신이 원하는 강력한 행정부 안과 기존 정치 세력들이 주장하는 의회의 권한 강화 안이 타협하는 수준에서 제5공화국 헌법을 준비하였다. 새로운 헌법은 9월 국민투표로 통과되었고, 드골은 선거인단에 의해 12월 초대 대통령으로 선출되었다. 그는 또 1962년 자신을 겨냥하는 테러를 겪은 이후 헌정의 안정을 위해서는 대통령의 정당성을 강화해야 한다며 대통령 직선제를 도입하였다. 이로써 의원내각제적인 요소보다는 정부가

의회는 물론 대통령의 신임을 동시에 얻어야 하는 이원집정부제적인 성격이 강화되었던 것이다. 그리고 1965년 최초의 직선제 대통령으로 선출되었다. 드골의 커다란 기여 중 하나는 프랑스에 현재까지 유지되는 장기적인 헌정 질서를 보장하는 제5공화국을 수립하였다는 점이다.

그는 1958년부터 1969년까지 재임하면서 고도의 경제성장을 이룩하고 프랑스의 국제적 위상을 높이는 데 성공하였다. 경제적으로 화폐개혁을 단행하여 새로운 프랑화를 도입함으로써 안정적인 재정 질서를 구축하였고, 국가의 적절한 개입과 주도적인 정책을 통해 성장을 촉진하였다. 또 국제적으로 자유 진영에 속해 있으면서도 미국의 잘못된 정책을 비판하는 외교로 프랑스의 자존심을 지키고 발언권을 높였다.

하지만 드골처럼 혼란과 위기에서 조국을 구해낸 정치인에게도 떠나야 할 시간이 다가왔다. 1968년 전 세계적으로 자본주의와 권위주의 사회에 대한 반발의 운동이 젊은 층을 휩쓸었다. 소위 68운동이라 불리는 이 물결 속에서 프랑스는 학생 소요가 노동자의 총파업으로 연결되면서 커다란 홍역을 치렀다. 이 과정에서 대화와 타협을 주장하는 퐁피두(Georges Pompidou) 수상은 해임되었고, 진압과 질서를 주장하는 드골 대통령은 국회 해산과 총선을 통해 승리하는 듯했다. 하지만 이듬해 국민의 지지를 확인하고 싶었던 드골은 지방분권과 상원 개혁에 대한 법안을 국민투표에 부쳤다. 이 법안은 52퍼센트로 가결되었음에도 드골은 미온한 지지율에 실망했는지 사임하고 말았다. 그는 1970년 사망할 때까지 지방의 자택에서 회고록을 쓰는 데 마지막 심혈을 기울였다.

통일된 유럽

드골은 19세기에 태어난 프랑스인답게 통합된 유럽이라는 새로운 이
상보다는 민족과 국가라는 원칙에 더욱 충실한 사람이었음에 틀림없
다. 그는 특히 정치를 시작하기 전에 전쟁을 경험하였고 군인이라는
직업에 평생 종사했으며 독일과의 전쟁을 준비하면서 살아온 인물이
다. 게다가 프랑스가 패망하여 이를 구하기 위해 혼신의 힘을 쏟고 온
갖 수단과 방법을 강구해야만 했던 것이다. 따라서 그가 국가의 안위
와 민족의 생존을 최대 가치로 추구하는 것은 당연해보인다. 1940년
대 자유 프랑스의 드골과 해방 정국의 드골은 시대가 절실히 필요로
하는 경험과 세계관을 가졌던 셈이다.

드골의 정치사상에서 가장 중요한 화두는 '민족의 독립', '프랑스의
영광과 위상'이다. 유럽에 대한 드골의 태도는 바로 민족 독립과 프랑
스의 위상이라는 두 가지 원칙에서 비롯된다고 할 수 있다. 프랑스 민
족의 주권, 독립성, 자율성에 영향을 미칠 수 있는 그 어떤 변화나 경
향에 대해서도 드골은 단호히 반대한다. 하지만 유럽통합이 프랑스의
영광과 위상을 제고하는 데 도움이 된다면 기꺼이 환영하고 수용할
수 있다는 입장을 취한다.

유럽의 연방주의자들은 드골이 유럽통합에 반대했다고 보는 경향이
있다. 하지만 이들의 다소 과도한 주장과는 달리 드골은 유럽통합에
대해 매우 호의적인 자세를 보여주었다. 그는 '연합 유럽'이나 '통일

유럽'이라는 표현을 자주 사용하며 미국은 유럽의 자식이라고 생각하고 있다. 그래서 1960년에는 '연합 유럽과 그 자식 아메리카'라고 말한다. 또 드골은 러시아가 유럽에 포함된다고 생각하며 유럽의 경계는 '대서양에서 우랄까지'라는 인식을 드러내고 있다. 이런 시각은 서유럽만의 통합을 원했던 정치 세력을 자극했던 것은 물론 중앙아시아와 시베리아를 러시아로부터 분리시킨다는 점에서 소련에게는 불만스런 태도였던 것이다.

드골은 제4공화국 시절 '유럽연방'이라는 표현까지도 사용하며 친유럽적 입장을 보였고, 자유로운 유럽인들의 광범위한 국민투표를 시행해야 한다고까지 말하기도 했다. 물론 이것은 당시에는 아직 연방이나 국가연합과 같은 다양한 형태에 대한 명확한 이해가 없었기 때문으로 해석할 수 있다. 드골과 그의 정치 운동 RPF는 일관되게 유럽은 회원국의 독립을 존중하는 국가들 사이의 연합이어야 한다는 입장을 분명히 하였다. 바로 그 이유로 드골 세력은 유럽석탄철강공동체(ECSC)와 유럽방위공동체(EDC)에 강력하게 반대하였던 것이다. 드골과 의원 드브레(Michel Debré)는 1957년 유럽경제공동체(EEC)에 대해서도 민족의 소멸을 제안하는 것이라고 강력하게 비판하였다.

1958년 드골의 집권 후 국내·외적으로 유럽경제공동체의 와해를 걱정하는 사람들이 많았던 것은 바로 이러한 드골의 유럽에 대한 인식 때문이었다. 하지만 드골은 프랑스의 위상을 위해서는 한번 약속하고 서명한 것은 지켜야 한다는 논리를 펴며 경제공동체에 적극적으로 동참하였다. 게다가 1962년부터 공동시장이 농업 분야에까지 확대되도록 유럽통합을 주도했다. 드골은 적어도 경제적인 차원에서 진행되는 유럽통합에는 적극적인 지원자가 되었던 것이다. 특히 자신이 집권하게 된 이상 프랑스 경제는 유럽의 다른 국가들과 경쟁할 만한 요건을 갖추게 되었다고 판단한 듯하다.

드골은 '유럽의 유럽(Europe européenne)'을 강력하게 주장했는데, 그것은 프랑스의 독립과 자율을 강조하듯이 유럽도 다른 외부 세력에서 독립된 자율성을 확보해야 한다는 주장이었다. 이는 결국 미국의 영향력을 배제한 유럽을 의미했으며, 특히 미국과의 다자적 군대의 형성이나 군사 통합에 반대하는 의미였다. 그는 "프랑스는 프랑스이기 때문에 세계 속에서 세계적인 정책을 펴야 한다"고 말하면서, 유럽은 프랑스 자신의 국제적 위상을 높이기 위한 수단이 될 수 있다는 생각을 드러냈다.

드골은 자유 진영의 동반자로 미국을 적대적으로 보지는 않았지만 미국이 프랑스나 유럽의 정치에 개입하는 것은 용납할 수 없다는 입장이었다. 그의 이러한 생각은 영국의 유럽공동체 가입에 대한 두 차례에 걸친 비토권 행사에서 극단적으로 드러났다. 드골은 영국과 그 민족에 대해서 높은 존경심을 여러 차례 표현하였다. 무엇보다 2차 대전 당시 드골은 런던에서 연합국의 일원을 자처하며 자유 프랑스의 깃발을 휘날리지 않았던가. 하지만 전통적으로 영국은 유럽보다는 너무 미국에 치우친 성향을 보여줬다는 것이 드골의 생각이었다.

드골의 회고록에 따르면 1958년 6월 그는 영국의 맥밀런(Harold Macmillan) 수상을 파리에서 만났는데, 이 자리에서 영국 수상은 "공동시장은 대륙 봉쇄이며 영국은 이를 수용할 수 없으니 제발 그것은 포기하라"고 부탁했다. 영국을 빼놓고 대륙 국가들만의 공동체를 구성하면 그것은 영국과 외부의 교역을 봉쇄하는 효과를 가진다는 지적이었던 것이다. 그런데 3년 뒤 영국 정부가 그 공동시장에 가입하겠다고 나섰다. 드골은 1962년 12월 다시 맥밀런 수상을 만나 자신이 영국의 공동시장 가입에 반대하는 이유를 설명하였다. 영국 농업, 영연방, 미국과의 특수한 관계가 영국이 가입할 수 없는 이유였다. 특히 맥밀런이 미국의 케네디 대통령과 만나 핵 군사력 위주의 다국적군(MLF)을 구성하겠다는 논의를 한 사실은 드골을 자극하였다. 이에 그는 1963년 기자회견에서 영국은 미국의 '트로이의 목마'가 될 것이라며 비토권을 행사하겠다고 발표하였다. 드골의 비토는 영국의 가입에 대한 거절이기도 했지만 미국이 추진하는 미국과 유럽 축으로 구성된 대서양연합의 거절이기도 했다. 케네디의 계획에 따르면 핵무기는 미국이 독점하도록 구상되어 있었다. 드골에게 핵무기를 포함한 프랑스의 자율적인 방어 능력은 양보할 수 없는 정책이었기에 케네디의 계획에 대한 거절은 필연적인 것이었다.

영국에서는 1964년 보수당 정권이 노동당 정권으로 대체되었고 윌슨(Harold Wilson) 노동당 정부는 1967년 다시 한 번 공동시장의 문을 두들겼다. 하지만 드골은 기자회견을 통해 또다시 영국이 현재로서는 가입 조건을 충족시키지 못한다고 주장하였고, 아주 장기적인 변화를 통해서만 가입할 수 있을 것이라고 못 박았다. 영국은 1973년에야 경제공동체에 가입하게 되는데 드골은 영국의 가입을 10여 년 이상 늦춘 당사자였고, 유럽의 성격과 방향에 적지 않은 영향을 미친 셈이다.

드골은 전후 세계에서 프랑스의 외교를 펴는 데 영국보다는 독일과의 협력을 중요시하였다. 그것은 드골이 반대했지만 제4공화국에서 추진해온 유럽통합의 기본 원칙에 부합하는 방향이었다. 프랑스와 독일의 협력은 이미 유럽석탄철강공동체나 유럽방위공동체 등에서 나타난 바와 같이 유럽통합의 동력을 제공하고 있었기 때문이다. 특히 드골은 독일의 아데나워 수상과 개인적으로 무척 친밀한 우정과 신뢰, 깊은 상호 존중의 감정을 나누었다. 1958년 9월 두 정상의 만남은 파리나 본이 아니라 샹파뉴의 드골 자택에서 이틀간 이뤄졌다. 당시 드골은 독일이 전후 질서를 인정하고 핵무기에 대한 권리를 포기한다면 외교적으로 독일의 확실한 지지자가 될 것이라고 약속하였다. 그 결과 1962년은 드골과 아데나워가 상호 방문을 통해 양국의 화해를 자축하였고, 1963년 1월에는 엘리제 조약이 체결되어 이를 공식적으로 확인하였다. 이 조약은 2차 대전의 적대적 관계를 해결하고 양국 간의 긴밀한 협력을 강조하는 조약이었다.

하지만 그해 10월 아데나워가 물러나고 에르하르트(Ludwig Erhard)가 등장하면서 프랑스와 독일의 관계도 상당히 소원한 모습을 보이게 되었다. 드골은 에르하르트에게서 아데나워와 같은 개인적 신뢰와 우정을 느낄 수 없었던 것은 물론 프랑스의 미국 견제 정책은 독일에서 비판을 받았다. 예를 들어 엘리제 조약에 대해 독일 연방의회는 전문을 첨부하여 수정을 가하였고 드골은 이에 불만을 표명하였다. 또 1965년 드골은 독일의 통일은 서유럽과 동유럽 국가들의 협의로 진행되어야 한다고 주장했지만, 미국은 제외하는 것 같은 이런 입장을 서독 정치 세력은 받아들이지 않았다.

유럽공동체의 내부 역사에서도 드골은 중요한 발자취를 남겼다. 우선 푸셰 플랜(Fouchet Plan)을 들 수 있다. 푸셰(Christian Fouchet)는 드골의 심복 중 한 명으로 의원 및 덴마크 대사를 역임한 뒤 유럽정치연합계획 연구위원회 위원장을 맡은 인물이다. 드골은 유럽을 건설하기 위해서는 "꿈을 따라서가 아니라 현실에 기초해서 추진해야 한다"면서 유럽의 현실은 바로 회원국들이라고 말했다. 그는 유럽주의자들이 주장하는 초국적 기구들은 권위가 부족하고 그 때문에 정치적 효율성을 갖지 못한다고 주장했다. 따라서 유럽기구는 전 유럽의 시민들이 참여하는 국민투표로 민주적 정당성을 확보해야 한다고 역설했다.

이러한 드골의 유럽관에 기초해서 만들어진 계획이 푸셰 플랜인데 유럽 차원의 국가연합 조약을 체결하고 정상들의 이사회, 유럽의회, 그리고 유럽정치위원회를 설립하자는 계획이었다. 하지만 다른 회원국, 특히 초국적 유럽을 주장했던 벨기에와 네덜란드는 이 계획을 비판하였고 영국이 동참해야 한다고 조건을 달았다. 결국 1962년 4월 두 나라의 비토로 이 계획은 포기되었다.

1965년 6월에는 드골 정부가 유럽통합사에서 또 다른 위기를 초래한다. 당시 브뤼셀에서 농업 보조금과 관련된 회의가 진행되고 있었는데, 프랑스는 협상에서 자신이 소수의 입장에 놓이게 되자 협상 자리를 걷어차고 나와 모든 유럽공동체의 회의에 불참하는 일명 '공석위기(empty chair crisis)'를 일으켰다. 이러한 프랑스의 태도는 정책 결정 과정에서 다수결이 적용되는 조약을 무력화시키는 것이었다. 프랑스의 생떼는 6개월간 지속되었고 결국 1966년 1월에 중대한 사안에 대해서는 회원국의 비토권을 인정한다는 일명 룩셈부르크 타협으로 종결되었다.

드골은 민족 독립과 국가주권에 대한 의지는 확고하였기 때문에 그는 유럽 문제로 국내적 정치 위기를 마다하지 않았다. 그는 1962년 기자회견에서 "현재 추진할 수 있는 유럽은 회원국의 유럽일 뿐"이라며 "만일 단테, 괴테, 샤토브리앙 등이 조국이 없이 통합된 에스페란토나 볼라퓌크(Volapük)와 같은 국적 없는 언어로 생각하고 글을 썼다면 유럽에 기여하지 못했을 것"이라고 자극적으로 자신의 생각을 밝혔다. 당시 드골의 연합 정부에 참여하고 있었던 유럽주의 정치 세력인 기민계 인민공화운동(MRP)의 장관들은 사임하였고 연정은 붕괴되었다.

1965년 최초의 대통령 직접선거에서도 결선투표를 앞두고 드골은 인터뷰에서 "물론 유럽! 유럽! 유럽! 외치면서 아이처럼 의자에서 팔짝 팔짝 뛸 수 있지만 그것은 아무런 결과도 없고 의미도 없다"고 설명했다. 유럽의 건설은 국가들의 협력을 통해서만 가능하다는 주장이었던 것이다. 당시 좌파 세력의 주자 미테랑과 결선에서 경쟁하는 상황에서 전통적 우파인 기민 세력 유권자들의 표를 상실할 수 있는 이 같은 발언은 정치적으로 무척 위험한 선택이었다.

색다른 유럽관

유럽통합사에서 드골은 반유럽주의자나 유럽통합을 비판하는 인물로 등장한다. 하지만 사후적으로 보다 세밀하고 공정하게 판단한다면 드골은 유럽에 반대했던 인물이라기보다는 당시 유럽주의자들과는 다른 형태와 방법의 유럽을 꿈꾸었던 것으로 평가할 수 있다. 드골은 전형적인 현실주의자이다. 그리고 그에게 현실이란 국가권력이 지배하는 국제 무대의 역학 관계이다. 프랑스의 민족 독립과 국가주권을 최대의 가치로 삼고 있었던 드골에게 국가의 정책 권한을 초국적 기구에게 위임하는 것은 용납할 수 없는 주권의 포기인 것은 물론, 효율성의 측면에서 실패할 수밖에 없었다. 달리 말해서 드골이 연방주의적인 유럽통합에 반대했던 이유는 그가 부인할 수 없는 민족주의자였다는 이데올로기적인 측면이 분명히 있지만, 그에 못지않게 초국적 연방기구는 정치적 정당성과 권위를 확보하지 못해 비효율적일 수밖에 없다는 현실적 판단이 바탕에 깔려 있다는 것이다.

유럽석탄철강공동체의 집행기구인 고위관청(High Authority)이나 유럽경제공동체의 집행위원회(Commission), 그리고 유럽 차원의 공동의회(Common Assembly) 등이 대표적인 초국가기구들인데, 이들은 회원국 대표들로 구성되기보다는 유럽 전체를 대표한다는 의미를 가지고 있었다. 때문에 회원국의 의지를 종합한다기보다는 유럽 차원의 국가를 초월하는 대의와 집행 기능을 수행한다. 바로 그 이유로 초국가기구라고 불리는 것이다.

드골에 대한 이런 평가와 해석은 그가 국내 정치에서 보여주었던 통치자와 국민과의 상호 관계를 보면 쉽게 이해할 수 있다. 굳이 그 가문이 왕권주의적 성향을 가지고 있었다는 배경을 들추지 않더라도 드골은 프랑스를 대표하고 상징하는 통치자와 국민 간에 깊은 신뢰와 지지가 필요하다고 인식하였다. 즉 이는 국민의 지지를 온 몸에 받는 통치자만이 프랑스를 상징하고 대표하면서 권위를 가지고 효율적인 정치를 펼 수 있다는 신념이다. 드골의 눈에 정당과 의원들은 군주가 아닌 소인배에 불과하며 언제든지 국익을 배반할 수 있을 무리들일 뿐이다. 그는 대의제에 대해 깊은 의심을 품고 있었다. 따라서 유럽도 초국적 기구의 관료들에게 맡겨놓아서는 실패할 수밖에 없다고 보았던 듯하다. 또한 지속적으로 유럽 문제에서도 국민투표를 주장한 그의 입장에서 바로 독특한 직접민주주의적 권위주의, 즉 보나파르티즘(Bonapartisme)의 성향을 발견할 수 있는 것이다.

보나파르티즘이란 프랑스 혁명 뒤 나폴레옹 자신이 혁명의 이념과 세력을 상징하면서 부상하였지만, 반혁명과의 투쟁 속에서 권위주의적 성향을 보여주면서 결국 황제로 부상했었던 경험에 기초한 정치성향이다. 달리 말해서 상당한 권위주의적 성격을 가지고 있지만 동시에 혁명성이나 개혁성, 국민의 지지 등을 보유하고 있는 정치체제와 세력, 또는 통치 양식 등을 의미한다고 보면 정확하다. 나폴레옹의 조카가 민주적 선거를 통해 대통령으로 선출된 뒤 결국 제2제정을 수립하면서 황제가 된 것도 이런 전통의 반복이다. 또 드골은 처음부터 끝까지 민주 선거의 형식을 존중했지만 통치 스타일이 매우 권위적이었다는 점에서 보나파르티즘을 통해 해석하는 것이다.

드골의 거듭된 영국 가입 반대는 그가 갖고 있는 프랑스의 위상과 양극 체제라는 현실에 대한 인식을 반영하고 있다. 적어도 드골에게 통일된 유럽은 프랑스의 국제적 위상을 확보하고 보장하기 위한 수단이어야 했다. 이러한 도구적 시각에서 볼 때 영국의 가입은 유럽의 통합보다는 미국과의 대서양 통합을 위한 전주곡으로 비쳤던 것이다. 드골은 적어도 1950년대에는 통일된 유럽이 미국과 소련 사이에서 제3의 세력으로 부상할 수 있을 것이라는 희망을 가지고 있었던 것으로 보인다. 하지만 1956년 이집트가 수에즈 운하를 국유화하자 영국과 프랑스가 시행한 수에즈 파병의 외교적 실패, 그리고 탈식민화 과정에서 영국과 프랑스의 제국 상실과 위상 저하 등의 조건을 감안하였을 때, 유럽이 초강대국 미국과 소련의 위상에 도전을 가할 가능성은 적어보였다.

따라서 1960년대에는 미국과 소련에 대한 적극적 견제보다는 이들의 세력이 약화되기를 기다리면서 변화를 도모하는 외교였다고 판단할 수 있을 것 같다. 1960년 공산 진영에서 소련과 중공의 충돌이 가시화된 뒤, 드골은 1964년 중공을 서방 강대국 중 처음으로 외교적으로 공식 인정하였다. 그리고 1966년에는 프랑스가 북대서양조약기구(NATO) 군사 조직에서 탈퇴함으로써 미군은 프랑스에서 철수해야 했다. 또 드골은 1964년부터 여러 차례에 걸쳐 미국의 베트남전 개입을 비판하면서 서방 진영에서 미국의 리더십에 반기를 드는 역할을 담당하였다. 결국 드골의 유럽 정책에서 영국에 대한 입장과 정책은 미국과 소련 주도의 양극 체제에 대한 드골의 전반적인 외교 정책을 고려해야만 이해할 수 있다는 의미이다.

드골이 정치적으로 활동했던 시기에 그는 유럽통합 운동에서 특수한 존재였다. 모두가 대서양주의자일 때 그는 유럽주의자―물론 군사통합이 아닌 군사 협력이라는 의미에서―였고, 모두가 영국을 받아들이고자 했을 때 그는 제동을 걸었다. 모두가 초국가기구를 주장할 때 그는 국가의 현실과 권한을 소리쳤다. 모두가 다수결을 옹호할 때 그는 비토권과 만장일치를 내걸었다. 그래서 그는 영국의 가입을 늦추고, 초국가적 통합을 지연시키고, 다수결의 도입을 1986년의 단일유럽의정서(Single European Act, SEA)까지 수십 년이나 연기시킨 책임을 안게 되었다. 하지만 시간이 지나 돌이켜보면 드골은 선견지명이라고 부를 수는 없지만, 성급한 유럽통합이 가질 수 있는 다양한 문제점들을 핵심 회원국의 국가 원수라는 입장에서 왕성하게 제기했다고 평가할 수 있다.

미국을 견제하려고 했던 드골의 유럽관은 이라크 침공을 놓고 벌어진 영미 연합과 프랑스, 독일, 러시아의 대립을 놓고 보면 상당히 시사해주는 바가 있다. 드골은 미국을 무조건적으로 추종하는 것이 유럽의 정체성을 확립하는 데 해악이 된다는 사실을 말한 듯이 느껴지기도 한다. 또한 영국이 유럽에 가입한 이후에 지속적인 제동자의 역할을 담당했다는 사실을 돌이켜 생각해볼 때, 영국이 1960년대에 가입했더라면 유럽통합이 과연 어떤 방향으로 흘렀을지 의문스럽다. 또한 브뤼셀 초국가기구의 권한 강화와 최근 프랑스, 네덜란드, 아일랜드의 국민투표에서 표명된 거부 의사를 볼 때, 드골의 국민투표론과 국가 현실론을 다시 생각하게 된다. 그는 미국과 소련 가운데 유럽이 가야 할 길을 보았고, 민족국가에 뿌리 깊이 담겨 있는 권력 구조를 인식하였으며, 국민의 대중적인 지지 없이 유럽통합의 성공은 있을 수 없다는 사실을 잘 알고 있었던 것이다.

드골이 주장했던 대서양에서 우랄 산맥까지의 유럽, 즉 서유럽과 동유럽, 그리고 우랄 산맥 서쪽의 러시아까지를 포함하는 유럽은 실현되지 않았다. 하지만 현재의 유럽은 철의 장막을 넘어서 대서양에서 발트 해까지 27개국의 유럽으로 뻗어나갔고, 향후 터키가 가입하면 대서양에서 코카서스까지 확산될 전망이다. 1970년 드골이 세상을 떠났을 때 그의 유서에는 자신의 비석에 '샤를 드골 1890~19…' 만 적

　　　　　　　　　—— 인물로 보는 유럽통합사

어달라는 요청이 담겨 있었다. 이름과 시대만으로 역사에 커다란 획을 그을 운명을 알고 있었던 것이다.

연표

1890년 11월 22일 릴에서 출생.

1912년 생시르 사관학교 졸업.

1914~19년 1차 대전 참전(부상, 포로 생활).

1919~39년 군 장교 생활(해외, 교관, 야전, 국방부 근무 등).

1939~40년 2차 대전 참전(전차부대 사령관, 국방부차관).

1940년 6월 18일 런던에서 레지스탕스를 호소하는 BBC 연설.

1944년 6월 프랑스 공화국 임시정부 수립.

1946년 1월 수상 사임.

1947년 프랑스 민중연합(RPF) 창립.

1958년 5월 수상 임명.

1959년 1월 제5공화국 초대 대통령 취임.

1962년 푸셰 플랜의 제안과 실패.

1963년 1월 불–독조약 체결. 영국의 유럽 가입에 비토권.

1965년 12월 대선 재선의 결선 투표에서 미테랑에 승리.

1965년 6~66년 1월 공석 위기.

1967년 5월 영국의 유럽 가입에 2차 비토권.

1969년 4월 국민투표 후 사임.

1970년 11월 9일 상파뉴 콜롱베에서 사망.

참고문헌

드골, 심상필 옮김, 《세계 대회고록 전집 13. 드골 I》, 한림출판사, 1980.

드골, 심상필 옮김, 《세계 대회고록 전집 14. 드골 II》, 한림출판사, 1980.

조홍식, 〈드골과 미테랑의 유럽 정책 비교연구: 개인적 비전과 정책의 제약〉, 《유럽연구》
　　　제26권 2호, 2008.

필립 라트, 윤미연 옮김, 《드골 평전, 그의 삶과 신화》, 바움, 2002.

허만, 《드골의 외교정책론》, 집문당, 1997.

드골에 맞섰던 연방주의 투사
: 발터 할슈타인

이철용

1965년 9월 5일 프랑스 대통령 드골은 기자회견을 통해 초국가적 권한을 행사하던 유럽공동체 집행위원회(EC-Commission)를 다음과 같이 강하게 비난했다.

> 연방주의자들은 각 국가들이 존재감을 상실하고, 일종의 국적도 없는 기술관료적이며 무책임한 아레오파고스(Areopagus)*에 의해 통치되어야 한다고 보지만, 프랑스는 이러한 계획에 단호히 반대한다. (…) 6개국 정부는 집행위원회에게 공동체의 공복으로서 일하라는 업무를 부여했지만, 그들은 이제 자신의 책무를 어기면서 월권행위를 서슴지 않고 있다.

드골의 비난은 집행위원회 전체를 향한 것이었지만, 직접적인 공격

◆　고대 아테네의 귀족회의 기구. 아레오파고스 회의는 초기 왕의 자문위원회로 시작되었다가 드라콘의 법전이 공포될 때까지(BC 621년경) 포괄적이고 막대한 권한을 행사했다.

대상은 사실 집행위원회의 수장 발터 할슈타인(Walter Hallstein)이었다. 이러한 비난은 1965년 6월 프랑스가 각료이사회에서 자국 대표단을 철수시켜 반 년 동안 공동체 기능을 완전히 마비시켰던 이른바 '공석 위기(empty chair crisis)'로 치닫게 했다. 드골에 맞섰던 할슈타인은 결국 위기를 야기한 장본인으로 낙인찍혀 집행위원장 자리에서까지 사임해야 했다. 그렇다면 할슈타인은 왜 드골로부터 이런 비난과 패배를 당해야 했을까? 이에 대한 해답은 할슈타인은 누구이며, 그가 꿈꾸었던 '유럽'은 어떤 것이었는가를 살펴봄으로써 찾을 수 있다.

'정치'를 아는 관료

발터 할슈타인은 1901년 11월 17일 독일 마인츠(Mainz)의 루터파 개신교 가정에서 태어났다. 그의 부친은 제국 철도청의 건축 감독관을 지냈지만, 조상들은 주로 농업과 수공업에 종사했던 집안이었다. 훗날 법학교수, 외교관, 정치가 그리고 무엇보다 '유럽통합의 투사'로서 화려하고 왕성한 활동을 보여준 할슈타인의 출세는 가문의 출신 배경과는 무관해 보인다. 할슈타인은 법학과 경제학을 전공했고, 1925년 23세 때 베르사유 조약을 다룬 연구로 베를린 대학교에서 법학 박사학위를 취득했다. 4년 후에는 독일 교수자격시험(Habilitation)을 통과해 이듬해 로스토크(Rostock) 대학교의 법학교수로 임용됐다. 당시 그는 불과 28세로서 독일 전역에서 가장 젊은 교수로 기록될 만큼 뛰어난 재능을 발휘하며 출세가도를 달렸다. 1941년에는 프랑크푸르트 대학교로 자리를 옮겨《경제법·비교법연구소》소장을 역임했다.

2차 대전 당시 할슈타인은 예비역 장교로 참전했다가 1944년 6월 미군의 포로가 되었다. 미국으로 건너간 그는 자신의 경력을 인정받아 포로수용소에 대학을 설립하기도 했다. 그곳에서 미국의 고위 관리와 인맥을 형성할 수 있는 기회를 가졌고, 이러한 경험은 훗날 독일과 브뤼셀의 정계활동에서 유용하게 활용됐다. 미국 체류 시 할슈타인은 미국의 정치제도에 대해 특별한 관심을 보

할슈타인과 그의 서명.

였고, 이것은 '유럽합중국' 건설의 야심찬 구상에 밑거름이 되었다. 귀국 후 그는 프랑크푸르트 대학교 총장과 남독일 대학총장협의회 의장으로 선출되어 대학 행정가의 길을 걷는 듯했다. 하지만 그는 1948년 유럽통합주의자들의 주도로 헤이그에서 열린 유럽회의(Congress of Europe)에서 장차 서독(이하 '독일'로 칭함)의 초대 총리가 될 아데나워를 만나면서 정치에 눈을 뜨게 되었다. 할슈타인은 학문적·행정적 능력뿐만 아니라 전형적인 독일 관료들이 가졌던 품성까지 겸비함으로써 아데나워의 두터운 신뢰를 얻었다.

4년간의 서방 점령국 통치 후 1949년 9월 독일(독일연방공화국, Bundesrepbulik Deutschland) 정부가 수립되자, 할슈타인은 본격적으로 정계에 입문하여 신생 국가의 외교정책에 막강한 영향력을 행사했다. 아데나워가 대외 정책의 기본 노선을 제시하면, 할슈타인은 자신의 구체적인 정책과 방식으로 그것을 수행했다. 그는 1950년 총리실 비서차장으로 전격 임명됐고, 1951년에는 신설 외무부의 차관으로 임명

되었다. 또한 아데나워가 외무부 장관을 겸직했기 때문에 할슈타인은 외무부의 실질적인 수장으로 독일 외교정책을 친서방적이고 반공주의적으로 이끌었다. 1955년에 발표된 자신의 이름을 딴 '할슈타인 독트린(Hallstein-Doctrine)'은 이러한 독일 외교정책의 노선을 함축하고 있다. 하지만 그는 아데나워의 충복으로 인식되었기 때문에 자주 정계의 권력 싸움에 휘말렸고, 결국 나중에는 독일의 정치권에서 벗어나 브뤼셀로 좌천되게 되었다.

'할슈타인 독트린'으로 더욱 잘 알려진 그는 '반공의 전사'이기 이전에 유럽통합 사상가이자 실천가였다. 반공주의 외교 노선은 독일의 서방 통합과 유럽통합 정책을 위한 최소한의 현실적인 정치적 가이드라인이었다. 할슈타인은 유럽의 석탄과 철강 산업을 통합하기 위한 1950년의 슈만 플랜을 시작으로 1950년대 일련의 유럽통합 계획들 속에서 독일 측 협상단 대표를 맡아 유럽통합에 관련한 중요한 결정들을 이끌어냈다. 그는 1958년 유럽연합(EU)의 모태가 된 유럽경제공동체(EEC)가 출범하자 공동체의 행정부 격에 해당하는 집행위원회의 초대 의장을 맡아 10년 동안(1958~67) 하나의 유럽을 건설하기 위해 열정적으로 매진했다.

할슈타인이 그려왔던 '유럽'의 모습은 경제공동체를 기반으로 해 초국가적 정치공동체로 발전한 하나의 유럽이었다. 하지만 그의 이러한 이상은 드골로 상징되는 민족국가의 주권이 건제하게 버티는 상황에서 현실적인 벽을 넘기 어려웠다. 할슈타인은 1965년 드골과의 한판 대결에서 패배한 후, 브뤼셀에서 반강제적으로 쫓겨났다. 그는 1969년 자신의 못 다 이룬 꿈과 아쉬움을 담은《미완성의 연방 국가》

라는 책을 간행함으로써 '유럽의 부활'을 환기시키고자 노력했다. 1982년 3월 사망하기 전까지 그는 한 차례 독일 연방하원(Bundestag)에 선출되었고(1969~72), 민간 차원에서도 활발한 유럽운동을 전개함과 동시에 저술 활동에도 전념했다. 그는 자신의 일에 지나치리만큼 몰두한 철저한 완벽주의자였다. 대인관계가 원만하지 않아 가깝게 지내는 동료들이 적었고 취미도 별로 없었으며, 권력에 집착하는 정치가가 아니었음에도 불구하고 늘 의도하지 않은 많은 정적(政敵)들의 경계 대상이었다. 정치적 신념 그리고 일상의 고독과 내내 싸웠던 그는 한 평생 결혼하지 않고 독신으로 삶을 마쳤다(당시 할슈타인이 동성애자라는 얘기도 있었다).

독일의 장 모네

할슈타인은 유럽통합의 선구자였던 모네와 같이 신기능주의적 연방주의자로 불린다. 이는 그가 통합의 방법으로는 신기능주의(neo-Functionalism)＊를 믿었지만, 최종 목표로는 연방주의(federalism)를 설정했기 때문이다. 즉, 1960년대에 학계와 정계에서 풍미하였던 이른바 '파급효과(spillover effect)'에 뿌리를 둔 기능주의적 접근을 통해 최종적으로는 연방 국가를 건설한다는 꿈을 가지고 있었다. 당시 이러한 이론적 틀은 1950년대에 진행되었던 유럽통합의 발전 과정에서 입

◆ 신기능주의는 기능주의에서 유래했다. 기능주의는 2차 대전 후 영국이 제안하고 선호한 유럽통합의 접근 방식이다. 이 이론에 따르면 유럽통합은 개별 국가가 주권을 포기하지 않고 국가의 간섭 없이, 상호 간의 긴밀한 협력을 통해 정치와 경제 분야에서 점진적으로 부문별 통합이 강화되고 확대된다. 반면 신기능주의는 초국가적인 기구와 제도의 역할을 강조한다.

증되었고, 유럽통합의 미래를 제시할 수 있는 설득력 있는 분석 방법으로 받아들여졌다. 이렇게 그가 파급효과 논리를 받아들일 수 있었던 것은 이 논리가 그가 역설했던 "사물의 필연적 논리성 이론(Sachlogik-Theorie)"과 유사한 측면이 있었기 때문인 것으로 보인다.

1950년 5월 9일 발표된 슈만 플랜은 석탄과 철강의 부문별 경제통합을 목표로 삼았고, 2년 후 유럽석탄철강공동체(ECSC)가 창설됐다. 이 공동체는 6개국(프랑스, 독일, 이탈리아, 베네룩스 3국)의 '소유럽' 연합체로 발족하여 석탄과 철강이라는 경제의 제한된 분야만을 통합한 것이었지만, 회원국들이 주권의 일부분을 초국가적인 기구에 위임함으로써 민족국가의 범주를 뛰어넘는 정치적 연합체라는 실험적 성격도 가지고 있었다. 이러한 통합 모델은 곧바로 정치와 군사 분야로 확대되었고, 유럽 국가들은 "유럽합중국"의 건설을 위한 야심찬 논의와 협상을 거듭했다. 하지만 프랑스 의회가 1954년 8월 유럽방위공동체(EDC)조약의 비준을 거부함에 따라 유럽통합을 위한 거대한 프로젝트는 일단 무산되었다. 그러자 이번에는 경제의 부문별 통합을 넘어 전체 경제 분야를 통합하는 시도, 즉 관세동맹(customs union)과 공동의 단일시장을 형성하는 계획이 추진되었다. 이로써 1957년 3월 25일 로마 조약(Rome Treaty)*의 체결과 함께 현재 유럽연합의 모태가 된 유럽경제공동체(EEC)가 탄생했다. 1950년대에 일어난 이러한 일련의 유럽통합 과정은 경제에서 정치적 분야로의 점진적인 통합 확대와 초국

◆　1957년 프랑스, 독일, 이탈리아 및 베네룩스 3국이 로마에서 유럽경제공동체를 설립하기 위해 체결한 조약이다. 이 조약은 회원국의 단일공동시장을 12년에 걸쳐 완성할 것을 첫 번째 목적으로 삼았으며 궁극적으로 경제통합을 지향하였다.

가성을 가지는 연방 국가의 도래를 필연적인 것으로 바라보게 했다. 할슈타인의 신기능주의적 연방주의는 이러한 시대적 조류와 정치적 판단에 근거했다.

1958년 EEC 출범 당시 유럽공동체의 구조는 연합(confederation)과 연방(federation)의 혼합된 형태로 다소 전자 쪽에 기운 경제통합체였다. 사실 로마 조약 어디에도 정치공동체를 지향한다는 문구는 없었다. 하지만 연방주의자들은 경제통합의 단계를 넘어 궁극적으로 정치 통합이 달성될 것이라 확신했다. 초대 집행위원회 의장을 맡은 할슈타인도 이러한 믿음을 의심치 않았다. 하지만 현실은 그리 낙관적이지 않았다. 가장 큰 장애물은 EEC 기구의 권력 구조에 있었다. EEC는 크게 초국가적 성격을 지닌 집행위원회와 개별 회원국의 이해를 대변하는 각료이사회(Council of Ministers) 그리고 그 역할이 유명무실할 정도로 상당히 미약한 유럽의회에 의해 작동되고 있었다. 대부분의 중요한 문제들은 각료이사회에서 회원국 간의 조정과 합의에 따라 만장일치를 통해 결정됐다. 집행위원회는 정책을 건의하거나 입안하여 각료이사회에 추천할 뿐 정책을 집행할 수 있는 권한은 가지지 못했다. 할슈타인은 공동체의 이러한 권력구조로는 연방 국가의 건설이 요원하다고 판단했다. 집행위원회가 공동체의 이상을 수호하고 통합의 진정한 엔진으로 작용하기 위해서는 각료이사회의 개혁과 무엇보다 유럽의회의 기능 강화가 불가피했다. 할슈타인은 자신의 신념을 단계적으로 실천에 옮기고자 결심했다. 그에게 유럽의 건설은 일시적인 '혁명'에 의한 것이 아니라, 점진적이고 연속적인 발전 '과정(process)'의 필연적인 결과였다.

법학자 할슈타인이 꿈꾸던 유럽연방의 최종적인 모습은 법치국가의 이상적 구현이었다. 법에 의해 정치권력이 견제되고 시민권과 인권이 보장되는 그러한 정치체제가 바로 유럽통합에 의해 완성될 것으로 보았다. 연방체에 위임된 개별 국가의 주권 행사는 '유럽헌법'의 테두리에서 제한된다. 할슈타인은 무엇보다 입법기관의 민주적 정당성에 중요한 의미를 부여했다. 그가 계획한 유럽의회는 양원제, 즉 시민들에 의해 직접 선출되는 하원과 각 회원국의 의회를 통해 선출되는 상원으로 구성되었다. 연방체와 개별 회원국 간의 권력 배분 문제에 대해 할슈타인은 혼합된 시스템을 구상했다. 집행위원회의 역할 확대로 연방행정부의 기능이 강화되고 동시에 개별 국가의 행정권도 유지되어야 했다. 하지만 유럽연방의 수장 선출 방식에 대해서 할슈타인은 분명한 입장을 밝혔다. 대통령중심제의 방식보다는 의회가 책임지는 총리제를 선호했다. 양원제로 구성된 유럽의회가 연방 국가의 수반을 임명하고 그에 대해 불신임권을 행사하는 반면 연방 행정부는 유럽의회를 해산할 수 없었다. 할슈타인은 10년 동안 집행위원회를 이끌면서 자신의 이러한 유럽통합의 비전을 관철시킬 수는 없었지만 적어도 단계적인 방법으로 실천에 옮기고자 도전했다.

드골과의 한판 승부

1958년 'EEC 호'가 망망대해를 향해 돛을 올렸을 때, 현재의 유럽연합으로 발전할 만큼 성공적인 항해를 할 것이라고 예상했던 사람은 적었다. 1950년대에 시도되었던 유럽합중국의 건설을 향한 연방주의자들의 원대한 꿈은 처참하게 실패로 끝났다. 그나마 유럽석탄철강공동체도 EEC가 형성되지 않았더라면 생존을 부지하기 어려웠을 것이다. 개별 국가들은 유럽의 경제가 호전되고 냉전의 첨예한 갈등이 다소 완화되자 연방주의적 유럽통합의 필요성에 소극적인 반응을 보였다. 이러한 이유로 당시 하나의 유럽을 갈망하던 많은 사람들은 6개국에 국한된 소유럽의 초국가적 통합 방식보다는 국가 간 협력에 만족하고 유럽 전체 국가를 아우르는 다소 느슨한 형태의 통합을 실현 가능한 대안으로 생각했다. 그들은 1948년에 조직된 유럽경제협력기구(OEEC)와 이듬해 창설된 유럽평의회(Council of Europe)를 모델로 생각했다. 두 기구를 주도적으로 이끈 영국은 6개국 공동체를 무능화시키기 위해 부단히 노력했다. EEC 회원국 내에서도 초국가적 통합보다는 자유무역을 선호하는 정부간주의자(intergovernmentalist) 세력이 넓게 포진하고 있었다. 독일의 경제계와 '라인 강의 기적'을 이끌어낸 경제부 장관 에르하르트는 할슈타인 식의 유럽통합 방식을 강하게 비판했다. 무엇보다 1958년 권좌에 복귀한 프랑스의 드골 대통령은 '위대한 프랑스'를 외치면서 초국가성을 지향하는 EEC를 탐탁지 않게 여기고 있었다.

하지만 초기의 예상과는 달리 EEC의 발전은 눈부셨다. 관세동맹은 계획보다 앞당겨 실행될 것이 분명해졌고, 경제동맹의 설립에 대한 논의도 제기되기 시작했다. 이러한 성공은 할슈타인의 지도 아래 활발한 활동을 하고 있던 집행위원회의 역할 덕분이었다. 집행위원회는 로마조약에 의거하여 각료이사회의 업무를 어느 정도 인수할 준비가 되어 있었다. EEC의 목적이 조금씩 달성되자 유럽통합의 성격과 방법에 대

1958년 유럽경제공동체(EEC) 초대 집행위원회 위원들. 앞줄 왼쪽에서 두 번째가 집행위원회 의장 할슈타인. 할슈타인의 오른쪽이 네덜란드 집행위원 만스홀트, 그 옆이 프랑스 집행위원 매졸링, 뒷줄 한가운데가 독일 집행위원 그뢰벤이다.

한 회원국 간의 의견 대립이 확연히 드러났다. 식민지였던 알제리 독립 문제와 국내의 혼란한 정국을 수습한 드골은 유럽 문제에 간여하기 시작했다. 통합에 반대했던 드골은 EEC가 단순한 경제통합체로 머물면서 초국가적 방향으로 발전하지 않는다면, 이 공동체를 와해시키기보다는 프랑스의 정치력 강화를 위한 도구로 이용하고자 하였다. '국가들의 유럽(Europe des patries)'과 '유럽인의 유럽(Europe europeéenne)'으로 요약되는 유럽통합 사상을 가졌던 그는 초국가적 연방체보다는 국가 간의 협력과 연대를 강조하면서 미국의 영향력이 배제되고 프랑스의 지도력이 어느 정도 인정되는 통합 유럽을 꿈꾸었다.

드골은 자신의 구상에 맞게 EEC를 재구성하고자 시도했다. 1961년 중순 드골은 EEC 6개국 간 정치 협력을 토대로 한 국가연합의 결성을 목표로 하는 푸셰 플랜을 내놓았다. 다른 5개국은 외교와 국방 분야에서의 협력이 NATO와의 관계를 약화시키고, EEC의 중요성 또한 상실하게 만들 것이라고 우려했다. 더욱이 1961년 8월 공동체 가입을 신청한 영국이 유럽의 정치 상황을 복잡하게 만들었다. 특히 베네룩스 국가들은 EEC 내의 세력균형을 위해 영국의 가입을 강력하게 희망했다. 그들은 영국의 가입 문제가 해결될 때까지 푸셰 플랜의 협상 연기를 주장했으나, 이것이 받아들여지지 않자 협상을 깨뜨렸다. 1963년 1월 14일 드골은 기자회견에서 영국의 공동체 가입을 분명하게 거부하면서 영국의 공동체 가입 협상을 결렬시켰다. 푸셰 플랜 협상과 영국의 공동체 가입 협상의 참여에 배제되었던 할슈타인은 아마도 두 프로젝트의 무산을 내심 반겼을 것이다. 드골의 계획이 실현될 경우 EEC의 유명무실화는 불 보듯 뻔하고, 영국의 가입은 공동체의 내실화를 위해 시기상조였기 때문이었다.

드골은 자신이 구상한 '유럽'을 완성하기 위해 무엇보다 독일의 협조가 절실했다. 그는 유럽에서 독일의 경제적 패권을 인정하는 대신 정치적 패권은 프랑스의 몫이어야 한다고 생각했다. 그는 좌초된 푸셰 플랜의 대안으로 1963년 1월 22일 아데나워와 전격적으로 엘리제 조약을 체결했다. 당시 독일 정부 내에서는 '대서양주의자'와 '유럽주의자' 간의 투쟁이 치열하게 전개되고 있었다. 연방 하원은 프랑스와의 우호조약에 전문을 붙이는 조건으로 이를 비준했다. 이 전문은 독일과 NATO와의 동맹관계를 확인하고 장차 영국의 EEC 가입을 보장하는 것이었다. 드골은 분노했고, 프랑스와 독일의 관계는 아데나워가 총리직에서 물러난 후 급속도로 냉각되어갔다. 1964년 드골은 다시 한 번 독일에 접근했다. 그는 독일의 새 총리 에르하르트에게 프랑스-독일연맹을 제안했으나 거절당했다.

드골에게 남은 마지막 카드는 이미 견고해진 EEC 내에서 프랑스의 이익을 철저하게 확보하는 것이었다. 1964년 10월 그는 곡물의 공동가격 책정과 그에 필요한 재원 문제에 대해 그해 말까지 EEC의 최종적인 결정을 재촉했다. 무엇보다 독일이 유보적인 태도를 보이자 EEC를 탈퇴하겠다고 경고했다. 공동농업정책(CAP)의 가장 큰 수혜국인 프랑스는 그동안 이 정책의 신속한 실행을 꾸준히 요구해왔다. 공동농업정책의 합의 없이는 로마 조약이 성사되기 어려웠을 정도로 농업 문제는 공동체의 발전에서 반드시 해결되어야 할 중요한 과제였다. 푸셰 플랜의 협상이 한창이던 1961년 말에는 프랑스가 EEC의 제2단계로 진입하기 위해 선결 조건으로서 농업 문제를 들고 나왔고, 공동체는 프랑스에 유리한 유럽농업지도보장기금(EAGGF)의 설립을 요지로 한 공동농업정책의 기본 규정을 채택했었다.

공동체의 초국가적 발전을 희망하고 있었던 할슈타인은 이번 기회에 드골과의 정면 대결을 시도해보기로 마음먹었다. 그는 프랑스가 원하는 공동농업정책을 실시하는 대가로 EEC 기구의 초국가적 성격을 강화시키고자 했다. 1965년 3월 할슈타인은 유럽통합 과정에서 자주 사용되는 일괄 타결안(package deal)을 제안했다. 농업 보조금에 대한 재정 지원의 확정, 역외 관세의 징수를 통한 공동체의 독자적인 수입원 확보, 공동체 예산에 대한 유럽의회의 심의와 결정이 그 해결책이었다. 무엇보다 베네룩스 3국과 이탈리아 정부가 할슈타인의 계획을 전폭 지지했다. 이들은 진정한 입법기구로서 유럽의회의 기능 강

────── 인물로 보는 유럽통합사

화와 실질적인 행정부로서 집행위원회의 기능 강화를 통해 EEC 내의 세력균형을 원했다. 드골은 이러한 계획들이 프랑스의 주권을 침해하는 것이라고 보았고, 더욱이 집행위원회의 세력이 너무 강해진 것에 불만을 품었다. 하지만 다른 5개국이 할슈타인의 일괄 타결안을 수용할 의사를 밝히면서 드골은 궁지에 몰리게 되었다. 1965년 6월 프랑스 정부는 EEC 각료이사회에 참여를 거부하고 자국의 대표단을 철수시키는 일명 '공석 정치' 전술을 강행했다.

1965년 10월 프랑스 정부는 로마 조약의 개정을 포함한 공동체의 광범위한 변혁을 요구했다. 특히 각료이사회에서의 투표 방식이 도마 위에 올랐다. 로마 조약은 투표 형태를 어느 시점에서 만장일치제에서 다수결제로 전환할 것을 규정하고 있었다. 다수결로의 변화는 EEC 내에서 프랑스의 주도권 상실을 의미했다. 프랑스의 공석 정치가 오래 지속되면서 공동체는 해체될 위기 상황에 처했다. 5개국은 타협의 필요성을 느꼈다. 프랑스 또한 해결의 돌파구를 찾아야했다. 1965년 11월의 대통령 선거에서 드골은 가까스로 정권을 유지할 수 있었다. 프랑스 정부는 집행위원회가 참석하지 않는 조건으로 중재 회담을 받아들였다. 1966년 1월 룩셈부르크에 모인 6개국 외무부 장관들은 각료이사회에서 만장일치제의 유지와 집행위원회의 권한 축소에 합의했다. 특히 그들은 중요한 안건을 각료이사회에서 논의하기 전에 집행위원회에 먼저 상정한 할슈타인의 행동을 성토했다. 할슈타인의 조국인 독일 정부마저 프랑스와의 관계 개선을 위해 그를 외면했다. 프랑스는 이것으로 만족하지 않았다. 전의를 상실한 할슈타인은 1년 후 집행위원회 의장직을 내놓았고 다시는 브뤼셀로 돌아오지 못했다.

'유럽합중국'을 꿈꾸던 할슈타인은 드골과의 싸움에서 철저히 패배했다. '유럽의 유럽'을 꿈꾸던 드골도 자신의 이상을 실현하지 못하고 1969년 권좌에서 스스로 물러났다.

할슈타인에 대한 기억들

할슈타인은 EEC 집행위원회 의장의 직분에 따라 10년 동안 로마 조약의 '명령'을 철저하게 준수한 집행자였다. 그는 권력을 지향하는 정치가이기보다는 독일식의 전형적인 전문 관료로서 초당파적인 시각을 견지함과 동시에 '정치'를 할 줄 아는 테크노크라트(technocrat)의 모델이었다. 할슈타인은 절제 있는 예리한 이성과 뛰어난 재능을 자신의 직책에 백분 활용했다. 하지만 그의 지적 세련미와 다소 교조주의적인 태도는 대인 관계에서 거리감을 유발했고 조직 내에서 위화감을 조장하는 데도 한몫했다. 이러한 사적이고 감정적인 비판과는 무관하게, 유럽합중국을 향한 할슈타인의 열정과 과감한 행동은 그를 유럽통합 1세대의 마지막 연방주의자로 평가할 수 있는 충분한 조건이 되었다.

할슈타인은 통합 유럽을 완성하기 위한 이정표로서 신기능주의적인 방법과 초국가적인 유럽연방의 목표를 추구했다. 하지만 현실적인 저항에 부딪쳐 연방 국가와 국가연합의 구상 사이에서 실용적인 노선을 택한 고민의 흔적도 엿보인다. 유럽통합에 기여한 할슈타인의 업적에도 불구하고 그에 대한 비판의 논지는 여전히 존재한다. 즉, 그는 1950년대 유럽운동의 역동성을 계속 이어가야 한다는 강박관념에 빠

링 위의 승리자 할슈타인. 1960년 독일의 저명 주간지 《슈피겔》에 실린 풍자 만평. 밑의 글을 그대로 직역하면 "미스 유럽은 K. O, 미스터 유럽은 살아난다." 여기서 '미스 유럽' 은 유럽통합의 상징인 '유럽' 을 말하고, '미스터 유럽' 은 할슈타인의 닉네임이다. 당시 영국이 주도한 유럽자유무역연합(EFTA), 1950년대 초반 협상되었지만 실패한 유럽정치공동체(EPC), 마찬가지로 유럽정치공동체와 같이 논의되었지만 성사되지 못한 유럽방위공동체(EDC) 등 일련의 유럽통합 프로젝트들은 무산되었지만 할슈타인이 이끈 유럽경제공동체(EEC)는 건재함을 풍자한 그림이다.

져 많은 것을 서둘러 성취하려 했고, 또한 집행위원회의 역할을 과신했다는 것이다.

할슈타인에게 유럽통합의 절박함과 필요성은 전후 세대가 공유한 시대 인식의 연장선에서 출발했다. 2차 대전 후 냉전의 심화로 인한 유럽과 독일의 분단 그리고 공격적 민족주의의 망령을 극복하고, 초강대국 미국과 소련 사이에서 왜소해져 버린 유럽이 돌파구로서 발견한 미래는 통합된 유럽의 건설이었다. 이것은 할슈타인에게 부여된 당면한 과제였고 동시에 정치적 요구의 산물이었다. 그는 '잃어버린' 시간을 만회하고자 조급해했지만, 한편으로는 유럽통합의 발전은 필연적인 과정이라고 낙관했다.

하지만 할슈타인이 브뤼셀에서 자신의 임무를 떠맡았을 즈음, 무엇보다 국제 정세의 변화로 인해 유럽연방을 향한 열정적인 공감대는 상대적으로 수그러들었다. 개별 회원국은 '유럽'이라는 명분하에 자국의 주권을 더 이상 양보하기를 주저했고, 초국가적 통합 방식의 강요는 오히려 민족국가의 방어적 입장만을 강화시키는 반작용을 야기했다. 회원국 간의 이해 조정과 정치적 합의도 물론 중요하고 필요했다. 하지만 이것은 할슈타인이 보기에 개별 주권국가의 이기심의 발로이며 공동체의 발전을 저해하는 유럽통합의 후퇴를 의미했다.

신기능주의적 연방주의 통합 방법이 1950년대에는 유효하고 시기적절한 촉매제로 작용했다면, 유럽통합이 어느 정도 진행되어 회원국 간의 갈등이 표면화되는 '위기'의 시기에는 오히려 통합을 방해하는 걸림돌로 작용했다. 유럽연방의 건설이 필연적이며 논리적인 결과라는 할슈타인의 테제는 분명히 모순점을 안고 있다. 유럽통합의 전체 역사를 살펴보면, 유럽이 통합되는 방식과 지향점은 다양하다. 유럽의 건설은 하나의 목표를 정해놓고 발전하는 일직선상의 기계적인 현상이 아니다. 제도와 기구에 의한 경직화된 관료적인 통합 방식은 유동적인 현실의 정치 상황의 변화를 제대로 반영할 수 없다. 오히려 해결해야 할 문제들을 은폐시킬 위험성마저 존재했던 것 또한 사실이다.

이러한 맥락에서 할슈타인의 '유럽'과 그가 주도한 집행위원회의 활동은 민주적인 결정 과정이 결여된 정당성의 부재와 관료주의적 행태로서 평가받는다. 하지만 할슈타인은 통합 유럽의 풀뿌리 민주주의의 필요성을 역설했다. 그는 EEC 초기부터 유럽의회의 직선제와 의회의 기능 확대를 끊임없이 강조했다. 유럽의회의 직선제 도입은 개별 회원국의 유보적인 태도와 저항으로 연기됐다. 할슈타인은 집행위원회가 강력해진 유럽의회로부터 견제받으며 민주적인 정당성을 확보받기를 원했다. 초국가주의적이고 독립적인 성격을 강화한 집행위원회의 입지는 개별 회원국의 이해관계에 따라 흔들리지 않을 것임이 분명했다. 이러한 상황이라면 '공공의 적'으로 몰린 할슈타인이 낙마했을까 하는 의문이 남는다.

할슈타인은 동시대에 "할슈타인의 철의 장막",[*] "사랑받지 못한 유럽인" 그리고 "잊혀버린 유럽인" 등과 같이 세간에 부정적으로 인식되었다. 하지만 그는 1990년대에 화려하게 부활했다. 할슈타인이 다시 주목받는 이유는 무엇일까? 그의 유럽통합 구상은 생전에 강한 비판을 받았지만 최근에는 시대를 앞서간 선구자의 예지로 높이 평가받고 있다. 할슈타인이 꿈꾸었던 유럽합중국 건설의 길은 아직 요원하지만, 그의 신기능주의적 연방주의 실험은 계속되고 있다. 다름 아닌, 유럽의 통합운동은 1970년대의 침체기를 겪은 후 거침없는 내적 심화

◆　1957년 6개국에 의한 로마 조약의 체결로 EEC가 형성됐다. EEC에 참여하지 않은 나머지 OEEC 회원 7개국은 영국을 주축으로 유럽자유무역협정(EFTA)을 맺었다. 두 기구를 하나로 묶는 일련의 협상은 실패로 돌아갔고, 유럽의 경제는 두 블록으로 분열됐다. 당시 경제계와 언론은 그 책임을 EEC 집행위원회 의장이던 할슈타인에게 돌렸다. 처칠의 '철의 장막'이 냉전 이데올로기의 정치적 상황을 상징한다면, 할슈타인의 '철의 장막'은 두 동강이 난 서유럽의 경제를 빗대어 사용되었다.

의 발전(1979년 유럽의회 직선제 도입, 1986년 단일유럽의정서 채택, 1993년 유럽연합 탄생과 단일유럽시장 완성, 2002년 유럽단일통화 도입, 2009년 현재 유럽헌법 제정 논의)과 외적 확대의 발전(1981년 10개국, 1986년 12개국, 1995년 15개국, 2004년 25개국, 2007년 27개국으로 회원국이 증가하여 유럽 대부분의 국가를 흡수)을 경험하고 있다.

연표

1901년 11월 17일 마인츠에서 출생.
1925년 베를린 대학교에서 박사학위 취득.
1930년 로스토크 대학교 교수.
1941년 프랑크푸르트 대학교 교수.
1944~46년 2차 대전 참전. 미군 포로. 미국에서 포로수용소 대학 운영.
1946년 프랑크푸르트 대학교 총장. 남독일 대학총장협의회 의장.
1950년 총리실 비서차장.
1951~57년 외무부차관.
1955년 '할슈타인 독트린' 발표.
1950~57년 일련의 유럽통합 프로젝트의 독일 측 협상단 대표.
1958~67년 EEC 집행위원회 의장.
1961년 샤를마뉴 상 수상.
1965년 프랑스의 '공석 정치'와 공동체의 위기.
1968~74 '국제유럽운동' 이사장.
1969~72년 연방 하원 의원.
1969년 슈만 상 수상.
1982년 3월 29일 슈투트가르트에서 사망.

참고문헌

Hallstein, Walter. *Der unvollendete Bundesstaat*, Düsseldorf: Econ Verlag, 1969.

Oppermann, Thomas(ed.). *Europäische Reden*, Stuttgart: Deutsche Verlags-Anstalt, 1979.

Loth, Wilfried(ed.). *Walter Hallstein - der vergessene Europäer?*, Bonn: Europa Union Verlag, 1995.

3

유럽연합(EU)의 출범과 발전

: 단일유럽시장에서 오늘날까지

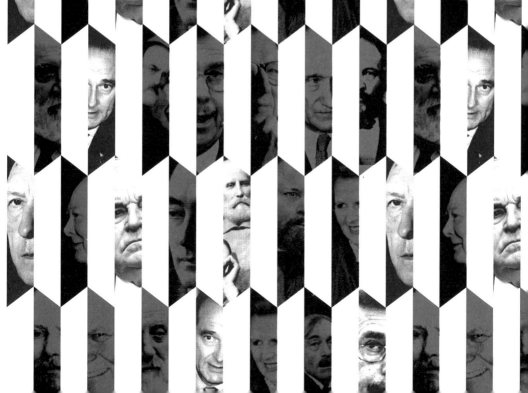

세계 평화를 위한 정치가로 다시 태어나다

: 빌리 브란트*

노명환

빌리 브란트(Willy Brandt)는 유럽통합을 통해 근본적으로 유럽에 평화를 정착시킬 수 있다고 보았다. 그가 생각한 유럽통합은 서유럽에 국한된 것이 아니고 전체 유럽을 포괄하는 것이었다. 그러한 유럽통합은 독일 분단을 극복해줄 수 있으며 세계 평화의 초석이 될 수 있었다. 그의 동독 및 동유럽 나라들과 화해 및 평화를 추구하는 동방정책(Ostpolitik)은 서유럽통합을 유럽 전체의 통합으로 견인하는 지렛대로 구상되었으며 결과적으로 그러한 역할을 수행했다고 볼 수 있다. 그는 또한 유럽의 평화를 넘어 잘사는 북반구 세계와 못사는 남반구 세계 사이의 진실한 소통과 협력을 통해 세계 공동의 번영과 평화를 정착시키는 일에 헌신하였다.

◆   이 원고의 집필 과정에서 참고문헌에 게재된 쉴겐(Gregor Schöllgen)의 저서 《빌리 브란트》가 큰 참조가 되었음을 밝힌다.

빌리 브란트의 태생과 성장

브란트는 1913년 뤼베크(Lübeck)에서 태어났다. 사생아인 어머니에게서 사생아로 태어나 외할아버지의 후견 속에서 성장한 것으로 알려져 있다. 그런데 그 사람은 정작 그의 외할아버지가 아니었다. 그의 외할아버지로 알려지고 아버지 역할을 해준 루트비히 하인리히 카를 프람(Ludwig Heinrich Karl Frahm)은 1875년 아릅스하겐(Arpshagen)이라는 곳에서 태어났다. 그는 메클렌부르크의 한 영지에서 농노로 일했고 거기서 막드 빌헬미네(Magd Wilhelmine Frahm)라는 여성과 사랑에 빠지게 되었다. 그런데 빌헬미네는 사생아 마르타(Martha Frahm)를 낳아 이미 키우고 있었다. 이 마르타를 데리고 프람에게 시집을 왔다. 그래서 프람은 젊은 나이에 마르타의 계부가 되었다. 그런데 나중에 마르타가 또 사생아를 낳았다. 그가 곧 브란트였다. 빌헬미네가 그리고 마르타가 각자 어떻게 사생아를 낳게 되었는지는 정확히 알려져 있지 않다. 루트비히 프람은 이 마르타의 사생아를 위해서도 후견인이 되었다. 즉 브란트의 아버지 역할을 해주게 된 것이다. 그리하여 브란트의 원래 이름인 헤르베르트 에른스트 카를 프람(Herbert Ernst Karl Frahm)이 주어지게 되었다. 결과적으로 브란트는 어머니 마르타와 외할아버지에 해당하는 루트비히 프람을 아버지로 알고 어린 시절을 보내게 되었던 것이다.

브란트의 외할머니인 빌헬미네 프람은 1913년에 사망하였는데, 브란트가 태어나기 몇 주 전의 일이었다. 홀아비가 된 루트비히 프람은 1차 대전 동안 군인으로서 복무하였다. 1차 대전이 1914년에서 18년까지 4년간 지속되었기 때문에 4년간 군복무를 한 셈이었다. 제대 후 그는 열 살 연하인 도로테아 잘만(Dorothea Sahlmann)과 결혼하였다. 이것이 바이마르 공화국이 탄생되는 1919년의 일이었다. 브란트가 일곱 살 때였다. 브란트가 열 살 되던 해에는 어머니 마르타가 에밀 쿨만(Emil Kuhlmann)과 결혼했다. 후에 어머니 마르타와 에밀 쿨만 사이에서 이복동생 귄터 쿨만(Günter Kuhlmann)이 태어났다.

이러한 배경에서 그는 항상 평범한 가정의 자녀가 맛보는 애정의 결핍으로 고통받았고 장년이 되어서도 심리적 방황을 많이 한 것으로 알려져 있다. 이러한 그의 성장기는 그의 생애에서 두드러지는 복잡한 여자관계의 원인으로도 꼽는다. 아마도 그는 이러한 애정 결핍에 따른 심리적 방황의 집적을 여자들 속에서 찾았는지 모른다. 한 남자와 한 여성이 가정을 이루고 때로는 인내하면서 일생을 살아가는 그러한 가정관을 그는 갖지 않았던 것 같다. 그는 성적 억압이 독재자를 만들어낸다는 생각도 했고 여자들과의 관계에서 거리낌 없는 태도도 보여주었다. 그는 공식적인 결혼 없이 결혼 상태에 있었던 첫 번째 여인 게루트루트 마이어(Gertrud Meyer)와 망명지 오슬로에서 1939년까지 5년여 동안 함께 살았다. 게르트루트 마이어와 헤어진 뒤 바로 안나 카를로타 토어킬젠(Anna Carlota Thorkildsen)과 결혼하였다. 그녀는 브란트보다 열 살 위의 노르웨이 여성으로 당시 오슬로 대학교 비교문화 연구소에서 비서로 일하고 있었다. 카를로타 토어킬젠은 두 번째 여자이자 첫 번째 부인인 셈이었으며, 딸 닌야(Ninja Frahm)를 출산하였다. 그런데 브란트는 그녀와도 1948년 2월에 이혼하고 세 번째 여자이자 두 번째 부인이 되는 루트 한젠(Rut Hansen)과 결혼하여 세

아들을 낳게 되었다. 그런데 루트는 이미 올레 올슈타트 베르가우스
트(Ole-Olstadt Bergaust)와 결혼하여 루트 베르가우스트라는 이름을 갖
고 있었고 그와 사별한 뒤 브란트와 재혼한 것이었다. 훗날 브란트는
루트와도 이혼했지만, 그래도 이 여성과는 30년 동안 함께 살았다. 그
녀는 미모와 총명함을 갖추고 다정하며 기품 있는 여성으로 주위의
칭찬을 받았다. 네 번째 여인이고 세 번째 부인이 되는 브리기테 제바
허(Brigitte Seebacher)는 브란트보다 거의 30세나 어린 여성이었다. 그
녀는 역사학 전공자로 활기차게 사회 활동을 하는 똑순이 여성이었
다. 브란트는 일생을 통해 많은 여성과 숱한 스캔들을 만들어냈다.
1974년, 동독 간첩인 것으로 드러나 브란트에게 수상 자리를 내놓게
만든 정치적 재앙을 안겨준 보좌관 귄터 기욤(Günter Guillaume)은 여
성 공급원이었다는 소문이 있을 정도였다. 이러한 특별한 탄생과 성
장 이력 그리고 여성들과의 관계는 그의 내면세계에서 그리고 정치
활동에서 큰 궤적을 그렸다.

학교에서 그는 총명한 학생으로 성장하였다. 1930년 18세의 나이로
독일 사회민주당(사민당, SPD)에 가입했고 《뤼베크 인민의 소식》지 기
자로 활동하였다. 그러나 대학에 진학하지 못한 채 나치 시대를 맞이
하게 되었다.

저항과 망명 생활

브란트는 1931년 10월 사민당을 탈당하여 같은 해 말 '독일 사회주의
노동자당(Sozialistische Arbeiterpartei Deutschland, SAP)'에 가입했다. 이

당은 1931년 10월 초 베를린에서 창당되었고 사민당보다 더 급진적인 그러나 공산당과는 분명한 거리를 두는 그러한 노선의 정당이었다. 1932년 7월 31일 제국 의회 선거에서 0.2퍼센트를 득표했는데 현실 정치 세력화라는 측면에서는 극히 미미한 정당이라 할 수 있었다.

1933년 2월 제국 의회가 불타고 히틀러는 정치 활동의 자유에 제약을 가하기 시작했다. 그러한 가운데 독일 사회주의노동자당(SAP)의 활동도 금지되었다. 이러한 와중에서 1933년 3월 11일 브란트를 포함한 60명의 SAP 대표가 드레스덴에 모여 회합하였다. 그들은 SAP를 지하조직으로 계속 운영하기로 하였다. 이때부터 브란트는 헤르베르트 에른스트 카를 프람 대신 독일에서 많이 사용되는 '빌리 브란트(Willy Brandt)' 라는 이름을 사용하기 시작했다. 1933년 4월 그는 19세의 나이로 노르웨이 망명길에 올랐다. 그는 노르웨이에서 SAP 지부를 개설했다. 그는 SAP 연락책으로서 파리와 북유럽 국가들 사이를 오가며 저항 활동을 수행했다. 그의 첫 번째 여인 게르트루트 마이어가 노르웨이 국적을 취득하기 위해 1936년 2월 노르웨이 대학생 군나르 가스란트와 위장결혼을 하면서까지 독일 저항 세력과 브란트를 연계시켜주는 연락책을 수행하였다. 그녀는 브란트에게 결정적으로 많은 도움을 주는 동지였다.

그는 이 망명활동 중에 여러 동지들과 1936년 2월 '독일 인민전선 준비위원회' 를 발족시켰다. 여기에 열한 명이 포함되었는데, 그 정치적 성향을 보면 이 위원회는 사민주의자와 공산주의자로 이루어졌다. 그 가운데 빌리 브란트를 포함한 SAP 당원들이 주축을 이루었다. 토마스 만의 형인 하인리히 만 등 작가들이 참여했다는 사실이 또한 특색이었다. 브란트는 또한 이 망명 기간 동안 후에 정치적으로 크게 인연을 맺게 될 인사들을 알게 되었다. 예를 들어 체코슬로바키아 브루노에서 오스트리아 태생 브루노 크라이스키(Bruno Kreisky)를 만났다. 브란트와 크라이스키는 둘 다 사민당 학생운동과 청년운동을 했다는 공통점을 지녔다. 두 사람은 매우 깊은 우정을 나누게 되었다. 1969년에 브란트는 서독의 수상이 되고 크라이스키는 1970년에 오스트리아의 수상이 됨으로써 두 사람 운명의 공통적 인연이 확인되었다.

브란트는 망명지에서 유럽 차원의 저항운동에 가담했으며 저항운동 기관지의 기자로서 많은 글을 썼다. 이 당시에 그는 유럽의 영구 평화를 위하여 유럽통합의 필요성에 대한 글을 기고하기도 했다. 그는 영구 평화의 방법으로서 초국가주의 사상을 전개하였다.

브란트는 1936년 스페인 내전이 발발하자 기자로 참전하였다. 그는 스페인 내전에서 프랑코(Francisco Franco)의 쿠데타 세력에 대항해 좌파 진영을 지원했는데, 그러는 동안 그는 소련 공산당의 문제점을 통렬히 깨닫게 되었다. 이는 브란트가 급진 사회주의에서 온건 사회주의로 급선회하는 계기로 작용하였다. 그는 내전 동안 내내 좌파끼리의 불화가 계속됨으로써 발생하는 부조리와 고통을 뼈아프게 체험했다. 1937년 5월 3일에는 그가 머물고 있던 바르셀로나에서 좌파 진영 내의 전투가 진행되는 것을 목격했다. 그리고 그 주된 원인이 모스크바에 있던 '공산주의 인터내셔널(코민테른)'의 간섭이었음을 알게 되었다. 브란트는 스탈린과 그의 사람들이 소련의 영향을 벗어난 어떠한 독립적인 좌파운동도 용납하려 하지 않는다는 점을 깨달았다. 이러한 스페인 내전 시기 그의 경험은 향후 두고두고 그에게 사회주의가 진정한 그 본래의 이념과 정치적 노선을 실천하려면 자유와 민주주의의 기초 위에 서 있을 때만 가능하다는 점을 되새기게 해주었다. 이러한 그의 신념은 추후 그의 정치 여정에 깊게 각인되었다. 예를 들어 1959년 고데스베르크에서 개최된 서독 사민당 전당대회에서 사회주의 실현을 위해 자유와 민주주의를 강조하는 개혁 프로그램으로서 '고데스베르크 강령(Godesberger Programm)'을 채택할 때 그는 적극적인 역할을 하였다. 그레고어 쵤겐(Gregor Schöllgen)의 연구에 따르면 그의 적극적인 개입을 통해 "사회주의는 단지 민주주의를 통해서만 실현될 수 있으며 민주주의는 사회주의를 통해서만 완성될 수 있다"는 정강이 명문화될 수 있었다. 그는 망명지인 노르웨이와 스웨덴에서 이라한 사회민주주의 이념에 기초하여 사회보장제도가 놀랍게 실현되고 있는 현실을 목격하면서 이러한 신념을 더욱 강화시켰다.

그가 소련 공산당을 극도로 불신하게 되는 계기는 또한 1939년 8월 23일 독일의 히틀러와 소련의 스탈린 사이에 체결된 비밀 동맹이었다. 이 사건으로 브란트는 엄청난 충격을 받았다. 그런데 1941년 6월 22일 히틀러 독일에 의해 소련 침공이 이루어지면서 많은 변화가 이루어졌다. 소련은 브란트에게 동지 국가가 되었다. 소련 공산당에 대한 그의 실망이 한없이 컸지만 나치 독일을 끝장내야 할 그의 목표 의식에는 변함이 없었기 때문이다. 독일의 소련 침공은 전반적으로 그리고 독일 망명 저항운동가들에게 '반(反)히틀러 연합'을 더욱 강화시키는 계기를 만들어주었다. 쵤겐 연구에 따르면 브란트는 소련 KGB의 전신인 '내무인민위원회(NKWD)'와 협력하기도 하였다. 예를 들어, 그는 1941년 가을부터 다음 해 여름까지 노르웨이 친구로부터 입수한 정보를 소련의 이 기관에 넘겨주었다. 이들 정보 중에는 노르웨이 내 독일군과 그들의 군사작전에 대한 것들도 있었고, 특히 독일 전함 티어피츠 호(Tirpitz Schlachtschiff)에 관한 것도 포함되어 있었다. 이 정보의 대가로 브란트는 당시 노르웨이 화폐로 500크로네를 받았다. 이는 그가 나치 히틀러 독재를 타도하기 위하여 행한 저항운동의 한 내용이었으나 후에 서독에서 이 사실이 알려지면서 조국의 배신자로 비판을 받는 빌미가 제공되기도 했다.

그렇지만 그의 공산당에 대한 불신과 자유와 민주주의에 기초한 사회민주주의를 건설해야 한다는 그의 의지가 강렬하여 소련과의 협력은 임시적인 것에 불과했다. 그는 사민당에 다시 가입하였다. 1944년 10월 9일 브란트는 그가 이끄는 스톡홀름의 SAP 그룹과 함께 망명 사민당의 가입을 선언하였다. 왜냐하면 그는 위에서 언급한 여러 경험들을 통해 사민당을 넘어서는 급진주의가 현실적으로 가능하지 않다는 결론에 이르고 자유와 민주주의에 기반한 사회주의를 실현하기 위해 사민당에 힘을 실어주어야 한다는 생각을 굳게 하고 있기 때문이었다.

2차 대전 후 베를린에서의 정치 여정

2차 대전이 끝나고 그는 독일로 귀환하였다. 그런데 그는 노르웨이 국적을 가지고 있었고 호적상 공식 이름은 여전히 헤르베르트 에른스트 카를 프람이었다. 그는 1948년에 독일로 다시 귀화했을 때 독일 국적을 다시 취득했고 1년 후에는 그의 호적 이름을 망명 시기부터 실질적으로 사용된 이름인 빌리 브란트로 개명하였다.

2차 대전 후 독일에게는 전범의 대가로 분단의 고통이 기다리고 있었다. 독일의 수도였던 베를린 자체도 분단되었다. 이리하여 베를린에서 정치가의 경력을 쌓아가기 시작한 빌리 브란트는 분단의 극복 문제에 가장 큰 관심을 기울였다. 분단의 원인으로서 독일의 나치 과거사에 대해 준열한 통찰을 하였다. 이는 자신의 저항과 망명의 개인적인 지난 삶의 여정을 반추하는 작업과도 일치하였다. 결론에서 그는 초국가주의 유럽통합의 실현을 통해 독일의 분단을 극복해야 한다는 생각에 이르렀다. 이미 설명한 바와 같이 그는 저항 시기에 기자 활동을 하면서 영구 평화의 방법으로서 초국가주의 유럽통합을 실현해야 한다는 사상을 발전시켰다. 이제는 이 유럽통합을 독일의 분단 극복과 연계시키고자 하였다. 초국가주의에 의거하여 유럽이 통합될 때 독일의 분단이 평화적으로 극복될 수 있는 것이었다. 유럽통합을 독일의 분단 극복과 연계한 측면에서 그는 콘라트 아데나워와 유사한 측면을 보였다. 그러나 그 실현 방법에서 아데나워와 큰 대조점을 보여주었다.

브란트는 서베를린 시장으로 재임하면서 1961년 동독에 의해 베를린 장벽이 설치되는 것을 무기력하게 바라보아야 했다. 그는 서유럽에 국한된 유럽통합 그리고 서유럽통합에만 목표를 둔 서독의 외교정책은 분단을 심화시킬 따름임을 확인하였다. 그러나 그는 아데나워 시기의 서방 통합 정책은 옳다고 보았고 이에 기초해서 유럽 전체의 통합이 이루어지도록 새롭게 동쪽으로 눈을 돌려야 한다고 생각했다. 서유럽통합에 기초를 두지 않고 동쪽과 화합을 위해 노력을 기울이는 것은 매우 위험하다는 사실을 그는 주지하고 있었다.

아데나워의 서유럽통합 정책에 대해 사민당의 지도자 슈마허(Kurt Schumacher)와 대부분의 당원들은 민족의 분단을 영속화한다는 이유로 극히 비판적이었다. 이러한 사민당의 대세와는 다른 생각을 브란트는 하였던 것이다. 브란트는 다수의 국민들이 아데나워 정책을 지지하고 있는 현실도 자신의 입장과 함께 놓치지 않고 추적했다. 아데나워는 서유럽통합의 초석으로 프랑스의 제안을 받아들여 함께 유럽석탄철강공동체를 발족시켰다. 그는 프랑스와 오랜 적대 관계를 씻고 화해와 평화를 구축하는 것이 유럽과 독일을 위해 필수적이라고 생각했다. 그는 군사적인 면에서는 프랑스가 제안한 유럽방위공동체를 지지하였고 이것이 실패하자 서독을 북대서양조약기구(NATO)에 가입시켰다. 이러한 서유럽통합 정책은 아데나워에게 서독을 제대로 된 주권국가로 만드는 일이기도 했다. 이러한 아데나워의 정책에 대해 브란트는 근본적으로 동의했으며 그는 이러한 아데나워의 정책에 기반해서 동방정책을 추진하고자 하였다. 이는 향후 독일통일 정책이 아데나워와 브란트를 통해 변증법적으로 추진될 수 있는 바탕이 되었다.

브란트의 동방정책과 유럽의 평화

브란트는 유럽의 평화와 독일의 분단 극복은 동전의 양면 관계와 같은 차원에 있다고 보았다. 그는 독일인이지만 유럽 평화의 파괴자로서 나치 독일의 위치를 분명히 인식하고 그 책임을 추궁했다. 그래서 그는 나치 시대의 독일의 범죄를 철저히 반성하고 재발을 방지하는 것이 유럽 평화를 공고히 하는 핵심 관건이라고 생각했다. 따라서 그는 독일 분단 극복 방책을 독일의 나치 시대 역사를 직시하고 그에 따른 결과를 준엄하게 받아들이고 유럽 전체가 평화를 확보하는 방향으로 나아가게 하는 데서 찾았다. 독일이 독자적인 힘으로 통일을 달성하려 하거나 분단 이전의 영토를 주변국의 입장에 대한 고려 없이 회복하려 하는 노력은 용납될 수 없음을 그는 분명히 인식하고 있었다. 그는 독일이 새로운 미래를 열기 위해서는 2차 대전 이후에 현실적으로 설정되어 있는 독일의 동부 지역 국경선인 오데르-나이세 선(Oder-Neisse Line)을 받아들이고 독일의 분단 현실을 냉정하게 인정해야 한다고 생각했다. 오데르-나이세 강을 동독과 폴란드 사이의 국경으로 인정한다는 것은 2차 대전 후에 이루어진 독일 영토의 축소를 받아들이는 것으로 서독인들로서는 수용하기 매우 힘든 관점이었다. 브란트로서도 대단히 힘든 결정이었을 것이다. 그는 1민족 2국가론을 주창하였다. 그는 현실적으로 존재하는 독일 내의 두 국가를 인정하고 독일 민족은 하나임을 분명히 하자는 관점을 주장하였다. 평화로운 유럽의 틀 안에서 동독과 서독이 이념적 차이를 넘어 대결을 지양하고 교류·협력을 통해 평화를 일구어가면서 장기적으로 하나의 민족으로서 분단을 극복해야 한다는 청사진을 제시하였다. 이 과정에서 유럽 전체의 평화와 통합 노력은 결정적으로 중요한 추도 요소가 될 수 있었다. 구체적으로 그는 동독 및 동유럽 국가들에게 접근하여 상호 교류를 활성화시키고 상호 이해를 증진시키며 그들 사회를 변화시키고 동서독 관계 및 동서 유럽 관계를 개선하는 정책을 추진하였다. 이

것이 '접근을 통한 변화' 이론에 기초를 둔 그의 동방정책이었다.

평화를 지향하는 전체 유럽의 틀로서 그는 구체적으로 유럽안보협력회의(Conference on Security and Cooperation in Europe, CSCE) 창설 추진을 적극적으로 지지하였다. 그런가 하면 서유럽통합에 국한되어 있는 유럽공동체의 발전을 위해서도 적극적으로 기여하였다. 동방정책을 추진하면서 전체 유럽의 평화를 추구하는 작업은 서방 세계의 우방국들로부터 크게 오해를 받을 수 있는 위험성을 안고 있었다. 그리하여 그는 동방정책 그리고 동과 서를 아우르는 유럽의 집단 안보 협력 체제가 철저하게 기존의 서유럽통합 체제 그리고 서방 세계 우방들의 긴밀한 협력의 기초 위에서 추진되어야 함을 분명히 했다. 그래서 그는 동방정책을 추진하면서 특별히 프랑스의 퐁피두 대통령과 긴밀히 협력했다. 아니 달리 표현하여 그는 퐁피두의 유럽통합 리더십을 적극 지원하였다. 1969년 12월 네덜란드 헤이그에서 열린 유럽 정상회의에서 브란트는 이러한 그의 지향점을 분명히 보여주었다. EC의 공동농업정책에 관한 프랑스 입장을 지지해주었던 것이다. 그는 유럽의 경제통화동맹(Economic and Monetary Union, EMU)을 창설하기 위해 적극적으로 노력했다. 그는 이를 통해 서유럽통합의 길을 더욱 공고히 하고자 했던 것이다. 영국을 EC에 가입시키는 데서도 활발한 리더십을 발휘하였다. 지역 정책, 환경 정책, 에너지 정책 등 EC의 여러 공동 정책들을 수립하는 데 적극 힘썼다. 이렇게 서유럽통합의 길에 충실하면서 동방정책과 유럽 집단 안보 협력 체제를 추진하여 궁극적으로 유럽 전체의 평화와 통합을 달성하는 것이 그의 뜻이었다. 독일의 분단 극복은 그 과정에서 실현될 수 있었다.

그는 서베를린 시장으로 재임하는 동안 이미 동방정책의 밑그림을 그리기 시작했으며 1966년 외무부 장관이 되었을 때 연방 차원에서 그 밑그림을 심화시키고 실현하고자 노력했다. 1968년《유럽을 위한 평화 정책》을 출간한 것은 바로 그러한 노력의 일환이었다. 그러나 외무부 장관 자리는 그의 동방정책이라는 큰 그림을 펼쳐 보이기에는 역부족의 자리였다. 1969년 서독 연방총리에 취임하면서 본격적으로 동방정책을 추진하게 되었다. 기존의 서방 동맹에 충실하면서 그러나 동독을 비롯한 동유럽의 나라들과 화해 정책을 펼쳐갈 것임을 1969년 10월 28일 정부 선언에서 분명히 하였다. 그는 거듭 서방과의 동맹 관계를 확실히 실천해갈 것과 동독 및 동유럽 국가들에 대한 이해와 협력의 필요성을 강조하였다. 당시에 그는 이미 동독에 대해 국제법적인 승인이 아닌 정치적인 차원의 주권국가로서의 인정을 염두에 두었다. 그는 그러한 두 개의 국가 관계가 특별한 방식을 띠게 된다는 점을 또한 면밀히 강조했다.

실제적으로 1967년 이래 동독은 독자적인 국적 제도를 만들었으며 1968년 이래로는 새로운 동독의 단일국가 정체성을 강조하는 헌법을 채택했다. 1955년 이래 서독과 동독은 다양한 조약과 기구의 동등한 구성원으로 활동해왔다. 베를린 장벽은 현실적으로 두 국가가 존재한다는 상징이었다. 브란트는 이러한 현실을 인정하는 가운데 변화를 모색하고자 하였다.

그러면서 그는 기존의 서유럽통합을 유럽 전체의 통합으로 점차적으로 전환시키고자 했다. 이러한 유럽 전체의 통합이야말로 궁극적으로 유럽의 평화를 보장할 수 있었다. 이러한 맥락에서 그는 소련과 다른 동유럽 국가들의 지도자들 그리고 그 주민들과 대화를 해야 한다고 생각했다. 그러한 가운데 동유럽 공산권 국가들의 개혁과 개방이 가능하다고 보았다. 이러한 입장에서 브란트는 1968년 소련이 체코의 자유화운동에 대해 잔인하게 진압한 사건을 용납할 수 없는 것으로 규정했으나 장기적인 유럽의 평화의 길을 위해 소련과의 대화를 지속해야 한다고 역설하였다. 그는 체코 사태를 목격했으면서도 소련과 무력 불사용을 위해 핵확산방지조약에 대한 협의를 시작하고자 하였다. 이렇게 볼 때 그는 현실을 존중하면서 자신의 비전을 실현하는 정치가였다고 할 수 있겠다. 그는 무엇보다도 유럽 평화 질서를 촉진하기 위해서는 현실이란 견고한 지평에 서야 함을 강조하였다.

서독과 소련 사이에 1970년 8월 12일 모스크바에서 체결된 소위 모스크바 조약에서 그는 동독과 폴란드 사이의 국경인 오데르-나이세 강을 향후 통일된 독일과 폴란드 사이의 국경으로 인정했다. 즉, 소련을 비롯한 동유럽 국가들이 요구하는 2차 대전 후에 현실적으로 정착된 기존 유럽 국경의 불가침을 인정한 것이었다. 정치적 차원에서 주권국가로서의 동독을 인정하였다.

1970년 12월 7일에는 독일과 폴란드 사이에 소위 바르샤바 조약이 체결되었다. 이 조약에서도 오데르-나이세 국경을 인정하는 문제는 폴란드가 가장 민감하게 관심을 갖는 것이었다. 폴란드의 직접적인 이웃인 동독의 지위 문제 그리고 서독과 폴란드의 경제협력 문제, 나치 시대에 대한 과거 청산 문제 등이 또한 중요한 쟁점이었다. 브란트와 외무장관 셸(Walter Scheel)은 무엇보다도 폴란드 국민들에게 독일의 나치 과거사를 사죄하는 진중한 의도를 가지고 직접 바르샤바를

동방정책을 추진한 서독의 총리 빌리 브란트가 1970년 폴란드를 방문해 2차 대전 때 학살당한 유대인 추모비 앞에서 무릎을 꿇고 묵념을 올리고 있다.

방문했다. 이러한 뜻에서 독일 대표단은 바르샤바 게토의 유대인 희생자들에게 조의를 표명했는데, 특별히 게토 봉기 희생자들을 위한 기념물 앞에서 브란트 수상은 무릎을 꿇고 사죄했다. 그의 이러한 행동은 예정에 없던 즉흥적인 것이었다. 그런데 예정에 없었던 순간의 이 행동은 폴란드인은 물론 전 세계인을 감동시켰다. 나치 시기 동안 망명 저항가였던 그가 독일인들을 대신하여 수상의 신분으로 무릎 꿇고 사죄하는 모습은 온몸으로 과거를 반성하고 새로운 미래를 열고자 하는 진정한 몸부림으로 인식되었다. 이때의 그 광경은 시대를 넘어 오늘날까지도 민족과 국가를 넘어 진실한 인류애를 추구하는 모든 사람들의 가슴속에 영원한 순간으로 자리 잡고 있다. 그러면서 진정한 화해와 평화는 질곡의 과거사에 대한 진실한 반성에 기초해야 한다는 교훈을 끊임없이 되새겨주고 있다. 그는 과거 독일의 잘못된 점을 통렬히 반성하고 그 과거에 의해 대두된 결과, 즉 독일 영토의 축소와 분단이라는 현실 등을 미래 지향적으로 받아들였다.

1971년 9월 3일에는 베를린에서 미국, 소련, 영국, 프랑스의 4강 협정이 체결되었다. 이는 서베를린의 안정과 서독과의 연계에 대한 보장을 의미하는 것이었다. 이는 그동안 베를린 봉쇄가 있을 때마다 서베를린 사람들이 당한 고통을 고려할진대 매우 의미 깊은 협정이었다고 할 수 있다. 이러한 그의 동방정책에 대한 세계인들의 답례로서 1971년 10월 20일 노벨 평화상이 그에게 헌정되었다.

동유럽 국가들과의 관계 개선에 힘입어 그리고 근본적으로 동독의 요구 조건이 충족된 후에 서독과 동독 간에 동서독 기본조약이 1972년 12월 21일 체결되었다. 브란트가 1970년 3월 19일 에어푸르트를 방문했을 때 시민들이 열렬히 그를 환영했고 여기에서 그는 크게 고무되었다. 브란트는 그의 동방정책 모토인 '접촉을 통한 변화'에 더욱 확신을 갖게 되었다. 서독과의 관계 개선을 반대하던 동독의 서기장 울브리히트(Walter Ulbricht)는 1971년 5월 3일 호네커(Erich Honecker)로 교체되었다. 동서독 기본조약을 통해 많은 인적·물적 왕래가 가능하게 되었으며 교류와 접근을 통한 동독의 변화를 꾀하는 동방정책의 목표가 본격적으로 시동되었다. 1973년에는 서독과 동독이 각기 나란히 국제연합(UN)의 회원국으로 가입하였다.

서독은 1973년 12월 11일에는 체코슬로바키아와 프라하에서 조약을 체결하여 1938년의 뮌헨 회담의 내용을 무효화하고 전후의 현실(status quo)인 축소된 독일 영토를 인정하는 가운데 경제·기술 교류를 심화시키는 데 합의하였다. 이 또한 잘못된 과거를 실질적으로 반성하고 유럽 평화의 기틀을 마련하는 브란트 동방정책의 한 축을 뿌리내리는 작업이었다.

브란트는 동방정책을 추진하면서 동·서유럽의 국가들이 구현하고자 한 유럽의 집단 안보 협력 체제인 유럽안보협력회의(CSCE)의 결실을 위한 노력에 열정적으로 동참하였다. 경우에 따라서는 적극적인 리더십을 발휘하였다. 유럽안보협력회의는 유럽 평화 질서 혹은 그 전 단계로의 진전을 견인할 수 있는 것으로서 동방정책의 실현을 위해 주요한 동반자가 될 수 있는 체제였다. 브란트가 볼 때 이의 결실 과정은 냉전 시대를 극복할 중대한 역사 과정이었다. 유럽안보협력회의 입장에서 볼 때 동방정책이 내포하는 오데르-나이세 선 인정, 동독에 대한 국가 인정 등은 주요한 유럽안보협력회의가 성립되기 위한 전제 조건이었기 때문에 동방정책의 성공적인 진행은 절실히 중요했다. 브란트는 유럽안보협력회의에 미국과 캐나다가 동참해야 함을 역설하여 관철시켰다. 이는 그가 독일 분단의 극복, 유럽 전체의 평화와 통합 문제가 세계 차원으로 깊이 연관되어 있음을 깊이 인식하고 있음을 말해준다.

브란트는 냉전 시대 분단된 국가의 정치가로서 같은 처지에 있는 한국을 위해서도 깊은 애정을 보이고 조언을 주려 애썼다. 1964년 박정희 대통령이 서독을 국빈 방문했을 때 브란트는 박 대통령을 서베를린으로 초청하였다. 그 당시 시장이던 브란트는 독일의 통일 정책에 깊은 관심을 보이는 박 대통령에게 "독일은 즉각적인 통일보다는 교류와 협력을 통해 점진적이고 전반적인 변화를 이끌어내는 데 관심을 가지고 있다"고 말했다. 이는 그가 차후에 시행하게 될 동방정책 구상의 일단을 표현하는 것이었는데, 통일에 관심이 없는 듯한 이러한 그의 발언은 박 대통령을 몹시 놀라게 했다고 한다. 이내 박 대통령은 차분한 준비가 중요하다는 사실을 강조하는 뜻으로 이해하고 깊이 공감했다고 한다. 1972년 남북한 간의 7·4 공동성명이 발표되자 브란트는 당시 수상으로서 박 대통령에게 축하 메시지를 보냈다.

동방정책의 성공적인 진행과 함께 정치가로서 정점에 있던 브란트는 자신의 보좌관인 기욤이 동독의 간첩으로 밝혀지면서 1974년 수상직을 사퇴하였다.

유럽을 넘어선 세계 평화를 위한 활동가

그는 사민당 총재직을 계속 수행했으며 1976년부터는 사회주의 인터내셔널(Socialist International, SI) 의장직을 수행하였다. 독일을 넘어 유럽으로 다시 세계로 가는 정치의 여정을 활발히 지속하였다. SI는 그의 의장직하에서 절정기를 맞이했다고도 할 수 있다. 앞에서 소개한 망명지에서 조우한 운명의 동지 크라이스키는 SI를 이끌어가는 데 더없는 동반자였다. 사회주의 인터내셔널은 1951년 프랑크푸르트에서 조직되었다. 1970년대 중반에는 SI에 50개 이상의 정당이 정회원과 협의회원으로 가입하였다. 아시아와 아프리카의 정당들도 가입하였다.

브란트는 이러한 SI를 기반으로 잘사는 북반구 세계와 못사는 남반구 세계를 긴밀히 연계시키며 협력과 지원을 통해 세계 공동의 번영과 평화를 일구어내고자 하였다. 그는 1977년 당시 세계은행 총재 맥

—— 인물로 보는 유럽통합사

나마라(Robert Strange McNamara)의 제안을 받아들여 '남북위원회'를 창설하였다. 브란트는 영양실조, 문맹, 질병, 높은 출생률, 실업과 저소득 문제를 해결하는 것에 목적이 있는 이 위원회에 소련을 비롯한 동유럽 국가들을 가입시켜 명실공히 세계적인 차원에서 남반구의 가난과 저개발 문제를 해결하고자 하였다. 그는 냉전의 시대에 동서문제와 남북문제를 하나의 좌표축으로 묶어 세계의 갈등과 가난의 악순환으로부터 공동의 번영과 평화를 일구어내는 세계 공동체를 일구어가고자 하였다. 이러한 공로를 인정받아 그는 1980년대에 들어서 UN 등 여러 권위 있는 국제기구들로부터 수상하였고 그 상금을 세계 저개발 지역의 후원을 위해 상징적인 차원에서 희사하였다. 이는 평화를 위해 독일을 넘어 유럽으로 다시 세계로 가는 구체적인 그의 정치여정을 의미했다.

브란트는 유럽에서 새롭게 민주주의를 시작하는 나라들의 사회민주주의를 진작시키는 데 크게 관심을 가지고 이를 지원하였다. 예를 들어, 1975년 독재 체제로부터 민주주의로 이행되는 포르투갈에서 마리오 수아레스(Mario Alberto Nobre Lopes Soares)를 후원하여 그를 의장으로 한 포르투갈 사회당이 1976년에 창당되는 데 크게 기여하였다. 브란트는 또한 1975년 프랑코 사후 민주주의 시대를 열어가는 에스파냐에서 펠리페 곤살레스(Felipe González Màrquez)와 상호 긴밀한 협력을 하면서 사회주의노동당이 탄생될 수 있는 기반을 마련하였다. 브란트는 생애 마지막 순간까지 마리오 수아레스 그리고 펠리페 곤살레스와 매우 친밀한 관계를 가꾸어갔다. 이 세 사람의 관계는 SI를 이끌어가는 기관차 역할을 하였다.

브란트는 1980년 한국의 평화와 인권의 민주주의 지도자 김대중 전 대통령이 군사정부에 의해 사형 위기에 처했을 때 이의 철회를 위해 적극적으로 국제적 노력을 기울였으며 1987년에는 사민당 당원들과 함께 그를 노벨 평화상 후보자로 추천하였다. 1989년 10월 한국을 방문하여 김대중 전 대통령과 독일의 통일 경험과 한국의 통일 과제에 대해 논의하였고 동독에서의 사태가 심각하게 돌아가자 급히 귀국하기도 하였다. 그는 그 스스로 동방정책을 통해 새롭게 기초를 다졌던 독일통일을 생전에 목도할 수 있었다. 무엇보다도 그가 서베를린 시장으로 재임할 때 세워졌던 베를린 장벽이 눈앞에서 무너져 내리는 그러한 경험을 할 수 있었다. 독일과 유럽 그리고 세계를 위한 평화의 정치가 빌리 브란트는 1992년 타계하였다. 그가 노벨 평화상 후보자로 추천했던 한국의 김대중 전 대통령은 2000년 노벨 평화상을 수상하였고 두 분단국의 두 정치인은 공히 평화와 민주주의 지도자로서 노벨 평화상 수상자로서 역사에 길이 남게 되었다. 이는 브란트가 독일과 유럽을 넘어 세계를 향한 민주주의와 인권 그리고 평화의 사도로서 뿌린 씨앗들에 의해 맺어진 탐스러운 열매 중의 하나일 것이다.

연표

1913년 뤼베크에서 출생.
1930년 독일 사회민주당(SPD) 가입.
1931년 SPD 탈퇴. 보다 급진적인 사회주의노동자당(SAP) 가입.
1933년 나치의 박해를 피해 노르웨이로 망명. 빌리 브란트로 개명.
1937년 스페인 내전 시 기자로 활동.
1938년 나치에 의해 독일 국적 상실.
1940년 노르웨이 시민권 획득. 독일군의 노르웨이 점령 시 포로 생활―독일인으로 알려지지 않았음. 포로 생활에서 석방된 후 스웨덴으로 피신.

1946년 베를린으로 귀환.

1948년 독일 사회민주당(SPD) 가입.

1949년 의회 활동 시작. 1 · 2대 독일 연방의회 의원.

1957년 서베를린 시장으로 취임(1957~66).

1961년 독일 수상 후보.

1964년 독일 사회민주당 당수 취임(1964~87).

1966년 기민당(CDU)과 사민당(SPD) 연정으로 외무부 장관 및 부수상 취임.

1969년 사민당과 자유민주당(FDP)의 연정으로 수상에 취임.

1970년 모스크바 조약과 바르샤바 조약 체결.

1971년 긴장 완화 공로를 인정받아 노벨 평화상 수상.

1972년 브란트에 대한 건설적 불신임안 부결. 양 독일 간 기본조약 체결.

1973년 브란트의 정책에 대한 헌법 위헌 제소 부결. 9월 26일 독일연방 수상으로 유엔총회에
　　　 서 처음으로 연설.

1974년 기욤 사태로 수상직 사임.

1975년 SPD 당수로 재선.

1976년 사회주의 인터내셔널 회장으로 당선.

1977년 남북문제위원회 위원장직 수락.

1979년 유럽의회 선거. 유럽의회 의원으로 피선.

1980년 "생존 보장"에 관한 브란트 리포트가 남북문제위원회에서 발표됨.

1983년 "공동 위기"라는 제2의 보고서가 남북문제위원회에 의해 발표됨.

1984년 뉴욕에서 제3세계상을 받음.

1985년 알베르트 아인슈타인 평화상 수상.

1987년 본(Bonn) 당 대회에서 SPD 당수직을 사임하고 명예당수로 선출됨.

1989년 스톡홀름에서 사회주의 인터내셔널 회장으로 재선됨. 베를린 장벽 붕괴.

1992년 사망.

참고문헌

Schöllgen, Gregor. *Willy Brandt*, Econ Ullstein List Verlag, 2001(김현성 옮김, 《빌리 브란
　　　트》, 도서출판 빗살무늬, 2003).

Brandt, Willy. *Friedenspolitik in Europa*, Frankfurt am Mein, 1968.

Brandt, Willy. *Erinnerungen*, Frankfurt am Mein, 1990.

Baring, Arnulf. *Machtwechsel: Die Ära Brandt-Scheel*, München, 1984.

Hafetendorn, Helga. *Sicherheit und Entspannung: Zur Auß enpolitik der Bundesrepublik Deutschland 1955~1982*, Baden-Baden, 1983.

유럽의 부활을 이끈 리더십

: 프랑수아 미테랑

조홍식

모네와 슈만이 1950년대 초반 유럽통합을 이끈 프랑스의 쌍두마차였다면, 1980년대 유럽통합의 부활기에 획기적인 힘을 발휘한 프랑스 커플은 프랑수아 미테랑(François Maurice Marie Mitterrand)과 자크 들로르(Jacques Delors)라고 하겠다. 어떤 의미에서 슈만이 외무장관으로 유럽석탄철강공동체의 출범에 결정적인 영향을 미쳤지만, 미테랑은 단일유럽의정서와 마스트리히트 조약을 모두 추진하였다는 점에서 창시자보다 더 커다란 역할을 했는지도 모른다. 들로르가 1985년부터 10여 년간 유럽집행위원장을 맡으면서 파리의 미테랑과 브뤼셀의 들로르 사이에는 통합을 진두지휘하는 양극 체제가 형성되었다.

미테랑은 20세기 프랑스 정치사에서 드골과 쌍벽을 이루는 대표적인 지도자이다. 드골은 독일에 패한 프랑스를 극적으로 구원했을 뿐아니라 식민 전쟁의 와중에 내란의 위험에 몰린 국가를 구해낸 영웅을 상징한다. 그에 비하면 어린 나이부터 정치인으로 성장한 미테랑은 보다 평탄하고 안정적인 시대의 지도자라고 할 수도 있을 것이다. 하지만 미테랑은 1947년 31세의 나이로 프랑스의 가장 젊은 장관으로 입각한 뒤 1995년 대통령직에서 물러날 때까지 반세기 가까이를 프랑스 정치 무대의 주인공으로 활동하였다. 게다가 그는 1981년부터 1995년까지 무려 14년 동안 대통령을 역임하였는데, 이는 10여 년 동안 집권했던 드골이나 12년간 집권한 시라크(Jacques Chirac)를 훨씬 앞지르는 최장의 임기이다.

프랑스의 피렌체인

미테랑은 1차 대전이 한창이던 1916년 프랑스 코냑 지방 부근의 자르나크(Jarnac)라는 도시에서 태어났다. 그의 아버지는 파리-오를레앙 철도 회사의 엔지니어였고 후에는 식초를 제조하는 기업가로 활동하였다. 미테랑은 4남 4녀의 전통적인 프랑스 지방 부르주아 집안에서 태어나 자라면서 전형적인 가톨릭 교육을 받았다. 그는 앙굴렘(Angoulême)의 생폴 중등학교를 다니면서 가톨릭 청년회에서 활동하였고, 대학은 파리의 자유정치대학으로 진학하여 법학을 전공하였다.

미테랑이 대학을 다니던 1934~37년의 프랑스는 좌파와 우파의 대립과 반체제적 원외 정치 세력의 활동이 활발하게 이루어져 정치가 무척 혼란스런 시기였다. 1936년에 처음으로 사회주의 세력이 주도하는 인민전선(Front populaire) 정부가 들어섰지만, 청년 미테랑은 그보다는 드라로크 대령이 주도하는 극우 정치 세력 '불의 십자단[크루아드

퇴(Croix de Feu)」에 가입하여 활동하였다. 미테랑은 대학 졸업 후 식민 군대에서 군 복무를 마쳤고 2차 대전이 발발하자 전선에 다시 파병되었다.

미테랑은 1940년 전투에서 독일군에 포로로 잡혀 18개월간 수용소 생활을 하게 되었다. 수용소에서 탈출한 그는 나치 독일과 협력하는 비시 정권하의 프랑스로 들어와 정부에서 일하게 되었다. 그는 프랑스 비시 정부와 독일이 사로잡은 프랑스 포로들 문제를 담당하는 부서의 임시 계약직 공무원으로 근무하면서 페탱 원수로부터 프랑시스크 훈장을 받았다. 그리고 그의 이런 과거는 훗날 정적들에 의해 계속해서 비판받게 되는 빌미를 제공했다.

하지만 미테랑은 그 비슷한 시기인 1942년 여름부터 전쟁 포로 출신들을 중심으로 레지스탕스 조직을 만들기 시작하였다. 이듬해에는 전쟁 포로 연합이라는 조직을 구성하고 몰래 런던과 알제(Alger)로 잠입하여 드골 장군과 만나 레지스탕스 문제를 협의하기도 하였다. 하지만 레지스탕스의 해외파와 내부파의 이익과 시각 차이 때문에 두 사람의 만남이 긍정적 결과를 가져오지는 않았다. 다시 프랑스로 돌아온 미테랑은 활발하게 레지스탕스 운동을 펼치고 1944년 여름에는 파리의 해방에 적극적으로 가담하였다.

해방 정국에서 미테랑은 정치인으로 급속하게 성장했다. 프랑스가 해방되던 1944년 미테랑은 28세에 불과한 청년이었다. 하지만 그는 이미 레지스탕스 운동에서 두각을 나타낸 리더였고, 정치의 대거 물갈이가 진행된 해방 정국에서 빠르게 부상하였다. 1946년 미테랑은 레지스탕스 민주사회주의연합(UDSR)이라는 정치 세력에 가입하고 같은 해 선거에서 하원 의원으로 당선되었다. 본격적인 정치 커리어의 신호탄이었던 셈이다. 이듬해에는 사회당의 라마디에(Paul Ramadier) 내각에서 보훈 담당 장관으로 임명됨으로써 31세의 프랑스 최연소 장관이 되었다. 그는 1948년에는 네덜란드 헤이그에서 열린 유럽회의에 참석하는데, 당시 유럽 전 지역에서 참여한 800여 명의 대표 중에는 유럽통합사의 핵심 인물이라고 할 수 있는 아데나워, 스파크, 스피넬리, 맥밀런, 처칠 등이 포함되어 있었다.

미테랑은 1950년 플레벤 내각에서 해외영토장관으로 입각하여 처음 프랑스 제국의 문제를 다루게 되는데, 프랑스 국민과 식민지 주민의 법적 평등을 주장하면서 자치권은 물론 주민이 원할 경우 독립을 인정해야 한다는 입장을 보였다. 그 때문에 드골주의자들은 그를 "제국을 팔아먹는 사람"으로 비판하였다. 1953년 UDSR의 총재직을 맡은 미테랑의 정치적 위상은 더 높아졌고, 그에 따라 1954년 망데스프랑스(Pierre Mendès-France) 내각에서는 내무장관을 그리고 1956년 몰레(Guy Mollet) 내각에서는 법무장관에 올랐다. 그는 내무장관 시절 알제리에서 고문을 근절하려 노력하였고, 법무장관 때는 모로코와 튀니지의 독립 작업에 참여하였다. 이처럼 1950년대 미테랑의 주요 관심과 활동은 프랑스 제국의 관리와 발전적 전환이었다고 할 수 있다.

제5공화국에 돌입하면서 미테랑은 중도 세력의 정치인에서 드골에 가장 비판적으로 저항하는 대표적인 인물로 부상하게 되는데, 그에 따라 정치 성향은 좌파로 더욱 이동하게 된다. 1958년 드골을 제4공화국 수상으로 임명하는 투표에서 미테랑은 반대표를 던졌다. 드골이 이미 무력으로 권력을 탈취하고서 법적인 허가를 받으려 한다는 것이 반대의 이유였다. 따라서 그는 드골이 자신의 권력을 공고화하기 위한 제5공화국 헌법에 대한 국민투표에도 적극적으로 반대하고, 1962년 대통령 직선제 도입을 추진할 때도 반대를 외쳤다. 1964년에는 공화국 제도회의(CIR)라는 정치 세력을 조직하였고, 《지속적인 쿠데타》라는 책을 저술하여 드골의 개인적이고 권위적인 권력을 비판하였다.

미테랑이 드골 대통령의 정치적 라이벌로서 주목받게 된 계기는 1965년 최초로 치러진 직선 대통령 선거에서이다. 사실 그때까지 미테랑은 드골에 반대하는 수많은 야당 정치인들 중 한 사람일 뿐이었다. 그러나 대선을 통해 드골과 경쟁하면서 그에 버금가는 정치인으로 부상할 수 있었다. 미테랑은 자신의 CIR과 사회당이 연합한 민주사회주의좌파연합(FGDS)의 후보로 선거에 참여하여 예선에서 기독교 민주주의 세력의 르카뉘에(Jean Lecanuet)를 누르고 결선에 진출하였다. 그리고 결선에서 그는 드골을 상대로 45.5퍼센트의 높은 득표율을 보여주었다. 비록 선거에서는 패했지만 드골의 간담을 서늘케 한 정치인으로서 미테랑은 좌파의 대표 주자로 등장하게 되었다. 1969년 드골의 사임 후 치러진 대선에서 사회당은 부담스런 미테랑을 거부하고 자기 당의 드페르(Gaston Defferre)를 후보로 내세웠는데, 모든 좌파 후보들은 예선에서 탈락하고 드골파의 퐁피두와 중도파의 포에르(Alain Poher) 간 치러진 결선에서 퐁피두가 승리하였다. 미테랑이 선전했던 1965년 선거와 비교해보면 좌파가 대선에서 성공하기 위해서는 미테랑과 같은 인기 있는 정치인이 필요하다는 사실을 증명해준 셈이다.

결국 사회당은 1971년 미테랑과 그의 정치 세력인 CIR을 영입하였고, 미테랑은 사회당 내 파벌 관계를 잘 활용하여 사회당 제1서기라는 당내 최고 지도자직에 올랐다. 그는 결선투표제라는 제도 때문에 정치 세력이 양극화 경향을 보이는 상황에서 당선되려면, 공산당과의 연합이 필요하다고 판단하고 1972년 공산당과 좌파연합 전선을 형성하였다. 1974년 대선에서 좌파연합 후보로 나선 미테랑은 결선투표에서 49.2퍼센트의 득표율을 보이면서 우파를 대표하는 지스카르(Valéry Giscard d'Estaing)에 아깝게 패배하였다. 좌파의 희망으로 부상한 미테랑은 1970년대 지속적으로 사회당을 이끄는 야당 지도자로 군림하였고, 1981년 대선 세 번째 도전에서 지스카르을 상대로 51.76퍼센트의 득표로 당선되었다. 사회당이나 드골파와 같은 거대 정치 세력 출신이 아니면서도 대통령에까지 당선된 그를 두고 권모술수에 능한 마키아벨리적 피렌체인이라는 별명이 붙은 것도 이상한 일은 아니다.

미테랑은 7년의 대통령 임기를 두 번이나 역임하는데 모두 5년의 사회당 주도 정부와 2년의 좌우 동거 정부로 나뉘어서 진행되었다. 1981년 집권한 미테랑은 사회당-공산당 연정을 추진하였고 구조적인 개혁을 펼쳤다. 사형제도의 폐지, 주간 법정 노동시간의 축소(40시간에서 39시간으로), 정년을 60세로 하향 조정, 연간 5주의 유급 휴가, 최저임금의 인상, 금융 및 산업 국영화 등은 전형적인 좌파 정책으로 프랑스의 삶의 질을 형성하는 데 적극적으로 기여하였다. 또 미테랑은 경제성장을 촉진하기 위해 정부가 적극적으로 개입하는 케인스 식 경기 활성화 정책을 폈다. 하지만 이미 국제화가 많이 진행된 프랑스 경제에서 경기 활성화 정책은 내수의 진작보다는 수입의 증가로 나타났

제5공화국에서 최초로 동거 정부를 구성한 미테랑 대통령(오른쪽)과 시라크 총리.

고, 이에 따라 외환 위기와 경제 위기가 한꺼번에 닥쳐왔다. 따라서 미테랑 정부는 1983년 경제정책을 활성화에서 안정화로 전환할 수밖에 없었다. 그로 인해 1984년에는 공산당이 연정을 포기하였고 사회당 정부는 보수적이고 전통적인 재정 및 경제정책으로 돌아왔다. 이러한 경향은 1986년 우파가 총선에서 승리하고 동거 정부가 들어서면서 더욱 강화되었다. 시라크 수상은 대규모 민영화를 추진하였고 외교 부문에서는 프랑스어권을 적극 추진하는 등 미테랑 대통령과 경쟁적인 양상을 보였다.

실제로 1988년 대통령 선거의 결선은 미테랑과 시라크의 대결로 치러졌는데 미테랑 대통령이 54퍼센트의 지지를 획득해 시라크 수상을 누르고 재선에 성공하였다. 미테랑은 1993년까지 사회당 정부를 주도하며 최저소득제나 일반 사회 기여금과 같은 제도를 수립함으로써 실

업의 사회적 관리 체제를 확립하였다. 또 1989년에 프랑스 혁명 200
주년을 맞아 루브르 박물관의 대규모 확장, 바스티유 오페라 개장, 라
데팡스의 대 아치 등의 프로젝트를 완성하였다. 또 1991년에는 사회
당 내 자신의 정적이었던 로카르(Michel Rocard) 수상에 이어 최초로
여성 수상 크레송(Edith Cresson)을 임명하였다.

　1993년 총선에서는 다시 우파가 승리하여 두 번째 동거 정부가 들
어섰고 발라뒤르(Édouard Balladur) 수상은 사회당 집권 기간 동안 중
단되었던 민영화를 다시 추진하였다. 이 기간 동안 미테랑은 상당히
쇠약해졌고 1995년에 시라크가 새 대통령에 당선되어 대권을 다시 우
파에게 넘겨주게 되었다. 퇴임 이듬해에 드골이 세상을 떠났듯이 미
테랑도 1996년 지병인 암으로 눈을 감았다.

위대한 유럽인

'피렌체인(le Florentin)'이라는 별명이 미테랑의 동물적인 정치적 감각
을 부각시키면서 부정적으로 인식될 수 있다면, '위대한 유럽인(le
grand européen)'이라는 호칭은 그가 스스로에게 부여하고 싶었던 이
미지였다고 할 수 있다. 특히 1980년대와 90년대 그가 대통령으로 재
임하는 시기에 미테랑은 새로운 유럽의 희망찬 미래를 열어가는 위대
한 건축가로서의 역할을 자임하였다. 하지만 이런 유럽에 대한 관심
이 처음부터 미테랑의 정치 경력을 지배했던 것은 아니다. 오히려 초
기에 유럽은 그의 관심 영역에서 상당히 벗어나 있었다고 보는 것이
더 정확하다.

젊은 미테랑의 세계에서 프랑스의 운명은 무엇보다 지중해라고 하는 지역에서 결정되는 것이었다. 그는 프랑스가 지중해 연안 국가들과의 관계 속에서 발전해나갈 것이라고 보았고, 1954년 "서지중해와 아프리카가 유럽과 대서양보다 중요하고, 유럽이 아시아보다 중요하다"고 주장했던 것이다. 1940년대와 50년대 그가 북아프리카 식민지 문제에 그토록 심혈을 기울였던 이유도 여기서 찾을 수 있다. 물론 그는 1948년 헤이그 유럽회의에 참여하였고, 유럽방위공동체에 대해서도 찬성하는 입장이었다. 하지만 그는 방위공동체에 반대하는 망데스프랑스 내각에 참여하고 있었기 때문에, 투표에서는 내각 수반과 연대한다는 의미에서 기권 표를 던질 만큼 유럽에 대한 신념은 강한 것이 아니었다.

검은 중절모를 눌러쓰고 헌책방을 자주 들렀던 미테랑.

1960년대의 미테랑은 드골의 경쟁적 정치인으로 부상하는데 그에 따라 드골의 유럽 정책을 적극적으로 비판하였다. 드골이 반(反)유럽을 상징하고 있었기 때문에 미테랑은 상대적으로 친(親)유럽적으로 비추어진 것도 사실이다. 예를 들어 1965~66년 공석 위기(empty chair crisis) 때 미테랑은 이런 정책이 독일의 민족주의를 자극하고 미국 자본의 유럽 침투를 더욱 수월하게 한다고 비난했다. 영국의 공동체 가입에 대한 비토권 행사에 대해서도 미테랑은 영국을 거부할 경우

영·미동맹이 훨씬 강해져서 오히려 영국과 유럽을 멀어지게 하는 결과를 낳는다고 주장하였다.

1970년대는 미테랑이 사회당을 주도하며 공산당과 연합을 유지해야 했기 때문에 반유럽적인 공산당의 정서를 감안하여 조금은 유럽과 멀어지는 모습을 보였다. 일례로 미테랑은 "유럽을 위한 유럽을 원하는 것이 아니라 사회주의를 위한 유럽을 원한다"는 입장을 보였다. 자본주의가 주도하는 유럽에 대한 비판적인 입장을 견지하면서 사회주의적 성격의 중요성을 강조한 것이다. 1973년 바놀레에서 열린 전당대회 최종 결의문에는 "사회주의를 향한 유럽의 진전은 프랑스에서 사회주의자들의 성공이나 실패에 좌우될 것"이라고 명시함으로써 유럽 내에서 프랑스 중심론을 확인하였다. 물론 미테랑은 사회당 내 반유럽파의 입장과는 일정한 거리를 유지하며 유럽이 프랑스의 국익을 실현하는 중요한 도구라는 시각을 가졌다.

미테랑이 유럽주의자가 된 것은 대통령에 당선된 뒤의 일이다. 1981년 미테랑의 대선 공약에서 유럽에 대한 언급은 극히 드물다. 단지 유럽 차원의 경기 활성화를 주장하고 유럽이 사회정책이나 산업정책에도 개입해야 한다는 것과, 기존의 자유무역의 방향에서 벗어나 보다 보호주의적인 무역정책을 펴야 한다는 정도였다. 미테랑은 당선된 후에 '유럽 사회 공간'의 창설과 '유럽의 경기 활성화를 위한 계획'을 제안하지만 다른 회원국의 호의적인 반응을 얻지는 못했다. 또 프랑스 사회당은 에스파냐의 유럽 가입에 대해서도 자국이 받는 지원금의 축소를 우려하여 반대의 입장을 가지고 있었다.

소극적인 태도에서 미테랑이 적극적인 유럽주의자로 돌변하는 계기

──── 인물로 보는 유럽통합사

는 1983년 경기 활성화에서 안정화 정책으로의 전환 때문이었다. 사회당은 경제성장과 고용창출을 약속하고 집권하였지만 정책 전환으로 그 정반대의 긴축재정과 임금동결이라는 조치를 취하게 되었던 것이다. 따라서 정치적인 돌파구와 새로운 이상적 목표가 필요했던 미테랑에게 유럽이라는 쟁점은 안성맞춤이었다. 미테랑은 이때부터 위대한 유럽인, 비전을 가진 유럽의 건축가라는 역할을 자임하기 시작하였다.

그는 프랑스의 국익을 유럽통합의 진전을 통해서 가장 효율적으로 추동할 수 있다고 규정하였다. 그동안 주장해왔던 사회주의 유럽의 건설을 포기하고 유럽공동화폐를 통한 프랑스 금융 주권의 추진이라는 새로운 목표를 설정하였다. 특히 1984년 상반기 프랑스가 유럽공동체 의장국을 맡는 기간은 미테랑에게 절호의 기회였다. 그는 이 시기에 1979년부터 유럽의 발목을 잡고 있었던 영국의 기여금 반환 요구 문제를 해결하고, 에스파냐와 포르투갈의 가입 협상을 추진하며, 정보 산업의 발전을 위한 유럽 지원 프로그램(ESPRIT)과 과학 연구 분야(EUREKA)에서 유럽 차원의 협력 정책과 아이디어를 제시하였다. 미테랑에게 유럽은 이제 거의 '개인적인 일(personal affair)'이 되었다. 그가 유럽을 건설하는 스타일은 공식적인 다자회의보다는 개인적으로 다른 정부 수반들을 만나 입장을 조율하고 설득하는 방식이다. 84년 상반기 동안 미테랑이 무려 30회에 걸쳐 다른 회원국의 정부 수반들과 양자 회담을 벌였다는 통계가 이를 증명한다.

1985년 1월에는 미테랑 정부에서 재무장관을 맡아 1983년의 정책 전환을 실천했던 들로르가 유럽집행위원회 위원장으로 부임하면서 미테랑–들로르 라인이 유럽통합의 강력한 동력을 제공하게 되었다. 그해 4월에는 미국과 일본의 과학기술의 발전에 대항하여 유럽의 독립적 연구 개발을 촉진하기 위한 지원 체제로 유레카(European Research Coordination Action, EUREKA) 계획이 출범하였다. 역시 같은 해에 단일유럽시장 형성을 위한 단일의정서가 본격적으로 추진되었다. 원래 미테랑은 드골 때부터 내려오는 프랑스 전통에 따라 유럽의 제도가 기본적으로 정부간주의와 만장일치제의 원칙을 존중하길 희망했다. 하지만 단일의정서를 성공시키기 위해 그는 이런 원칙을 부분적으로 포기하면서 다수결제의 도입을 허용하였던 것이다. 동시에 유럽의회, 집행위원회, 유럽법원과 같은 초국적 기관의 권한 강화에도 동의하였다. 이는 결국 '공석 위기'에서 프랑스가 어렵게 획득한 실질적 만장일치제를 포기한다는 의미였다.

제1차 동거 정부 시절 유럽 정책은 미테랑 대통령과 시라크 수상이 경쟁하는 영역이었다. 내정을 맡게 되어 있는 수상은 "공동체 문제는 무엇보다 수상의 책임 아래 있다"고 주장했고, 대통령은 "유럽 문제는 무엇보다 공화국 대통령의 사안"이라고 주장하였다. 실제로 이 둘은 유럽 문제에서 협의할 수밖에 없는 관계였다. 미테랑은 1981년 대선에서 가졌던 좌파 리더로서 이미지를 버리고 '위대한 유럽인'의 상징성을 내세웠다. 대선 캠페인에서도 미테랑은 유럽의 정치 연합, 공동 방위정책, 사회정책의 조화, 단일시장의 보호와 같은 쟁점들을 제기했다. 또한 교육, 환경, 사회 보호 등의 분야에서 새로운 유럽 정책을 창출해야 한다고 주장했다. 그리고 미테랑은 재선에 성공하였다.

위대한 유럽인으로 등장한 미테랑은 유럽은 프랑스의 천재성을 발휘할 수 있는 최적의 공간이며, 이를 통해 프랑스는 물론 유럽 사람들은 커다란 혜택을 얻을 것이라고 생각했다. 이는 드골과 미테랑이 공유하고 있는 신념이었다. 하지만 1989년 이후의 사건들, 특히 독일의 통일은 이런 프랑스의 믿음에 커다란 충격을 가하게 되었다. 1989년 11월 베를린 장벽이 붕괴되자 프랑스는 과거의 악몽이 되살아났다. 19세기 독일이 통일하면서 보불전쟁이 발발하였고, 양차 대전은 모두 통일 독일이 프랑스와 충돌한 사례였기 때문이다. 2차 대전 이후에는 독일이 동서독으로 양분되어 프랑스가 안정을 유지했다고 해도 과언이 아니다. 그런데 이러한 질서가 무너질 위험에 처한 것이다. 독일의 통일을 우려한 프랑스는 여러 가지 외교적 실수를 저지르게 된다. 소련이나 폴란드, 심지어 동독에게 당장의 통일은 막아야 한다는 메시지를 전하기도 하고, 미국이나 영국과 독일의 통일을 방해하려는 모습을 보이기도 하였다. 전통적인 프랑스-독일 협력 체제가 가동되지 않았던 것이다. 그러나 독일 민중의 통일에 대한 염원은 강력하였고, 콜 수상의 신속한 주도 아래 1991년 독일의 통일은 완성되었다.

기정사실이 되어버린 통일 독일의 현실 앞에서 프랑스는 다시 거대한 독일을 유럽이라는 틀 속에 묶으려는 전략을 폈다. 그것이 바로 1991년 논의와 협상을 거쳐 1992년 2월 서명한 마스트리히트 조약이다. 이를 통해 유럽공동체는 단일시장에서 유럽연합으로 승격되면서 정치 및 경제연합을 완성하게 되었다. 특히 독일은 자국 경제 발전의 상징이었던 도이치 마르크를 포기하고 유로(EURO)의 도입을 허용하는 양보를 했다. 물론 신유럽중앙은행이 독립된 기관으로 물가 안정을 유일한 목표로 한다는 조건을 붙였지만 말이다. 또 이 조약은 공동

외교안보정책(Common Foreign and Security Policy, CFSP)의 틀을 마련하였는데 이는 민족 독립과 국가주권이라는 원칙 아래 자국 군대의 독자적 성격을 강조하였던 프랑스 전통의 포기를 의미하는 것이기도 했다.

미테랑은 마스트리히트 조약의 비준에서 의회의 투표가 아닌 국민투표의 방식을 선택하였다. 그의 피렌체인다운 성향을 감안한다면 전통적으로 유럽통합에 비판적인 드골파의 분열을 노렸다는 해석이 가능하다. 1993년 총선을 앞두고 이런 전술적 사고는 당연해보인다. 또 위대한 유럽인의 차원에서 본다면 이처럼 중대한 사안을 단순히 의회에서 통과시키기보다는 국민들의 확실한 의사와 지지를 통해 확인하려는 민주적 사고의 결과라고 할 수도 있다. 정확한 것은 그가 일종의 도박을 했다는 것이고, 국민투표에서 51.1퍼센트의 찬성으로 마스트리히트 조약은 간신히 통과되었다.

정치 경력의 초기에 제국에 대한 관심으로 시작했던 미테랑은 결국 유럽의 건설이라는 계획을 실천하면서 정치인의 삶을 마치게 되었다. 제국이든 유럽연합이든 공통점은 국가 간의 연합이나 공동체를 통해서 프랑스의 국력을 극대화한다는 전략이다. 이런 점에서 미테랑은 사실 드골과 많은 부분을 공유하고 있다. 특히 양극화되어 있는 냉전의 질서 속에서 프랑스라는 쇠퇴기의 국가가 자신의 영향력과 세력을 유지하는 길은 다른 나라들과의 합침과 동시에 그 속에서 주도적인 역할을 담당하는 길뿐이기 때문이다. 이런 시각에서 보면 드골과 미테랑은 정도의 차이는 있겠지만 기본적으로 프랑스의 국익에 충실했던 국가 지도자들이라고 하겠다.

유럽연합의 대부

미테랑은 드골과 마찬가지로 신념에 찬 유럽주의자라고 할 수는 없다. 드골이 기정사실화되어 있는 로마 조약을 할 수 없이 인정하면서 유럽의 발전과 변화에 기여하였듯이, 미테랑도 집권 초기에 유럽통화제도(European Monetary System, EMS)라는 현실에 부딪쳐 자신의 경제 정책을 수정해야 하는 과정을 서쳤다. 그러나 드골이 자신의 집권 기간 동안 계속 유럽과 불편한 관계를 유지하였다면, 미테랑은 유럽이라는 장애물을 자신의 계획으로 전환시켜 오히려 거대한 진전을 이루는 데 적극적으로 기여했던 것이다. 그래서 드골이 위대한 프랑스인이라면 미테랑은 위대한 유럽인의 영예를 안을 수 있게 되었다.

유럽에 대한 미테랑의 사고를 이해하려면 그의 정치철학과 스타일을 면밀히 살펴보아야 한다. 대부분 성공하는 위대한 정치인들이 그렇듯이 미테랑도 특정 교조주의적 태도보다는 현실적이고 유연한 사고의 소유자이다. 그는 젊은 시절 드라로크 대령의 극우 사상에도 어느 정도 동조한 적이 있다. 당시 프랑스는 경제·사회적으로 위기를 맞아 의회 민주주의에 대한 도전이 사방에서 일어났고, 드라로크 대령의 불의 십자단은 파시즘의 경향을 지니고 있었기 때문이다. 그는 해방 이후에는 중도적인 입장을 보였다. 제5공화국 초기에는 드골의 쿠데타를 강력하게 비난하였지만 결국은 제5공화국의 헌정 질서를 수용하였다. 단지 수용만 한 것이 아니라 자신이 적극적으로 활용하여 무려 14년간이나 군주적 또는 제왕적 대통령을 역임하였다. 미테랑은 소규모 정치 세력을 규합했지만 자신을 반대했던 사회당에 들어가 그

당을 접수하는 뛰어난 정치적 능력을 발휘했다. 미테랑은 장애물을 자신의 무기로 만드는 데 탁월한 능력을 발휘했다. 1971년 저술된 그의 저서 《가능성의 사회주의》라는 제목이 보여주듯이 그에게 가장 중요한 가치는 실천이었다.

유럽의 건설에서도 미테랑의 비전은 거대한 시대의 흐름을 읽고 이를 활용하여 목표를 설정한 뒤 실천하는 것이었다. 1983년 자신의 정책이 위기에 봉착했을 때 그에게는 유럽의 화폐제도 내에 남아 있느냐 아니면 프랑스만의 사회주의를 추진하느냐의 선택이 주어졌다. 그는 자신의 지지 기반인 사회주의를 포기하고 유럽화폐제도라는 현실을 선택하였다. 그리고 위대한 유럽인으로 변신하면서 단일시장을 추진하였다. 1942~43년에 비시 정부에서 일하면서 레지스탕스 활동을 펼친 양면성에서 이런 미테랑의 모호함과 결단의 공존을 발견할 수 있을 것이다. 1989~91년의 시기에도 미테랑은 우선 독일의 통일을 막거나 늦출 수 있다는 판단 착오를 한다. 하지만 자신의 오산을 재빨리 인정하고 통일된 독일을 수용하고 끌어안기 위해 유럽연합이라는 새로운 돌파구를 만들어냈던 것이다.

미테랑은 동거 정부라는 열악한 상황 속에서도 유럽 정책을 통해 자신의 국부적 이미지를 한껏 발휘하였다. 그는 드골주의자 시라크가 한때 유럽에 적대적인 입장을 보였다는 사실을 잘 알고 있었다. 따라서 자신의 유럽 성향을 강조함으로써 시라크가 수용할 수밖에 없는 상황을 초래하였다. 예를 들어 1986년 9월 시라크를 지지하는 우파 정치 세력은 미테랑이 주도한 단일유럽의정서를 의회에서 비준할 수밖에 없었던 것이다. 특히 유럽통합이 자본에 유리한 측면이 강했기 때문에 시라크 수상은 이념적으로 유럽에 소극적이었지만 자신의 정치적 기반을 부정할 수 없는 난처한 입장이었다. 정치적 동물인 미테랑은 이를 그냥 지나치지 않았다.

미테랑은 명실상부한 유럽연합의 대부이다. 아마도 이런 이미지로 계속 상상의 나래를 편다면 콜은 대모일 것이고, 들로르는 의식을 주관하는 신부, 그리고 메이저(John Major)는 따분해하는 들러리쯤 될까. 1990년대 초의 유럽통합은 12개국이 만들어가는 과정이었고, 그때까지 프랑스와 독일의 커플은 통합의 동력을 제공하는 모터의 역학을 했다. 특히 미테랑은 유럽통합 자체를 프랑스와 독일이 주도해가는 프로젝트로 생각하는 경향이 있었다. 그는 독일의 통일 과정에서 콜과 오해와 충돌을 일으켰지만, 기본적으로 1980, 90년대 초반의 불—독 관계는 미테랑—콜 커플의 신뢰와 상호부조를 통해 유럽을 이끌었다고 보는 것이 정확하다.

물론 미테랑을 마지막으로 유럽통합의 역사 역시 하나의 새로운 단계로 돌입하였다. 미테랑의 시대까지 유럽에서 프랑스-독일 커플의 중심성은 막대한 비중을 차지하였다. 처음 6개국에서 9개국, 그리고 12개국으로 회원국이 늘어나도 이 두 나라의 비중은 매우 컸다. 따라서 불—독의 주도력은 다른 회원국에게 거부하기 어려운 부담으로 다가갔고 이는 통합의 힘으로 작동하였다. 게다가 1980년대까지 불독 관계에서 프랑스가 조금은 더 주도적인 역할을 맡고 있었다. 그런데 미테랑을 마지막으로 유럽은 15개국과 27개국으로 대폭 확대되었고, 프랑스와 독일의 비중은 이제 과거에 미치지 못하게 축소되었다. 덧붙여서 불—독 커플마저 통일 후의 독일이 조금 더 무거운 비중을 차지

하는 변화가 일어났다. 이런 모든 변화를 감안할 때 미테랑만큼 유럽
통합의 역사에 커다란 족적을 남길 정도의 인물은 앞으로도 오랫동안
나타나기 어려울 것이다.

연표

1916년 10월 26일 자르나크에서 출생.

1937년 파리 자유정치대학 졸업

1939~41년 2차 대전 참전, 전쟁 포로, 그리고 탈출.

1942~43년 비시 정부 임시 공무원.

1942~44년 레지스탕스 활동.

1946~58년 제4공화국에서 보훈 · 해외영토 · 내무 · 법무장관 등 역임.

1953~63년 레지스탕스 민주사회주의연합(UDSR) 총재.

1965년 대선 출마, 결선 투표에서 드골에 패배.

1971~81년 사회당에 입당 후 제1서기.

1974년 대선 출마, 결선 투표에서 지스카르에 패배.

1981년 대선 출마, 결선 투표에서 지스카르에 승리.

1986년 단일유럽의정서.

1986~88년 제1차 동거 정부, 수상은 시라크.

1988년 대선 재선, 결선 투표에서 시라크에 승리.

1992년 마스트리히트 조약.

1993~95년 제2차 동거 정부, 수상은 발라뒤르.

1996년 1월 8일 파리에서 사망.

참고문헌

김명섭, 〈프랑스의 문화외교: 미테랑 대통령 집권기(1981~1995년)를 중심으로〉, 《한국정
　　　치학회보》 제37집 2호, 2003, pp. 343~363.

김응운, 〈프랑스 미테랑 대통령의 유럽통합 정책〉, 《프랑스학연구》 제41권, 2007, pp.
　　　129~150.

자크 아탈리, 김용채 옮김. 《자크 아탈리의 미테랑 평전》, 뷰스, 2006.

조홍식, 〈드골과 미테랑의 유럽 정책 비교연구: 개인적 비전과 정책의 제약〉, 《유럽연구》
　　　제26권 2호, 2008.

"브뤼셀의 황제"
: 자크 들로르

박지현

자크 들로르(Jacques Delors)는 '미스터 유럽(Mr. Europe)'이
라는 수사가 항상 따라다닐 정도로 유럽통합사에서 가장
획기적인 변화를 이끈 유럽공동체의 대표적인 지도자이다. 그는 10년
동안 유럽공동체의 집행위원장으로 재임하면서 유럽공동체의 대통령
과 같은 이미지를 구축하여, '유럽의 차르(Czar of Europe)' 혹은 '브뤼
셀의 차르(Czar of Bruxelles)'로 불릴 정도였다. 실질적으로 1992년 마
스트리히트 조약(유럽연합조약) 체결과 단일유럽시장 설립을 완성하고
경제통화동맹(EMU)을 통해 단일화폐인 유로(EURO)의 도입에 결정적
인 역할을 수행함으로써, 그는 정치공동체로서 '유럽'의 출발점을 성
공적으로 이끈 대표 정치인으로 떠올랐다.

하지만 현재 유럽연합(EU)은 경제적 시련을 겪고 있기 때문에, 들로
르를 바라보는 시각이 그리 긍정적인 것만은 아니다. 그는 단일유럽
시장이라는 유럽통합 경제 기획을 담당했던 인물이었기에, 그에 대한

평가는 오늘날 유로에 대한 평가와 관련이 크다. 2008년 미국 경제의 폭락을 통해 나타난 유로의 불완전성은 단일유럽시장에 대한 비관론을 야기했으며, 이로 인해 들로르의 경제관이 유토피아적이었다는 비판의 목소리가 커지고 있다. 자국의 경제 위기가 심각해지는 현상 앞에서 유럽통합이라는 명목 아래 계속해서 경제통합의 부담을 짊어질 수는 없는 노릇이다. 이 때문에 들로르의 정치 활동과 사상에 대한 평가가 시시각각 달라질 수밖에 없다. 그럼에도, 유럽통합사에서 유로 없이 유럽통합의 미래도 존재할 수 없다는 암묵적 합의를 이끌어냈던 그의 유럽통합론은 오늘날 유럽연합의 핵심이다. 지금은 초기 단계에서 유로의 실험이 이루어지고 있지만, 그 경제적 실험의 성공은 곧 거대한 유럽연합의 정치권력이 탄생되는 것을 의미하기 때문이다. 이 점에서 들로르는 분명 유럽경제공동체에서 유럽정치공동체로 전환하는 데 실질적인 토대를 제시한 오늘날 유럽의 설립자들 중 하나라고 할 수 있다.

제2의 모네 탄생: 실용적 사회주의자로서의 행보

들로르에게 늘 따라 붙는 '차르(황제)'라는 별명이 상징해주듯이 그의 지도력은 대중적이면서도 독특하다. 왜냐하면 그는 각 회원국의 정부 지도자뿐만 아니라 프랑스 국민의 합의 안에서 실체가 없었던 유럽연합의 탄생을 이끌어내는 설득력을 가졌기 때문이다. 그러나 그는 처음부터 정치인의 삶을 염두에 두지 않았으며, 흔한 말로 프랑스 정치인들이 따랐던 정규 엘리트 과정조차도 밟지 않은 인물이다. 그의 지도력은 어디에서 오는 것일까?

그는 1925년 파리 태생으로 프랑스의 중간 계층에서 자라났고, 1940년 독일 점령 때문에 학교 교육 과정을 정상적으로 밟는 데 어려움을 겪었다. 대학 시험을 우여곡절 끝에 통과하였으나 은행 중간간부였던 아버지의 영향으로 프랑스 은행(Banque de France)에 취직해 학업과 일을 병행했다. 은행 생활의 경험은 그에게 정치인의 행보를 걸을 수 있는 계기이자 미래의 지도력을 발휘할 수 있는 발판이 되었다. 그는 가톨릭 신자로서 프랑스 가톨릭 노동자동맹(Confédération française des travailleurs chrétiens, CFTC)에 깊이 관여하면서, 사회 · 경제 정책 기획과 개혁을 위해 노동조합의 통합 필요성을 주장하였다. 그의 제안은 1964년 CFTC가 프랑스 민주노동동맹(Confédération française démocratique du travail, CFDT)과 합쳐지는 데 결정적인 역할을 하였다. 이러한 성공은 유럽 차원에서 노동조합 동맹 결성의 방법을 고려해볼 수 있는 계기가 되었다. 당시는 로마 조약의 내용을 구체화시키는 관세동맹이 완성되어가는 단계였기 때문에, 그의 경제 · 사회 계획은 각 국가뿐만 아니라 유럽 차원에서도 고려되는 실정이었다. 따라서 유럽 차원의 경제 계획과 노동조합 동맹 간의 관계가 나아가야 할 방향을 그가 제시해준 셈이었다. 후에 다시 평가받게 되었지만, 이 과정을 통해 들로르는 자신의 능력을 인정받을 수 있는 기회를 얻었다. 빠르게 변화되는 유럽 경제의 흐름을 읽는 통찰력과 그 흐름 안에서 필요한 노동조합의 통합성을 설득하는 필력, 화술, 일관된 행동은, 노동계뿐 아니라 재계, 정치계 인사들에게도 깊은 인상을 심어주었다.

유럽연합 국기 앞에 선
'미스터 유럽', 자크 들로르.

　　그가 보여준 이러한 소통 능력은 좌·우파를 넘어선 실용주의 노선을 선택할 수 있었던 배경이 된다. 그는 '68운동'으로 알려진 1968년 5월 혁명 이후부터 본격적으로 정계 진출을 시작하였다. 1969년 퐁피두 대통령 정권 아래 수상인 샤방델마스(Jacques Chaban-Delmas)의 자문 역할을 담당하였다. 사실 가톨릭 좌파 입장이었던 그에게 우파 정권의 내각 참여는 다소 어울리지 않는 결정이었다. 이때 들로르는 우파 정권이라도 기존의 보수적인 문화 구조에서 벗어나 '새로운 사회'를 구축하려는 사회 개혁안에 참여할 수 있다는 입장을 밝혔다. 실제로 그는 현대 산업사회에서 노동조합을 계급 갈등과 투쟁이 아닌 화합과 타협을 이끄는 중심체로서 부각시킨 사회 개혁안을 내놓아, 일명 '사회 들로르주의(Social-Delorism)'로 불릴 만큼 많은 지지를 받았다. 당시 드골주의 우파와 사회주의 좌파 진영들 사이의 대립을 생각한다면, 그의 정치적 선택은 일종의 기회주의로 평가받을 수 있었던 상황이었다. 그런데 오히려 그는 양 진영을 설득하여 사회 개혁안을 승인받는 데 성공했다.

1974년 들로르는 미테랑이 이끄는 사회당의 주류 세력 안으로 들어가면서, 그의 실용적인 경제 기획안을 프랑스 국내뿐 아니라 유럽 차원에서 펼치기 위한 정치적 행보에 나섰다. 1978년에는 이미 사회당 내에서 유럽통화제도와 국제경제 관계에 관한 전문가가 되었고, 1979년에는 유럽의회 아래의 경제통화위원회 위원장이 되었다. 1981년 미테랑의 대통령 선거부터 사회·경제문제 분야를 담당하면서 내각의 경제·재정장관으로 임명되었다. 미테랑 대통령은 계속해서 그에게 수상 자리를 권했지만, 그는 국내와 유럽 차원의 경제 분야에서 일하고자 하였다. 왜냐하면 그는 정치적 독립성을 유지하고픈 마음도 있었고, 당시 사회당의 급진파에 의해 소외된 정치적 입지도 고려해야 했기 때문이었다. 하지만 분명한 것은 정치적 야심보다는 국내와 유럽 경제의 연계선상에서 프랑스의 위치를 확고히 하는 데 훨씬 많은 관심을 가졌다는 점이다. 들로르는 유럽통화제도에서 역내 시장을 완성하기 위해서는 독일과의 타협점을 찾고, 유럽시장의 상호 의존성을 강화시켜야 하며, 유럽통합에 대한 프랑스 시민의 인식을 변화시키는 것이 급선무라고 생각했다.

이처럼 들로르는 자본가와 노동자, 좌파와 우파, 프랑스와 유럽이라는 대립적인 정치적·사회적 관계를 통합이라는 키워드 안으로 끌어들이는 능력이 탁월했다. 이 점에서 그의 활동은 '유럽통합의 아버지' 모네와 흡사한 면이 많다. 모네는 코냑 지방 출신의 상인 계층에서 태어나 정규교육을 온전히 받지 못했지만, 최초의 유럽공동체인 유럽석탄철강공동체(ECSC) 안을 기획하고, 미국, 영국, 서독을 협상 테이블로 끌어내는 데 성공할 정도로 타협의 귀재였다. 더구나 국민민족국가(nation state)의 이익이 우선시되는 상황에도 불구하고, 모네는 프랑스 국익의 문제를 유럽공동체 차원에서 다루려 한 실용주의적 이상주의자였다. 단일하고 통합된 유럽공동체를 꿈꾸었던 모네의 연장선상에 들로르가 서 있었다. 그는 1985년 1월 6일 유럽경제공동체 집행위원회 위원장(President of the European Commission)으로 임명되면서, 프랑스의 '새로운 사회'를 유럽연합의 '새로운 사회' 안으로 통합하는 여정을 시작했다.

"유럽의 미래는 유럽 안에" :
단일유럽시장, 단일유럽화폐, 유럽연합

들로르는 집행위원장 취임식에서 유럽통합을 진전시키기 위해서는 집행위원회를 쇄신해야 한다고 강조했다. 집행위원회는 겉으로는 유럽공동체의 최고 운영 기관이었지만 실제로는 각 국가의 수장으로 구성된 유럽이사회(European Council)의 부속 기관으로 전락해 있었다. 이러한 상황에서 집행위원장으로서 들로르의 운신의 폭은 좁을 수밖에 없었고, 유럽통합 계획안을 진전시키기란 더욱 어려웠다. 그 계획이란 소위 '1992년 프로그램(1992 Program)'으로, 1992년 마스트리히트 조약의 성과인 단일유럽시장, 단일유럽화폐, 유럽연합의 탄생이 이루어질 때까지 추진되는 정치, 사회, 경제, 문화 전반에 걸친 유럽통합 정책을 의미한다. 들로르는 집행위원회가 '1992년 프로그램'을 추진할 수 있는 실제적이고 합당한 권한을 가질 필요가 있다고 생각했다. 들로르의 조력자인 집행위원 코필드(A. Cockfield)는 1985년 밀라노 정상회의에 정책 보고서를 제출하여, 단일유럽시장을 완성하기 위해서는 289개의 물리적 · 기술적 · 재정적 장벽을 제거해야 한다고 보고했다. 이를 토대로 들로르는 각 회원국의 대표에게 집행위원회의 권한 확대의 필요성을 설득시켰다.

1985년 6월 14일 들로르의 집행위원회는 '단일유럽시장 완성을 위한 백서(White Paper)'를 발표했다. 이 발표는 정치적 입장을 표명했다기보다는 집행위원회의 권한이 초국가적 차원에 있다는 사실을 대중적으로 인식시켜주는 데 그 목적이 있었다. 따라서 백서의 발표는 통합된 유럽공동체를 이끄는 주도적 역할이 집행위원회에게 있음을 공인시켜주는 상징적인 사건이었다. 이를 계기로 들로르는 유럽이사회와 유럽공동체의 회원국 대표에게 집행위원회가 실제적 권한을 수행할 수 있도록 지지를 호소하였다. 그 결과로 1985년 12월 룩셈부르크 정상회의에서는 단일유럽시장을 위한 단일유럽의정서 제정에 대한 합의가 이루어졌고, 1986년 2월 17일 단일유럽시장 완성을 위한 단일유럽의정서가 룩셈부르크에서 서명되었다.

들로르가 단일유럽의정서를 추진할 수 있었던 것은 프랑스의 국내 사정 때문이었다. 1983년 프랑스의 미테랑 대통령은 국영화, 실업 문제 등과 관련된 복지 지출 위주의 경제정책이 재정 적자로 인해 문제점이 커지자 유럽 정책으로 그 방향을 수정하였다. 이때부터 미테랑 대통령은 유럽통합 정책에 대해 적극적인 태도를 보이면서 프랑스 정부도 유럽통화제도에 잔류하여 자유무역을 촉진시키는 신자유주의 경제정책으로 나아가기로 결정하였다. 미테랑 대통령은 본격적으로 유럽통합을 진전시키기 위해 독일과 공조를 강화했고, 결과적으로 영

1985년 5월 서독 본에서 열린 경제 정상회담. 왼쪽 끝이 들로르, 가운데 여성은 영국 대처 수상, 그녀의 오른쪽은 차례대로 독일 콜 수상과 프랑스 미테랑 대통령이다. AP 제공.

국을 고립시켜 단일유럽의정서에 합의하도록 유도하였다. 1980년대 초기부터 영국의 유럽공동체에 대한 분담금 문제가 유럽통합의 주요한 장애 요소로 작용했지만, 때마침 이루어진 들로르의 집행위원장 취임과 프랑스의 유럽이사회 의장국 직위 승계로 프랑스는 단일유럽의정서에 적대적인 영국을 압박할 수 있었다.

결과적으로 단일유럽의정서의 체결은 들로르의 의도대로 집행위원회가 조정자에서 주도자의 입장으로 변화되는 결정적 계기가 되었다. 집행위원회는 각 회원국 간 협상을 통한 자국의 특수한 이해관계를 조정해주는 역할에서 벗어나, 이제부터 회원국 전체의 이익을 위해 단일유럽시장의 형성을 주도해나갈 수 있게 되었다. 더구나 들로르의 집행위원장 연임은 이를 추진할 수 있는 날개를 달아주는 셈이 되었다.

단일유럽의정서의 발효를 계기로 들로르는 단일유럽시장을 위한 두 가지 차원의 유럽 경제계획안을 준비하였다. 하나는 유럽 예산개혁안

들로르 패키지 I(Delors Package I)과 패키지 II(Delors Package II)이고, 다른 하나는 경제통화동맹(Economic and Monetary Union, EMU)의 창설을 위한 들로르 계획, 즉 3단계 통화동맹 달성 계획안이다. 전자는 지역 간 격차 축소를 위한 구조 기금과 연결된 예산안을 말한다. 들로르는 예산 절차에서 문제시되는 기금 할당을 둘러싼 영국, 프랑스, 독일 사이의 불협화음을 이미 겪었던 터라 단일유럽시장의 형성을 위해서는 기금 할당의 구조 변화도 따라야 한다고 생각하였다. 그래서 그는 1988년부터 1992년까지 재정 전망인 들로르 패키지 I, 1993년부터 1999년까지 들로르 패키지 II를 통해 지출 우선순위의 변화를 제시하였다. 전에는 지출의 68퍼센트가 공동농업정책이었는데 이를 50퍼센트 미만으로 삭감하고, 대신 낙후된 회원국의 지역 및 사회정책을 재정 지원하는 배분 원칙을 세웠다. 덕분에 구조 기금의 할당량이 커지면서 단일유럽시장을 위한 지역 간의 경제적 격차를 줄일 수 있는 재정 지원이 가능해진 것이다. 예산안의 통과는 유럽시장의 형성뿐 아니라 단일하고 통합된 초국가적 유럽공동체 탄생의 가능성을 예견할 수 있는 재정적 토대이기 때문에 상징적 의미가 크다.

하지만 이 때문에 들로르는 영국과 힘겨운 갈등 관계를 지속시켜야 했다. 영국은 공동체의 예산이 삭감되기를 원했지만, 들로르 패키지 I, II는 오히려 이를 증가시킨다는 점 때문에 강한 불만을 나타냈다. 유럽공동체에 납부하는 금액이 제 정책을 통해 유럽공동체로부터 환급받는 금액보다 훨씬 많다는 점 때문에 영국으로서는 들로르의 공동체 예산 개혁을 받아들이기 쉽지 않았다. 만약 주요 회원국인 영국이 반대한다면, 들로르 패키지의 승인 문제뿐만 아니라 '1992년 프로그램' 자체가 불투명해질 수 있는 상황이었다. 그것은 단일유럽시장의 실현이 불가능해진다는 것을 의미하며, 나아가 오늘날 정치공동체로서 유럽연합의 성립조차 무산될 수 있는 상황에 직면했다. 결국 영국의 환급 금액에 손을 대지 않고 독일의 분담금으로 추가예산액을 해결하는 방향으로 타결안이 나왔고, 집행위원회는 기존의 예산안을 다시 수정해서 작성하기로 하였다.

타협을 거쳐 1988년 첫 예산안이 통과된 이후 들로르는 곧이어 경제통화연맹 창설 계획을 제출했다. 마드리드에서 소집된 유럽이사회에서 들로르는 12개국 중앙은행장으로 구성된 들로르 위원회(Delors Committee)를 구성해서 들로르 보고서(Delors Report)를 제출하였다. 효율적인 경제통합을 위한 공동 의사결정기구의 필요성을 설득시키기 위해 작성된 이 들로르 보고서는 세 부분으로 구성되었다. 첫 번째는 경제통화동맹에 대한 전반적인 틀을, 두 번째는 3단계로 구성된 통화동맹 달성 방안을, 세 번째는 달성된 이후 추진해야 할 관련 법규 제정안을 제시하였다. 들로르 보고서에 따르면 1단계는 1990년부터, 2단계는 1994년부터, 3단계는 1999년부터 추진될 예정이었다. 1단계의 목표는 모든 회원국이 환율조정기구(Exchange Rate Mechanism, ERM)에 가입하여 환율을 안정시키고 재정적자를 축소시켜 물가를 안정시키는 데 있었다. 이를 통하여 회원국 간 경제적 격차를 축소하려 하였다. 2단계에서는 1단계처럼 회원국의 물가, 환율, 금리, 재정 적자를 안정시키는 한편, 초국가적인 경제기구인 유럽통화기구(European Monetary Institute, EMI)를 설치하였다. 한편 1999년부터 통화동맹을 실시한다는 점에 합의해서 단일유럽화폐를 유로로 정하였다. 3단계에는 2002년부터 유로가 유럽시장에서 본격적으로 유통되면서 기존의 회원국 통화를 유럽공동체의 법정 통화인 유로로 대체시켰다. 물론 들로르 보고서에서 제안한 내용과 실제 유럽통화기구 체결 과정은 차이가 있었지만 그 계획의 기본 틀은 계속 유지되어 상품, 노동력, 자본의 이동이 자유로운 공동시장을 활성화시키는 단일유럽화폐를 창출하는 기반이 되었다.

하지만 들로르의 최종적 목표는 한 단계 더 나아간 것으로, 영국이 통화동맹 계획에 반대했던 이유와 긴밀히 연계되어 있다. 영국은 유럽통합이 주권국가 간의 협력 차원에서 진행되기를 원했기 때문에, 초국가적 차원의 경제기구인 유럽통화기구를 창설하려는 들로르 위원회의 통화동맹 방안에 대해 경계했다. 왜냐하면 유럽통화기구는 각 회원국의 경제정책을 간섭할 수 있는 빌미가 될 수 있으며, 초국가적 경제기구의 성립은 궁극적으로 유럽공동체가 초국가적 차원의 정치공동체로 발전할 수 있는 가능성을 내포하기 때문이다. 물론 영국의 대처 수상을 비롯한 보수당조차도 단일유럽시장의 이익 때문에 들로르의 통화동맹 방안을 결국 승인했지만, 처음부터 참여 의지가 없었던 영국이 오늘날까지 통화동맹에 가입하지 않고 있는 것도 이러한 연유에서였다.

영국의 반발에도 불구하고 들로르는 유럽공동체를 경제공동체에서 정치공동체로 전환하는 최종적 목적을 실현하기 위한 발 빠른 행보를 진행시켰다. 이미 유럽통화기구의 설립을 위해 정부간회의(Inter-governmental Conference, IGC)를 활성화시켰기 때문에, 들로르는 유럽정치동맹(European Political Union)의 필요성을 각국의 각료들에게 공감시킨 바 있었다. 왜냐하면 초국가적 경제통합에서 일어날 수 있는 다양한 갈등 문제를 제재하고 조율하는 데는 본질적으로 정치 통합을 위한 기구의 성립이 요구되기 때문이다. 특히 노동력의 이동은 경제적 요인만이 아니라 사회정책을 수반하기 때문에 이를 규제하고 조절할 수 있는 사법기관의 역할이 필요하며, 사법기관을 운영할 수 있는 정치기구의 확립은 필수 조건이 된다. 그래서 영국의 염려대로 회원국이 중앙 정치기구에 권한을 이양하고, 연방 개념에 입각한 공동 주권을 가진 정치공동체로서의 유럽연합의 탄생은 충분히 예견할 수 있는 것이었다.

1989년 스트라스부르에서 열린 유럽이사회에서 경제통화동맹의 안건과 더불어 정치동맹의 필요성이 제기되었고, 정부간회의에서 밝힌 들로르의 제안은 콜 수상과 미테랑 대통령의 지지를 받으면서 1990년 더블린 유럽이사회에서 주요 안건으로 다루어졌다. 이때 정치동맹의 원칙으로 민주주의 합법성, 제도적 효율성, 경제통화와 정치 안보를 통한 유럽공동체의 통합과 결집을 내세웠다. 1991년 마스트리히트 정상회의는 정치, 경제동맹을 추진하는 데 합의하였고, 곧이어 1992년 2월 7일 마스트리히트 조약이 성립되었다. 이 조약은 유럽통합사의 가장 중요한 전환점이 되었고, 들로르가 집행위원장으로 재임하면서 1985년부터 추진한 '1992년 프로그램'도 완결되는 순간이었다. 1993년 단일유럽시장의 출범과 오늘날 유럽연합(EU)의 탄생을 통해 유럽통합은 공동의 외교안보 정책, 그리고 사법 및 내무 협력이 이루어지는 정치공동체로서 새로운 전환점을 맞이하게 되었다.

들로르는 1989년 1월 17일 스트라스부르의 유럽의회에서 〈유럽의

1992년 7월 뮌헨에서 열린 세계 경제 정상회담. 왼쪽 끝이 들로르, 가운데 키 작은 인물이 프랑스 미테랑 대통령, 그의 오른쪽은 차례대로 독일 콜 수상, 미국 부시 대통령, 영국 메이저 총리이다.

미래는 유럽 안에 있다〉라는 연설을 통해 집행위원장으로서 해야 할 일을 이미 밝힌 바 있다.

사람들은 1992년에 대해서 말할 때 우리가 꿈을 팔고 있다고 비난하지만, 그 꿈은 이미 부분적으로 사실이 되고 있습니다. 이 말이 지나친 낙관주의란 말인가요? 나는 그렇게 생각하지 않습니다. (…) 나는 확신합니다. 유럽통합이 어느 순간에 보기보다 더 현실화될 때 그 해결책들도 반드시 드러나주리라는 것을 말입니다. 이를 위해 우리는 무엇보다도 우리의 공동체 조직의 힘을 신뢰해야 합니다. (…) 나는 유럽 건설의 목표를 경제 및 사회 부문으로만 제한시켜 유럽통합의 모습을 본래보다 더 목가적인 상황으로 그려내고 싶지는 않습니다. (…) 유럽공동체, 이것은 단지 거대 시장만을 의미하는 것은 아닙니다. 이것은 외교정책과 안보 면에서도 협력의 강화를

——— 인물로 보는 유럽통합사

강력하게 허용하는, 즉 정치적 통합으로 나아가기 위한 국경 없는 경제 및 사회적 공간인 것입니다. 정치적 결속 없는 유럽 건설은 상상할 수 없습니다. (…) 장 모네가 미래를 상상했던 그대로, 통합된 유럽이라는 전망에서 주는 강력한 자극은 바로 그것입니다. (…) 유럽은 복수형 체제가 되거나 그렇지 않으면 아무것도 될 수 없으며, 유럽은 유럽적이 되거나 그렇지 않으면 아무것도 되지 못한다는 점을 말입니다.

들로르는 마스트리히트 조약을 통해 유럽이라는 새로운 정치 공간을 만들고자 하였다. 그는 19세기 빅토르 위고의 문학적 상상력에 의해 정의된 유럽도 아니고, 2차 대전 이후 각 회원국의 민족주의적 이해관계에 닫힌 유럽도 아닌 정치공동체로서 '새로운 유럽 사회'를 창출하고자 했던 것이다.

'새로운 유럽 사회'의 딜레마

들로르가 실현하려는 '새로운 유럽 사회'는 19세기와 20세기 국가 간의 경쟁을 통해 힘의 균형을 중시했던 기존의 유럽 사회에서 탈피하는 데 있다. 마치 68운동 이후 들로르가 기존의 보수적인 문화 구조였던 프랑스 사회에서 탈피해서 화합과 타협을 위한 일련의 경제사회 개혁안을 내놓았을 때처럼 말이다. 그는 비록 프랑스 국내 차원에서는 프랑스를 복지국가 모델로 변화시키기 위해 정부가 개입하는 사회주의 노선을 걸었지만, 유럽 차원에서는 자유주의 노선의 경제체제와 연방주의 노선의 정치체제를 선호하였다. 그에게 '새로운 유럽 사회'

란 구체적으로 단일시장과 단일화폐를 통한 자유무역, 자유경쟁, 자유고용이 이루어지는 곳이며, 이를 조정하는 유럽연합과 회원국들 간의 권한 배분이 보조성의 원칙에 따라 이루어지는 곳을 말한다. 따라서 1985년부터 1995년까지 들로르가 집행위원장으로서 행한 역할은 3단계의 통치 구조(유럽공동체 차원, 회원국 차원, 지역 차원)로 구성된 유럽정치공동체를 구축하는 데 있었다고 볼 수 있다.

그런데 만일 유럽의 경제성장률이 최악의 상태로 될 경우 3단계의 통치 구조는 쉽게 무너질 수 있으며, 최악의 시나리오일 경우 단일시장과 단일화폐의 붕괴까지도 초래할 수 있다. 2008년 미국 경제의 몰락은 유로의 불완전성을 보여주는 계기가 되었으며, 이 때문에 각 회원국의 불만과 불안은 커질 수밖에 없었다. 특히 이러한 상황에서는 프랑스, 독일, 영국 등 주요 선진국이 부담하는 유럽연합의 기여금 부담이 커질 수밖에 없어서, 3단계의 통치 구조는 일종의 수사적 표현이지 실질적인 통치는 주요 국가의 정부 간 협력 위주로 진행될 수 있다. 더구나 확대되는 가입국의 수가 훨씬 많아지면서 통치 구조들 사이에서 일어날 수 있는 복잡하고 미묘한 갈등도 심각해질 수 있다. 그럴 경우 협상과 동의를 이끌어낼 수 있는 집행위원회의 설득력과 지도력이 요구되는데, 들로르처럼 모든 집행위원장이 같은 능력을 가질 수는 없는 노릇이다. 들로르의 후임이었던 상테르(Jacques Santer)의 지도력 부재는 곧 유럽연합의 신뢰도 하락을 초래했고, 이로 인해 회원국 간에 긴장감이 돌았던 점도 간과할 수 없는 일이다. 물론 1997년 암스테르담 조약과 2007년 리스본 조약을 통해 정치·사회·경제적 기능이 보완되었고, EU의 대통령과 외무장관, 외교안보 정책 고위 대표직까지 신설하여 외교 · 안보적으로 지도력 부재를 보완하려 하고 있다. 하지만 각 회원국이 이를 비준하는 데 난항을 겪고 있으며, 앞으로 비준된다 해도 그 과정에서 회원국 간의 갈등의 불씨가 내재될 가능성이 크다. 이것이 오늘날 유럽연합이 처한 간과할 수 없는 현실이기도 하다.

유럽통합의 역사에서 "브뤼셀의 황제"라고 부를 만큼 들로르의 지도력과 추진력은 남달랐고, 오늘날 유럽연합 탄생의 견인차 역할을 한 것은 분명하다. 하지만 집행위원장으로서 들로르의 행보는 '아래에서 위로' 인준된 정치공동체보다는 '위에서 아래로' 이끈 정치통합 기구를 형성하는 데 있었다. 협력과 조정의 정치공동체로서 '새로운 유럽 사회'의 몫은 앞으로 유럽연합이 나아가야 하는 방향이며, 들로르는 이를 위한 기본 골격을 마련했다고 할 수 있다.

연표
1925년 파리 출생.
1940년 2차 대전으로 클레르몽–페랑 피난 중 대학 입시.
1944년 파리 프랑스 은행의 업무 시작.
1953년 프랑스 가톨릭 노동자동맹 가입.
1969년 샤방–델마스 총리의 사회문제 담당 보좌관.
1974년 사회당 입당.
1979년 유럽의회 경제통화위원장.
1981~84년 프랑스 경제 · 재정장관.
1985~95년 유럽연합 집행위원장.

참고문헌
자크 들로르, 김경숙 옮김, 《거대 유럽의 야망》, 동아일보사, 1992.

Drake, Helen. *Jacques Delors: Perspectives on a European Leader*, London: Routledge, 2000.

Endo, Ken. *The Presidency of the European Commission under Jacques Delors: The Politics of Shared Leadership*, Basingstoke: Macmilian, 1998.

Grant, Charles. *The House That Delors Built*, London: Nicolas Brearley, 1994.

Maris, Bernard. *Jacques Delors, artiste ou martyr*, Paris: Albin Michel, 1992.

Ross, Georges. *Jacques Delors and European Integration*, Cambridge: Polity Press, 1995.

유럽의 명예시민
: 헬무트 콜

신종훈

1989년대 말 독일이 통일되기 직전 서독 사회를 뜨겁게 달군 화두는 독일의 통일과 유럽의 통합은 상호 대립적인 관계를 가지고 있는가, 아니면 양자는 상호 보완적인 관계를 가지고 있는가에 관한 것이었다. 심지어 집권 여당인 독일 기민당(CDU) 내에서도 독일의 통일이 유럽의 통합보다 우선해야 하고, 통일을 위해서는 유럽통합을 포기하고 독일의 중립화라는 값비싼 대가를 지불해야 한다는 생각들이 공공연하게 주장되었다. 사실 독일의 분단 초창기부터 지속되어온 이러한 긴 논쟁에 종지부를 찍은 사람은 독일의 총리 헬무트 콜(Helmut Kohl)이다. 그는 "독일의 통일과 유럽의 통합은 동일한 동전의 양면일 뿐이다"라는 간단한 결론으로 서방의 통합, 즉 유럽통합 정책이 독일통일을 부정하는 것이 아니라, 독일통일의 전제 조건이라는 사실을 확인시켜주었다.

헬무트 콜의 이름 앞에는 항상 '아데나워의 정치적인 손자' 혹은

통일을 이룬 독일 총리 헬무트 콜.
AP 제공.

'통일을 이룬 독일 총리'라는 수식어들이 따라다닌다. 이러한 표현들은 1982년부터 1998년까지 총 16년 동안 서독과 통일 독일의 총리를 지낸 콜의 정치적 의미를 가장 적절하게 드러내주는 수식어로 간주될 수 있을 것이다. 이 표현들이 함축하고 있는 콜의 정치적 공적은 그가 전후 독일인들의 숙원이었던 통일을 마침내 이루어냈다는 사실에 그 기반을 두고 있다. 하지만 콜의 공적을 더욱 빛낸 것은 그가 독일의 통일을 유럽통합과 긴밀히 연계시켜왔던 아데나워 이후 독일 외교정책을 계승하고 완성시켜, (서)유럽의 통합과 독일의 통일이라는 '독일 정치(Deutschlandpolitik)'의 문제를 해결했다는 데 있다. 이에 더해 콜은 유럽통합을 한 단계 더 진보시키는 데 기여했다는 인정을 받고 있다. 콜은 프랑스의 미테랑 대통령과 함께 유럽연합을 탄생시킨 마스트리히트 조약의 중요한 건축가로서 간주된다.

보수적 시민 계층 출신에서 통일 독일의 총리가 되기까지

헬무트 콜은 1930년 루트비히스하펜(Ludwigshafen)에서 바이에른(Bayern) 주의 재무공무원이었던 한스 콜(Hans Kohl)과 세실(Cäcilie)의 셋째 아이로 태어났다. 콜의 가정은 보수적인 시민 계층에 속하였고 로마 가톨릭 신앙을 가지고 있었다. 콜의 형은 2차 대전에 청년병으로 참전하여 전사하였고, 콜 자신도 전쟁 말기에 징병되었지만 한 번도 전투에 투입되지 않은 채로 2차 대전의 종전을 맞이하였다.

루트비히스하펜에서 유년기를 보낸 콜은 1950년 프랑크푸르트 대학교에서 법학 공부를 시작하였다. 그러나 콜은 1년 후 하이델베르크 대학교로 학교를 옮겨서 역사와 정치학을 전공하였다. 1956년 대학을 졸업한 후 하이델베르크 대학교의 알프레드 베버 연구소(Alfred-Weber-Institut)의 조교로 근무하면서 1958년 역사학 논문으로 박사학위를 받게 되었다. 1960년 콜은 그의 첫 번째 부인인 하넬로레 렌너(Hannelore Renner)와 결혼을 하게 된다. 콜은 하넬로레와의 사이에 두 명의 자녀를 두었다. 그러나 말년에 수년 동안 햇빛 알레르기에 시달렸던 하넬로레는 68세가 되던 해인 2001년 스스로 목숨을 끊어 생을 마감함으로써 서독 사회에 충격을 불러일으켰다. 그 후 한동안 독신 생활을 했던 콜은 2008년 78세의 나이 때 마이케 리히터(Maike Richter)와 재혼했다. 콜의 총리 재임 당시 총리청(Kanzleramt) 소속 경제부처에서 근무했던 그녀와는 2005년부터 지속적인 연인 관계를 맺어왔다.

정치인으로서 콜의 정치적 이력은 상당히 일찍 시작되었다. 콜은 1946년 16세의 학창 시절에 이미 자신의 출신에 부합하였던 가톨릭 보수 정당인 CDU에 입당을 하였다. 이듬해 1947년에는 루트비히스하펜의 CDU 청년 조직인 청년연합(Junge Union)의 창립에 주도적인 역할을 한다. 이때부터 이미 콜과 CDU와의 기나긴 인연이 시작되었고 콜은 CDU 안에서 자신의 정치적 이력을 완성해갈 수 있었다. 1959년에는 루트비히스하펜의 CDU 지역 연합의 책임자가 되었고, 1960년부터 1969년까지는 루트비히스하펜 시의회(Stadtrat)에서 CDU

의 최고위원을 지내게 된다. 동시에 1966년부터 1973년까지는 라인 란트-팔츠 주 CDU의 당수를 역임하였다. 3년 후인 1969년 39세의 '젊은 터프가이' 콜은 라인란트-팔츠 주의 주지사가 되었고, 동시에 CDU 부총재의 자리에까지 오르면서 가파른 정치적 상승을 이어갔다. 주지사가 된 콜은 당시 낙후되었던 라인란트-팔츠 주를 강력한 지역 개혁을 통해 발전시켰다. 그 한 예를 들자면 오늘날 트리어(Trier) 대 학교와 카이저슬라우테른(Kaiserslautern) 대학교의 전신인 트리어-카 이저슬라우테른 대학교가 그의 주지사 재임 시절에 설립되었다. 콜은 1971년 CDU 총재직에 도전해 실패하지만, 1973년 마침내 CDU 총재 의 자리에까지 올랐다. 콜은 그때부터 1998년까지 무려 25년 동안 CUD 총재로서 장기 집권을 하게 된다.

CDU 총재가 된 콜은 1976년 총선에서 처음으로 서독의 총리직에 도전했지만 실패했다. 당시 CDU와 독일 기사당(Christlich-Soziale Union, CSU)은 그들의 정당사에서 두 번째로 좋은 선거 결과인 48.6퍼 센트라는 경이적인 지지를 받게 되지만, 과반수 획득에는 실패하여 독일 사민당(Sozialdemokratische Partei Deutschlands, SPD)과 자민당 (Freie Demokratische Partei, FDP)의 연정이 정권을 획득하게 된다. 그 후 1980년 총선에서 CDU와 CSU의 분리를 막기 위해 콜은 절친한 친 구이자 라이벌이었던 스트라우스(Franz Josef Strauβ)에게 CDU/CSU 연합의 총리 후보를 양보하였으나 스트라우스는 정권 획득에 실패했 다. 그러나 SPD와 FDP 집권 연정의 예기치 않았던 정치적 위기는 마 침내 콜에게 선거를 통하지 않고서 서독의 총리가 되는 길을 열어주 었다. FDP가 노동시장 개혁 정책에서 연정 파트너인 SPD가 받아들일 수 없는 신자유주의적 입장을 고수하게 되자 SPD와 FDP의 연정이 와해되었고, FDP는 CDU/CSU의 새로운 연정 파트너가 되었던 것이다. 그리하여 콜은 1982년 10월 1일 당시 총리였던 슈미트(Helmut Schmidt)에 대한 불신임 투표를 통하여 어부지리 격으로 서독의 총리 자리에 오르게 된다. 민주적인 선거를 통하지 않고 총리가 되었다는 사실로 인해 콜은 총리가 되었지만 정치적 입지가 좁았다. 이런 상황 하에서 콜은 1980년 총선 당시 SPD와의 연정을 선거 전략으로 내세워 많은 지지를 얻어냈던 FDP의 연정 파트너 교환이 도덕적 정통성의 문제를 야기하게 되자 당내의 반대를 무릅쓰고 과감하게 의회 해산이라는 모험을 감행하게 된다. 이듬해 치러진 1983년 5월의 선거에서 CDU/CSU/FDP의 연정은 55.8퍼센트라는 과반수 이상의 지지를 얻게 되었고, 콜은 마침내 선거를 통해서 총리의 자리를 지키게 되었다.

콜은 1998년까지 총 16년 동안 서독과 통일 독일의 초대 총리 자리를 역임한다. 그의 정치적 이력의 최고 정점을 이루었던 이 시기에 콜의 가장 중요한 업적으로는 그의 총리 재임 시인 1990년 10월 3일 독일통일이 이루어졌다는 사실과, 그가 오늘날 유럽연합을 탄생시킨 1992년 2월 마스트리히트 조약의 체결에 중요한 공헌을 했다는 사실일 것이다.

콜은 1998년 총선에서 SPD 총리 후보 슈뢰더(Gerhard Schröder)에게 패한 후 총리직에서 물러나게 된다. 총리직에서 물러난 콜의 정치적 여생은 평탄하지 못하였다. 왜냐하면 총선 패배 직후 콜은 정치자금 스캔들에 휘말리게 됨으로써 자신의 정치 일생에서 가장 커다란 오점을 남기게 되었기 때문이다. 선거가 끝난 후 정치자금 스캔들이

터지자 그는 자기가 직접 서명했던 정당법에 의거해서 자금 출처의 공시 의무가 있는 약 200만 마르크(DM) 정도의 정치자금의 출처를 밝히기를 거부했던 것이다. 콜은 정치자금을 기부받을 당시 기부자에게 기부자의 이름을 밝히지 않겠다는 명예를 건 약속을 했기 때문에 실정법을 어기면서까지 자금 출처에 대하여 끝까지 침묵하였다. 결국 검찰은 어쩔 수 없이 2000년에 통일 독일의 초대 총리를 지냈던 콜에 대한 수사를 시작하였고, 이듬해 30만 마르크의 벌금을 부과함으로써 수사가 종결되었다. 이 사건으로 인하여 콜은 CDU 명예총재 자리를 포기해야만 했다.

헬무트 콜의 유럽 정책

1970년대에 유럽공동체는 몇 가지 성공적 발전을 이루어내게 된다. 1973년에는 영국, 아일랜드, 덴마크 등 3개국의 가입으로 최초의 확대를 성공적으로 마무리지었다. 1974년에는 각국 정상들의 회동이 제도화되어 유럽이사회(European Council)가 탄생하게 된다. 1979년에는 최초로 유럽의회가 직접선거로 선출되었고, 회원국 통화의 안정성을 높이기 위하여 유럽통화제도(EMS)가 도입되었다. 그러나 유럽통합 운동이 이와 같은 몇 가지 괄목할 만한 성과를 거두었음에도, 1970년대는 통화위기와 석유파동 등의 경제 위기로 인하여 유럽통합 움직임이 총체적인 정체를 맞게 되어 '유럽 경화'라는 신조어까지 만들어지게 되었다. 그 결과 1980년대 초반에 이르러서는 하나의 '유럽' 건설이라는 거대한 비전이 사라져버리고, 유럽공동체는 회원국들이 서로 사

1984년 프랑스 베르됭에서 만난 콜(오른쪽)과 미테랑. AP 제공.

소한 자국의 이해관계로 인해 다투고 있었다. 뿐만 아니라 공동체 국가들의 경제성장과 고용 수치는 공동체 외부의 다른 산업 국가들에 비해 뒤처지고 있었다. 하지만 공동체는 80년대 중반 들로르가 집행위원장이 되면서 변화의 바람이 불기 시작하였고, 1992년 마스트리히트에서의 서명을 통해 유럽연합(EU)의 탄생과 1999년 유로의 탄생에 이르기까지의 비상의 날개를 펴게 된다.

1982년 서독 총리의 자리에 오른 콜은 1980년대 중반 이후 유럽통합 운동이 새로운 도약을 감행할 때 프랑스 대통령 미테랑과 함께 그 발전을 견인했던 핵심 인물 가운데 하나이다. 콜이 총리가 된 후 처음 행한 정부 성명서에서 서독 정부는 유럽통합을 위한 새로운 길을 개척하기를 원한다고 명시했듯이, 콜에게 유럽통합의 문제는 자신이 편

외교정책의 중요한 우선순위 가운데 하나였다. 그는 유럽통합이라는 자신의 중요한 외교정책을 추구할 때 특히 프랑스와의 긴밀한 협조 체제를 강화하는 것에 강조점을 두었다. 비록 콜이 사회주의자였던 프랑스 대통령 미테랑을 불신하고 있었고 양국이 농업정책과 교역 정책에서 대립된 이해관계를 가지고 있었지만, 그는 동시에 서방 세계의 동맹의 유지와 유럽공동체의 결속을 위해서 프랑스와의 긴밀한 동반자 관계가 필수불가결하다는 사실을 알고 있었던 것이다. 그러한 이유로 콜은 총리가 된 이후부터 프랑스와의 관계 개선을 강화하는 데 많은 노력을 기울였다. 그 결과 콜과 미테랑의 동조 관계, 즉 본과 파리의 양 축이 1980년대 유럽통합의 발전을 견인하는 데 결정적인 기여를 했다. 이러한 양국의 협력 관계는 유럽연합이 탄생하는 데 중요한 산파 역할을 담당하였다.

유럽정치협력(European Political Cooperation, EPC)의 강화를 제안한 독일 외무부 장관 겐셔(Hans-Dietrich Genscher)와 이탈리아 외무부 장관 콜롬보(Emilio Colombo)의 이니셔티브를 적극적으로 검토할 것을 명시한 1983년 6월 슈투트가르트 선언* 이후 콜과 미테랑의 긴밀한 협조 체제는 가시화되기 시작하였다. 이 회담 이후 양국 정상의 회동과 전화 외교가 잦아졌고 그들의 참모들의 만남이 부쩍 늘어나게 된다. 양국 협조 체제는 1984년 6월 퐁텐블루 정상회의에서 최초의 가시적인 성과를 거두게 되었다. 공동체의 예산과 관련한 불협화음은

◆　1983년 6월 19일 슈투트가르트에서 유럽이사회는 '유럽연합' 혹은 '유럽연방국가'를 창설하자는 겐셔와 콜롬보의 제안을 주요 내용으로 하는 선언을 한다. 슈투트가르트 선언은 유럽통합을 심화, 발전시키려고 하는 유럽 정상들의 의지 표명으로서 "유럽통합을 향한 엄숙한 선언"이란 명칭을 갖게 된다.

　　　　　　　　　　　　　　　　　────── 인물로 보는 유럽통합사

1980년대 초반 유럽공동체 개혁에 최대의 장애가 되었다. 영국이 불공평할 정도로 많은 분담금을 지불한다고 생각했던 영국 총리 대처는 불만을 드러내며 80년대 초반 유럽공동체의 예산 문제 해결안들을 거부함으로써 공동체의 개혁을 마비 상태에 이르게 하였다. 퐁텐블루 정상회담에 앞서 서독과 프랑스는 사전 협의를 통해서 퐁텐블루에서도 영국으로 인해 예산 문제의 타결을 보지 못할 경우에는 영국을 제외한 새로운 유럽공동체를 창설할 수도 있다는 의지를 보여주었고, 그러한 합의 내용을 영국으로 흘려보냈다. 영국을 유럽공동체에서 제외시킬 수도 있다는 극약 처방에 합의한 프랑스와 독일의 밀월 관계에 굴복하여 대처는 퐁텐블루에서 예산 문제 해결에 타협을 하게 된다. 80년대 초반 공동체 개혁에 최대의 걸림돌인 예산 문제가 마침내 해결되고, 1985년 들로르가 집행위원장이 됨으로써 유럽공동체는 새로운 도약을 위한 기지개를 펼 수 있게 된다. 퐁텐블루에서의 예산 문제 해결은 유럽통합의 과정에서 서독과 프랑스의 핵심적 역할을 확인시킨 동시에 강화시켜주었다. 1984년 11월 양차 대전의 상징적 장소인 베르됭(Verdun)에서 전파된 양국 정상의 악수 장면은 서독과 프랑스가 화해를 넘어서서 유럽에서의 새로운 발전의 주축이 될 것이라는 사실을 인상 깊게 보여주었다.

독일과 프랑스의 협력 관계는 유럽공동체의 모체가 되었던 로마 조약을 최초로 개정 보완한 단일유럽의정서(Single European Act) 체결에서도 중요한 기여를 하게 된다. 서독과 프랑스는 유럽정치협력(EPC)의 강화를 위한 공동의 제안을 1985년 6월 밀라노에서 개최된 유럽이사회에 상정하였고, 이 회의는 유럽의 정치적 통합을 위한 새로운 조약문을 작성할 것을 결정하였다. 그 결과물이 단일유럽의정서로 구체화되게 된다. 1986년 2월에 서명되고 1987년 7월에 발효된 단일유럽의정서는 유럽통합 과정에서 질적 도약을 향한 신호탄이었다. 그것은 유럽공동체의 정치적 협력이 유럽연합의 창설을 그 목적으로 하고 있다는 사실을 명시하였을 뿐만 아니라, 1992년 말까지 유럽단일시장의 실현을 명문화함으로써 유럽통합의 질적 도약을 가능하게 하였다. 정치연합을 창설하려는 노력은 1992년 2월 서명된 유럽연합(EU) 창설 조약인 마스트리히트 조약으로 결실을 맺게 되고 1993년 11월에 공식적으로 유럽연합이 탄생하게 된다.

이러한 정치적 차원에서의 통합의 진전과 병행하여 경제적 차원에서 단일시장을 완성하려는 계획은 논리적으로 경제통화동맹(EMU) 실현의 필요성을 부각시켰다. 왜냐하면 만약 회원국들이 자의적인 통화정책을 통해서 임의로 자국의 화폐가치를 평가절하하게 되면 완전한 단일시장의 효과를 볼 수 없었기 때문이었다. 결국 유럽이사회는 1988년 6월 경제통화동맹 실현의 청사진을 기획하는 들로르 위원회를 발족시켰고, 들로르 위원회에 의해서 단일시장의 완성과 유럽통화의 도입을 위한 구체적인 계획이 수립되었다. 이 계획에 기초하여 1993년부터 유럽단일시장이 실현되었고, 1999년 경제통화동맹이 탄생하면서 유로가 도입되게 된다.

그러나 유럽연합과 경제통화동맹을 탄생시키기 위한 기획은 처음부터 성공이 보장되어 있었던 것은 아니었다. 오히려 당시에는 그 장래가 불투명했다고 봐야 할 것이다. 왜냐하면 정치적 성격의 유럽공동체를 탄생시키려는 노력은 이미 1950년대에 유럽방위공동체 창설의 시도에서 뼈아픈 실패를 맛보았고, 1960년대에도 유럽정치공동체 실현에 실패했기 때문이다. 회원국들의 상이한 이해관계는 유럽통합 과정의 중요한 고비마다 좌절을 맛보게 하는 장애물이었던 것이다. 1990년대에 원대한 이 기획이 성취될 수 있었던 것은 1989년 여름 이후 동구권의 붕괴와 그것과 더불어 급진전의 물살을 탔던 독일통일의 과정과 불가분의 관계를 맺고 있다. 유럽통합의 역사에서 서독과 통일 독일의 총리 콜의 역할은 이 시기에 가장 큰 빛을 발하게 된다. 동구권이 붕괴되기 시작하자 콜은 서독과 동독을 둘러싼 급변하는 국제정세 속에서 과감하게 주도권을 잡기 시작하였다. 유럽통합과 독일통일의 함수 관계에서 콜은 유럽과 독일 모두에게 최선의 길을 그의 유럽 정책을 통하여 추구하였고, 그럼으로써 오늘의 유럽연합이 탄생하는 데 결정적인 기여를 하게 된다.

1957년 로마 조약 이래로 유럽공동체는 독일통일의 문제에서 모순적이고 이중적인 태도를 보여주었다. 로마 조약에서 조약국은 독일통일을 위해 필요한 경제적·사회적 조치를 취할 것이라고 약속함으로써 독일의 통일을 돕겠다는 자세를 확인시켜주었다. 심지어 유럽연합 조약은 서독의 국민을 서독 기본법이 의미하고 있는 모든 독일인이라고 규정하고 있다. 다시 말해서 동독의 독일인도 그들이 원하기만 한다면 유럽공동체가 규정하는 서독 국민이 될 수가 있었던 것이다. 그러나 유럽공동체는 독일의 통일을 돕겠다는 그들의 마지못한 말뿐인 약속과는 달리 독일 정책을 전혀 비중을 두고 다루지 않았다. 1984년 당시 이탈리아 외무부 장관이었던 안드레오티(Giulio Andreotti)는 독일통일에 대한 이웃 국가들의 정서를 다음과 같이 간결하고 분명하게 표현했다. "지금 두 개의 독일이 존재하고 있다. 독일은 앞으로도 두 개의 독일로 머물러야만 한다." 이는 독일의 분단을 기정사실화하는 당시 이웃 국가들의 정서를 잘 드러내는 표현이었다. 심지어 그는 '범게르만주의'의 환영을 임박한 위험으로 환기시키기까지 하였다. 유럽 통합에서 서독과 함께 중요한 축을 형성했던 프랑스 역시 독일의 통일에는 냉담한 반응을 보여주고 있었다. 1945년 이후 프랑스도 겉으로는 분명하게 독일의 통일을 돕겠다는 약속을 하고 있었지만, 속으로는 분단된 독일이 통일된 독일보다 낫다는 근본적인 입장을 변함없이 고수하고 있었다. 1989/90년 독일의 통일 문제가 가시화되고 급격하게 진행될 때에도 프랑스는 처음에는 근본적으로 이 입장을 견지하고 있었다. 영국을 비롯하여 유럽의 이웃 국가들의 독일통일을 바라보는 시각도 예외 없이 근본적으로 동일했다. 한때 영국 총리를 지냈던 히스는 1989년 독일 통일에 대하여 다음과 같이 언급하였다.

> 물론 우리는 독일이 통일될 것을 믿는다고 말했습니다. 왜냐하면 우리는 독일이 통일되지 않을 것이라고 생각했기 때문입니다.

대처 총리에게 통일된 독일은 유럽에서 너무 덩치가 크고 힘이 강한 독일을 의미하였다. 대처는 자서전에서 독일은 "본질적으로 유럽의 구조를 안정시키는 세력이 아니라 불안정하게 하는 세력"이라고 회상했을 정도로 독일의 통일에 적대적인 입장을 가지고 있었다. 독일의 분단은 독일의 약함을 의미했고 독일의 통일은 독일의 강화를 의미했다. 후자는 이웃 국가들의 염려를 불러일으키기에 충분했다.

──── 인물로 보는 유럽통합사

1989년 여름부터 독일의 통일 문제와 관련된 사태가 급격하게 변하기 시작했다. 헝가리의 국경선이 열리고 '사회주의' 체제가 서서히 붕괴하기 시작하였다. 1989년 11월 9일 마침내 베를린 장벽이 붕괴되었다. 이러한 소용돌이 속에서 콜은 11월 28일 "독일과 유럽의 분단을 극복하기 위한 10개항 프로그램"을 유럽의 이웃 국가들과 사전 협의 없이 독단적으로 발표했다. 유럽정치협력에서 합의된 규칙은 유럽과 관련된 중요한 외교적 결정은 유럽공동체 회원국들과 사전 협의가 필요하다고 요구하고 있었지만 콜은 이 절차를 무시하였다. 독일 민족의 이해만을 추구한다고 간주되었던 콜의 이 폭탄선언은 서유럽에 큰 파장을 불러일으켰다. 이웃 국가들은 또다신 강력해진 독일이 유럽공동체의 틀을 벗어나서 동과 서 사이에서 독자적인 행동을 취할 수 있다는 걱정을 하게 되었다. 영국 총리 대처는 너무 급진적인 통일은 독일통일을 허락하는 고르바초프(Mikhail Sergeyevich Gorbachyev)의 실각을 가져올 수 있다면서 노골적으로 독일통일에 대한 불편한 심기를 드러냈다.

지금까지 콜과 긴밀한 협력 관계를 유지해온 미테랑 역시 처음에는 독일의 통일이 급작스럽게 진행되는 것을 막으려고 노력했다. 콜은 통일을 위한 10개항 프로그램을 발표하기 하루 전날인 11월 27일 미테랑에게 쓴 서신에서 당시 진행 중이었던 경제통화동맹 창설 노력을 넘어서서 정치연합의 창설을 위해서도 진력을 기울이자는 편지를 썼다. 콜에게는 통일 독일을 품을 수 있는 더 강력한 정치적인 유럽의 틀이 필요했던 것이다. 그리고 그 다음날 콜은 10개항 프로그램을 선언했고 미테랑은 불쾌함을 느꼈다. 미테랑은 1989년 12월 1일자 답신에서 정치연합은 그렇게 우선적인 것이 아니라고 대답하였다. 콜의 행보에 제동을 걸기를 원했던 것이다. 그러나 독일의 통일을 더 이상 막을 수 없다는 사실을 인식한 미테랑은 통일된 독일을 억제할 수 있는 유럽연합이라는 더 심화된 유럽통합의 모델에 희망을 걸게 된다. 1989년 12월 9일 미테랑은 콜과 겐셔에게 프랑스는 당시 진행 중이던 경제통화동맹 창설을 위한 정부 간 회담을 1990년 안에 개최한다는 것에 서독이 동의한다는 조건하에 독일의 통일을 허락하겠다고 분명히 말하게 된다. 그는 독일통일을 승인하는 대가로 콜에게 유럽통합 진행 속도의 가속화를 요구했던 것이다. 1990년 1월 콜은 미테랑의 사저를 방문하여 독일통일과 유럽통합은 같을 비중을 가지고 동시에 진행되어야 한다는 사실을 확인하고 공동의 행보를 취할 것을 약속했다. 이때부터 유럽연합의 탄생을 위해서 콜과 미테랑이 주도권을 잡게 되었고, 마침내 1992년 2월 마스트리히트 조약의 서명이 이루어지게 되었다.

따라서 경제통화동맹과 유로(EURO)의 탄생은 독일의 통일로부터 나왔다. 원칙적으로는 경제통화동맹의 창설에 찬성했던 콜도 1980년대 중반 경제통화동맹 창설과 유럽통화의 도입의 문제가 거론되었을 때 처음에는 경제적 통합을 가속화시키기를 주저하고 있었다. 그 이유는 불안정한 화폐를 보유한 국가도 참여하는 유럽통화를 위해서는 마르크화(DM)를 포기해야 했는데, 독일은행 총재를 비롯해서 대다수의 서독 국민들이 이에 반대했기 때문이다. 서독인들은 마르크화가 서독 경제성장의 상징이자 서독 경제의 안정적인 구조를 견인하는 데 일등 공신이었다고 생각했다. 이런 의미에서 콜로 하여금 유럽통합이

1991년 12월 마스트리히트에서 열린 유럽공동체 정상회담 두 번째 날, 독일 외무장관과 서류를 읽고 있는 콜(오른쪽). AP 제공.

라는 제단(祭壇)에 마르크화를 희생 제물로 올리게 한 일등 공신은 독일통일이라고 볼 수 있을 것이다. 비록 콜 자신이 직접 언급하지는 않았지만 동시대인들은 마르크화의 포기가 통일이라는 정치적 목적을 달성하기 위한 담보라고 생각하였다. 1989년 말 독일통일의 논의가 급물결을 타면서 진전되자 콜은 경제통화동맹과 유럽통화라는 프로젝트가 독일의 통일을 염려하는 이웃 국가들에게 독일의 통일이 통합된 유럽의 틀 안에서 진행되는 과정이라는 사실을 확인시켜줄 수 있는 구체적인 증거 자료라고 생각했다. 그리고 이때부터 이 프로젝트는 독일 정부의 정책 중에서 우선순위를 가질 수 있게 되었고, 독일과 프랑스는 공동의 노력으로 마침내 경제통화동맹과 유로의 탄생에 결정적인 기여를 할 수 있게 되었다.

유럽의 명예시민 헬무트 콜

콜은 독일의 초대 총리 아데나워처럼 독일의 이해는 유럽의 틀 안에서 가장 잘 실현될 수 있다고 믿었다. 그는 통합된 서유럽의 틀과 서유럽 국가들의 동의가 독일의 통일에서 필수불가결한 전제 조건이라는 사실을 충분히 인식하고 있었다. 서유럽의 국가들은 만약 서독이 유럽통합에 대한 관심을 저버린다면 독일의 통일을 받아들이지 않을 것이라는 사실을 콜은 알고 있었다. 유럽의 이웃 국가들의 입장에서 볼 때 통일된 독일도 유럽연합을 향하여 나아가는 길에 주도적인 역할을 감당해야만 할 뿐만 아니라 이웃 국가들이 신뢰할 수 있는 민주적인 파트너가 되어야만 했던 것이다. 이러한 생각은 서독의 입장과 다르지 않았다. 1989년 후반경 독일의 통일에 대한 이웃 국가들의 염려를 충분히 인식하고 있었던 서독은 여야를 불문하고 독일의 통일은 진전된 유럽통합의 틀 안에서만 성공할 수 있고, 유럽통합은 독일통일의 안정적인 토대가 된다고 생각하고 있었던 것이다. 즉 유럽통합을 가속화하려는 유럽적 이해와 독일의 통일을 성취하려는 독일의 민족적 이해가 일치했던 것이다. 유럽적 이해와 독일적 이해의 일치가 독일의 통일과 유럽통합의 결정적인 배경을 이루고 있었고, 콜은 이 배경을 충분히 활용하여 오늘날 유럽연합과 유로의 탄생에 결정적으로 중요한 기여를 할 수 있었던 것이다.

미국의 대통령을 지냈던 조지 W. 부시(George Walker Bush)는 2006년 《Time》지에 기고한 글에서 독일통일을 이루어내고 유럽의 형성에 기여한 콜의 업적을 기리면서 그를 "20세기 후반의 가장 위대한 유럽의 지도자"라고 평가하였다. 이 평가는 정치가로서 받을 수 있는 가장 큰 칭찬이라고 할 수 있을 것이다. 그러나 유럽통합에 기여한 그의 업적에 대한 평가는 부시의 과장된 평가보다는 훨씬 온건하다. 독일의 역사가 퀴스터스(H. J. Küsters)는 콜을 "유럽통합 과정에서 활기를 불어넣은, 결코 과소평가해서는 안 되는 중요한 인물"로서 칭찬의 톤을 낮추고 있다. 그것은 유럽통합에 기여한 콜에 대하여 약간은 인색하지만 냉정하면서 객관적인 평가라고 볼 수 있을 것이다. 아마 콜은 이 인색한 평가에 그리 낯을 붉히지 않을 것이다. 왜냐하면 그는 1998년 유럽공동체의 국가와 정부의 수반들로부터 "유럽의 명예시민"이라는 영광스러운 칭호를 얻게 되었기 때문이다. 이 칭호는 통합 유럽 창설의 아버지라고 불리는 모네에게 처음으로 수여되었다. 그리고 콜은 모네 이후 두 번째로 그리고 정치가로서는 최초로 유일하게 유럽의 명예시민이라는 칭호를 가질 수 있었던 것이다. 콜은 유럽연합과 유로의 탄생에 기여한 업적에 대한 정당한 보상을 이 명예시민이라는 호칭을 통해서 받고 있다.

연표

1930년 4월 3일 루트비히스하펜에서 출생.
1946년 CDU 가입.
1947년 CDU 청년연합 공동 설립.
1950~56년 프랑크푸르트 대학교와 하이델베르크 대학교에서 법학, 역사학, 정치학 전공.
1958년 하이델베르크 대학교에서 철학 박사학위 취득.
1960년 하넬로레(2001년 자살)와 결혼.
1966~73년 라인란트-팔츠 주 CDU 당수.
1969~76년 라인란트-팔츠 주 주지사.

1973~98년 CDU 총재.

1982~90년 서독 총리.

1990년 10월 3일 독일통일.

1990~98년 독일 총리.

2008년 마이케와 재혼.

참고문헌

귀도 크놉, 안병억 옮김, 《통일을 이룬 독일 총리들》, 한울, 2000.

헬무트 콜, 김주일 옮김, 《나는 조국의 통일을 원했다》, 해냄, 1998.

Fröhlich, Stefan. "Auf den Kanzler kommt es an", *Helmut Kohl and die deutsche Außenpolitik*, Paderborn: Schöningh, 2001.

Kalevi, Pekka. *Uniting Germany: actions and reactions*, Aldershot: Dartmouth, 1994.

Meyer, Henrik. *Deutsche Europapolitik unter Helmut Kohl: die Auswirkung des politischen Umfeldes auf die Integrationsbereitschaft der Bundesregierung*, Berlin: Köster, 2004.

"여성 드골"
: 마거릿 대처*

안병억

1979년 11월 29일, 아일랜드의 수도 더블린 교외에 있는 중세풍의 더블린 성에서 당시 유럽공동체 9개 회원국 수반들이 모여 만찬을 즐기고 있었다. 프랑스의 고급 와인이 한두 잔씩 돌아가면서 화기애애한 분위기가 흘렀다. 그러나 만찬이 끝난 후 속개된 회담에서 당시 영국의 마거릿 대처(Margaret Thatcher) 총리는 "내 돈 돌려줘"라는 말로 목소리를 높였다. 영국이 유럽공동체에 지불하는 예산액이 너무 많다며 삭감을 요청했으나 받아들여지지 않자 고성을 질렀다. 보통 국가원수들의 모임은 화려한 수사에 큰 비전을 제시하는 경우가 많다. 그러나 이날 모임은 대처의 고성으로 얼룩지었다. 어떤 일이 옳다고 여기면 그 어떤 어려움에도 굴하지 않고 헤쳐 나가

◆ 대처의 유럽통합 정책에 관한 이 글은 〈영국과 유럽통합: 정책의 연속성과 변화를 중심으로〉, 《서양사연구》 제38집, 2008년 5월, pp.135~160에 일부 발표되었다. 《서양사연구》의 허락을 얻어 게재된 내용을 일부 수정해 싣는다.

는 신념의 정치인 혹은 영국의 국익을 위해 회담 결렬도 서슴지 않았던 대처의 면모를 보여주는 일화이다.

마거릿 대처에게는 여러 가지 수식어가 따라 다닌다. 영국 역사상 최초의 여성 총리, '영국병'을 과감하게 고친 정치가, 당시 레이건 미국 대통령과 함께 소련에 대한 강경 정책을 주장하고 실천에 옮겨 서방 세계가 냉전에서 승리하는 데 기여한 정치가로 알려져 있다. 대처의 정책 중 신자유주의 경제정책은 국내에도 제법 소개가 된 반면에 그의 유럽통합 정책은 국내에 그리 많이 알려지지 않았다.

잡화상 출신과 작은 정부, 그리고 독일 증오

마거릿 대처는 1979년 총리에 취임한 이후 종종 자신이 잡화상 출신의 딸이라는 점과 아버지로부터 큰 영향을 받았음을 강조하곤 했다. 그의 부친은 알프레드 로버츠(Alfred Roberts)로 조그만 잡화상을 운영하면서 그랜섬(Grantham) 시에서 시장을 역임했다. 잡화상을 알뜰하게 운영하면서 시정을 펼치는 아버지로부터 근검절약과 가정의 소중함을 배웠고, 이런 배움이 자신이 총리가 된 후 작은 정부를 지향하는 정책 실시에 밑거름이 되었다고 회고록에서 적고 있다. 물론 이런 그의 발언은 정상에 오른 정치인이 행적을 미화하는 것으로 볼 수도 있지만, 다른 보수당 출신의 정치인들이 귀족 출신에 화려한 가문을 자랑했음을 볼 때 어느 정도 타당성을 가지고 있다고 볼 수 있다.

그의 성장 과정 중 차후 정책에 영향을 미친 사건은 2차 대전이다. 그랜섬은 런던에서 북동부로 약 150킬로미터 떨어진 소도시로 중공업

이 발달했으며 전쟁 당시에는 군수공장이 있었다. 대처는 열네 살이 되던 1939년에 2차 대전을 겪게 된다. 매우 감수성이 민감한 시기에 고향이 나치 공군에 의해 공습받는 것을 목격했다. 또 나치의 박해를 피해 오스트리아로부터 도피해온 유대인 소녀가 몇 달간 대처 집에서 체류하기도 하였다. 이런 경험은 그의 나치 독일에 대한 증오심을 키우고, 아울러 독일에 대한 편견을 강화하는 계기가 되었다고 회고록에서 적고 있다. 즉 전쟁의 경험은 그에게 나치 독일에 홀로 맞선 조국 영국에 대한 자부심을 키워 나가게 해주었다.

옥스퍼드 대학교를 졸업한 후 정치의 길로 나선 대처가 웨스트민스터(Westminster) 의사당 입성에 기반을 마련하게 된 것은 부유한 사업가 남편과 결혼한 덕이었다. 대처는 졸업 후 변호사가 되고 싶었지만 경제적 여유가 없자 일단 화학 회사에 취직해 근무하게 되었다. 그러던 중 우연한 기회에 중부 다트포드(Dartford) 시 지역구 보수당 의원이 의원직을 내놓으면서 이곳 지역구 의원 후보에 응모해 당당히 후보로 선발되었다. 대처는 옥스퍼드 대학교 활동 중 알게 된 지인의 소개로 이 지역구에 응모하게 되었으며, 불과 스물네 살의 나이에 첫 의원직 도전이었다. 1950년 2월 치러진 하원 선거에서 대처는 이 지역구 보수당 의원으로 출마했으나 패배했다. 이듬해 여당인 노동당이 조기 소집한 총선에서도 대처는 같은 지역구에 출마했으나 의원이 되지 못했다. 선거 과정에서 그는 자신보다 열 살이나 연상인 부유한 사업가 데니스 대처(Denis Thatcher)를 알게 되어 1년간의 교제 끝에 결혼하게 되었다. 대처는 회고록에서 "데니스와 결혼한 것이 최선의 결정 중의 하나였다"고 적고 있을 만큼 두 사람은 서로의 필요성을 느껴 결혼했으며, 최대한 각자의 영역을 존중하며 결혼 생활을 하게 되었다. 가정과 정치인의 생활을 계속하려던 대처에게는 자녀 양육을 맡길 수 있는 경제적 여유가 필요했다. 대처는 결혼 후 런던으로 이주하면서 남편의 도움으로 자신이 꿈꾸어왔던 변호사 공부를 계속해 1954년 변호사 자격증을 취득했다. 대학에서 화학을 전공했던 그는 의정 활동에 무엇보다도 법률 지식이 필요함을 인식했으므로 변호사 자격증을 얻었다.

대처는 그후 1959년 10월 총선에서 런던 북부 지역구 핀칠리 (Finchley)에 보수당 의원 후보로 출마해 삼수 끝에 웨스트민스터 입성의 꿈을 이루었다. 의욕적인 의정 활동 등에 힘입어 서른여섯 살이 된 1961년에는 국민연금보험부 차관으로 임명되었다. 1964~70년 초까지 노동당이 정권을 장악하게 되자 대처는 야당인 보수당의 그림자 내각(Shadow Cabinet)에서 연금과 토지, 교통 분야의 대변인을 맡으면서 활동했다. 1970년 6월 히스 보수당 당수가 총선에서 승리하자 대처는 교육과학부 장관에 임명되었다. 1974년 노동당이 여당이 될 때까지 대처는 3년 8개월간 장관직을 수행하면서 행정 경험을 쌓았다.

1975년 2월 그가 최초의 보수당 여성 총재로 선출될 수 있었던 것은 여러 가지 요인 덕이었다. 우선 히스 총재는 더 이상 안 된다는 의견이 보수당 내에 팽배해 있었다. 즉 그가 추진한 경제정책은 사양 산업 보조와 노조의 임금 인상에 굴복하는 등 시장 개입적인 요소가 많았다. 이런 정책을 실시해 총선에서 패배했기 때문에 총재를 바꿔야 한다는 불만이 보수당 안에서 폭발했다. 이런 상황에서 정부의 시장 개입 최소화와 정부 재정지출 삭감을 주장하는 정책을 내세우며 유력한 총재

후보로 등장했던 키스 조지
프(Keith Joseph)가 중도에 낙
마했다. 그는 "하층 노동계급
여성들의 출산 비율이 높아
짐을 애석하게 생각한다"는
연설 때문에 좌파 언론으로
부터 우생학적 발언이라는
뭇매를 맞았다. 그가 총재직
도전을 포기하게 되면서 키
스의 정책을 지지하던 대처
가 출마하게 되었다. 이런 요
소에 힘입어 대처는 여성으

1979년 5월, 대처는 총리 관저가 있는 다우닝 가 10번지
에 입성했다. AP 제공.

로서는 처음으로 보수당 당수가 되었다. 야당 총재로서 그는 영국의
유럽경제공동체(EEC) 가입 잔류를 묻는 국민투표 지지 캠페인을 전개
했다.

1979년 5월 총선에서 대처는 노동당을 물리치고 보수당을 승리로
이끌어 최초의 여성 총리로 취임하게 되었다. 취임 후 그는 정부 재정
지출의 과감한 축소와 소득세와 법인세 인하, 노동조합의 과도한 권
한 축소 등 훗날 대처주의(Thatcherism)라고 알려진 일련의 정책을 추
진했다. 정부 재정을 축소하는 마당에 자국이 유럽공동체에 지불하는
과도한 예산액도 예외일 수 없었다. 대처는 1983년과 1987년 내리 세
번 총선에서 승리해 승승장구하는 듯했으나 1990년 11월 총재직에서
물러났다. 주택 소유자에게 부과하는 인두세(poll tax: 주택 가격을 기본

으로 각 가구에 부과되는 세금)의 인상 추진으로 전통적인 보수당 지지자들도 점차 대처로부터 등을 돌리기 시작했다. 이어 단일화폐 도입의 전단계인 유럽환율조정기구(ERM) 가입에 반대하면서 유럽통합에 적대적인 정책을 취한 대처에 대해 보수당 의원들의 불안감이 커지면서 그는 사임해야만 했다.

대처의 유럽통합 정책: 민족국가 중심의 협력

대처는 민족국가 중심의 협력 강화를 유럽통합으로 여겼다. 어디까지나 실리적인 입장에서 영국의 국익을 유지하고 집행위원회나 유럽 사법재판소, 유럽의회 등 초국가기구 주도의 통합에 반대하면서 사례별로 통합에 대해 소극적인 모습을 보였다. 이러한 입장은 대처의 재임 시절 유럽통합 과정에서 핵심 문제였던 영국 예산 문제(BBQ), 단일유럽의정서(SEA), 단일화폐 형성 과정에서 보여준 영국의 정책에 잘 나타나 있다.

"내 돈 돌려줘."

대처의 전임자인 노동당 정부부터 불거지기 시작한 영국 예산 문제는 1979년 대처의 집권 이후 본격적으로 정치 쟁점화되었으며, 1984년 해결될 때까지 거의 5년 동안 영국과 유럽경제공동체의 다른 회원국 간에 가장 큰 논란거리였다. 문제의 핵심은 상대적으로 가난한 영국이 EEC 예산에 너무 많은 돈을 납부한다는 점이었다. 영국이 EEC 가입 협상 때 확보한 과도기가 1979년 종료되어 영국은 EEC 예산을 위해 납부하는 돈이 독일에 이어 두 번째로 많은 순예산 납부국(EEC 예산으로 납부한 돈이 공동 정책을 통해 돌려받는 돈보다 많은 회원국)이 되었다. 반면에 당시 영국은 1인당 국내총생산(GDP) 기준으로 9개 회원국 가운데 7위를 차지할 정도로 상대적으로 가난한 나라였다. 또 경제 회생을 선거공약으로 내세워 집권한 대처는 방만한 정부 재정지출을 과감하게 줄이는 경제정책을 실행했는데, 이런 정책의 맥락에서 EEC에 납부하는 금액도 당연히 축소되어야 했다.

대처는 회고록에서 "국내에서 의료보험과 교육보조금 등을 과감하게 삭감하고 있는데 유럽공동체에만 많은 돈을 납부해 '너그러운 누나(sister bountiful)'가 결코 될 수 없다"고 당시 상황을 적고 있다. 이처럼 영국 예산 문제는 영국의 뒤늦은 공동체 가입으로 영국을 매우 불리한 입장에 처하게 만든 문제였고, 당시 대처의 경제정책과 상충되었기 때문에 공동체 업무를 거의 마비시킬 정도로 큰 문제로 부각되었다. 이런 이유로 영국은 BBQ를 해결하기 위해 공동체와 '전투'를 벌이는 상황까지 가게 되었다. 이와 함께 야당으로 전락한 노동당은 보다 좌경화되어 EEC로부터의 탈퇴와 함께 EEC에 예산을 납부하지 말라는 요구까지 제기하며 대처 정부를 비판하는 등 국내에서 정치공세를 강화했다. 대처 자신도 과도한 예산 납부가 불공평하다는 인식을 가지고 있었고 여당인 보수당 내에도 예산 납부액이 과도하다는 인식이 팽배해 있었다. 양당 체제를 특징으로 하는 영국 정치에서 두 거대 정당 간 유럽통합에 대한 합의가 없었기 때문에 BBQ 문제는 정당 간뿐만 아니라 정당 내에서도 이견이 존재했다. 따라서 대처는 국내 정치상의 이런 제약점 때문에 유럽통합 정책에 대한 정책적 재량권이 매우 협소했다.

유럽이사회와 각료이사회에서 프랑스가 의장국을 맡았던 1984년 개최된 퐁텐블로 유럽이사회에서 영국은 BBQ 문제를 해결했다. 영국이 EEC에 납부하는 예산 가운데 3분의 2 정도를 되돌려주는 유리한 방식으로 해결되었다. 1984년 해결 이전에는 영국이 EEC에 납부한 예산액 가운데 일부만을 그때그때 환급해주는 일시적인 해결책이었다. 그러나 퐁텐블로 유럽이사회에서는 영국 예산 문제가 지속되는 한 영국에게 납부액의 3분의 2 정도를 돌려주도록 타결되었다. 대처의 끈질긴 요구와 협상, 당시 추가 예산이 필요한 EEC의 절박한 상황 등 여러 가지 복합적인 원인이 작용해 대처는 영국 예산 문제를 유리하게 해결할 수 있었다. 그러나 이 문제로 대처 정부가 이득만을 얻은 것은 아니었다. 1973년 뒤늦게 EEC 회원국이 된 영국이 유럽통합에 적극 참여하고 공동 정책 실행에도 모범을 보이는 것이 아니라, 국익을 최우선으로 내세우며 공동체 정책 등을 서슴지 않고 공격했다. 당시 독일은 프랑스와 밀접한 관계를 유지하며 유럽공동체를 이끌어가고 있었지만 프랑스의 태생적인 반미주의를 완화시키기 위해 영국의 공동체 가입을 지지했다. 그러나 영국의 유럽공동체 가입 이후 이런 희망은 물거품이 되었다.

대처의 경우 BBQ 문제가 원하는 식으로 되지 않고 5년 정도 질질 끌게 되자 EEC 다른 회원국과 기구를 향해 "내 돈 돌려줘(I want my money back)"라는 매우 직설적인 발언을 했다. 서독 등 일부 회원국들은 대처의 예산 납부 삭감 요구가 일부 정당함을 인정하면서도 그의 이런 직설적인 말투와 전투적인 모습을 매우 싫어하기도 했다. 어쨌든 BBQ 문제로 영국의 EEC에 대한 정책은 매우 부정적으로 묘사되었다. 물론 대처의 끈질긴 협상 전술에 대해 프랑스 신문 〈피가로〉는 그를 "여성 드골"이라고 부르며 드골에 비유했다. 드골 대통령이 할슈타인 집행위원장이 주도하는 초국가기구 중심의 유럽통합에 반대해 1965년 후반기 프랑스 각료들을 EEC 각료이사회에 보내지 않아 '공석 위기'를 촉발시켰듯이 대처도 영국의 국익을 위해 공동체와 5년간 전투를 벌였기 때문이다.

시장만을 위한 통합

대처 정부는 1984년 BBQ 문제를 만족스럽게 해결한 후 1992년까지 국경 없는 단일시장을 만들자는 안을 적극 제기하며 '1992년 프로그램'에 건설적으로 참여했다. 영국은 퐁텐블로 유럽이사회에 〈유럽: 미래〉라는 토론 문서를 제출해 로마 조약의 원래 목표인 단일시장을 이룩하자고 제안했다. 1968년 7월 관세동맹을 완성한 EEC는 원래대로라면 로마 조약에 따라 생산요소인 자본과 노동도 자유롭게 이동하는 단일시장을 완성해야 했다. 그러나 1970년대 두 차례의 석유파동(oil shock)을 거치면서 EEC 회원국들은 공동체 차원에서 공동으로 문제를 해결하기보다 각종 비관세장벽(Non-tariff barriers)을 쌓아 자본과 노동의 이동을 제한했다. 경제 침체로 실업자가 급증하는 마당에 다른 회원국 상품의 수입을 제한하기 위해 상이한 품질 기준이나 표준 등을 제시했다. 또 다른 회원국 시민의 자유 이동을 규제하는 여러 가지 조치를 취했다. 그러나 이런 각 회원국의 정책이 유럽공동체의 경기 침체를 더 악화시킬 수 있어 공동 대응이 필요하다는 공감대가 점차 형성되었다. 물론 1970년대부터 경제 대국으로 성장한 일본의 위협도 당시 회원국들이 단일시장 완성을 촉진시킨 요인 중 하나였다.

단일시장 완성을 위해 다른 회원국들은 1957년 EEC 설립 조약인 로마 조약을 개정하자는 것이 중론이었지만, 영국은 기존의 로마 조약을 제대로 지키면 가능하다는 입장이어서 분명한 시각 차이를 드러냈다. 영국 정부 내에서도 의견이 엇갈렸다. 대처는 로마 조약 개정이 아닌 방식으로 단일시장 형성을 원했지만 외무부는 조약 개정이 영국에게 더 득이 됨을 설득시켰다. 영국이 경쟁력을 가진 금융 서비스와 해운 서비스 분야에서 단일시장을 얻으면 자국 경제에 큰 도움이 됨을 역설했다. 결국 영국 정부는 단일유럽의정서(SEA) 체결을 위한 정부간회의(Inter-governmental Conference, IGC)에 건설적으로 참여하게 되었다. 이전의 BBQ와 달리 영국이 공동체 정책에 건설적으로 참여하게 된 것은 국내에서 진행하고 있던 공기업 민영화와 시장의 기능을 중시하는 신자유주의 경제정책과 공동체 차원의 단일 시장 완성이 정책적으로 매우 유사했기 때문이다. 회원국들이 상호 간의 무역 거래에서 부과하고 있던 각종 비관세장벽을 철폐하고 과감하게 규제 완화를 단행하면 EEC 회원국 간에 단일시장이 형성될 수 있다는 논리였다. 물론 영국은 정부간회의 협상 중 기존의 유럽통화제도(EMS)를 강화하자는 제안이나 공동체 차원의 사회정책을 조약에 신설하자는 요구를 강력하게 거부했다. 영국을 제외한 다른 회원국들은 유럽통합을 가속화하기 위한 수단으로 단일시장이라는 카드를 꺼냈고, 단일시장과 함께 사회정책 등 다른 분야에서 통합의 진전을 원했다. 독일이나 프랑스는 정치 통합이라는 궁극적 목표 달성을 위한 수단으로 단일시장 완성을 원했다. 그러나 영국은 어디까지나 경제적 측면에서 국경 없는 시장의 완성만을 원했을 뿐이었다. 단일유럽의정서는 내부 시장 형성에 필요한 일부 분야의 정책 결정을 가중 다수결 결정으로 바꿔 신속한 의사결정을 가능하게 했으며 초국가기구의 권한을 일부 강화했다. SEA 이전에 많은 정책 결정에서 회원국들은 매우 중요한 국익을 이유로 원래 다수결인 정책 결정도 거부할 수 있었다. 이런 거부권 행사를 축소해 가중 다수결로 변경했기 때문에 신속한 의사결정이 가능해졌다. 유럽통합을 연구하는 학자들은 따라서 초국가적인 방향의 유럽통합에 결사반대하던 대처가 SEA를 찬성한 것을 하나의 아이러니로 간주하고 있다.

SEA라는 디딤돌이 없이 마스트리히트 조약이 불가능했기 때문에 결국 대처의 SEA 찬성이 유럽통합을 앞당긴 셈이다. 유럽연합조약은 단일화폐의 출범과 함께 공동외교안보정책을 규정해 초국가적인 방향의 통합을 한 단계 진전시켰다. 로마 조약 서명 이후 30년이 지난 1987년에 체결된 SEA는 유럽연합조약 체결에 징검다리 역할을 수행했다. 1970년부터 1980년대 초반까지 EEC에 팽배해 있던 유럽 동맥경화증(Eurosclerosis)＊을 극복하고 단일시장 완성에 합의해 통합에 새로운 바람을 불어넣었다. SEA를 협상하고 체결했을 때 많은 영국 언론은 '공동체 차원에서 대처주의를 이식한 것'이라고 규정했다. 작은 정부와 국유 기업의 민영화를 특징으로 하는 대처의 신자유주의 경제정책을 공동체 차원에서 도입한 것이 단일시장이라고 여겼다. 반면에

＊ EEC의 경제성장이 미국이나 일본과 비해 매우 저조했으며 통합도 거의 진전이 되지 않은 상황을 이른다.

독일 언론은 SEA를 정치 통합을 촉진하는 하나의 중간 단계 목표 (Etappenziel)라고 불러 두 회원국 간에 통합을 바라보는 시각 차이를 매우 분명하게 보여주었다.

"세 번의 No!" 이후 낙마한 대처

유럽통합에 대한 영국의 건설적 참여는 잠시뿐이었다. 1988년 상반기 순회의장국이었던 독일은 공동체 차원에서 경제통화동맹(EMU)에 대한 전문가들의 의견을 구하는 위원회 구성을 영국의 반대에도 불구하고 통과시켰고 이듬해 상반기 들로르 위원회는 3단계에 걸친 단일화폐 출범을 골자로 하는 들로르 보고서를 발표했다. 자크 들로르 집행위원장이 공동체 차원의 사회정책의 필요성을 본격적으로 제기한 것도 이 무렵이다. 이렇게 되자 대처는 EEC가 본래의 목표라고 여겨진 단일시장 완성보다 초국가적인 연방주의적 방향으로 나간다고 확신해 EEC에 대해 신랄한 비판을 가하기 시작했다. 그의 견해가 잘 드러난 것이 1988년 9월 벨기에 브뤼헤(Bruges) 소재 유럽 대학(College of Europe)에서 행한 기조연설이다. 〈영국과 유럽〉이라는 연설에서 그는 유럽통합을 "주권국가 간의 협력"이라고 분명하게 규정짓고, 유럽의 초국가(European superstate)가 영국에 간섭함을 배격한다고 천명했다. 특히 그는 "브뤼셀에 있는 유럽의 초국가가 지배를 다시 강화하는 것을 보려고 영국에서 국가의 국경을 봉쇄한 것이 아니다"라는 직설적인 발언을 서슴지 않았다. 그는 국내에서는 신자유주의 정책을 실시해 국가의 역할을 축소했지만 유럽공동체의 초국가기구가 점차 정책권한을 확대해 주권국가 대신 정부들에 간섭한다고 여긴 것이다. 특

1988년 브뤼헤 연설 당시 대처의 모습. AP 제공.

히 들로르 집행위원장과 독일, 프랑스 등 일부 회원국들이 공동체 차원에서 사회정책과 단일화폐 도입을 본격적으로 제기하는 것을 신랄하게 비판했다. 대처는 외무부가 작성한 연설 초안에 없는 위 문구를 본인이 직접 넣어 초국가적인 방향으로 흘러가는 유럽통합의 흐름에 불쾌감을 드러냈다.

그러나 대처의 이 연설은 수면 아래 있던 내각 내에서의 유럽통합 정책을 사이에 둔 갈등을 표면으로 노출시키는 계기가 되었다. 당시 외무장관이던 하우(Geoffrey Howe)는 브뤼헤 연설 때문에 단일시장 형성에 건설적으로 참여해 얻은 영국의 긍정적인 이미지가 점차 훼손될 것이라고 우려했다. 영국 언론이나 국내 의회에서의 발언에서 유럽의 초국가라는 용어가 자주 사용되고 있었다. 그러나 대처처럼 이런 용어를 유럽 무대에서 직설적으로 쓰는 지도자는 없었다. 또 유럽통합을 주권국가 간의 단순한 협력이라는 그의 정의는 통합의 현실을 애써 무시하려는 발언으로 해석되었다. 당시 EEC의 통합 단계는 회원국 간의 단순한 협력보다 훨씬 진전되어 단일시장 완성을 향해 진행 중이었기 때문이다.

대처는 단일화폐 이행 1단계의 하나인 유럽환율조정기구(ERM) 가입을 적극 반대했지만 당시 재무장관이던 로슨(Nigel Lawson)과 외무장관 하우는 인플레이션 억제에 유용하다며 가입을 주장했다. 결국 로슨은 1989년에 사임하고 하우도 1989년 개각 당시 외무장관직에서 경질된 후 이듬해 사임하게 된다. 이즈음 대처는 의회 연설에서 유럽공동체의 초국가적인 방향에 대해 유명한 "세 번의 노!" 발언을 하게 된다. 들로르 집행위원장이 집행위원회를 국가 위의 국가로 만들려 하고 단일화폐 창설을 추진하며 사회정책도 추진하려 한다며 이 모두를 거부한다고 선언했다.

이와 함께 대처는 급속도로 이루어지는 독일통일에 강력 반대하였다. 통일 이후 독일이 유럽 내 강대국으로 부상하면서 영국의 상대적 입지는 좁아질 것으로 우려했으며, 당시 동서 대치의 상황에서 독일 통일이 불안 요소가 될 수 있다는 것이 독일통일에 반대한 이유였다. 물론 회고록에 적고 있듯이 그는 어린 시절에 느꼈던 독일에 대한 편견과 증오심을 그대로 가지고 있었고 2차 대전 이후 변화된 독일에 대한 이해가 매우 부족했다. 또 국내 정치적으로는 인두세 인상 등을 강행하다 보수당 내 반발에 의해 스스로 총재직에서 물러나게 되었다. 그의 사임에는 독일통일 이후 유럽공동체 내 독일의 역할과 위치, 단일화폐 도입에 대한 반대 등 유럽 정책이 중요한 원인 중의 하나였다.

총선에서 3연승을 거두며 영국 역사상 유일한 여성 총리로 막강한 권력을 휘두르던 대처는 비록 극단적인 경우라 할 수 있지만, 실리적인 입장에서 단일시장 완성이라는 경제통합에만 관심이 있는 영국 유럽통합 정책의 전형을 보여주었다. 물론 대처의 유럽통합 정책 스타일에 대한 비판이 자당인 보수당에서 제기되기도 했지만 대다수의 보수당 의원들은 단일화폐 가입을 반대했다. 대처의 사임은 인두세 강행과 단일화폐 가입 반대, 독일통일 반대 등 여러 가지 요인이 복합적으로 작용했다. 이 가운데 유럽통합에 대한 적대적인 정책과 수사도 중요한 몰락 원인 중 하나였다.

대처의 유럽통합 정책 평가

대처의 유럽통합 정책은 어디까지나 민족국가 중심의 협력을 축으로 이루어졌다. 유럽 무대에서 대처가 종종 구사한 극단적인 수사가 다른 회원국 수반들과 언론의 비판을 받기는 했지만 그가 영국의 국익을 추구했다는 점은 분명하다. 영국은 아직도 주요 정당 간에 그리고 주요 정당 내부에서도 유럽통합에 대한 합의가 없다. 따라서 영국의 총리는 보수나 노동당 출신이냐를 막론하고 유럽통합 정책에 대한 재량권이 그다지 많지 않다. 당내 합의나 정당 간 합의가 없는 민감한 문제이기 때문에 총리나 정당 지도자나 되도록이면 이 문제를 건드리려 하지 않는다. 대개 독일과 프랑스가 정책을 제안하면 이에 대해 소극적인 자세나 태도를 취할 수밖에 없는 구조적인 한계를 지니고 있다. 대처도 영국의 이런 유럽통합 정책의 큰 틀에서 벗어나지 않았다. 이런 점에서 대처는 유럽통합을 위대한 프랑스를 실현하는 도구로 간주한 프랑스의 드골 대통령과 공통점을 가지고 있다. 유럽통합에서 민족국가의 역할과 초국가기구의 역할, 그리고 양자 간의 긴장과 균형은 아직도 계속되는 핵심 쟁점이다.

11년간 총리를 역임하면서 그는 긍정적인 방향보다는 반면교사로서 유럽통합에 기여했다는 것이 일부의 평가이다. 영국 예산 문제 해결에는 그의 결연한 의지와 함께 투사적인 모습과 치밀한 전술이 효과가 있었다. 단일시장 완성을 지나치게 경제적으로만 해석해 건설적으로 관여했지만 결국 단일시장 완성은 영국과 같은 통합에 적극적이지 않은 회원국을 끌어들이기 위한 하나의 함정이 되었다. 대처는 회고록에서 단일시장 완성에 매진해야 할 유럽공동체가 들로르와 프랑스, 독일 등 몇몇 회원국 때문에 "해로운 경향"으로 나아간다고 주장했다. 이를 반격하기 위해 유명한 "세 번의 노!" 발언을 했으며 브뤼헤 연설을 활용했다고 말했다. 그러나 이런 발언은 자신이 단일시장 완성의 정치적 의도를 간과했다는 점을 합리화하는 성격이 강하다. 대처가 유럽 무대에서 통합에 강력하게 반대하면 할수록 독일이나 프랑스 등 유럽통합에 중추적 역할을 수행하는 국가들은 통합을 더 강력하게 추진했다. 결국 그의 반통합적 발언이 다른 회원국들을 결집시키는 역할을 수행한 셈이다.

연표

1925년 10월 13일 그랜섬 출생.
1943년 9월 옥스퍼드 대학교 서머빌 칼리지(Somerville College) 입학.

1950년 2월 중부 다트포드 시 보수당 후보로 하원 선거에 출마, 패배.

1951년 12월 부유한 사업가 데니스 대처와 결혼.

1959년 10월 총선에서 런던 핀칠리(Finchley) 지역구 보수당 후보로 출마, 하원에 진출.

1960년 10월 연금국민보험부 차관으로 첫 입각.

1964년 10월 총선에서서 보수당 패배.

1970년 6월 총선에서 보수당 승리. 교육과학부 장관.

1975년 2월 여성으로서는 역사상 최초로 보수당 총재로 취임.

1979년 5월 총선에서 승리. 역사상 최초로 여성 총리가 됨.

1987년 6월 총선에서 승리(1983년 승리에 이어 세 번 연속).

1989년 10월 나이젤 로슨 재무장관 사임.

1990년 11월 제프리 하우 하원 의장 사임.

1990년 11월 보수당 당권 경쟁에서 패배.

1990년 11월 28일 총리직에서 사임.

참고문헌

박지향, 《중간은 없다: 마거릿 대처의 생애와 정치》, 기파랑, 2007년.

박동운, 《대처리즘: 자유시장경제의 위대한 승리》, FKI 미디어, 2005.

김영세, 〈영국 대처 정부의 경제개혁과 함의〉, 《유럽연구》 제25권 3호, 2007, pp. 213~236.

안병억, 〈영국예산환급금: 연속성과 변화〉, 《국제지역연구》 제10권 2호, 2006, pp. 107~138.

안병억, 〈유럽통합과 영독관계: 단일유럽의정서 협상과정을 중심으로〉, 《유럽연구》 제24권, 2006, pp. 105~130.

유럽의 또 다른 유럽인
: 귄츠 아르파드

김지영

2004년 5월 1일은 헝가리인에게 아주 특별한 날이었다. 이 날은 오랜 기다림과 복잡한 준비 과정을 거쳐 헝가리가 중 · 동부 유럽 10개국과 함께 유럽연합(EU)에 가입한 날이기 때문이다. 헝가리 언론의 표현대로 이날은 헝가리가 공산화 이후 약 반세기 동안의 소위 '잃어버린 역사'를 되돌려 다시 '유럽'으로 복귀한 역사적인 경축일인 것이다. 이날을 기해서 헝가리인은 정치 · 경제 · 사회 · 문화적으로 다시 '전통적 유럽인'으로서의 정체성을 회복하고 비로소 '전통적 유럽 사회'의 일원으로 다시 등장하게 되었다. 이와 같은 헝가리의 역사적 과업을 이루어내는 데 초석을 놓은 이가 귄츠 아라파드(Göncz Árpád) 전 대통령이다.

반세기에 걸쳐 타의에 의해 이식된 공산주의의 역사를 가지고 있고, 지식인을 중심으로 한 강력한 반공산주의, 반소 저항운동의 역사가 존재하는 헝가리에서, 귄츠는 '유럽으로의 회귀'라는 역사적 위업을 달성하기 위해 노력한 수많은 인물 중 가장 상징적인 인물이다. 괸츠는 헝가리의 체제 전환기의 혼란스러운 상황에서 폭발적으로 분출되던 다양한 정치적 이견들을 잘 조정하고 통합하여 헝가리가 안정적으로 체제 전환을 이루어내는 데 결정적인 기여를 하였다. 또한 유럽연합의 회원국 가입 문제에 대한 여야 정치인과 국민의 다양한 이견을 조정하여 헝가리 외

2004년 헝가리의 유럽연합 가입을 경축하는 불꽃놀이. AP 제공.

교정책의 가장 중요한 목표를 '유럽연합 가입'으로 설정하는 데 지대한 공헌을 하였다.

괸츠는 1990년 5월 2일 공산주의로부터 시장경제 체제로의 체제 전환 이후 처음으로 평화롭고 공정하게 실시된 자유선거에서 국회의원으로 당선되었고, 동시에 헝가리 국회의장과 헝가리 공화국 임시 대통령에 취임하였다. 당시 체제 전환기의 혼란스런 상황 속에서 새로운 개혁 입법을 주도하고, 헝가리의 체제 전환 과정을 성공적으로 마무리해야 하는 막중한 책임이 있는 국회의장의 직무를 수행하기에는 괸츠 대통령만 한 인물이 존재하지 않았다. 이 시기는 체제 전환 이후 헝가리의 정치체제가 아직 정비되기 이전이어서, 국회의장이 임시 대

통령의 직무를 수행하였다.

괸츠는 국회의장으로 당선된 지 며칠 후 국회에서 행한 다음과 같은 연설을 통해 서유럽과 동유럽이 하나의 울타리 안에 다시 뭉칠 것을 주장했다. 이 연설은 헝가리의 유럽연합 가입의 당위성을 대내외에 천명한 중요한 연설로 기억된다.

> 단일한 유럽, 분열되지 않은 하나의 유럽은 오랫동안 유럽인의 마음속에 자리해오던 하나의 이상이었다. 현대에 들어 두 번의 세계 전쟁과 크고 작은 국지적 분쟁들을 경험하며, 유럽은 하나의 지붕 아래 모여 평화로운 삶을 추구하는 것을 일종의 대의명분으로 인식해왔다. 그러나 유럽의 통합을 통한 평화의 정착은 오랫동안 유럽 서부 지역의 국가들에게만 논의되던 이상향이었다. 유럽의 통합은 서유럽의 통합만을 의미하지 않는다. 그것은 불완전한 통합을 의미한다. 과거 공산주의를 경험한 중부, 동부 유럽의 나라들이 유럽연합에 가입하게 될 때 진정한 의미의 유럽통합이 이루어지는 것이다. 동유럽의 나라들은 유럽을 포함하는 세계사의 발전 과정에서 잠시 멀어져 있었다. 이제 그 발전의 역사 속으로 되돌아가 함께 공동의 역사를 건설하고, 우리 모두가 바라고 만족하는 유럽을 건설해야 하는 것이다.

헝가리:

유럽 대륙 안에 존재하는 '민족의 섬', '언어의 섬'

괸츠의 조국 헝가리는 유럽의 중앙에 위치한 작은 나라로서 한반도의 남한만 한 크기를 가지고 있고, 유럽의 주류 언어와 비교해볼 때 매우 상이한 형태를 지닌 아시아 계통의 우랄어를 사용한다. 또한 민족에 있어서도 유럽의 주요 민족에 속하지 않는 '우랄' 민족이어서 유럽 대륙에서 '민족의 섬', '언어의 섬'이라고 불리기도 한다. 헝가리 민족은 서기 896년경 우랄 산맥 근처의 스텝 초원 지대에서 서남쪽으로 이동해 오늘날의 헝가리 대평원 지역에 정착하였다. 그 후 1~2세기에 걸친 유럽 공략의 와중에서 원래부터 이곳에 거주하던 게르만인, 슬라브인과의 투쟁을 통한 정착 과정을 거친 후 자신들의 고유한 민족 종교를 포기하고 이민족의 종교였던 기독교를 수용하였다. 기독교로 개종한 이후 1241년의 몽골의 침략을 견뎌냈고, 1526년 오스만투르크가 공격해왔을 때에는 기독교 세계의 수호자로서 이들에 대항하여 싸우다 패배하여 약 150년간 오스만투르크의 지배를 받았다.

그 후 합스부르크 왕가의 오스트리아 제국이 헝가리 땅에서 오스만투르크를 몰아낸 1686년부터 헝가리와 오스트리아가 이중 제국을 건설한 1867년까지 헝가리는 약 180년간 오스트리아의 직접적인 지배 하에 있었으며, 1867년부터 1918년까지는 오스트리아와 더불어 세계사에서 그 유래를 찾아보기 어려운 이중 제국을 건설하여 그 구성원으로서 유럽사의 전면에 등장하기도 하였다. 그 뒤로도 헝가리는 1·2차 대전을 겪으면서 소련에 이어 세계에서 두 번째로 볼셰비키 혁명을 경험하였고, 다시 반동적인 파시스트 국가에서 공산주의 국가로 변모하여 1989년까지 존재해왔으며, 1989년의 체제 전환을 겪으면서 40년 만에 서방식의 시장 자본주의를 근간으로 하는 국가의 모습으로 되돌아왔다.

이러한 역사에서 알 수 있듯이 헝가리 민족은 유럽으로 이동하여 수

많은 투쟁과 풍상을 겪으며 유럽에 정착한 강인한 민족이다. 헝가리의 역사는 바로 이들 민족이 그들의 언어와 역사, 문화와 전혀 상이한 세계 속에서 자신들의 정체성을 지키며 주변국들과 함께 살아가기 위하여 거쳐온 과정과 같다.

유럽연합과 헝가리: '역사의 회귀'

헝가리인에게 헝가리가 유럽연합의 회원국이 되었다는 것은 매우 감회가 깊은 일이었다. 1949년부터 1989년까지 40여 년간의 공산주의 경험은 헝가리의 역사적 전통과 연속성의 단절을 의미하는 쓰라린 경험이었다. 이 시기는 헝가리인에게 글자 그대로 '잃어버린' 역사의 기간으로 받아들여졌다. 유럽에 정착한 이래로 타의에 의한 공산주의의 경험과 유럽으로부터의 단절이라는 역사적 아픔을 기억하고 있는 헝가리 사람들에게는 헝가리가 유럽연합의 회원이 됨으로써 통합된 유럽의 일원으로 유럽사의 전면에 다시 등장하게 된다는 의미가 있는 것이다.

　헝가리는 다른 구 사회주의국가들과는 다르게 소련에 항거하다 무력으로 진압된 역사를 지니고 있다. 기대했던 서방의 도움을 받지 못한 채 수천 명의 사상자와 더불어 수만 명의 망명객을 내며 소련군에 의해 무력으로 진압되고 말았던 역사의 사실은 헝가리인의 가슴속에 쓰디쓴 기억으로 남아 있었다. 소련에 항거하여 일어나기만 하면 미국을 비롯한 서방국가들로부터 지원을 받으리라 기대하고 있었던 헝가리인에게 서방의 무관심과 냉대는 전혀 예상하지 못했던 뜻밖의 일이었다.

　이러한 역사적 경험은 안보 문제에 대해 헝가리가 나름대로의 입장을 정하게 하는 중요한 요소가 되었다. 혼자서는 절대로 생존할 수 없다는 것, 그래서 어떤 일을 하더라도 공동의 힘으로 해야 한다는 것이 헝가리인의 근저에 깔려 있는 생각이다. 특히 중대한 국익이 걸려 있는 국내 문제나 국제 문제, 심지어는 전쟁의 선전포고에 이르기까지 주변 이해 당사국들과의 이해와 협력이 필수불가결한 요소라고 생각하고 있다.

　문학가로서, 현실 정치인으로서 헝가리의 이러한 상황을 누구보다 잘 이해하고 있었던 괸츠 대통령은 헝가리가 통합 유럽의 일원으로 존재하게 될 때 비로소 안보와 경제적 발전이라는 두 마리 토끼를 잡을 수 있을 것이라고 판단했던 것이다. 그리고 그 판단은 10년 후 옳은 것으로 증명되었다.

헝가리 민중 혁명의 영웅, 괸츠의 삶

괸츠는 1922년 2월 10일 부다페스트의 한 지식인 가정에서 출생하였다. 중산층의 삶을 영위하고 있었던 괸츠의 가족은 합리적이고 온화한 가정을 이루고 살았으며, 괸츠 대통령은 합스부르크 헝가리 이중 제국 해체 이후의 혼란기 속에서 헝가리가 독립적으로 주체적인 정부를 구성하여 발전하기 시작하는 '간전기의 평화 시기'에 초등교육과 중등교육을 마치게 되었다.

　이 시기 헝가리는 1차 대전의 패배 이후 잃어버린 영토를 다시 수복하자는 실지회복주의*의 영향과 헝가리 국경선 근처에 살고 있는 헝가리계 소수민족 문제, 내부적인 정치적 갈등으로 인하여 불안한 평화 시기를 유지하고 있었다. 그러나 동시에 헝가리 사회의 근대화라는 측면에서는 대중 교육이 정착되고 고등교육의 발전이 이루어져 이 시기에 교육받은 헝가리 시민들은 비교적 높은 수준의 교육 혜택을 누릴 수 있었다.

괸츠는 1939년 파즈마니 페테르 대학교(현 부다페스트 외트뵈시 로란드 대학교)에 입학하여 변호사가 되기 위한 학업의 과정에 들어갔으나, 다른 동유럽의 민족 지도자들과 마찬가지로 괸츠의 삶도 2차 대전과 더불어 역사의 격랑 속으로 들어가게 되었다. 1944년 파즈마니 페테르 대학교를 졸업하면서 법학 박사학위를 취득하였다. 괸츠는 학업과 병행하여 1939년부터 1944년까지 '국립토지신탁청'에서 근무하기도 하였다. 대학을 졸업을 앞두고 1944년 2월에 군에 징집되었고, 1945년 독일로 가는 헝가리 지원병에 소속되어 있다가 탈영하여 어느 '반파시스트 헝가리 청년운동'에 간여하기도 하였다. 이후에도 몇 차례 소련군의 포로가 되기도 하였으나, 그때마다 무사히 탈출하였다.**

1945년 종전과 더불어 괸츠는 변호사 활동과 더불어 그의 정치 활동을 독립 소지주당(小地主黨)에서 시작했다. 독립 소지주당은 헝가리의 역사적 정당으로서 당시 가장 많은 헝가리인들로부터 지지를 얻고

◆   1차 대전 이후 트리아농 조약에 의해 주변 국가에 할양된 트란실바니아, 바츠카바나트, 부르겐란트, 슬로바키아 지역을 다시 회복하고자 하는 주의 및 운동
◆◆ 당시 헝가리는 독일군의 동맹군으로서 2차 대전에 참전하고 있었기 때문에 괸츠 대통령의 1944년 2월 경력 중 군대에 관한 기록은 다음과 같이 알려져 있으나 사실 여부는 확실하지 않다. "(…) 헝가리 파시스트 군에 징집되어 '독일 연대'에 배속되었으나 1945년 그의 부대에서 탈출하여, 헝가리 대독 무장 레지스탕스(저항 단체)에 자유 헝가리 학생전선인 '탄치치(Táncsc)' 대대의 한 구성원 자격으로 참여하였다."

있던 정당이었다. 괸츠는 이 정당의 청년 조직 지도자로서 정치 활동을 시작했으며, 헝가리의 직면한 현실 문제에 적극적으로 의견을 개진하기 시작하였다. 당 사무국의 비서와 당의 청년 조직인 '독립 청년'의 부다페스트 지부장을 겸임하며, 1947년부터 1948년까지는 주간지인 《세대》의 편집장을 역임했다. 그러나 이러한 정당인으로서의 활동은 곧 공산당과의 투쟁 속에서 새로운 국면을 맞이하게 되었다.

1948년 3월 17일 헝가리 공산당이 정권을 장악하면서 권력투쟁에서 패한 독립 소지주당의 모든 구성원들이 정치 일선에서 쫓겨나게 되었다. 공산화가 완료된 헝가리에서 괸츠는 현직을 박탈당하고 1949년부터 1951년까지 용접공과 배관공으로 일했다. 또한 1951년부터 1956년까지는 토양 관리 전문가로 일했으며 후에 수석 엔지니어 자리에 오르기도 하였다. 그 후 괸츠는 1952년부터 괴될뢰(Güdélé) 농업과학 대학에 입학하여 농업 분야에서 학업을 계속하여 4년의 전 과정을 이수하였다. 그러나 그가 농대를 졸업하던 1956년에 헝가리 민중 혁명이 일어났고, 혁명에 가담한 이유로 투옥되었으며, 석방 후에는 학교로부터 제명당했다.

헝가리 민중 혁명은 헝가리 역사에서 최초로 지식인과 청년 학생, 일반 시민들이 함께 이루어낸 대규모의 정치적 운동이었다. 1956년 혁명에서 참가자들이 내세운 구호는 스탈린주의를 비판하고 마르크스주의의 도덕적 근원으로 복귀할 것과 소련식의 강압적인 국가 시스템을 바꾸자는 것이었다. 이러한 점에서 1956년 혁명은 공산주의 자체에 대해 반대하는 운동이 아니라 체제 내적인 개혁 운동의 성격으로 시작했던 점은 분명해보인다. 그러나 혁명의 진행 과정에서 평화

1956년 헝가리 혁명.

적인 시위가 무력으로 진압되고, 막대한 사상자가 발생하게 되는 과
정을 거치면서 혁명의 양상으로 전화하게 되었던 것이다.

괸츠는 혁명의 진행 과정에서 적극적으로 참여하여 단번에 혁명의
지도적 인물로 떠오르게 된다. 1956년 10월 17일 괸츠는 진보적 학생
들의 공부 모임이었던 '페퇴피(Petüfi) 서클'* 모임에 참석하여 현재
헝가리가 당면하고 있는 농업 정책의 문제점을 비판하고 개선 방향에
대한 자신의 의견을 제시하였다. 이러한 활동에 힘입어 그는 혁명 기
간 중 '헝가리 농민연합'의 대표로 활동하였으며, 11월 4일 이후에는
헝가리의 민주적 탈소자주화 운동에 대한 선언서를 만드는 데 참여하

◆ 헝가리 공산화 이후 부다페스트 엘테(ELTE) 대학교 학생들이 조직한 공부 모임으로, 공산 헝가리 사회의
  문제점들에 대해 토론하고 연구하던 그룹. 현재 헝가리 지도자들의 상당수가 이 그룹 출신이다. 추후 이
  모임에 정치가들도 참석하여 의견을 밝히고 토론하는 단체로 발전하였다.

였다. 여기에서 혁명의 지도자인 너지 임레(Nagy Imre) 수상과 깊은 교분을 맺게 되었다.

헝가리 혁명이 실패하고 혁명의 주동자와 참여자들에 대한 일대 검거 선풍이 벌어지던 1957년 괸츠는 공산주의하에서 신음하고 있는 헝가리 민중들의 투쟁에 대한 너지 임레 전 수상의 편지를 헝가리 주재 인도 대사인 메논(Menon)에게 직접 전달하였다. 이 일로 인해 1957년 5월 체포되어, 혁명 당시 문교부 장관이었던 비보 이쉬트반(Bibó István)과 함께 1958년 8월 2일 재판에서 '인민 민주주의 국가를 전복시키려는 시도'라는 죄명으로 종신형을 선고받았다. 그는 투옥 중에도 1960년 부다페스트 교외의 바치 시(市)에 소재한 바치 교도소에서 기결수들의 단식투쟁에 참여하였다. 괸츠는 6년 이상을 감옥에서 복역했고, 1963년에 앰네스티의 도움을 받아 석방되었다. 당시 같이 복역했던 동료들도 대부분 1963년을 전후로 해서 모두 석방되었다. 이 시기는 헝가리에서 정치적 화해와 타협의 기간이었다.

1956년 이후 헝가리 공산 정부는 정치 문제보다는 경제문제 해결을 위해 적극적인 정책을 집행하였다. 사회의 여러 분야에서 혁명의 후유증을 최소화하기 위한 조치들이 강구되었는데, 정치범들의 석방도 이러한 맥락에서 이루어진 것이었다. 물론 정치범들의 경우 완전한 의미에서의 사면 복권이 이루어진 것은 아니다. 정치범들은 비공식적인 방법으로 상당한 공민권 제약이 가해졌다. 예를 들어 괸츠의 친구이며 56년 혁명 당시 참여한 죄로 사형을 선고받고 후에 무기로 감형되어 7년간 복역했던 포너이 예뇌(Fonay Jenö) '56년 정치범위원회' 위원장은 1989년까지 여권을 발급받지 못했고, 운전면허 시험에도 응시할 자격을 주지 않았으며, 직장에서도 동료들을 통하여 그의 모든 행동을 감시하며 경찰에 보고하게 하는 등 다양한 방법으로 통제하였다. 특히 지식인들은 생존을 위한 노동에만 종사할 것을 강요받았다.

괸츠는 석방된 후 1963년부터 베스프렘의 중화학 산업 연구소에서 기술 계통 전문 번역가로 일하기 시작했다. 그는 감옥에 있는 동안 독학으로 영어를 공부했는데, 석방될 당시에는 이미 전문적인 번역가의 수준을 넘어서고 있었다. 1964년부터 그는 다시 토양 관리 회사로 복직되었다. 복직과 더불어 졸업장을 받지 못한 괴될뢰 농과대학의 졸업장을 받기 위하여 여러 번 시도하였으나 공산당의 방해로 인하여 실패하고 말았다.

괸츠는 1980년대에 들어서면서 작가로서의 활동과 인권 운동가로서의 활동에 집중하게 된다. 기본적으로 자유주의적인 성향의 괸츠는 일생을 통하여 극단적 행동주의나 모험주의에 반대하는 행동 원칙을 고수했다. 이러한 점이 집필과 번역이라는 작가적 작업과 인권 운동이라는 양상으로 나타나게 된 것이다.

지식인 운동의 지도자와 정치인으로서의 활동

괸츠는 1981년부터 지식인들과 더불어 1956년 헝가리 민중 혁명의 역사에 대해 토론하는 지하(불법적인) 라운드 테이블에 참여하여 활발하게 논의를 주도해갔다. 주로 부다페스트의 선술집이나 카페 등지에서 시작된 이 모임에는 당대의 작가와 교사, 정치인들 중 일부가 참여하였다. 이 모임에서 괸츠는 자유와 인권에 대한 확고한 신념으로

──── 인물로 보는 유럽통합사

서 지도적 위치를 점하고 있었다. 이 모임이 토대가 되어 1988년 5월 괸츠는 '자유민주연맹(SZDSZ)'의 발기인 중의 한 사람으로 참여하면서 적극적인 현실 정치의 장으로 뛰어들게 되었다. 괸츠는 체제 전환기의 혼란한 상황 속에서 소극적인 작가의 활동만으로는 변화와 개혁에 한계가 있다는 생각에 이르게 되어, 능동적으로 정치 일선에서 변화의 선두에 서고자 하였던 것이다. 이러한 그의 사고는 당대의 많은 지식인과 정치인에게 영향을 미쳐 그들을 현실 정치의 장으로 끌어내는 동력으로 작용하였다. 역사적으로 지식인의 정치 참여가 지식인의 의무이자 권리로 간주되어온 헝가리 지식인 사회의 전통에 비추어 그동안 공산주의 정권의 통치에 대하여 소극적으로 대응했던 헝가리 지식인들이 예전의 그 모습을 다시 찾게 된 데에는 이와 같은 괸츠의 적극적인 활동이 도화선이 되었음은 두말 할 나위가 없다.

체제 전환 시기 헝가리의 각 정당들의 구성원을 살펴보면 유독 학자와 교사, 작가가 많이 포함되어 있는 점은 이러한 사실을 웅변적으로 보여주는 것일 것이다. 괸츠는 현실 정치에서도 포용과 타협의 정치를 펼쳐 단번에 '자유민주연맹'의 지도부로 부상하였다. 1988~89년까지는 '자유민주연맹'의 대변인, 1989~90년에는 당의 전국 위원회 위원으로 활동하였으며, 1988년부터 '역사정의위원회'의 창설자 중의 한 사람으로 참여하였다. 또한 괸츠 대통령은 1989년에 앰네스티 부다페스트 지부의 사무총장이 되어 인권 활동에 적극적으로 투신하게 되었다.

헝가리에서 1989년 말부터 불기 시작한 변화의 바람은 괸츠에게 새로운 도전을 위한 기회가 되었다. 1990년에 들어오면서 격화되기 시작한 체제 전환 운동은 급기야 공산당 지도부와 시민 세력 간의 원탁 협상을 이끌어내게 되었고, 그 원탁 협상의 결과에 의하여 1990년 공산주의 시기 이후 처음으로 자유로운 방식의 선거가 진행되었다. 이 선거에서 괸츠는 국회의원에 당선되었고, 그와 더불어 1990년 5월부터 8월까지 국회의장 겸 헝가리 공화국 임시 대통령직을 수행하며 체제 전환기 각 정당들의 이해와 요구를 조정하였다. 공식적으로는 1990년 5월 2일 헝가리 제3공화국의 초대 대통령에 취임하였다. 1995년에 재선에 성공하여 제2기 임기를 성공적으로 마친 후 2000년 8월 4일 마들 페렌츠(Mádl Ferenc)에게 대통령직을 이양하였다.

괸츠는 대통령으로 재임하는 기간 동안 정원 386명인 헝가리 국회에서 의견의 중재자와 조정자로서의 역할을 하였다. 원칙적으로 헝가리의 대통령은 국내 문제에는 간여하지 않는다. 외교와 국방 문제에서 대외적으로 국가를 대표한다. 하지만 국회 내에서 헝가리의 국내 문제와 정치 문제에 대하여 당을 초월하여 늘 국회의원들과 토론하며 조정하는 모습을 보여주었다. 특히 정치적으로 민감한 문제에 대해서는 야당의 입장을 반영하여 행정부와의 의견 조율에 나서기도 하였다. 예를 들어 국회에서 헝가리 국외에 거주하는 헝가리계 소수민족 법 문제가 논의의 쟁점이었을 당시, 여당과 야당의 지도자들을 초청하여 쟁점 부분에 대한 조정자의 역할을 훌륭히 수행해냈는데, 이러한 괸츠 대통령의 모습이 헝가리 국민들에게 괸츠 대통령은 '중재와 조정의 명수이며 늘 국익을 위해 노력하는 대통령'이라는 인상을 심어주게 하였던 것이다.

헝가리인에게 괸츠 대통령은 하나의 신뢰의 상징이라고 할 수 있다.

대통령 자신이 사형을 선고받은 죄수의 입장에서 국가를 대표하는 대통령에 올랐기 때문이기도 하지만, 이와 더불어 그의 일관된 자유주의적 정신과 민주주의에 대한 신념이 그를 그와 같은 위치에 있도록 만들었다. 이러한 신뢰의 모습은 여타 동유럽의 정치 지도자들의 현재 모습과 비교해볼 때 매우 특별한 경우라 할 수 있다.

괸츠 대통령은 헝가리가 사회주의 경제체제에서 자본주의 경제체제로 전환되는 과정에서 나타났던 체제 전환적 문제에 대해서도 매우 확고한 입장을 보여주었다. 1990년 이후 수년에 걸쳐 헝가리를 포함한 구 사회주의국가들은 경제적 침체를 경험해야 했는데, 이로 인해 일부 국민들이 옛 사회주의 체제로 회귀하고자 하는 움직임을 보이기도 했다. 이에 대해 괸츠 대통령은 한 인터뷰에서 "현재 헝가리의 경제가 어렵기 때문에 다시 사회주의 또는 공산주의로 회귀하는 것은 아니냐?"는 질문에 대해 "내가 공산주의를 반대하다가 체포되어 6년간 감옥에 있었다. 나는 누구보다도 그것(공산주의)에 대해 잘 안다. 절대로 공산주의는 해결책이 되지 못한다. 지금 이 순간이 어려울 뿐이다. 공산주의가 다시 돌아오지는 않는다. 헝가리뿐만 아니라 여타의 구 사회주의권 국가들도 마찬가지일 것이다"라고 대답했는데, 이 말 한마디로 헝가리 정국이 안정되었던 예는 헝가리인에게 괸츠 대통령이 어떠한 의미로 자리하고 있는지 잘 보여준다고 할 수 있다.

이러한 위상은 정치적 위기 상황에서도 잘 드러난다. 괸츠 대통령은 1990년부터 2000년까지 총 10년 동안 헝가리 민주 포럼(1990~94), 헝가리 사회당(1994~98), 청년민주연합 등 세 개 정파가 권력을 장악하는 와중에서도 가장 소수당인 자유민주연맹 소속으로 대통령직을 연임한 특별한 경력을 갖고 있다. 물론 정치적 실권보다는 국민 통합의 상징으로서의 의미가 크다는 점도 있겠지만, 여당과 야당을 모두 아우르는 포용력과 인격이 그의 대통령직을 성공적으로 수행할 수 있도록 한 요소일 것이다. 또한 헝가리 외교정책의 최대 목표를 유럽의 안보와 정치체제 속으로 헝가리를 편입시켜야 한다는 점, 즉 유럽연합의 회원국이 되어야 한다는 점으로 상정하여 세 개의 정권이 바뀌는 와중에서도 언제나 외교정책의 항상성과 연속성을 유지하도록 한 데에는 괸츠 대통령의 기여가 결정적이었다고 보아야 할 것이다.

괸츠는 대통령에 재임하던 10년의 기간 중 거의 매월 실시된 정치인에 대한 호감도 여론조사 결과에서 한 번도 1위를 놓친 적이 없다. 보통의 헝가리 국민들이 괸츠 대통령에게 느끼는 감정은 정치 지도자라는 이미지 이상이다. 헝가리 국민들은 대통령을 '할아버지' 또는 '큰아저씨' 등으로 부른다.

괸츠의 통합 유럽관: 헝가리의 존재 기반

괸츠는 오늘날의 통합 유럽이 탄생하게 되는데 그리 큰 역할을 하지는 않았다. 공산주의 정권하의 지식인이라는 특수한 환경에서 구체적으로 통합 유럽에 대해 사고하는 데에는 분명한 한계가 있었을 것이라고 생각된다. 그러나 헝가리의 장래를 위해서 헝가리가 선택할 수 있는 유일무이한 대안이 통합 유럽 운동에 적극적으로 참여하여야 한다는 점이라는 것에 대해서는 분명한 인식을 하고 있었다. 대통령 취임 후 행한 의회 연설에서 통합 유럽 운동에 대해 헝가리가 행할 수 있거나, 앞으로 행할 역할에 대해서 구체적으로 언급하지는 않았지만, '단일한 유럽'과 '멀어진 역사로부터 다시 되돌아오는 동유럽의 존재'에 대해 언급한 점은 향후 그가 보여줄 행보를 짐작하게 해준다.

괸츠는 체제 전환의 과정에서 현재의 혼란스러운 상황이 헝가리 정계에서 유럽연합의 가입을 통한 '역사의 회귀'를 제안한 최초의 인물이다. 체제 전환 이후 헝가리 정치의 중심주제가 사회주의의 잔재와 과거 청산의 문제에 집중하고 있을 때, 먼 안목에서 헝가리가 유럽연합의 회원이 되어야만 진정한 의미의 체제 전환을 이루어낼 수 있고, 이를 통하여 진정한 유럽의 일원으로 존재할 수 있다고 생각하였다. 이러한 그의 생각이 구체적으로 실행에 옮겨지기 시작한 때는 체제 전환기의 혼란스러움이 어느 정도 정리되고, 헝가리 사회가 정치적으로 안정기에 접어든 1996년부터라고 할 수 있다.

괸츠 대통령은 헝가리 혁명 40주년인 1996년 6월 17일 1956년 혁명 당시의 수상이었던 너지 임레 처형 38주기를 맞이하여 행한 연설에서 헝가리 혁명 당시에 희생된 열사들을 칭하여 '조국과 인민을 위한 순교자들(Vértanuk)'이라는 명예로운 호칭을 부여하였다. 이 자리에선 그는 "헝가리는 유럽의 일원으로서 다시 유럽의 역사 전면에 등장해야 하며, 우리가 이러한 노력을 성취할 때 우리 헝가리의 현대사는 비로소 완결적이 된다고 할 수 있다"라고 이야기하며, 헝가리의 유럽연합 가입의 당위성을 최초로 명시적으로 제시하였다.

물론 그 이전에 집권 사회당 정권의 수반인 호른(Horn Gyula) 총리도 헝가리의 유럽연합 가입 문제를 언급한 적이 있지만 국내적으로는

과거 구 헝가리 공산당 출신이라는 총리에 대한 부정적인 이미지가
겹쳐져 헝가리 국민들에게 큰 반향을 불러일으키지는 못했고, 대외적
으로도 유럽연합 회원국들의 관심을 끌지 못하였다. 이에 반하여 괸
츠 대통령은 그런 이야기를 할 수 있는 '자격'이 있는 사람이라는 것
이 헝가리 국민들의 평가였기 때문에 정당성과 당위성을 확보할 수
있었던 것이다. 괸츠 대통령의 이 연설 이후 헝가리는 본격적으로 유
럽연합에 가입하기 위한 세부적인 준비에 들어가게 되었다.

헝가리의 유럽연합 가입 조건과 가입 협상 과정

괸츠의 선언에 의하여 헝가리 정부는 각계각층의 의견과 각 정부 부
처 간의 의견을 수렴하는 절차에 들어갔다. 이 과정에서도 야당인 '청
년민주연합'에 의해 유럽연합 가입이 현재 꼭 필요한 것인가에 대한
지루한 논쟁들이 재연되었다. 야당 당수인 오르반 빅토르(Orbán
Viktor)는 현재 헝가리 정국의 가장 중요한 문제는 사회당 정권의 재집
권 이후 침체의 기미를 보이고 있는 경제문제의 해결이며, 유럽연합
에 헝가리가 가입한다고 해서 실질적으로 헝가리가 얻을 수 있는 것
이 별로 없다는 점을 들어 유럽연합 가입이 지금 해결해야 할 긴급한
문제는 아니라고 주장하였다. 이에 대해 괸츠 대통령이 직접 나서서
헝가리의 유럽연합 가입 문제는 비단 현 집권 사회당만의 문제가 아
니라, 헝가리 민족의 역사적 권리를 되찾기 위한 헝가리 전 민족의 문
제라고 오르반 당수를 설득하였다. 또한 다음 선거에서 '청년민주연
합'이 정권을 잡게 된다 하더라도 헝가리의 유럽연합 가입 문제는 당

리당략을 떠나 지속적으로 추진해야 하는 중대한 외교 사안이기 때문에 이에 대한 정치적 공세를 중지할 것을 요구하였다. 괸츠 대통령의 이러한 조정 과정과 약 2년간의 준비 과정을 거쳐 헝가리 정부는 1998년 3월 31일 정식으로 유럽연합과의 가입 협상을 시작하였다.*

가입 협상을 시작하며 헝가리 정부는 세 가지 기본 원칙을 수립하였다. 이는 향후 주변 동유럽 국가들이 유럽연합과의 가입 협상을 추진하는 데 좋은 참고 사항이 되었다.

1) EU 가입을 위한 협상을 최대한 빠른 속도로 진전시킨다. 만약 단기간에 이 협상을 마무리하지 못하면 역효과가 매우 클 것이다. 따라서 2003년 1월 1일을 유럽연합 가입의 목표일로 정하되, 1~2년간의 유보는 가능

◆ 1998년 가입 협상이 시작된 지 몇 달 후 실시된 헝가리 총선에서 야당인 청년민주연합이 승리하여 당수인 오르반 빅토르가 헝가리 총리로 취임하였다. 오르반 총리도 외교정책에서 '유럽연합 가입'이라는 원칙을 변경하지 않고, 전 정부에 이어 유럽연합 가입을 위한 요구 사항을 충족시키는 데 최선을 다하였다.

하다.

2) 협상의 기본 원칙은 모든 면에서의 기존의 유럽연합 국가들과 동등한
의무, 권리와 위치에서 진행한다. 각 국가별로 협상을 하고 있는 가입
후보국들은 그 나라의 정치, 경제, 군사적 상황을 고려하여 협상을 진행
해야 한다. 또한 유럽연합은 가입 후보국들의 이러한 상황을 이해해야
한다.

3) 협상 교섭에서 후보국들에 대한 심사가 개별적인 카테고리에서 이루어
져야 한다. 즉 3개국(헝가리, 체코, 폴란드) 중 어느 한 나라가 가입 기준을
충족하지 못했다고 해서 다른 두 국가까지도 가입이 멈춰지거나 연기되어
서는 안 된다.

　헝가리의 가입 협상 전략은 유럽연합의 요구 조건에 맞추도록 가능
한 노력을 다하면서 헝가리의 사정에 맞도록 일정 정도의 유보, 혹은
일정 조정을 요구한 것이었다. 헝가리는 가입 목표 연도를 2003년 1
월로 상정한 후 최우선적으로 경제 시스템과 재정 시스템, 정치·행
정 시스템을 유럽연합이 요구하는 수준으로 상향시키기 위하여 총력
을 기울였다. 이 와중에서 헝가리는 1996년 경제협력개발기구(OECD)
의 회원국이 되었고, 1999년 3월 12일에는 나토의 정회원국이 됨으로
써 사실상 구 공산권에서 완전히 벗어나게 되었다.

　헝가리가 나토의 회원국이 되었다는 사실은 형식적으로나 사실적으
로나 헝가리의 체제 전환이 완전히 이루어졌고, 서방 사회로의 편입
이 완결되었다는 점을 의미한다. 이후 헝가리의 유럽연합 가입을 위
한 노력은 한층 더 탄력을 받게 되어 2003년 말에 이르러 유럽연합의

가입 요구 조건을 모두 충족했고, 드디어 2004년 5월 1일 유럽연합의 정회원국이 된 것이다. 헝가리를 포함한 동유럽의 1차 가입 후보 6개국(헝가리, 체코, 슬로바키아, 폴란드, 루마니아, 불가리아)과 유럽연합이 협상을 진행한 31개의 세부 항목은 아래와 같은데, 이중 루마니아와 불가리아를 제외한 4개국의 가입이 우선 확정되었다.

이로써 헝가리는 폴란드, 체코, 슬로바키아와 더불어 '유럽의 역사' 속에 그 자리를 차지하게 되었다. 1980년대 말 체제 전환을 한 지 약 15년 만에, 그리고 2차 대전 이후 약 60년 만에 헝가리와 동유럽 국가들은 다시 유럽의 일원이 된 것이다. 괸츠 대통령이 헝가리가 유럽연합의 회원국이 되는 것이 헝가리의 장래라고 설파한 지 꼭 8년 만에 이루어진 경사였다.

연표

1922년 2월 10일 부다페스트 출생.
1944년 파즈마니 페떼르 대학교(현 부다페스트대학교) 법학과 졸업.
1944~45년 군 입대 및 탈영 및 반파시스트 운동(대독 저항 레지스탕스).
1945년 독립 소지주당 당원.
1956년 헝가리 민중 혁명 참여.
1957년 너지 임레 수상의 '수고'를 외국으로 반출한 사건으로 체포됨.
1958년 최고재판소에서 종신형 선고받음.
1960년 바치 교도소 단식투쟁 참여.
1963년 앰네스티의 중재로 석방.
1965년 프리랜서 작가로 활동 시작.
1988년 자유민주연맹 창립 멤버로 참여.
1988년 역사정의위원회 창립 멤버.
1989년 헝가리 작가 연맹(PEN) 의장.
1990년 국회의원, 국회의장, 임시 대통령, 대통령 피선.
1995년 대통령 재선.

2000년 대통령직 사임.

2004년 5월 1일 헝가리 유럽연합 정회원국으로 가입.

참고 문헌

김지영, 〈1956년 헝가리혁명에 대한 일 고찰〉, 《동유럽발칸학》 2001 여름호.

Debreczeni, József. *Orbón Viktor*, Budapest: Osiris Kiadó. 2003.

Debreczeni, József. *A miniszterelnök*, Budapest: Osiris Kiadó. 2003.

Árpád, Göncz. *Home Coming*, Budapest: Corvina. 1995.

Árpád, Göncz. *Gyaluforgács*, Budapest: Pest Szalon könyvkiad? 1991.

Körösényi, András. *Tóth Csaba & Török Gábor. A magyar politikai rendszer*, Budapest:
        Osiris Kiadó. 2003.

Kende, Péter. *A Viktor*, Budapest: Kendeart kft.

Romsics, Ignác. *Volt egyszer egy rendszerváltás*, Budapest: Rubicon könyvek. 2003.

Romsics, Ignác. *Magyarság a XX században*, Budapest: Osiris. 2005.

유럽연합을 단일한
운명 공동체로 인식한 유럽인

: 바츨라프 하벨◆

김신규

한번은 당시 체코 대통령이었던 바츨라프 하벨(Václav Havel)이 독일 총리 콜을 만난 자리에서 "(유럽의) 모든 정당을 다 해산시키고 하나의 정당, 즉 '유럽당'을 만들면 어떻겠소?"라는 농담을 건넸다고 한다. 콜을 포함한 주변의 모든 사람들이 이 말에 당황했겠지만, 이 말은 유럽통합이라는 이상을 견지한 하벨의 가장 솔직한 심정이었을 것이다. 분명 그는 유럽통합을 반대하거나 속도를 늦추자는 여러 정치인들의 언행이 마음에 들지 않았을 것이다.

하벨은 한 사람의 철학자로 그리고 한 사람의 '유럽인'으로 유럽과 유럽통합에 대한 진지한 고찰을 시도했다. 그는 유럽연합을 국가들의 연합이 아니라, 21세기에 유럽의 태생적 가치를 실현할 수 있는 실체로 평가하고 있다. 그는 유럽을 분리될 수 없는 전체로 인식하며, 이미

◆ 이 글은 《동유럽연구》 제22권(2009)에 실린 〈21세기 '공존 패턴'으로서의 유럽연합: 바츨라프 하벨의 유럽과 유럽연합에 관한 사상연구〉에 근거해 작성한 것이다.

체코 대통령 바츨라프 하벨(왼쪽)과 전 독일 총리 콜. '1989년 벨벳 혁명' 10주년을 기념하여 1999년 프라하 성에서. 로이터 제공.

유럽의 역사가 시작된 이래 유럽은 하나의 공동체로 나아가는 운명적 과정에 있다고 평가했다.

그는 2004년 유럽연합에 가입한 체코의 대통령이었지만, 유럽연합의 미래와 방향에 대해서 실질적인 영향력을 행사하지는 못했다. 그러나 유럽과 유럽연합의 존재 이유와 확대에 대한 명확한 철학적 · 사상적 기반을 제시한 '유럽인'으로 평가된다.

하벨은 공산 정권 시기 '77헌장(Charta 77)' 등의 반체제운동을 주도하면서, 전체주의에 대항해 싸웠다. 하벨은 전체주의를 '거짓'이라고 규정하고 전체주의에서 벗어나는 것만이 '진실 속에서의 삶'을 사는 유일한 길이라고 강조했다. 따라서 1989년 체코에서 공산 정권이 무너지는 과정과 그 이후 체코의 민주화 과정에서 하벨이 전 국민을 규합하는 무기로 사용한 것이 바로 '유럽'이었다. 하벨이 생각하는 유럽

──── 인물로 보는 유럽통합사

은 체코와 뗄 수 없는 운명 공동체였고 체코가 '유럽으로 복귀'하는 것만이 다시는 전체주의 정권이 등장하지 못하게 하는 방법이며, 유럽에 속하는 것만이 '진실 속에서의 삶'을 영유할 수 있는 유일한 대안이었다. 그는 또한 체코의 유럽연합 가입이 체코의 경제적 번영과 정치 안정 그리고 시민사회의 발전에 기여할 것이라고 믿었다. 하벨은 더 나아가 중동부 유럽을 포함한 통합된 유럽은 수많은 비극적인 전쟁과 파멸적인 전체주의와 민족주의의 재등장을 막을 수 있는 최상의 기반이라고 판단했다.

민주 투사에서 대통령으로

하벨은 1936년 10월 5일 프라하에서 태어났다. 상당한 재력을 가지고 있었던 하벨 가문은 1948년 공산당이 정권을 잡은 이후 부르주아 가문으로 분류되었기 때문에 하벨은 정상적인 교육을 받을 수 없었다. 1951년 중등교육을 마친 그는 인문계 고등학교에 진학할 수 없었으며 화학 공장의 기술공으로 취업했다. 그러나 그는 야간 고등학교에 진학하고 체코 기술대학(1955~57)에서 경제학을 전공하기도 했다. 정규 예술대학에서 교육을 받고자 했지만 번번이 기회가 박탈되었던 그는 프라하의 한 극단에 취업해 무대 설치 기사가 되었다.

1968년 체코에서 '프라하의 봄'이라는 개혁 정책이 시작되었을 때 하벨은 여기에 주도적으로 참여했다. 그는 당시 자신이 일하던 자브라딜리 극단(Divadlo na Zábradilí)에서 자신의 희곡을 최초로 무대에 올리기도 했다. 그러나 프라하의 봄 개혁 정책이 소련을 비롯한 바르샤바 조약기구(WTO) 군대의 침공으로 무산되면서, 체코는 다시 개혁 이전의 상태로 되돌아갔고 하벨의 활동도 위축되었다. 언론 검열이 부활되었고 국가의 중앙 통제가 다시 복원되었으며, 소련군이 계속해서 체코에 주둔했다. 소련과의 정치·문화·경제적 관계가 재확인되면서 서방과의 교류는 전면 단절되었다.

소련의 침공과 전체주의 정권의 재등장에 반대하는 목소리를 높였던 하벨 역시 탄압을 피할 수 없었다. 공산 정권은 그의 희곡을 공연 금지시켰고 그의 여권을 압수했다. 더 이상 극단에서 일을 할 수 없었던 하벨은 시골의 한 맥주 공장에서 노동자로 일을 하기도 했다. 노동자로 일하면서도 하벨은 1975년 당시 대통령이었던 후사크(Gustáv Husák)에게 보내는 공개서한에서 정권을 강력히 비판하면서 반체제 인사로서의 험난한 삶을 시작했다. 그는 편지에서 정권과 공산당의 정책은 내적인 부패를 이끌고 있으며 다양성에 재갈을 물린 것이라고 주장하면서, 정권과 공산당이 사회의 정신적·도덕적 위기를 심화시켰다고 주장했다. 그는 후사크 개인의 권력을 유지하기 위해 일반 시민들의 존엄성을 타락시켰다며 정권을 강력히 비판했다.

결국 이 편지를 계기로 그는 정권에 의해 요주의 인물로 분류되었다. 하벨은 여기에서 멈추지 않고 1977년 '77헌장'을 조직해 정부의 인권 탄압에 대해 정면으로 맞섰다. 그는 유명한 에세이 《힘없는 사람들의 힘》에서 전체주의 정권의 특성을 분석하고 이를 타파하기 위한 개인들의 노력을 촉구했다. 이 에세이에서 하벨은 정권의 요구대로 사는 삶은 거짓된 삶이며, 이들의 요구를 거부하고 자신이 원하는 삶을 사는 것을 '진실 속에서의 삶'이라고 규정하였다. 그리고 진실 속에서의 삶을 살기 위해서는 부당한 것을 마땅히 거부할 수 있어야 한다고 강조했다. 즉, 그는 이 에세이에서 정권의 부조리함을 비판하고 이들의 부조리함에 침묵하지 말아야 한다고 촉구한 것이다. 이러한 활동으로 인해 공산 정권은 하벨을 사상적으로 위험한 인물로 규정하고 작은 꼬투리라도 있으면 이를 핑계로 그를 체포했다. 하벨은 1977, 1978~79, 1979~83, 1989년에 총 5년간 수감 생활을 하였다.

그러나 하벨은 전체주의 정권과의 전쟁을 멈추지 않았다. 1989년 11월 시작된 반공주의 혁명 '벨벳 혁명(velvet revolution)'에서 하벨은 모든 반체제 단체를 포괄하는 시민 포럼(Občanské Fórum)을 조직하여 공산 정권과의 마지막 대결에 임했다. 이 대결에서 승리한 하벨은 1989년 12월 29일 임시 대통령으로 선출되었고, 1990년 6월 총선 이후 정식 대통령으로 선출되었다. 그는 1993년 체코와 슬로바키아가 분리된 이후, 체코 대통령으로 10년간 재임하는 등 모두 13년간 대통령으로 재임했다. 지난 2003년을 끝으로 대통령직에서 물러난 하벨은 현재까지도 체코의 민주주의와 시민사회 발전 그리고 유럽연합의 확대를 위해 계속해서 노력하고 있다.

전체로서의 유럽

하벨은 유럽을 세 가지 개념으로 구분해 고찰한다. 첫 번째의 유럽은 지리적인 개념의 유럽이며, 두 번째는 공산주의를 경험하지 않은 유럽 국가, 즉 EU 15개 국가를 의미한다. 따라서 두 번째 개념의 유럽은 안정된 정치체제와 시민사회가 유지되고 있으며 경제적으로 번영을 구가하고 있는 국가들이다. 하벨은 두 번째 의미의 유럽으로 들어가는 것, 즉 '유럽으로의 복귀'가 탈공산주의 국가들의 목표가 된 것은 바로 이런 이유라고 보고 있다. 즉, 공산주의 체제에서 벗어난 중동부 유럽 국가들에게 절실한 것은 바로 정치적 안정과 경제적 번영이고 이런 목적을 달성하기 위해서는 두 번째 의미의 유럽 국가가 되는 것이 가장 중요한 측면이라고 보았던 것이다.

하벨은 21세기에는 이 두 번째 유럽이 '황혼의 유럽'이 되었다고 판단한다. 그러나 그는 유럽의 어원으로 제시되는 'erebu(황혼 혹은 일몰)'를 죽음이라는 의미로 파악하지 않는다. 그가 생각하는 erebu란 하루의 일을 마치고 편안히 쉬며 지난 일을 반성하고 내일을 설계하는 명상의 시간이다. 즉 '황혼의 유럽'은 쇠퇴하고 있는 유럽이 아니라, 새로운 내일을 설계할 명상의 시간을 갖고 있는 유럽이라는 것이다.

유럽은 이미 지난 천년의 세월을 보내고 나서 새로운 천년을 맞이하는 단계에 있다. 지난 천년 동안 유럽은 전 세계에 긍정적인 영향을 주었던 많은 가치를 만들어냈다. 그러나 동시에 유럽은 악덕도 만들어냈다. 제국주의, 파멸의 민족주의, 외국인 혐오주의, 전쟁, 배신 등이 바로 유럽이 만들어낸 악덕이다. 따라서 그가 생각하는 '황혼의 유럽'은 야누스적인 얼굴을 기진 유럽이 지난날을 반성하고 새로운 미래를 위한 명상을 통해 다시 한 번 유럽적 가치를 고민해야 하는 유럽이다.

결국 하벨은 세 번째 유럽 개념에서 '황혼의 유럽'을 제시한다. 이제 유럽은 저녁을 맞이했기 때문에 새로운 천년을 위해 과거를 반성하고 미래를 위해 새로운 가치를 제시해야 한다. 이 새로운 유럽은 기

존의 서유럽뿐 아니라 중동부 유럽을 포함한 좀 더 포괄적인 전체로
서 존재해야 한다. 이것이 바로 그가 생각하는 유럽의 세 번째 개념이
며, 유럽이 하나의 유럽일 때 비로소 유럽으로 존재하는 것이다. 하벨
은 〈유럽을 위한 희망〉에서 이를 다음과 같이 설명한다.

> 세 번째 유럽은 공동의 운명, 복잡한 공동의 역사, 공동의 가치와 문화 그리
> 고 삶의 방식을 공유하는 유럽을 의미합니다. (…) 세 번째 유럽은 특정한
> 행위 형태와 의지를 가지고 책임을 인식하는 유럽입니다. (…) 세 번째 유럽
> 에 대한 논의는 어렵고 그래서 이 문제에 대한 논의 자체가 거의 없었습니
> 다. 그러나 유럽에 관한 그리고 그 미래에 관한 논의에서 반드시 이 문제를
> 짚고 넘어가야 합니다. 즉, 우리가 저녁 명상을 시작할 때, 그 출발점은 공
> 유된 가치로서의 유럽에 관한 논의, 유럽의 정신적·지적 정체성에 관한
> 논의, 유럽이 과거에는 무엇이었고, 무엇을 믿었고, 현재는 무엇이며, 또 무
> 엇을 믿고 있는지, 유럽이 무엇이 되어야 하고 또 무엇이 될 수 있는지에
> 관한 논의, 미래에 유럽의 역할은 무엇인지에 대한 논의가 되어야 합니다.

하벨은 이렇게 새로운 유럽이 추구할 목표와 역할을 숙고해야 한다
고 역설한다. 하벨에 따르면 유럽은 지리, 인종, 민족, 문화, 경제 그리
고 정치적으로 볼 때 아주 복잡하고 다양한 대륙이지만, 이렇게 복잡
하고 다양한 요소는 유럽 전체의 운명과 상호 연계되어 있어서, 이를
단일한 실체로 볼 수 있다고 했다. 그는 또한 유럽의 어느 한 부분에서
일어난 사건은 항상 직간접적으로 유럽 대륙의 다른 부분에도 영향을
주었으며, 현재까지 유럽의 역사는 끊임없이 내부 구조와 그 부분들

이 관계를 찾아가고 또 재조직되고 있는 역사라고 했다. 즉 그에게 유럽은 하나의 운명 공동체이다. 그는 유럽이라는 운명 공동체를 냉전 시대처럼 동유럽과 서유럽으로 구분하거나, 경제적으로 부유한 유럽과 가난한 유럽으로 구분함으로써 인위적으로 구획할 필요는 없다고 강조한다.

결국 하벨이 생각하는 세 번째 유럽은 다양하고 이질적인 구성 요소들 간의 싸움이나 대결의 유럽이 아니라, 이미 한 배를 타고 있는 운명 공동체로서의 유럽이다. 그렇지만 하벨은 유럽이라는 좁은 배위에서 공간의 문제와 삶의 방식에 대한 견해의 차이가 있다는 사실을 인정한다. 기존의 유럽이 이러한 문제를 갈등과 폭력을 통해 해결했다면, 새로운 세 번째 유럽은 합의와 타협을 통해 이 문제를 해결해야 한다고 주장했다. 이때 합의와 타협은 하나의 공동체, 즉 유럽연합을 형성함으로써 가능하며, 하나의 유럽을 창조하기 위해서는 유럽연합의 확대가 필수적이라고 강조했다. 결국 그는 유럽이 지난 천년 동안 선택해왔던 갈등, 대립, 차별이라는 문제 해결 방식을 버리고 화해와 타협이라는 방식을 선택하는 것이 유럽연합을 통해 현시되고 있다고 보았다. 이제 유럽은 이런 과정을 거친 이후에 역사상 최초로 스스로의 자유의지와 평화공존을 염원하는 상호 합의에 의해 질서가 부여된 유럽, 즉 세 번째 개념의 유럽이라는 아침을 맞이하게 될 것이라고 보았다.

결국 하벨이 의미하는 유럽은 세 번째 의미의 유럽, 즉 확대된 유럽의 공존과 번영을 의미한다. 그래서 그는 체코를 포함한 탈공산주의 국가의 유럽연합 가입을 강력히 요구하고 있으며, 그것은 새로운 유

럽이 창조되는 데 필수적인 과정의 하나라고 보았다. 그는 1994년 스트라스부르(Strassburg) 유럽의회 연설에서 다음과 같이 밝혔다.

나는 유럽연합의 이상이 하늘에서 뚝 떨어진 것이라거나, 실험실에서 잉태된 것, 혹은 정치 공학자들의 머릿속에서 갑작스레 나타난 것이라고는 생각하지 않습니다. 유럽연합은 지극히 자연스럽게 유럽통합이 삶의 현실이었음을 이해하는 데에서 나온 것이며, 통합의 이상을 특정한 '초국가적' 유럽 구조로 실현하고자 했던 여러 세대 유럽인들의 노력에 의한 것입니다. (⋯) 나는 유럽연합을 다양한 민족과 국가, 인종 그룹, 문화 그리고 종교가 점차 그 내부에서 용해되는 기괴한 초국가로 이해하지는 않습니다. 그와는 반대로, 나는 유럽연합을 체계적인 창조물로 봅니다. 그 공간에서 유럽의 자치적인 구성 부분들이 자유롭게 발전하고 민주주의 원칙과 인권을 존중하며, 시민사회와 개방된 시장경제에 기반하여 상호 이득이 되는 협력이 생겨나고 또 지속적인 안보의 환경이 만들어질 것입니다.

그러나 단순히 그가 유럽의 전체적인 번영만을 주장했다면, 그는 다만 수많은 유럽주의자들 중의 한 명에 불과했을 것이다. 하벨은 여기에서 한 걸음 더 나아간다. 하벨은 체코 중심적인 사고에서 유럽적인 사고로 그리고 보편주의적 사고로 자신의 이상을 확장시켜 유럽과 유럽연합을 가치 실현의 매개로 인식한다.

가치 실현으로서의 유럽연합

하벨이 의미하는 유럽은 단일한 전체로서의 유럽이다. 그는 하나의 방에서 한쪽 공기만 따뜻하고 다른 쪽 공기는 차가울 수 없듯이, 유럽은 하나의 방이며 그 방의 온도는 어디나 같다고 생각한다. 다시 말해, 유럽이 두 개의 유럽으로 분리될 수 없는 것은 당연한 것이며, 유럽은 하나의 유럽으로 유지될 때에만 유럽이 부여받은 유럽으로서의 당위성을 가지게 된다는 것이다.

그는 유럽이 두 개의 유럽으로 분리되었던 당시, 많은 유럽인들은 모두 함께 같은 방 안에 있으면서도 자신들이 있는 쪽만 따뜻하기를 원했다고 지적한다. 따라서 20세기 들어 유럽에서 있었던 두 번의 세계대전은 한쪽 면에 있는 사람들의 이기적인 생각에서 비롯된 것이며, 그로 인해 다른 쪽의 사람들은 차가운 겨울을 보냈다고 생각한다. 그러나 그는 한쪽의 공기가 차갑다면 다른 쪽의 공기도 자연스럽게 차가워지는 것처럼, 한편에서의 비극은 곧 다른 편에서의 비극으로 이어진다고 주장한다.

예를 들어 하벨은 2차 대전의 책임을 나치 독일에게만 일방적으로 묻지 않는다. 나치가 전쟁을 시작할 수 있는 환경을 만들어주었던 서방 세계의 무책임한 행동에도 역시 책임이 있다는 것이다. 그는 체코슬로바키아가 1938년 9월 뮌헨 협정(München agreement)*이라는 배신을 경험한 것을 예로 들면서, 당시 영국 총리 체임벌린이 체코슬로바키아의 영토를 히틀러에게 넘겨주면서 "우리가 알지 못하는 작은 나라를 희생하면서 전체적인 파국을 막았다"고 한 말을 상기시킨다. 영국과 프랑스가 소위 유화정책을 표방하면서 '우리 시대의 평화'를 언급했지만 과연 평화가 유지되었는가? 유럽의 변방에 있는 작은 나라 하나를 희생시켜서 정말로 유럽 전체의 평화가 유지되었는가? 사실은 정반대였다. 유럽은 분리될 수 없는 하나였기 때문에 한편에서의 비극은 곧 다른 편에서의 비극으로 전이되었다. 하벨은 결국 20세기 가장 처참했던 전쟁의 책임을 독일뿐 아니라 영국과 프랑스에게도 돌리고 있는 것이다. 따라서 이러한 비참한 사건이 반복되지 않게 하기 위해서는 유럽이 단일한 전체로서의 유럽이 되어야 하고, 유럽연합이 그런 하나의 유럽을 만드는 가장 중요한 과정이라고 판단한다.

그는 지난 40여 년간의 동서 냉전뿐만 아니라, 그 이전 수백 년 동

◆ 영국, 프랑스, 이탈리아, 독일의 정상들이 독일의 뮌헨에서 체코슬로바키아의 서쪽 국경지대인 수데텐(주 데텐란트)을 독일에 양도하기로 결정을 내린 회담.

중부 유럽 11개국 정상회담에 참석한 하벨. 왼쪽부터 루돌프 슈스터(슬로바키아), 페타르 스토야노프(불가리아), 알렉산데르 크바스니에프스키(폴란드), 바츨라프 하벨(체코), 밀란 쿠칸(슬로베니아), 괸츠 아르파드(헝가리), 토마스 클레스틸(오스트리아), 레오니드 쿠츠마(우크라이나), 에밀 콘스탄티네스쿠(루마니아), 요하네스 라우(독일), 스티페 메시츠(크로아티아). 로이터 제공.

안 유럽에서 생겨났던 전쟁과 갈등이 재발되지 않도록 하는 유일한 방법은 유럽이 하나의 유럽으로 통합되는 것, 즉 유럽연합의 확대뿐이라고 주장한다. 그는 유럽이 하나의 전체로 전환될 때에만 전 세계적인 평화공존이 가능하다고 판단한다. 하벨은 유럽의 통합과 확대가 달성되지 못한다면, 폭력과 갈등으로 질서가 유지되던 시대로 되돌아갈 것이라고 보고 있다. 유럽의 어느 한 부분에서 나타나는 억압, 빈곤, 혼란, 부패 등은 한쪽 면에만 한정되어 있는 것이 아니라 다른 쪽에도 영향을 주기 때문에, 어느 한편에서의 비극이 다른 편으로 확산되는 것을 막기 위해서는 유럽이 전체로서의 유럽으로 존재해야 한다고 보는 것이다. 그는 유럽이 유럽연합으로 확대, 통합되지 못할 경우 나타나게 될 위험을 다음과 같이 경고한다.

—— 인물로 보는 유럽통합사

미래의 유럽 질서가 유럽적 가치와 그 가치를 방어하고 전파하려는 의지에 기반하고 있는 확대된 유럽에서부터 나타나지 않는다면, 유럽의 미래는 몰래 숨어서 최악의 유럽 전통을 다시 불러내려고 하는 명청이, 열광주의자, 인민주의자 그리고 선동가들의 손에 맡겨지게 될 것입니다. 불행히도 그렇게 하려는 자들이 너무도 많습니다.

그러나 하벨은 유럽이 제도적으로만 통합되거나 혹은 실용적인 목적을 위해 인위적으로 통합되어서는 안 된다고 파악한다. 그는 유럽 통합을 위해서는 완벽한 제도도 중요하지만 더욱 중요한 것은 단일한 유럽 정체성이라고 보고 있다.

유럽연합이 직면한 가장 중요한 과제는 유럽 정체성에 대한 고려, 새롭고 분명한 유럽의 책임에 대한 규정, 현 세계에서 유럽통합이 지니는 폭넓은 함의에 대한 명확한 이해 그리고 유럽의 에토스(혹은 유럽연합의 카리스마)의 재창조 문제를 제기하는 것입니다.

그는 대부분의 유럽인들이 스스로를 유럽인으로 느끼는지에 대해 의문을 제기한다. 유럽과 유럽연합은 과거부터 당연히 주어지는 것이 아니라 새로운 미래를 준비하기 위해 재창조되어야 한다는 것이다. 따라서 그에게 유럽연합은 다만 정치적 안정과 경제적 번영이 보장되는 단위체로서 존재하는 것이 아니라 시민권, 자유, 다원주의, 민주주의 등과 같은 가치가 존중되는 전체로서 존재해야 한다. 다시 말해, 그가 생각하는 유럽은 공동의 가치를 가지고 있는 사회이다.

그는 유럽연합의 확대와 유럽연합이 가지고 있는 가치의 확대가 '황혼의 유럽'이 내일을 위해 준비해야 하는 가장 중요한 측면이라고 보고 있다. 그는 유럽통합의 숨겨진 의도가 전쟁 방지였음을 상기시키면서, 그런 목적을 달성하기 위해서는 기술적인 측면 이상의 것이 필요하다고 생각한다. 그것이 바로 유럽인으로서의 정체성이며 유럽적인 특별한 가치이다.

유럽이 하나의 유럽으로 존재할 수 있으려면 하나의 유럽에 대한 충성심과 정체성을 가지고 있는 유럽인들이 존재해야 하며, 충성심과 정체성의 근원이 되는 가치가 있어야 한다. 하벨은 바로 이러한 가치로 유럽이 가져야 하는 '책임감'을 주목한다.

> 책임감이라는 개념은 유럽적 전통을 떠받치고 있는 가치의 기반입니다. 황혼의 시간, 즉 자기 숙고의 기회인 이 시간에 우리는 이러한 유럽적 전통을 되살리고, 눈앞의 이해가 아닌 보다 근원적인 가치가 있음을 인정하며, 단지 정당, 유권자, 로비 세력, 국가에만 책임을 지는 것이 아니라 우리 후손을 포함하여 인류 전체에 책임을 져야 하고 또 우리의 행동이 지니는 궁극적 가치가 우리를 둘러싼 제한된 영역을 넘어선다는 점을 생각해야 합니다. 즉 우리의 양심 깊은 곳에서부터 우리를 부르는 그 소리에 부응해야 합니다. 오늘날 유럽의 과제는 가장 깊은 의미에서 양심과 책임감을 다시 발견해내는 것입니다. 이는 정치 구조에 대한 책임만이 아니라, 전 세계에 대한 책임을 의미합니다.

하벨이 의미하는 책임감이란 바로 유럽의 과거사와 현재의 역할 그리고 미래에 유럽이 기여할 수 있는 바를 새롭게 정립하는 것이다. 바로 이런 책임감에 기반할 때에만 하나의 유럽은 통합될 것이고, 통합된 유럽은 현재와 미래의 후손들에게까지 기여할 수 있을 것이다.

유럽연합을 둘러싼 갈등

하벨이 대통령에 재임하는 동안 가장 역점을 두었던 일은 체코의 유럽연합 가입이었다. 이 과정에서 하벨은 국내의 유럽연합 회의론자(Euro-sceptist)들과 많은 논쟁을 벌였다. 하벨의 열성적인 노력이 있었는데도 유럽연합의 입장에서 볼 때 체코는 가장 문제가 많았던 나라였다. 당시 총리였던 클라우스(Václav Klaus)를 중심으로 유럽연합의 확대와 정치적 통합에 반대하는 목소리가 높아졌다. 하벨이 지난 2003년 2월 대통령직에서 물러나면서 행한 마지막 연설에서 체코의 유럽연합 가입과 유럽연합의 확대가 체코의 국운과 미래의 유럽에 가장 중요한 것임을 역설한 것도 이러한 회의적 분위기를 반전시키려는 노력이었다.

하벨은 정치적 라이벌이었던 클라우스와의 잦은 논쟁으로 유럽연합에 대한 자신의 입장을 보다 더 확고히 할 수 있었다. 유럽연합에 회의적인 반응을 보였던 클라우스의 입장은 단순하다. 그는 유럽연합 자체를 반대하는 것은 아니었지만, 유럽연합이 하나의 정체적 실체가 될 경우 나타나게 될 위험을 경고하려 했다. 클라우스에 따르면 유럽연합은 국가 위의 국가가 되어 개별 국가의 주권을 상당 정도 훼손할 것이며, 개별 국가와 민족의 정체성이 사라지게 되어 결국 하나의 중앙집권적 권위에 종속된다는 것이다. 체코를 비롯한 유럽의 약소국들에게 경제발전과 안보가 가장 중요한 것이지만, 이를 위해 상위 권위에 국가의 주권을 양도하는 것은 말 그대로 '항복'이며, 그것은 곧 약소국들이 지난 역사에서 경험했었던 '종속'의 상태로 전락되는 것을 의미한다고 주장했다.

하벨은 이에 대해 보다 분명히 자신의 입장을 밝혔다. 그는 1994년 유럽의회 연설에서 "체코의 주권 일부를 기꺼이 양도하겠다"고 선언했다. 당시 '유럽으로의 복귀'라는 메타포가 탈공산주의 국가에서 가장 중요한 측면이었기 때문에 하벨의 연설 내용은 어느 정도 예견된 것이었고, 유럽주의자인 하벨의 입장에서는 아주 당연한 발언이었다. 그러나 문제는 주권 양도는 의회가 결정할 사항이라는 데 있었다. 당시 총리였던 클라우스는 이에 대해 격렬히 항의했고 국가의 주권 양도를 대통령 한 개인이 결정할 문제가 아니라고 반발했다.

하벨은 유럽연합 가입과 확대가 개별 국가의 주권 상실이나 개별 시민권의 상실을 의미하는 것은 아니라고 강조했다. 그는 유럽통합을 통해 타자에 대한 두려움에서 해방되고, 각자에게 더 많은 자유가 부여됨으로써 인간으로서의 존엄과 개별 국가의 주권이 더욱 강화될 것이라고 생각했다. 또한 유럽연합이 개별 국가의 주권을 제한하거나 개인들의 가치를 거부하는 관료주의적 괴물이 아니라, 개인들의 자유를 신장시키는 새로운 인간 공동체임을 강조했다.

하벨은 또한 유럽연합이 제도적으로 작은 국가의 위상을 약화시킨다는 회의론자들의 주장에 대해서는 지속적이고 혁신적인 제도 개혁이 필요하다는 점을 지적한다. 그에 따르면 제도 개선 중에서 가장 중

———— 인물로 보는 유럽통합사

요한 문제는 바로 '유럽헌장'이며 이 유럽헌장에는 '유럽헌법'이 포함되어야 한다고 보았다. 하벨은 2000년 유럽의회 연설을 통해 유럽헌법에 대한 자신의 견해를 다음과 같이 밝혔다.

유럽의 헌법은 두 부분으로 구성되어야 합니다. 첫 번째 부분에서는 국가와 시민들의 기본적인 권리와 의무를 명기해야 합니다. 이 부분은 통합된 유럽의 가치, 통합의 의미와 목표를 떠받치는 부분입니다. 두 번째 부분은 유럽연합의 주요 제도와 그 제도의 기본적 권한과 제도 간의 관계를 제시해야 합니다. 그러나 그러한 기본법이 회의론자들이 두려워하는 것처럼, 국가 간 연합을 국가 간 연방제로 바꾸는 것을 의미하는 것은 아닙니다. 유럽헌법으로 유럽의 시민들은 유럽연합의 목표를 인식하고 유럽연합을 더 잘 이해하며, 결과적으로 유럽연합과 자신들을 동일시할 수 있습니다.

또한 그는 유럽의회의 개혁을 주장하면서 국가 규모에 따른 권한 차이를 줄일 수 있는 방안을 모색하면서 양원제로의 개편을 제시했다.

작은 국가가 큰 국가에 비해 수적으로 열세가 아니라는 사실을 보여줄 필요가 있습니다. 나는 유럽의회를 양원으로 개편하는 것도 하나의 방법이라고 생각합니다. 새로운 두 번째 의회는 직선이 아니라 개별 국가의 의회에서 선출될 수도 있을 것입니다. 예를 들어, 각국별로 동수의 의원을 선출하는 것입니다. 따라서 첫 번째 의회—현재의 의회—가 개별 국가의 규모를 반영하고, 두 번째 의회가 모든 국가에서 동수로 의원을 선출한다면 각 국가의 평등성을 높일 수 있을 것입니다. 이렇게 된다면 개별 국가가 좀 더 직접적으로 유럽연합에 참여할 수 있을 것입니다.

그러나 그는 유럽연합의 제도 개혁이 어떠하든 간에 그것은 다만 기술적인 문제이며, 가장 중요한 것은 유럽연합의 정체성이라고 재차 강조했다. 유럽연합이야말로 유럽이 현재까지 지니고 있었던 유럽적 가치의 야누스적 성격을 반성하고 이를 보다 더 고결한 질서를 위해 헌신할 수 있게 하는 매개체가 된다고 보고 있다. 그에 따르면 유럽은 유럽연합을 통해 보편적인 질서를 존중하고, 그로부터 파생된 도덕과 겸손을 실행할 수 있다.

> 겸손, 친절, 우리의 이해를 넘어서는 것에 대한 존중, 상호 연대, 다른 모든 것에 대한 존중, 양심에 따른 선한 행동, 희생, 이러한 것들이 유럽통합을 추구하면서 토대로 삼아야 하는 가치입니다.

하벨이 유럽연합 회의주의자들과의 논쟁에서 번번이 이상주의자이며 무책임한 도덕주의자라는 비판을 듣기는 했지만, 유럽연합에 대한 그의 사상적 · 철학적 기반은 유럽연합이 기반하고 또 나아가야 할 방향을 제시해준 것으로 평가된다. 실제로 유럽연합의 운영 방식과 과정에 대한 하벨의 역할은 작았다. 그러나 유럽연합의 도덕적 가치를 재평가하고 그의 존재 이유와 확대에 대한 당위성을 제시해주고 있다는 점에서 하벨의 역할은 결코 작지만은 않다.

새로운 공존 패턴으로서의 유럽연합

그의 연설과 사상을 유추해보면, 하벨은 유럽을 하나의 전체로 전환시켜야 한다는 점에 중점을 두고 있다. 하나의 유럽이 되어야 하는 이유는 유럽이 행했던 과거의 비극을 다시 반복하지 않기 위해서라는 것이 그의 견해이다. 그는 유럽이 더 이상 분리되면 안 된다고 반복한다. 과거의 분리된 유럽에서의 비극이 전 세계의 비극이 된 것처럼, 유럽의 분리는 세계의 분리가 될 것이며, 이를 막기 위해 유럽이 통합되어야 한다는 것이다.

유럽통합을 보는 그의 시각은 결코 자국 중심주의적 시각이 아니다. 그는 전 세계에 기여할 수 있는 유럽의 새로운 역할을 모색하고 있다. 유럽이 이미 '황혼기'를 맞이하고 있다면, 이를 새로운 기회로 활용하자는 것이 하벨의 기본적인 입장이다. 황혼은 쇠퇴나 죽음을 의미하는 것이 아니라 새로운 미래를 위한 명상의 시간을 의미한다. 따라서 그는 유럽통합을 통해 새로운 미래를 위한 유럽적 가치를 재평가하고 유럽이 세계에 어떤 식으로 기여해야 하는가를 고민한다. 결국 하벨의 고민은 유럽의 새로운 가치와 역할, 즉 '공존의 패턴'에 관한 것이다.

그의 이러한 견해는 유럽연합에 대해 회의적 반응을 보이고 있는 사람들이나 정교한 기술적 부분을 강조하는 사람들에게 무책임하고 비과학적이며 나이브하다는 비판을 받을 수 있다. 그러나 전체주의에 반대해 수십 년을 투쟁한 그의 입장에서 볼 때는 정당하고 타당한 주장이다. 유럽의 분리와 해체는 유럽에 위치한 작은 국가의 비극만이

아닌 유럽 전체의 비극이자 전 세계의 비극이며, 그 안에서 살고 있는
개별 시민들의 비극이기 때문이다. 따라서 하벨의 이상은 유럽을 유
럽연합이라는 단일체로 재편성한다면 유럽의 분리는 반복되지 않을
것이며, 결국 세계의 비극도 그리고 일반 시민들의 비극도 반복되지
않을 것이라는 데 있다.

연표

1936년 10월 5일 프라하에서 출생.

1951년 화학 공장의 기술공으로 취업.

1955년~57년 기술대학(전문대학)에서 경제학 수학.

1957년~59년 군 복무.

1959년 드라마 학교 낙방 이후 ABC 극단 무대 기사.

1962년 프라하 예술대학 진학.

1969년 모든 작품의 공연이 금지됨.

1975년 체코 대통령에게 공개서한.

1977년 77헌장의 공동 대변인이 됨.

1978년 《힘없는 사람들의 힘》 발표.

1979년 4월 '부당하게 처벌된 자들의 방어를 위한 위원회(VONS)' 설립.

1985년 3월 '반혁명적 활동'을 이유로 체포.

1989년 11월 20일 시민 포럼(OF) 설립.

1989년 12월 29일 임시 대통령으로 선출.

1990년 7월 5일 체코슬로바키아 대통령으로 선출.

1993년 1월 26일 초대 체코 대통령 당선.

1998년 1월 20일 대통령 재선.

1999년 체코가 NATO에 가입.

2003년 2월 대통령 임기 종료.

2004년 5월 체코가 유럽연합 가입.

참고문헌

김신규, 〈체제전환과 세계화에 따른 체코 지식인들의 역할과 정체성 변화에 관한 연구〉, 《동유럽연구》 제18권, 2007.

김신규, 〈중·동부유럽의 유로-회의론(Euro-scepticism) 연구: 회의론의 원인과 패턴을 중심으로〉, 《유럽연구》 제26권 제2호, 2008.

Havel, Václav. *O lidskou identitu*, Praha: Rozmluvy, 1990.

Havel, Václav. Vystoupeнív Evropském parlamentu, 1994(발표문).

Havel, Václav. "The Hope for Europe", *The New York Review of Books*, June 20(1996), pp. 166~169.

Havel, Václav. Vystoupení před poslanci Evropského parlamentu, 2000(발표문).

1946년	9월 19일	처칠의 취리히 연설.
1947년	6월 5일	마셜 플랜(Marshall Plan) 발표.
1948년	3월 17일	브뤼셀 조약 서명. 서구연합(Western Union) 탄생.
1948년	4월 16일	유럽경제협력기구(OEEC) 결성.
1949년	4월 4일	대서양조약(Atlantic Pact) 서명.
	5월 5일	유럽평의회(Council of Europe) 창설.
1950년	5월 9일	슈만 플랜(Schuman Plan) 발표.
	10월 24일	플레벤 플랜(Pleven Plan) 발표.
1951년	4월 18일	유럽석탄철강공동체(ECSC) 창설 조약 체결.
1952년	5월 27일	유럽방위공동체(EDC) 창설 조약 체결.
1954년	8월 30일	프랑스 의회의 EDC 조약 비준 거부.
	10월 23일	서유럽동맹(WEU) 탄생.
1955년	6월 1~2일	메시나(Messina) 외무장관 회담 개최.
1957년	3월 25일	로마 조약 서명.
1958년	1월 1일	로마 조약 발효.
1959년	1월 1일	EEC 첫 관세 인하 조치로 역내 관세 10퍼센트 감축.

1960년	1월 4일	스톡홀름에서 유럽자유무역협정(EFTA) 서명.
	7월 1일	EEC 두 번째 관세 인하.
	12월 14일	유럽경제개발기구(OECD) 창설.
1961년	1월 1일	EEC 세 번째 관세 인하.
	7~8월	아일랜드, 덴마크, 영국의 EEC 가입 지원.
1962년	1월 1일	관세동맹 형성 제2단계 돌입.
1963년	1월 14일	영국 가입 협상에 대한 드골의 비토권 행사.
	1월 29일	엘리제 조약 체결, 영국 가입 협상 종결.
	7월 20일	야운데 협정(Yaoundé Convention) 서명.
1964년	7월 6일	EEC 각료이사회에서 프랑스 대표단의 철수로 공석 위기 발생.
1966년	1월 29일	룩셈부르크 타협.
1967년	5월 10~11일	영국, 아일랜드, 덴마크 두 번째 EEC 가입 신청.
	7월 1일	기존 3개 공동체 기구 통합으로 유럽공동체(EC) 탄생.
	11월	영국 가입에 대한 프랑스의 두 번째 거부.
1968년	7월 1일	EEC 내 관세 철폐로 관세동맹 완성.
1969년	12월 1~2일	헤이그 정상회담에서 영국 가입에 대한 프랑스의 반대 철회.
1970년	5월 29일	3개 공동체 단일위원회 형성.
1972년	1월 22일	영국, 아일랜드, 덴마크 및 노르웨이 유럽공동체 가입 조약 서명.
	7월 22일	유럽경제공동체(EEC)와 유럽자유무역연합(EFTA), 자유무역협정 체결.
	9월 25일	노르웨이 EEC 가입을 위한 국민투표 부결.

1973년	1월 1일	영국, 아일랜드, 덴마크 가입으로 EEC 9개국으로 확대.
1974년	4월 1일	영국의 공동체 가입 조건 재협상 요구.
1975년	2월 28일	로메 협정(Lomé Agreement) 체결(1976년 4월 1일 발효).
1976년	1월 1일	틴더만 보고서 제출.
1977년	7월 28일	에스파냐 EEC 가입 신청.
	12월 31일	신규 3개 회원국의 과도기 종식.
1979년	3월 13일	유럽통화제도(EMS) 형성. ECU를 정산 단위로 채택.
	6월 7~10일	유럽의회 최초의 직접선거 실시.
1981년	1월 1일	그리스의 가입으로 EEC 10개국으로 확대.
1984년	2월 14일	유럽의회가 스피넬리 주도의 유럽연합조약안 채택.
1985년	1월 7일	들로르 집행위원장 취임.
	6월 12일	에스파냐와 포르투갈 EEC 가입 조약 체결.
	12월 2~3일	단일유럽의정서(SEA) 채택.
1986년	1월 1일	스페인과 포르투갈의 가입으로 EEC 12개국으로 확대.
	2월 17~18일	단일유럽의정서 서명.
1987년	7월 1일	SEA 발효.
1988년	2월 11~13일	브뤼셀 유럽이사회에서 경제통화동맹(EMU)을 담은 들로르 패키지 채택.
1989년	1월 6일	들로르 집행위원장 재선.
	11월 9~10일	베를린 장벽 붕괴.
1990년	6월 19일	독일, 프랑스, 벨기에, 네덜란드, 룩셈부르크 5개국 쉥겐 협정 체결.
	7월 1일	EMU 형성을 위한 1단계 계획 돌입(자본의 자유 이동 발효).
	10월 3일	독일의 재통합으로 유럽공동체에 구 동독 편입.

1991년	6월 25일	구 유고 연방으로부터 크로아티아와 슬로베니아 독립.
	7월 1일	바르샤바 조약기구(WTO) 해체.
	10월 22일	EC-EFTA 간 유럽경제지대(EEA) 형성 합의.
	12월 9~10일	마스트리히트 유럽이사회 개최.
1992년	2월 7일	마스트리히트 조약 서명.
	5월 2일	EC-EFTA 간 유럽경제지대(EEA) 창설.
	6월 2일	덴마크 국민투표에서 마스트리히트 조약 거부.
	9월 17일	이탈리아와 영국, 유럽통화제도(EMS) 탈퇴.
1993년	1월 1일	유럽단일시장 완성.
	5월 18일	덴마크 2차 국민투표에서 수정된 마스트리히트 조약 승인.
	11월 1일	마스트리히트 조약 발효로 유럽공동체(EC)를 유럽연합(EU)으로 개칭.
1994년	1월 1일	유럽통화기구(EMI) 형성과 EMU 2단계 시작.
1994년	3월 16일	오스트리아, 핀란드, 노르웨이, 스웨덴 가입 합의.
1995년	1월 1일	오스트리아, 핀란드, 스웨덴 가입으로 EU 15개국으로 확대.
	3월 26일	쉥겐 협정 발효.
	12월 15일	유럽의 단일통화로 유로(EURO)를 결정.
1996년	12월 13일	성장과 안정 협약 체결.
1997년	10월 2일	암스테르담 조약 서명(1999년 5월 1일 발효).
1998년	6월 1일	유럽중앙은행(ECB) 창설.
1999년	1월 1일	단일통화 유로(EURO) 도입.
	5월 1일	암스테르담 조약 발효.

	12월 10일	헬싱키 유럽이사회 개최, 동유럽 국가와 가입 협상 개시 결정.
2000년	12월 7일	유럽이사회에서 니스 조약 합의.
2001년	1월 2일	그리스가 열두 번째 유로존(EuroZone) 가입.
	2월 26일	니스 조약 서명(2003년 2월 1일 발효).
	3월 15일	유럽미래회의 개최.
2002년	1월 1일	EU 12개 회원국에서 유로 통용 시작.
	2월 28일	유로가 유럽연합 12개국에서 공식 화폐로 통용(구권 화폐 병용 종료).
	7월 23일	ECSC조약 50년 기한 만료로 ECSC 기능의 공동체 이관.
	12월 12일	코펜하겐 유럽이사회에서 동유럽 10개국을 받아들이기로 결정.
2003년	4월 9일	유럽의회는 폴란드를 위시한 동유럽 10개국의 유럽연합 가입 승인.
	10월 4일	로마 유럽이사회에서 유럽헌법안 논의.
2004년	5월 1일	중·동유럽 10개국 유럽연합 가입.
2005년	5월 29일	프랑스 국민투표에서 유럽헌법 부결.
	6월 1일	네덜란드 국민투표에서 유럽헌법 부결.
2007년	1월 1일	슬로베니아 유로 도입.
	12월 13일	유럽연합의 제도 개혁을 위한 리스본 조약 서명.
2008년	1월 1일	키프로스와 몰타, 유로 도입.
2008년	6월	아일랜드, 리스본 조약 부결.
2009년	10월 3일	아일랜드, 리스본 조약 승인.
	11월 13일	체코, 리스본 조약 승인.

11월 19일	헤르만 판롬파위, 유럽이사회 상임의장(대통령)에 임명.
	캐서린 애슈턴, EU 외교 및 안보정책 고위대표에 임명.
12월 1일	리스본 조약 발효.

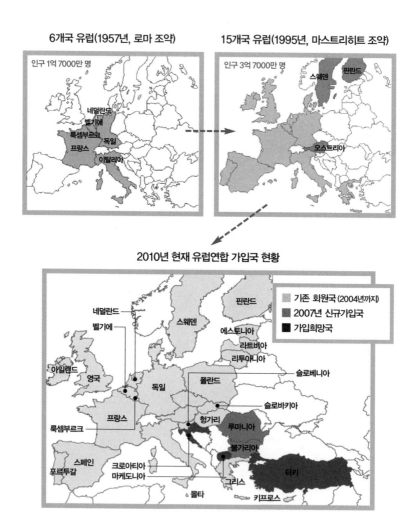

6개국 유럽(1957년, 로마 조약)

인구 1억 7000만 명

네덜란드
벨기에
룩셈부르크
프랑스
독일
이탈리아

15개국 유럽(1995년, 마스트리히트 조약)

인구 3억 7000만 명

스웨덴
핀란드
오스트리아

2010년 현재 유럽연합 가입국 현황

기존 회원국(2004년까지)
2007년 신규가입국
가입희망국

네덜란드
벨기에
아일랜드
영국
룩셈부르크
프랑스
스페인
포르투갈
스웨덴
핀란드
에스토니아
라트비아
리투아니아
독일
폴란드
슬로베니아
슬로바키아
헝가리
루마니아
불가리아
크로아티아
마케도니아
그리스
몰타
키프로스
터키

가입 연도	가입국 수(누계)	유럽연합 회원국
1957	6개국	독일 프랑스 이탈리아 벨기에 룩셈부르크 네덜란드
1973	9개국	영국 덴마크 아일랜드
1981	10개국	그리스
1986	12개국	에스파냐 포르투갈
1995	15개국	오스트리아 핀란드 스웨덴
2004	25개국	슬로바키아 슬로베니아 폴란드 헝가리 체코 에스토니아 라트비아 리투아니아 키프로스 몰타
2007	27개국	불가리아 루마니아
가입희망국		터키 크로아티아 마케도니아

유럽연합의 기구

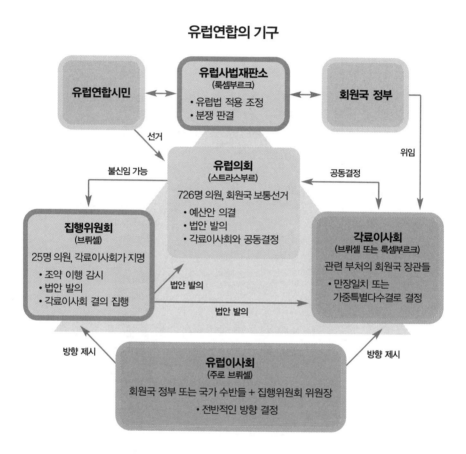

유럽연합의 깃발
12개 황금색 별과 청색 바탕

유럽화폐 유로(EURO)

인물로 보는 유럽통합사

인물로 보는 유럽통합사

1판 1쇄 2010년 2월 26일

지은이 │ 통합유럽연구회
펴낸이 │ 류종필

기획위원 │ 박은봉
편집 │ 강창훈, 양윤주
마케팅 │ 김연일, 김문엽
경영관리 │ 장지영

디자인 │ 이석운, 김미연

펴낸곳 │ 도서출판 책과함께
주소 │ 서울시 마포구 서교동 395-178 영산빌딩 201호
전화 │ 335-1982~3
팩스 │ 335-1316
전자우편 │ prpub@hanmail.net
블로그 │ blog.naver.com/prpub
등록 │ 2003년 4월 3일 제6-654호

ISBN 978-89-91221-60-4 03920

이 도서의 국립중앙도서관 출판시도서목록(CIP)은 e-CIP 홈페이지(http://www.nl.go.kr/ecip)에서
이용하실 수 있습니다.(CIP제어번호: CIP2010000522)